कामसूत्र से 'कामसूत्र' तक

आधुनिक भारत में सेक्शुअलिटी के सरोकार

कामसूत्र से 'कामसूत्र' तक

आधुनिक भारत में सेक्शुअलिटी के सरोकार

संपादक : मैरी ई. जॉन और जानकी नायर

अनुवाद : अभय कुमार दुबे

वाणी प्रकाशन

मूल्य : ३६५ रुपये

प्रथम संस्करण : २००८
प्रकाशक : वाणी प्रकाशन
४६९७/५,२१ए, दरियागंज, नयी दिल्ली-११०००२
आवरण : वाणी प्रकाशन
मुद्रक : जय भारत प्रिंटिंग प्रेस शाहदरा, दिल्ली-110032 द्वारा मुद्रित

KAMSOOTRA SE 'KAMSOOTRA' TAK
ADHUNIK BHARAT MEIN SEXUALITY KE SAROKAR
Edited By : Mary E. John and Janki Nair
Translated by : Abhay Kumar Dubey
ISBN : 978-81-8143-704-4

आभार

इस किताब की आधारशिला १९९९ में उस सेमिनार से पड़ी थी जो मैंने और जानकी नायर ने मिल कर मद्रास इंस्टीट्यूट ऑव डिवेलपमेंट स्टडीज़ में आयोजित किया था। इसी सेमिनार में पेश किए गए आलेखों का पहला संस्करण अंग्रेजी में संपादित संकलन के रूप में प्रकाशित हुआ। 'ए क्वेश्चन ऑव साइलेंस?' शीर्षक से *काली फॉर वुमॅन* द्वारा छापे गए इस संकलन का अंग्रेजी पाठकों के दायरे में उल्लेखनीय प्रभाव पड़ा। इसी के बाद कई लोगों ने इसके अनुवाद की जरूरत पर बल देना शुरू किया। मैं अभय कुमार दुबे की शुक्रगुजार हूँ कि उन्होंने इस सिलसिले में पहलकदमी ली। पुस्तक के इस हिंदी संस्करण में मूल पुस्तक के परिचय और उसके कई लेखों के साथ-साथ कुछ नए लेख भी शामिल हैं। में *काली फॉर वुमॅन* की कृतज्ञ हूँ कि उन्होंने मूल संस्करण को हिंदी पाठकों की जरूरत के मुताबिक इस्तेमाल करने की इजाजत दी। मैं *वाणी प्रकाशन* के अरुण माहेश्वरी की भी कृतज्ञ हूँ कि उन्होंने इसे हिंदी में प्रकाशित करने में दिलचस्पी दिखाई। अंग्रेजी में लिखे गए निबंधों का हिंदी अनुवाद करने का श्रेय अभय कुमार दुबे को है। निश्चित रूप से उनके लिए यह काम चुनौतीपूर्ण रहा होगा। मुझे उम्मीद है कि यह संकलन हिंदी में सेक्शुअलिटी के विषय में दिलचस्पी रखने वाले पाठकों को तो आकर्षित करेगा ही, साथ ही इस विकासमान अध्ययन-क्षेत्र में नए विचारों और बहसों का भी समावेश होगा।

—मैरी ई. जॉन

शरद, २००७

अनुक्रम

परिचय

हमारी सेक्शुअलिटी : मौन या मुखर?

मैरी ई. जॉन और जानकी नायर

सुशिक्षित कहलाने वाले भारतवासियों की समझ में हमारी सेक्शुअलिटी के विकास की कहानी वात्स्यायन रचित 'कामसूत्र' से शुरू हो कर 'कामसूत्र' नामक कंडोम पर खत्म हो जाती है। इन दोनों 'कामसूत्रों' के बीच एक लंबा अंधकारमय अंतराल है जिसमें हमारे प्राचीन मंदिरों का श्रम व श्रद्धायुक्त 'काम शिल्प' रोशनी के क्षणिक द्वीपों की तरह उभरता है। शिक्षित मानस में भारतीय सेक्शुअलिटी के लंबे सफर के ये जाने-माने पड़ाव प्रभावशाली तो हैं, लेकिन अंततः इनकी हैसियत अपवाद या विसंगति की ही रह जाती है। कलात्मक स्वतंत्रता के ये प्रतीक कुल मिला कर यौन-दमन के महा-आख्यान के तले दब कर रह जाते हैं। 'यौन-दमन के महा-आख्यान' से हमारा तात्पर्य उस सुपरिचित दावे से है जो सेक्शुअलिटी से संबधित हर संदर्भ में यंत्रवत दुहराया जाता है कि आधुनिक भारतीय समाज काम-यौनविषयक मामलों में कुंठित-निरोधित रहा है और इसीलिए हमारे यहाँ इन सवालों पर अक्सर चुप्पी छाई रहती है।

सवाल यह है कि क्या यौन-दमन के महा-आख्यान द्वारा किए जा रहे इस दमन से बचा जा सकता है? क्या हमारी सेक्शुअलिटी यानी भारतीय सामाजिक-सांस्कृतिक परिवेश में रची-बनी यौन-व्यवस्था का एक वैकल्पिक इतिहास

संभव है? इस संकलन के निबंध इस बात के सबूत हैं कि भारतीय बुद्धिजीवियों का एक उभरता हिस्सा इन दोनों सवालों का जवाब 'हाँ' में देने को तैयार है।

लेकिन, यौन-दमन के इस सर्वमान्य तर्क से—इसके सहज बोध से—इतना परहेज क्यों? इस प्रश्न का सबसे प्रभावशाली उत्तर फ्रांसीसी चिंतक स्वर्गीय मिशेल फूको ने दिया है। अपनी सुप्रसिद्ध रचना 'हिस्ट्री ऑव सेक्शुअलिटी' में उन्होंने दिखाया है कि पश्चिमी सभ्यता के जिन युगों को सेक्शुअलिटी के लिहाज से रूढ़िवादी, निरोधात्मक या दमनकारी माना जाता था, उन्हीं में सेक्स संबंधी चिंतन विमर्शोत्तेजन के दौर से गुजरा। अंग्रेजों की रानी विक्टोरिया के नाम से प्रचलित विक्टोरियायी युग अपने अतिनैतिकतावाद या शुद्धतावाद के लिए मशहूर है। लेकिन, इसी युग ने अपूर्व ढंग से यौन-विमर्श प्रोत्साहित किया, इसके उद्‌भव के नए संदर्भ स्थापित किए और उसके विकास की व्यापक प्रक्रियाओं को जन्म दिया। जाहिर है कि यौन-दमन का दावा एकतरफा और एकायामी होता है, जबकि समाज का इतिहास बहुआयामी होने के कारण इसमें अनेकानेक पहलू शामिल होते हैं। इसी वजह से यौन-दमन का एकछत्र तर्क किसी विशाल वैचारिक रोड रोलर के तरह समाज के जीवंत, विरोधाभासी वैविध्य को अर्थात उसकी सच्चाई को कुचल कर एक सपाट, सुगम और सर्वथा भ्रामक इतिहास रचता है। ऐसे अतिसरलीकृत इतिहास में हमारी सेक्शुअलिटी को हमेशा और हर संदर्भ में मूक ही माना जाता है, भले ही वह मुखर क्यों न हो।

यही कारण है कि उन दायरों पर भी प्रकाश नहीं पड़ पाता जिनमें सेक्शुअलिटी सन्निहित है। मिसाल के लिए कानून, चिकित्सा (आयुर्विज्ञान) और जनसंख्याशास्त्र में सेक्शुअलिटी की खासी मौजूदगी है और उसकी चर्चा पर प्रतिबंध भी नहीं है। ऐसे में यह प्रश्न उठना स्वाभाविक ही है कि इस अहम लेकिन उपेक्षित क्षेत्र का संधान करने का क्या तरीका हो सकता है, क्योंकि बंबइया सिनेमा के संदर्भ में अश्लीलता पर होने वाली बहस को अगर छोड़ दिया जाए तो यह विषय विद्वत्तापूर्ण जाँच-पड़ताल के योग्य ही नहीं माना जाता। हमारा ख्याल है इसके लिए हमें सेक्शुअलिटी को जीववैज्ञानिक विमर्श के दायरे से निकाल कर वैध-अवैध सेक्शुअल संबंधों की जमीन पर लाना होगा। 'सेक्स' को एक विषय के रूप में उत्पादित, रचित, वितरित और नियंत्रित करने वाली संस्थाओं, आचरण-संहिताओं, विमर्शों और निरूपण के रूपों की जाँच-पड़ताल करनी होगी। दरअसल, हमें सेक्शुअलिटी के सवाल पर किसी भी तरह के सुरक्षित विमर्श से परे जा कर ग़ैर-मानकीय यौनिकताओं की दुनिया में भी झाँकना होगा ताकि इतरलैंगिक मान्यताओं पर सवालिया निशान लगाए जा सकें। दरअसल, आधुनिक भारत में कामनाओं और हिंसा की सेक्शुअल राजनीति की

समझ बनाए बिना हम भारतीय सेक्शुअलिटी के साथ एक विषय के रूप में न्याय नहीं कर पाएँगे।

सेक्शुअलिटी : एक संक्षिप्त वैचारिक इतिहास

एक अवधारणा के रूप में सेक्शुअलिटी का आविर्भाव पश्चिम में उन्नीसवीं सदी के दौरान हुआ। शुरू में इसका इस्तेमाल जीव विज्ञान और वनस्पति विज्ञान द्वारा प्राणवान चीजों के प्रजनन के संदर्भ में किया जाता था। लेकिन, जल्दी ही इसका प्रयोग व्यक्तियों के बीच सहवास के लिए किया जाने लगा। मसलन, १८७९ में यह कहा गया कि डिम्ब ग्रंथियों को निकाल दिए जाने के बावजूद स्त्री की सेक्शुअलिटी नष्ट नहीं होती। इसी दौरान होमोसेक्शुअलिटी और हेटरोसेक्शुअलिटी जैसे शब्दों का आविष्कार हुआ। पहले डॉक्टरों ने इसे दोनों लिंगों के प्रति रुझान के रूप में देखा, और बाद में इसका मानकीकरण प्रजनन के दायरे के बाहर अन्य-लिंग के प्रति आकर्षण के रूप में होता चला गया।

बीसवीं सदी में एक विषय के रूप में सेक्शुअलिटी के विकास के पाँच प्रमुख आयाम हैं : सिग्मंड फ्रॉयड की रचनाएँ, साठ के दशक में स्त्री आंदोलन की रेडिकल 'सेक्शुअल राजनीति', जाक लकाँ और 'फ्रांसीसी' नारीवादी सिद्धांत, मिशेल फूको द्वारा रचित सेक्शुअलिटी का इतिहास और हाल ही में निकाला गया सेक्शुअलिटी का नया मतलब यानी सेक्शुअलिटी को सेक्शुअल चुनाव के रूप में देखना।

फ्रॉयड की हैसियत आज भी सेक्शुअलिटी के महा-सिद्धांतकार की है। १८९३ में उन्होंने अपने विद्वान साथियों के साथ उन्माद की प्रकृति पर अनुसंधान किया। इसके बाद फ्रॉयड *थ्री एसेज़ ऑन दि थियरी ऑव सेक्शुअलिटी* में बच्चों की सेक्शुअलिटी पर विचार व्यक्त करते हुए स्त्रीत्व और स्त्री की सेक्शुअलिटी के संधान में व्यस्त हो गए। फ्रॉयड के प्रभाव से कोई नहीं बचा। गैर-पश्चिमी समाजों के मानवशास्त्रीय अध्ययनों पर भी उनका असर देखा जा सकता है। ब्रोनिस्लाव मैलिनोव्स्की की रचनाओं के बाद तो सेक्शुअलिटी, मनोविश्लेषण और संस्कृति के अध्ययन का एक त्रिकोण ही तैयार हो गया।

साठ का दशक पश्चिमी समाजों में यौन क्रांति का दशक था जिसके दौरान सेक्शुअलिटी से संबंधित कई तरह के सिद्धांत चलन में आए। नारीवादी समूहों ने सेक्स पर बहस का राजनीतिकरण कर दिया। कहा गया कि सत्ता और पितृसत्ता की समझ के बिना सेक्स (चाहे वह दमित हो या उन्मुक्त) और बलात्कार पर बात नहीं की जा सकती। न ही साहित्य की सेक्शुअल राजनीति पर और न ही गर्भपात के अधिकार के सवाल पर चर्चा हो सकती है। सूसन ब्राउनमिलर जैसी

नारीवादियों ने फ्रॉयड और अन्य सिद्धांतकारों पर आरोप लगाया कि वे बलात्कार के प्रश्न को नजरअंदाज करते हैं, और इस तरह वास्तविक जीवन में शिश्न को एक हथियार की तरह इस्तेमाल किए जाने की हकीकत की तरफ ध्यान नहीं देते। बाद में रेडिकल नारीवाद का प्रभाव जैसे-जैसे क्षीण हुआ, फ्रॉयड की रचनाओं में दिलचस्पी बढ़ी। जॉक लकाँ ने फ्रॉयड की वापसी की घोषणा की। सत्तर की शुरुआत में नारीवाद और मनोविश्लेषण के बीच रिश्तों को गहरी निगाह से देखते हुए फ्रांस की जूलियट इरिगारे और ब्रिटेन की जूलियट मिशेल, जेकलीन रोज़ और लौरा मुलवी ने फ्रॉयड, लकाँ और स्त्री सेक्शुअलिटी की धारणाओं की बेहतरीन रक्षात्मक व्याख्या की।

इरिगारे कहती हुई नजर आईं कि फ्रॉयड के सिद्धांत अपने ही अंतर्विरोधों से ग्रस्त हैं। उनका काम संबंधी अर्थशास्त्र इकहरा है जिसमें शिश्न की सत्ता के तहत 'स्त्री', उसकी सेक्शुअलिटी और स्त्रीत्व की समस्या विश्लेषण से परे चली जाती है। उधर जूलियट मिशेल ने एक नए नजरिए से दावा किया कि यौन भिन्नता सामाजिक और निजी जीवन की गतिशीलता पर असर डालती है, और इस तरह नारीवाद और समाजवाद के बीच एक सूत्र निकलता है। इसके दस साल बाद रोज़ ने कहा कि नारीवाद और मनोविश्लेषण एक ही परियोजना के अंशों की तरह देखे जाने चाहिए। यह बात उन्होंने स्त्री सेक्शुअलिटी के अस्थिर होने और अवचेतन द्वारा सेक्शुअल अस्मिता अमान्य करने पर लकाँ द्वारा दिए जाने वाले जोर की रोशनी में कही थी।

बहस जैसे ही आगे बढ़ी, फूको ने फ्रॉयड द्वारा प्रवर्तित 'यौनदमन की परिकल्पना' के खिलाफ दलीलें देनी शुरू कीं। फूको के प्रयासों के कारण ही लोग यह देख पाए कि सेक्शुअलिटी की अवधारणा कितनी भी आधुनिक हो, पश्चिमी समाजों में इसका इस्तेमाल और भी पहले से किया जाता रहा है। फूको का कहना था कि पहले की अवधियाँ भी यौन गतिविधियों को एक 'समस्या' की तरह देखने से मुक्त नहीं थीं। इसके बाद फूको ने सेक्शुअलिटी के इतिहास का संधान करना शुरू किया जो इस विषय के अध्ययन के लिए अपरिहार्य हो चुका है। पर, नारीवादियों का ख्याल है कि फूको द्वारा व्याख्यायित 'सेक्स की प्रौद्योगिकियों' में 'जेंडर की प्रौद्योगिकियाँ' गायब हैं।

अस्सी के दशक से, विशेषकर अमेरिका में, गे और लेस्बियन समुदायों द्वारा की जाने वाली अस्मिता-राजनीति की रोशनी में सेक्शुअलिटी का मतलब सेक्शुअल चयन की स्वतंत्रता के तौर पर समझा जाने लगा है। इतरलैंगिकता को स्त्री के उत्पीड़न का स्रोत समझने की शुरुआत यहीं से हुई। उदार लेस्बियनों को लगा कि यौन हिंसा के विरोध पर ज्यादा जोर देने के कारण स्त्री के यौनानंद की

चर्चा छूट जाती है। नतीजा यह निकला कि नारीवादियों ने सेंसरशिप, पोर्नोग्राफी और वेश्यावृत्ति पर एक-दूसरे को काटती हुई बातें करनी शुरू कर दीं। इन अंतर्विरोधों का अभी तक हल नहीं हो पाया है, पर इनसे यह तो साफ हो ही जाता है कि दुनिया के अन्य भागों में सेक्शुअलिटी के विषय पर किस कदर सघन बहस हो रही है।

सेक्शुअलिटी पर ढेर सारी रचनाएँ प्रकाश में आ चुकी हैं। पर इसका मतलब यह नहीं है कि नारीवाद ने सेक्शुअलिटी से संबंधित अपना सिद्धांत सफलतापूर्वक सूत्रबद्ध कर लिया है। बी. रूबी रिच ने इस साहित्य पर हमदर्द लहजे में आलोचनात्मक टिप्पणी की है। उन्हें लगता है कि एक बहुत बड़े घर के कोने में एक भीड़ जमा हो गई है, जिसका ध्यान घर के अन्य स्थानों का संधान करने पर है ही नहीं। वह विभिन्न सवालों के लिए विभिन्न जवाबों की खोज नहीं करना चाहती। वह बहस को नहीं खोलना चाहती। रूबी रिच के ख्याल से सेक्शुअलिटी की 'भू-राजनीति' रचे बिना इस विषय पर नारीवादी सिद्धांत विकसित नहीं हो सकता।

नब्बे का दशक नई चुनौतियाँ लेकर आया। अमेरिका में अनिता हिल द्वारा लगाए गए सेक्शुअल उत्पीड़न के आरोपों के बावजूद क्लैरेंस थामस को सुप्रीम कोर्ट में जज का पद मिल गया। सेक्शुअलिटी, नस्ल, गवर्नेंस और कानून के सवाल अभूतपूर्व भ्रम और उथल-पुथल की स्थिति में एक बार फिर मिली-जुली शक्ल में सामने आए। उधर अकादमीय हल्कों में जूडिथ बटलर ने दिखाया कि फूको का नजरिया और मनोवैश्लेषिक परिप्रेक्ष्य परस्पर विरोधी नहीं हैं, बल्कि उन्हें तो जोड़ा जाना चाहिए, क्योंकि तभी 'पथभ्रष्ट' और हाशियाग्रस्त सेक्शुअल आत्मपरकताओं को आगे का रास्ता मिल सकेगा।

सेक्शुअलिटी संबंधी पश्चिमी साहित्य की इस चर्चा के बाद सवाल यह उठता है कि भारतीय सेक्शुअलिटी के सिद्धांत कौन से हैं? इसमें पश्चिमी सेक्शुअलिटी के सिद्धांतों को लाने की जरूरत ही क्या है?

विडम्बना यह है कि भारत को पश्चिम का 'अन्य' मानना और फिर इस नतीजे पर पहुँच जाना कि हम पर पश्चिम के सिद्धांत लागू ही नहीं हो सकते, दरअसल एक पश्चिमी विरासत ही है। नारीवादियों को इस बात का श्रेय दिया जाना चाहिए कि वे खुद पर पश्चिमीकृत होने के आरोप से आतंकित नहीं हुई हैं। साथ ही, पश्चिमी सिद्धांतों से लैस होने का मतलब यह नहीं निकाला जा सकता कि हम भारतीय संदर्भ में सिद्धांतीकरण की जिम्मेदारी से बच जाएँगे। भारत की असमतल आधुनिकता की रोशनी में हमें आवश्यक ऐतिहासिक-राजनीतिक प्रक्रियाओं से गुजरना ही होगा, बहुस्तरीय विश्लेषण करना होगा और

लोकल और ग्लोबल के बीच सूत्रों की अभिव्यक्ति करनी होगी। सिद्धांतों की कमी को कमजोरी के तौर पर न देखकर एक सकारात्मक संभावना की तरह भी देखा जा सकता है। हमारी दिलचस्पी आशिस नंदी द्वारा स्थापित स्त्रीत्व के किसी बाई-सेक्शुअल (द्वि-यौनिक) सिद्धांत में नहीं है। न ही हम सुधीर कक्कड़ द्वारा हर जगह खोज ली जाने वाली 'सेक्शुअल माँ' (भारतीय पुरुषों के लिए) और 'जोड़ी' (भारतीय स्त्रियों के लिए) के चक्कर में हैं। पुस्तक के शीर्षक से स्पष्ट है कि हम भारतीय सेक्शुअलिटी के पार्थिव रूपों का संधान करना चाहते हैं। इस पुस्तक के पृष्ठों पर इसे ही भारत के सेक्शुअल अर्थशास्त्र की संज्ञा दी गई है।

नारीवादियों के प्रयास

सेक्शुअलिटी को विषय के तौर पर चर्चाओं के केंद्र में लाने और उसे राजनीतिक आंदोलन का रूप देने का श्रेय नारीवादियों को जाता है। नारीवादियों ने ही सबसे पहले स्त्री की देह पर सबसे पहले उसी के अधिकार की पैरोकारी की, और स्पष्ट किया कि अब तक स्त्री की देह पर जाति, जातीयता, राष्ट्र, आधुनिकता, परंपरा और नैतिकता की इबारतें लिखी जाती रही हैं। स्त्री के अपने यौन अनुभव को कभी महत्त्व नहीं दिया गया। स्त्री की देह ही वैध और अवैध सेक्शुअलिटी का मैदान रही है।

उन्नीसवीं सदी में बनाए गए 'समाज सुधार' कानूनों के पीछे स्त्री की गैर-प्रजननकारी 'खतरनाक सेक्शुअलिटी' को नियंत्रित करने की मंशा थी। बीसवीं सदी के उत्तरार्ध में आबादी की बढ़ोतरी रोकने के कार्यक्रम के पीछे गरीब तबकों द्वारा की जाने वाली 'गैर-जिम्मेदाराना स्वच्छंद यौनक्रिया' एक कारण की तरह मौजूद थी। इसके तहत आपात्काल के दौरान पुरुषों की जबरन नसबंदी की गई, तो दूसरी तरफ बच्चे पैदा करने के मामले में जिम्मेदारी दिखाने का बोझ स्त्री के कंधों पर डाल दिया गया। आज स्थिति यह है कि अपनी देह बेचने वाली स्त्रियों की 'बुरी' सेक्शुअलिटी को एड्स का वाहक माना जाता है और 'सुरक्षित सहवास' की मुहिम इसी को ध्यान में रखकर चलाई जा रही है। कंडोम बेचने का आक्रामक अभियान बिना कुछ कहे स्वीकार कर लेता है कि पुरुषों द्वारा एकनिष्ठ विवाह के मानक का उल्लंघन होता रहेगा और कंडोम के माध्यम से वे विवाह के दायरे के बाहर अपना यौन जीवन सुरक्षित रख सकेंगे।

हिंदू संस्कृति के कुछ पहलू यौन शक्ति के सक्रिय स्त्री-रूपों की अभिव्यक्ति करते हैं। इनकी मदद से भारतीय संदर्भों में नारीवादी आंदोलन की अनावश्यकता साबित की जाती रही है, जिसकी प्रतिक्रिया में नारीवादियों ने

उत्पीड़ित स्त्री की छवि पर बहुत ज्यादा जोर दिया है। इसलिए, यह देखकर ताज्जुब नहीं होता कि नारीवादी आंदोलन के दायरे में सेक्शुअलिटी पर होने वाली ज्यादातर चर्चा 'यौन हिंसा' के शीर्षक तले श्रेणीबद्ध होकर रह जाती है। स्त्री की कामना और वैकल्पिक यौनिकताओं के सवाल पर चर्चा की संभावनाएँ अभी हाल ही में खुली हैं, वरना नारीवादी सेक्शुअलिटी के नाम पर ज्यादातर ऐसे कानूनों की माँग करने तक ही सीमित रहे हैं जिनकी मदद से स्त्रियाँ अपनी देह को पुरुषों के विशेषाधिकार की जकड़ से निकाल सकें। इन्हीं प्रयासों के तहत १९९७ में एक बड़ी कामयाबी मिली और सुप्रीम कोर्ट ने कार्यस्थल पर स्त्रियों के यौन-उत्पीड़न को दंडनीय अपराध करार दे दिया। इस संकलन में वी. गीता का लेख स्त्री के ऊपर घर के दायरे में और वैवाहिक संबंधों की दुनिया में होने वाली दैहिक हिंसा के पेचीदा पहलुओं पर रोशनी डालता है। गीता का लेख दिखाता है कि पुरुष की सेक्शुअलिटी और स्त्री पर ढाई जाने वाली हिंसा का आपसी संबंध क्या है।

स्त्री के स्वास्थ्य का प्रश्न भी नारीवादी आंदोलन को सेक्शुअलिटी के विमर्श के नजदीक ले जाने का महत्त्वपूर्ण माध्यम रहा है। बोस्टन हेल्थ कलेक्टिव द्वारा प्रकाशित *अवर बॉडीज़, अवरसेल्व्ज़* नामक पुस्तक की प्रेरणा से (गैब्रियल डीट्रिश के मुताबिक यह किताब आम तौर पर देह-चेतना और खास तौर पर यौन क्रिया की पेचीदगियों पर कुछ ज्यादा ही जोर देती है) नारीवादियों ने कई क्षेत्रीय भाषाओं में नारीवादी स्वास्थ्य पुस्तकें प्रकाशित की हैं। तेलुगू में एक ऐसी ही पुस्तक *सवालाक्षु संदेहालु* शीर्षक से छपी है। हाल के कुछ वर्षों में नारीवादी आंदोलन ने स्त्री की रुचि और कामनाओं से संबंधित मुद्दों पर पहले से ज्यादा विचार करना शुरू किया है ताकि भूमंडलीकरण द्वारा लोकतंत्र को दरकिनार करते हुए भारतीय समाज के आधुनिकीकरण की आक्रामक मुहिम के राजनीतिक विरोध की संभावनाएँ खोली जा सकें।

आधुनिकता का प्रश्न और स्वर्ण युग की वापसी के प्रयास

इस संकलन की एक अहम विषयवस्तु आधुनिकता, उससे जुड़ी समस्याएँ, आधुनिकीकरण और सामाजिक रूपांतरण की लोकतांत्रिक प्रक्रिया भी है। नारीवादी राजनीति और मनीषा द्वारा भारतीय आधुनिकता के इन दोनों पहलुओं के साथ की गई अन्योन्यक्रिया से गहरा द्वैध पैदा हुआ है। आधुनिकता का सवाल इसलिए महत्त्वपूर्ण है कि आधुनिक होने के मुकाम पर खड़े होकर ही 'पारंपरिक' की शिनाख्त की जाती है, उसे एक नाम दिया जाता है और एक स्वर्णयुग की रचना की जाती है।

कुमकुम रॉय ने *कामसूत्र* पर लिखे अपने विश्लेषणात्मक लेख में इस ग्रंथ के साथ आधुनिकता द्वारा किए गए सुलूक पर निगाह डाली है। जाहिर है कि हमारा मकसद नई यौन नैतिकता की जिम्मेदारी इकहरे ढंग से उपनिवेशवाद के दरवाजे पर रख देना नहीं है। असलियत यह है कि पोर्नोग्राफिक ख्यालगोई की खुराक पर पले यूरोपीय उपनिवेशवादी उष्णकटिबंधीय सभ्यताओं में सेक्शुअलिटी के मसले को लेकर कुछ ज्यादा ही उत्सुक थे। इसलिए, औपनिवेशिक शासन की राजनीति के लिए वर्ग, जाति और नस्ल के नजरिए से की गई सेक्शुअल तजवीजें केंद्रीय महत्त्व प्राप्त करती चली गईं। यह विमर्श औपनिवेशिक महाप्रभुओं को 'मर्द' और बंगाली बाबू को 'स्त्रैण' बताता था। इसके भौतिक और विचारधारात्मक प्रभाव पड़ने लाजमी थे। इसी के प्रभाव में अंग्रेजों की फौज में काम भर्ती होने वाले ब्रिटिश समाज के गरीब पुत्रों के सेक्शुअल स्वास्थ्य की चिंता के कारण नस्लगत भेद कायम रखने पर जोर दिया गया।

नारीवादी विद्वानों ने पिछले पंद्रह-बीस सालों में देवदासी प्रथा पर अपनी निगाह डाली है। उनका मकसद ऐसी स्त्रियों की खोज करना रहा है जिनके पास कभी एक हद तक आर्थिक, सेक्शुअल और सामाजिक स्वाधीनता रही होगी। इसी सिलसिले में श्रृंगारिक प्रदर्शनकारी कलाओं की अहमियत में आई गिरावट पर भी शोध की गई। परिणामस्वरूप देखने में आया कि जिन यायावर वैष्णवों के गीतों का यौनिक खुलापन कभी उच्चवर्गीय बंगाली गृहिणियों के बीच सराहनाभाव से स्वीकार किया जाता था उनका महत्त्व नवोदित मध्यवर्गीय नैतिकताओं के प्रभाव में कम होता चला गया। इसी तरह महाराष्ट्र में लावनी पेश करने वाले नाट्यदलों को स्वच्छंद और अनैतिक करार दे दिया गया। जिस दायरे में वे सक्रिय रहते थे उस पर फिल्म उद्योग द्वारा रची गई कामनाओं के नए संसार ने कब्जा कर लिया। अपेक्षाकृत खुदमुख्तार औरत की यह खोज नारीवादियों को तवायफ संस्कृति के अध्ययन की तरफ भी ले गई। वहाँ उन्होंने देखा कि कोठेवाली तवायफें न केवल वित्तीय और सामाजिक स्वायत्तता के कुछ रूपों से सम्पन्न थीं, बल्कि उनके भीतर आधुनिक लेस्बियनिज्म की वंशावली भी खोजी जा सकती थी। स्वर्ण युग की इस खोज के इकतरफापन को संतुलित करने में देवदासियों की आपबीती की भूमिका रही। इन मौखिक आत्म-कथ्यों से उनकी जिंदगी की जो तस्वीर निकलती थी, उनमें वे लुभावने रंग नहीं थे, जिनके जरिए उनकी छवि बनाई गई थी। इसके अलावा इन देवदासियों की आत्मपरकता किसी उत्पीड़ित की आत्मपरकता से अलग नहीं थी। इन सब प्रयासों को मिला-जुला कर देखने से स्पष्ट हो जाता है कि नारीवादी विद्वत्ता पितृसत्ता की वह कारिस्तानी

समझने में असमर्थ रही जिसने एक साथ पत्नी और अ-पत्नी दोनों को इस प्रकार रचा था कि स्त्री को सुरक्षा और आनंद एक साथ उपलब्ध न हो सके।

भारतीय सेक्शुअलिटी के इतिहास की एक मुकम्मिल समझ बनाने के लिए 'पब्लिक' और 'प्राइवेट' की रचनाप्रक्रिया समझना भी जरूरी है। बंगाल की हिंदू मध्यवर्गीय स्त्रियों के बारे में किए गए अध्ययन बताते हैं कि ज़नानखाने की चौहद्दी में केवल एक पारदर्शी साड़ी पहन कर पुरुष की यौन दासी की तरह रहने वाली औरत जब ब्रह्मो शैली की साड़ी, पेटीकोट, ब्लाउज और जूते पहन कर सार्वजनिक जीवन में आई तो उसके साथ अ-यौनीकरण का एक पेचीदा सिलसिला भी जुड़ा हुआ था। दूसरी तरफ, इस परिवर्तन को समता की तरफ बढ़ने वाले कदम की तरह देखना आसान नहीं था, क्योंकि बदलाव की यह प्रक्रिया भी पुरुष के सेक्शुअल चरमानंद को मिलने वाली प्राथमिकता को चुनौती देने में असमर्थ साबित हुई थी।

बंगाली भद्रलोक पुरुषों के व्यभिचार को नजरअंदाज कर सकता था, पर स्त्री का प्रकरण खुल जाने पर उसे वेश्या करार दिया जाता था। ऐसी स्त्री तकरीबन अछूत घोषित कर दी जाती थी। लेकिन, वेश्यावृत्ति केवल एक गिरा हुआ पेशा ही नहीं था। वेश्याओं का अस्तित्व विभिन्न सामाजिक-आर्थिक मुकामों पर था, भले ही हिंदुओं की श्रेणीबद्ध समाज व्यवस्था उन्हें सबसे नीचे के खाने में डालती हो। अस्पृश्यता के खिलाफ गाँधी की मुहिम से प्रभावित होकर कई वेश्याएँ सूत कातने और खादी पहनने की तरफ गईं और स्वयंसेवक भी बनीं, पर गाँधी उनके इस योगदान को मान्यता देने के लिए तैयार नहीं हुए।

बंगाल के ऊपर हुए इन अध्ययनों के साथ अगर केरल में जीवन के प्राइवेट पहलुओं के अध्ययन भी जोड़ लिए जाएँ तो साफ हो सकता है कि भारतीय सेक्शुअलिटी का यह इतिहास किस तरह से प्रचलित धारणाओं को गड़बड़ा सकता है। उन्नीसवीं सदी के उत्तरार्ध की एक एडवा स्त्री के संस्मरणों से पता चलता है कि दिन में अपने वक्ष निर्वस्त्र रखने वाली स्त्री जब रात में ब्लाउज पहन लेती थी तो उसे किस प्रकार के गोपनीय आनंद का एहसास होता था। केरल में सेक्शुअलिटी के इतिहास का यह प्रकरण बताता है वस्त्र और देह का संबंध कामनाओं के निजी संसार पर कैसा असर डाल सकता है।

नए सेक्शुअल अर्थशास्त्र का उदय

नारीवादियों द्वारा रचे गए गुजरे जमाने के आख्यान बताते हैं कि सेक्शुअल लिहाज से अपेक्षाकृत कम पाबंदियों का शिकार वह वक्त किस तरह आगे चल कर टिका नहीं रह सका। लेकिन, इन शोध प्रयासों की खामी का एक और कारण

भी था। सेक्शुअलिटी के कुछ मुकाम तो आधुनिकीकरण की रोशनी में देखे जा सकते थे, और कुछ औपनिवेशिकता के तहत स्थापित हो रही खानों, मिलों और बागानों की स्थानिकता में रचे जाने की प्रक्रिया में थे। इन्हीं मुकामों पर हमें साफ तौर पर दिखाई पड़ता है कि राज्य की संस्था किस तरह मजदूरों, खास कर स्त्री मजदूरों की उत्पादक और प्रजननकारी क्षमताओं को नियंत्रित करने का इरादा रखती थी। बागानों से संबंधित निम्नवर्गीय सेक्शुअलिटी और श्रम संबंधी नियम-कानूनों के उभरते हुए ढाँचे के आपसी संबंधों के संदर्भ में 'पत्नी हत्या' की परिघटना के बारे में औपनिवेशिक नजरिए पर निगाह डालने से पता चल सकता है कि अंग्रेजों को एक संस्था के रूप में परिवार की विधिसम्मत संरचना बचाने में कितनी दिलचस्पी थी। बागानों की तकरीबन आधी से अधिक श्रम-शक्ति स्त्रियों की होती थी। मजदूरों के बीच प्रचलित 'गैर-पारंपरिक' सेक्शुअल रहन-सहन पर न तो अंग्रेजों को और न ही असम के बागान प्रबंधकों को तब तक कोई खास एतराज नहीं होता था, जब तक काम के लिए श्रम की सप्लाई पर विपरीत असर न पड़े। जैसे ही श्रम सप्लाई से संबंधित समस्याएँ पैदा हुईं, सदी के अंत में परिवार की संस्था बचाने में दिलचस्पी रखने वाली नीतियाँ बनाई जाने लगीं। जूट मिलों में काम करने वाले मजदूरों के साथ भी यही सब घटा। परिवार आधारित कृषि उत्पादन बनाए रखने के लिए भी अंग्रेजों ने मजदूर औरतों की सेक्शुअलिटी विनियमित करने का प्रयास किया। ग्रामीण बंगाल में इसका नतीजा 'विवाह के खिलाफ अपराध' जैसी श्रेणी के रूप में सामने आया, और ग्रामीण हरियाणा में इसके उलट पुनर्विवाह की वैधानिकता से संबंधित दावेदारियों में निकला ताकि विधवाओं को पति की सम्पत्ति में बँटवारा करने से रोका जा सके।

भारत में तैनात फौजियों की सेक्स संबंधी जरूरतें पूरी करने का सुरक्षित जरिया मुहैया कराने की प्रक्रिया में एक तरफ तो यूरोपियन निम्न वर्ग (यानी फौजी) और देशी प्रजा का स्तर समान होने की नौबत आई, दूसरी तरफ यौन कर्म का व्यवसायीकरण करके नस्ल-भेद पर नए सिरे से जोर दिया गया। आगे चल कर यौन कर्मियों के पेशे का उत्तरोत्तर अपराधीकरण होता गया और एकनिष्ठ परिवार की संरक्षा के लिए उन्हें अनिवार्य बुराई के रूप में बर्दाश्त किया जाने लगा। स्वास्थ्य और नैतिकता संबंधी दुष्परिणामों के लिहाज से भी उन्हें विनियमित करने के प्रयास हुए। समकालीन नारीवादी राजनीति की यह एक उपलब्धि है कि उसके कारण यौन कर्मियों को उनके राजनीतिक अधिकारों का दावा करने का मौका मिला। चूँकि 'सेक्स' को स्त्री की देह और उसकी शख्सियत से अलग करना मुश्किल होता है, इसलिए नारीवादी विद्वानों ने सचेत

भी किया कि यौन कर्म इतनी आसानी से उजरती मजदूरी के रूप में नहीं देखा जाना चाहिए।

ब्रह्मचर्य का आदर्श

पुरुष सेक्शुअलिटी पर विद्वानों ने नहीं के बराबर ध्यान दिया है। इस संबंध में अगर चर्चा हुई है तो केवल ब्रह्मचर्य की अवधारणा पर। पुरुषों, विशेषकर हिंदुओं के सांस्कृतिक आदर्श के रूप में ब्रह्मचर्य (जिसका एक व्यावहारिक मतलब यौन गतिविधियों का अस्थायी त्याग भी होता है) की पैरोकारी की जाती रही है, ताकि महत्तर शारीरिक और राजनीतिक लक्ष्यों की पूर्ति के लिए देह के भीतर जीवनदायी और शक्तिवर्धक वीर्य का संरक्षण हो सके। पुरुषों की यौन आवश्यकताएँ (जिनमें व्यभिचार भी शामिल है) मानते हुए भी ऊँची जातियों के पुरुषों में ब्रह्मचर्य एक अनुकरणीय आदर्श के रूप में मान्यता प्राप्त है। ब्रह्मचर्य का पालन करने वाले देवता अयप्पा के मंदिर में स्त्रियों द्वारा पूजा करने पर लगी रोक को अदालत द्वारा दिया गया समर्थन भी इसका एक प्रमाण है। राष्ट्र निर्माण के लिए ब्रह्मचर्य की वकालत विवेकानंद ने भी की थी, पर गाँधी की राजनीति और चिंतन से इस धारणा को विशेष महत्त्व मिला है।

ब्रह्मचर्य और गाँधी के बीच का संबंध फूको के सेक्स संबंधी विचार रेखांकित करता है। गाँधी द्वारा सेक्स के त्याग का मतलब था ब्रह्मचर्य के परिणामस्वरूप लगातार उसके बारे में चर्चा करते रहना, मामूली सी कामोत्तेजना होने पर तुरंत उसे कबूल करके पापमोचन की कोशिश करना, जीवन-शैली के अन्य पहलुओं (जैसे, खान-पान और दूसरे रिश्ते) पर भी उसी चर्चा का हावी हो जाना और दैनंदिन जीवन में सेक्स को लेकर लगातार निगरानी का माहौल बन जाना। इस प्रकार गाँधी पुरुष की कामेच्छा को 'विष' और 'भीतर के शत्रु' की संज्ञा दे देते हैं। सुधीर कक्कड़ ने गाँधी के जीवन के इस पहलू का लंबा विश्लेषण किया है। ताज्जुब यह देखकर होता है कि सेक्स संबंधी गाँधी की आत्मस्वीकारोक्तियों और विश्वासों को वे उनकी सत्य की खोज का एक प्रमाण ही मानते हैं। युवा गाँधी द्वारा अपनी पत्नी के साथ की गई ईर्ष्या आधारित बदसलूकी भी कक्कड़ द्वारा गाँधी के शुद्धतावादी आग्रहों की रोशनी में दरकिनार कर दी जाती है। कक्कड़ कहते हैं कि 'शुद्धतावादियों का व्यवहार क्रूर हो जाता है, खास तौर से अपने ऊपर निर्भर उन स्त्रियों के प्रति जिनके कारण उनके सद्गुणों के नष्ट होने का खतरा रहता है।'

ऐसा लगता है कि कामना की नामौजूदगी में भी पुरुष की वासना भड़का देने में सक्षम स्त्रियों के साथ अपने यौन संबंधी प्रयोग करके गाँधी अपने ब्रह्मचर्य

व्रत की सफलता सिद्ध करना चाहते थे। विफलताएँ उन्हें पश्चात्ताप की तरफ ले जाती थीं, और आश्रम का आरामदेह जीवन छोड़कर वे अछूतों के एक दूरस्थ दरिद्रताग्रस्त गाँव में रहने चले गए थे। गाँधी ने एक तरफ तो पुरुष सेक्शुअलिटी के सुधार के लिए जम कर प्रयास किए, दूसरी तरफ ब्रह्मचारी स्त्री, खासकर हिंदू विधवा, को एक आदर्श की तरह पेश किया। इससे शुरुआती नारीवादियों को 'दोहरे मापदंडों' के खिलाफ मुहिम चलाने की प्रेरणा मिली। धीरे-धीरे एकनिष्ठ विवाह का वैधानिक आदर्श सामने आया जिसकी अभिव्यक्ति आजकल लैंगिक-न्याय से सम्पन्न सँहिताओं की माँग में होती है। आदर्श के रूप में अक्षत-यौनि स्त्री तो खास तौर से नहीं उभरी, स्त्री का पतिव्रता स्वरूप उभरा ताकि उसकी अतृप्त यौन कामनाओं के डरावने पहलुओं को घर की सीमा में कैद किया जा सके। स्त्री के अ-यौनीकरण की स्वत: आरोपित सँहिताओं को नकारते हुए पितृसत्ता का विखंडन करने की विधियाँ विकसित करने में नारीवादी विश्लेषकों को सफलता हाल ही में मिली है। कुछ अनुसंधानों के अनुसार धार्मिक लिहाज से विवाह के भीतर और बाहर स्त्री पर थोपे गए ब्रह्मचर्य में कुछ अस्पष्ट संभावनाएँ हैं जिनके तहत स्त्री विवाह से इनकार कर सकती है, या कम से कम उसकी शर्तें पुन:परिभाषित करने का दबाव तो डाल ही सकती है।

आनंद पटवर्धन की फिल्म *फादर, सन एंड होली वार* बताती है कि हिंदू दक्षिणपंथी आंदोलन गाँधी के ब्रह्मचर्य के बजाय विवेकानंद की तत्संबंधित शिक्षाओं पर ज्यादा जोर देता है। उसमें मुसलमानों की काल्पनिक यौन क्षमताओं के प्रति डर का भाव है। इस संकलन में उमा चक्रवर्ती ने *चाणक्य* सीरियल में निहित भगवा आदर्शों की व्याख्या करते हुए दिखाया है कि हिंदू राष्ट्रवादी आदर्शों की पूर्ति के लिए पुरुष-ब्रह्मचर्य और राष्ट्र-निर्माण की प्रक्रिया का किस तरह अपरिहार्य संयोग बनता है।

सेक्शुअलिटी विमर्श के तीन मुकाम

पिछले दो सौ साल से सेक्शुअलिटी विमर्श के तीन प्रमुख मुकाम रहे हैं। पहला मुकाम जनसंख्यामूलक विमर्श में मिलता है, दूसरा विधि-निर्माण के जरिए होने वाले समाज सुधारों में और तीसरा विवाह और परिवार की संस्था के गहन मानवशास्त्रीय अध्ययनों में पाया जाता है।

गर्भनिरोध की विधियों के प्रचलन ने सारी दुनिया में प्रजनन और सेक्शुअलिटी के बीच संबंध भंग करके यौन क्रांति को बढ़ावा दिया है। जन्मदर की गणना करते हुए जनसंख्यामूलक विमर्श सेक्शुअलिटी के मुद्दों से दो-चार होने के लिए मजबूर है। इसके बावजूद यह विमर्श इस प्रश्न पर खुल कर चर्चा

करने से परहेज करता है। मसलन, देर से शादी करने के साथ जुड़े हुए 'कौमार्य' संबंधी और 'अन्य सेक्शुअल प्रलोभनों' के अंदेशों पर की गई थोड़ी-बहुत चर्चा को शिशु लालन-पालन की समस्याओं के खाते में डाल दिया जाता है। कायदे से इस मसले को सांस्कृतिक पृष्ठभूमि की रोशनी में परिवार के रूपों और सेक्शुअल आचरण के रूप में देखा जाना चाहिए।

जनसंख्यामूलक विमर्श : आँकड़े देखने से साफ हो जाता है कि परिवार नियोजन कार्यक्रम आपात्काल के दौरान अगर पुरुषों को अपना लक्ष्य बनाता था, तो उसके बाद उसका जोर स्त्रियों के ऊपर होता चला गया। लेकिन, इससे संबंधित तथ्य और सूचनाएँ बहुत कम उपलब्ध हैं। होना तो यह चाहिए था कि पुरुष और स्त्री की सेक्शुअलिटी और व्यभिचार से संबंधित धारणाओं, मुसलमानों में बहुविवाह की प्रथा और उनकी उद्दाम वासना की रूढ़ छवियों एवं निचली जातियों को यौन उन्मुक्तता और सहज विवाह-विच्छेद के शिकार के रूप में देखने की प्रवृत्तियों के भारतीय जनसंख्यामूलक विमर्श पर पड़ने वाले असर की जाँच-पड़ताल की जाती। पर, आम तौर पर इसकी आलोचना माल्थस के प्रभाव को आड़े हाथों लेने और सामाजिक-आर्थिक समता के प्रश्न पर जोर देने तक सीमित रह जाती है। नारीवादी विमर्श भी आबादी बढ़ने के कारण गरीबी बढ़ने की समस्या में फँस कर नारी देह की जरूरतों और उनके जीवन के अधिकार की तरफ केवल इशारा भर कर पाता है। हालाँकि आर्थिक पिछड़ेपन और ऊँची जन्मदर के बीच के संबंध अब प्रश्नांकित किए जाने लगे हैं, फिर भी बदलते हुए यौन व्यवहार और बदलते रिश्तों की रोशनी में जनसंख्यामूलक विमर्श को देखने के प्रति गहरी हिचक पाई जाती है।

अगर 'प्रजननकारी स्वास्थ्य' की तरफ राज्य का ध्यान खींचने की जिम्मेदारी नारीवादी विमर्श ने निभाई है (हालाँकि अंतर्राष्ट्रीय एजेंसियाँ इसका श्रेय लूट ले गई हैं), तो जमीनी स्तर पर काम करने वाली स्वास्थ्यकर्मियों और कार्यकर्ताओं ने 'सेक्शुअल तंदुरुस्ती' की तरफ ध्यान आकर्षित किया है। यही कारण है कि अब प्रजनन को यौन आचरण से अलग करके देखना मुमकिन नहीं रह गया है। स्वास्थ्यकर्मी और कार्यकर्ता स्वीकार करने लगे हैं कि एक से ज्यादा सेक्शुअल पार्टनरों (केवल पुरुषों के बीच ही नहीं), शैशव काल की सेक्शुअलिटी, विदेश चले गए मजदूरों के विभाजित परिवार और पोर्नोग्राफी के फैलते हुए बाजार की परिघटनाएँ भी प्रजनन व सेक्शुअल स्वास्थ्य पर असर डालती हैं। इस संबंध में केरल को एक उदाहरण की तरह लिया जा सकता है। यह भी देखना जरूरी है कि इसके साथ-साथ घर के भीतर और बाहर स्त्रियों के खिलाफ हिंसा में किस तरह बढ़ोतरी हुई है।

मानवशास्त्रीय अध्ययन : जाति, नातेदारी, परिवार और समुदाय-रचना और पुन: रचना की प्रक्रिया का अध्ययन करते हुए मानवशास्त्रियों ने उन्नीसवीं सदी की शुरुआत से ही विवाह और परिवार के तहत स्त्री की सेक्शुअलिटी के नियंत्रण और विनिमय में दिलचस्पी दिखाई है। इस चक्कर में हुआ यह है कि विद्वानों द्वारा पितृसत्तात्मक सेक्शुअल व्यवस्था के विशाल सागर में स्त्रियों की यौन स्वच्छंदता के छोटे-छोटे मान्यताप्राप्त द्वीपों की कुछ ज्यादा ही चर्चा कर दी गई है। नायर समाज की मातृमूलक संरचनाएँ इसकी मिसाल हैं। लेकिन, पुराने और नए दोनों तरह के विद्वानों ने उन्नीसवीं सदी के दौरान परिवार और विवाह की संस्था में आए परिवर्तनों के कारण स्त्री की आत्मपरकता में आई तब्दीलियों के बजाय उन भौतिक संरचनाओं पर ज्यादा जोर दिया है जो इस तरह की सेक्शुअल व्यवस्था की जिम्मेदार थीं।

मानवशास्त्रियों ने लोकगाथाओं की भी जाँच-पड़ताल की। अपने सेक्शुअल खुलेपन, हास्यबोध और बेतुकेपन से चकित कर देने वाली ये लोकगाथाएँ ए.के. रामानुजन के अनुसार मुख्यत: बूढ़ी स्त्रियों द्वारा सुनाई गई कहानियाँ हैं। लेकिन, मानवशास्त्र ने इन्हें या तो माँ-बेटे के रिश्ते की हिंदू किस्म में सीमित करके रस-गंधहीन बना दिया, या फिर वे सांस्कृतिक सापेक्षतावाद का शिकार हो गईं। आखिर बूढ़ी स्त्रियों द्वारा कही गई इन कथाओं को उस तरह क्यों नहीं पढ़ा जा सकता जिस तरह काली स्त्रियों के अनुभवों को देखा जाता है? उनका रोमानीकरण करने की जरूरत नहीं है, पर उन्हें उनकी घटनात्मकता के दायरे में रखकर तो देखा ही जा सकता है।

जातियों और कुटुम्बों के बीच स्त्रियों, उनकी उत्पादक और प्रजननकारी क्षमताओं के विनिमय पर होने वाली मानवशास्त्री चर्चाएँ सेक्शुअलिटी से संबंधित प्रसंगों पर खामोशी की चादर डाल देती हैं। इस लिहाज से कुछ अनुसंधान ऐसे भी हैं जो हट कर लगते हैं और मध्यवर्गीय समझ के दायरों से परे जाने में समर्थ हैं। इस पुस्तक में संकलित प्रेम चौधरी का निबंध जाति और समुदायगत आचरण संहिताओं का उल्लंघन करने पर की जाने वाली बदले की हिंसा का ब्योरा पेश करता है। इसके उलट दक्षिण भारत की धार्मिक और जातिगत पंचायतें इस तरह के अतिक्रमणों को कहीं अधिक नरम तरीके से निबटाती हैं। कुल मिलाकर ऐसा लगता है कि जातियाँ और समुदाय अपने यौन मानकों का उल्लंघन होने पर अलग-अलग स्तर पर कार्रवाई करते हैं। वे कभी क्षमा करते हैं, कभी दंडित करते हैं, और कभी पाबंदियाँ लगाते हैं। ऐसा लगता है कि अगर ये सामाजिक संरचनाएँ कुछ लचीलापन अपनाएँ तो यौन संहिताओं के भंग होने की सूरत में भी वे अपनी बुनावट कायम रख सकते हैं।

दरअसल, मानवशास्त्रियों के पास सेक्शुअल गतिशीलता और जाति-समुदाय के बीच संबंध पर ज्यादा कुछ कहने के लिए है नहीं। इस बारे जो भी काम हुआ है, वह इस अनुशासन के बाहर किए गए प्रयासों की देन है। कभी-कभी तो ऐसा लगता है कि मानवशास्त्र द्वारा पेश जाति-समुदाय-जेंडर की तिकड़ी ने देहाती और शहरी भारत में सेक्शुअलिटी की अवधारणात्मक समझ बनाने का सुनहरा अवसर गँवा दिया है।

कानून का दायरा : अंग्रेजों के जमाने में अदालतों और विधायिकाओं में सेक्शुअलिटी के प्रश्नों पर जम कर चर्चा होती थी। नारीवादी विद्वानों के प्रयासों ने भी साबित किया है कि न केवल सरकारी कानून, बल्कि जातिगत और धार्मिक संस्थाओं के कायदे-कानूनों के जरिए भी सेक्शुअलिटी का इतिहास उकेरा जा सकता है।

अदालत में बलात्कार की शिकार स्त्री के साथ जिरह के दौरान होने वाले 'दूसरे बलात्कार' और बलात्कार के बारे में उभरे न्यायिक विमर्श की ओर नारीवादियों द्वारा ध्यान खींचा गया है। चाहे भँवरी देवी का बलात्कार हो, मथुरा का बलात्कार हो या रमीजाबी के साथ किया गया यौन दुराचार हो, अदालत की निगाह में स्त्री की जातिगत, वर्गीय या जातीय हैसियत उसे बलात्कार के लिए उकसावा देने का जिम्मेदार हो जाती है। साथ ही, अगर स्त्री का कोई यौन अतीत है तो अदालतें उसे 'उत्पीड़ित' मानने के लिए तैयार ही नहीं होतीं। बलात्कार की शिकार ऊँची जातियों की स्त्रियों के साथ अदालत कुछ नरमी से जरूर पेश आती है, पर ऐसे मामलों में भी उसका फैसला हमेशा स्त्री के पक्ष में नहीं होता। अदालतें मान कर चलती हैं कि स्त्री की कामेच्छा या तो उसके पति से संबंधित होनी चाहिए, या फिर उसके आधार में माँ बनने की इच्छा होनी चाहिए।

कुछ ताजे अनुसंधानों में रिवाजी कानूनों में अंतर्निहित लचीलेपन पर रोशनी डाल कर दिखाया गया है कि विवाह के रूपों और सेक्शुअलिटी के बारे में ये कायदे-कानून स्थानीय सत्ता समीकरणों के संदर्भ में अदालतों के मुकाबले कहीं ज्यादा संवेदनशील थे। पर, यह बात समझ में नहीं आती कि अंग्रेजों के आने के बाद उनका लचीलापन कड़ाई में क्यों बदलता चला गया, बावजूद इसके कि औपनिवेशिक और उत्तर-औपनिवेशिक कानून ने भारत की स्थानीय पितृसत्ताओं के साथ समायोजन ही किया है।

कुल मिलाकर कानून, मानवशास्त्र और जनसंख्यामूलक विमर्श के दायरे सेक्शुअलिटी के बारे में एक मिली-जुली विरासत के वाहक प्रतीत होते हैं। इनमें एक तरफ तो हिचक दिखाई देती है जिसके तहत संबंधित सवाल अगर एक मुकाम पर उठते हैं तो दूसरे मुकाम पर खामोश कर दिए जाते हैं। दूसरी तरफ

सेक्स संबंधी चर्चाओं को लेकर इतना खुलापन है जिसे किसी भी अन्य संदर्भ में पोर्नोग्राफी की संज्ञा दी जा सकती है।

'सेक्स' का निरूपण

'सेक्स' का अधिक विस्तृत निरूपण देखने के लिए कला (सौंदर्यमूलक अथवा 'उच्च') और मीडिया (व्यावसायिक अथवा 'लोकप्रिय') के क्षेत्रों पर निगाह डाली जा सकती है। 'संस्कृति' के साहित्यिक, प्रदर्शनकारी, दृश्य अथवा प्रौद्योगिक क्षेत्रों में सेक्शुअलिटी की स्पष्ट उपस्थिति है। इसका संबंध कलाकारों की अनूठी अंतर्दृष्टि और सृजनात्मकता से भी समझा जा सकता है, और अगर कोई चाहे तो इसे सेक्स के चित्रण की विकृत लालसाओं से भी जोड़ कर देख सकता है। स्थानाभाव के कारण हमने यहाँ केवल शिल्पकला और दृश्य माध्यमों में सेक्शुअलिटी के निरूपण पर विचार किया है।

शिल्पकला : प्राचीन और मध्ययुगीन शिल्पकला और ग्रंथों में सेक्शुअलिटी के उन्मुक्त निरूपणों की यूरोपियन विद्वानों और औपनिवेशिक अन्वेषकों पर अलग-अलग प्रतिक्रिया हुई है। रिचर्ड बर्टन जैसे लोगों ने भारतीय सेक्शुअलिटी से संबंधित एक प्रमुख कृति के रूप में *कामसूत्र* जैसे प्राचीन ग्रंथ का उद्धार किया, और दूसरी तरफ १८३९ में टी.एस. बर्ट जैसे अन्वेषकों को खजुराहो की मैथुनरत मूर्तियाँ बेहद अश्लील और आपत्तिजनक लगीं। जेम्स फर्ग्यूसन और पर्सी ब्राउन जैसे लोगों में कोणार्क की मूर्तियाँ देखकर बड़ा जटिल द्वैध पैदा हुआ। उनके प्रति सराहना भाव रखते हुए भी उनकी यौन उन्मुक्तता ने इन लोगों को परेशान कर दिया।

धार्मिक स्थलों पर पाई जाने वाली इन शृंगारिक मूर्तियों की रहस्यवादी व्याख्याएँ भी खूब हुईं। मसलन, ई.बी. हावेल का कहना था कि यह अश्लीलता दरअसल मंदिरों को बुरी नजर से बचाने के लिए टोटके की तरह थी। स्टेला क्रेमरिश की निगाह में अंगों का प्रगाढ़ आलिंगन तो दरअसल पुरुष और प्रकृति के मिलन का प्रतीक है। आनंद कुमारस्वामी इस विचार से सहमत होते हुए यहाँ तक कहते हुए दिखते हैं कि जीवन के किसी भी रूप के निरूपण का नकार, यानी शृंगारिकता का नकार ईश्वर के नकार के समान होता है।

भारत की इस शृंगारिक विरासत से राष्ट्रवादी सौंदर्यशास्त्र ने ही आँखें नहीं चुराई हैं, बल्कि समकालीन विद्वत्ता भी इससे बचने की कोशिश करती रही है। कुछ ने मंदिर की दीवारों पर चित्रित सेक्स को तांत्रिक कर्मकांडीयता की तरह परिभाषित करने का प्रयास किया है। इसी तरह चित्रकला, मिथकों और कविता वगैरह में शृंगारिक चित्रण की व्याख्याएँ या तो आंशिक हैं या फिर गुमराह करने

वालीं। भारतीय राज्य भी इस अतीत का कोई अधिकारिक आख्यान पेश नहीं कर सका। दरअसल, उसने दृष्टि पर सेंसर लगाने के नए-नए तरीके खोजने के अलावा कुछ नहीं किया।

इसी तरह नारीवादियों की तरफ से भी इस विषय में कोई उल्लेखनीय दृष्टिकोण पेश नहीं किया गया। कुछ नारीवादियों की नजर समलैंगिकता दिखाने वाले शिल्पों को प्राचीन भारत की सेक्शुअलिटी का प्रमाण मानने से आगे जाने में नाकाम रही। सवाल यह है कि समृद्ध लेकिन गूढ़ अर्थों वाली इस विरासत को कैसे पढ़ा जाए? क्या इन्हें खुलेपन और स्त्री-कामेच्छा के चिह्नों की तरह देखा जाए? मसलन, मालती डी. एल्विस का कहना है कि श्रीलंका के सिगिरिया भित्ति चित्र स्त्रियों के शृंगारिक उत्सवों पर एक सराहनापूर्ण दृष्टि डालते हैं। दरअसल, इन शृंगारिक निरूपणों का अध्ययन करते समय नारीवादी अध्येताओं द्वारा दोनों तरह की कामेच्छाओं के संतुलन के बजाय स्त्री सेक्शुअलिटी के प्रति इनके पुरुष रचनाकारों में अंतर्निहित द्वैध और भयों पर विशेष निगाह डाली जानी चाहिए।

हिंदू मिथकों का जटिल संसार साफ तौर से बताता है कि स्त्री की सेक्शुअलिटी के रूपों के प्रति पुरुषों में किस तरह का डर और संशय रहा है। हिंदू मिथकों में स्त्री के शृंगारिक रूप के कारण पुरुष शक्तिहीनता के डर का शिकार हो जाता है। दूसरी तरफ, स्त्री उसका मातृमूलक रूप उसमें कौटुम्बिक व्यभिचार का अंदेशा पैदा करता है। दोनों ही स्थितियों में स्त्री की प्रधानता पुरुष के लिए एक समस्या है। एक ओर मैथुनरत मूर्तियाँ हैं, और मिथकों में आने वाली पुरुष को लील लेने और चबा जाने के लिए उद्धत राक्षसी यौनि और लेटे हुए पुरुष पर अपना पैर रखे हुए काली की बाहर निकली हुई शिश्न समान जीभ है। हर जगह स्त्री की सेक्शुअलिटी डर और संशय पैदा कर रही है। नारीवादियों को इस पूरे सिलसिले की व्याख्या करने की चुनौती का सामना करना ही होगा।

सिनेमा और मीडिया : रजत पट पर होने वाले सेक्शुअलिटी के निरूपण समझने में नारीवादियों को काफी दिक्कत हुई है। जैसा कि नंदिता गाँधी और नंदिता शाह ने कहा भी है, सत्तर के दशक में आठ साल तक अश्लील पोस्टरों और होर्डिंगों को काले रंग से पोतते रहने के बावजूद स्त्रियों के संगठन अश्लीलता और पोर्नोग्राफी की अवधारणात्मक समझ बनाने की तरफ एक इंच भी नहीं बढ़ पाए। अश्लीलता विरोधी कानूनों पर हुई कुछ शुरुआती चर्चाओं में शहनाज अंकलेसरिया ने एक अहम हस्तक्षेप यह किया कि उन्होंने लैंगिक हिंसा और सेक्स के निरूपण के बीच फर्क दिखाया। उनका कहना था कि नारीवादियों को लैंगिक हिंसा का प्रतिरोध करना चाहिए, न कि सेक्स-निरूपण का। लेकिन,

इतना कहने के बाद शहनाज स्वयं इस दलील में फँस गईं कि हिंसा और यौनिक बदसलूकी की छवियों के कारण बहुएँ जलाने, यौन उत्पीड़न और बलात्कार की घटनाओं में बढ़ोतरी हो जाती है। *मानुषी* पत्रिका में नियमित रूप से छपने वाली फिल्म समीक्षाओं में फिल्मों की जाँच-पड़ताल रोजमर्रा की हकीकतों की कसौटियों पर कस कर की गई। मसलन, इस पत्रिका के समीक्षकों ने *अर्धसत्य* फिल्म में ओम पुरी की द्वंद्वग्रस्त मर्दानगी को अमिताभ बच्चन द्वारा निरूपित प्रबल और अपराजेय पौरुष पर प्राथमिकता देना मुनासिब समझा। चूँकि अधिकतर औरतें हालात का शिकार होकर ही वेश्यावृत्ति के पेशे में जाती हैं, इसलिए श्याम बेनेगल की *मंडी* में स्त्रियों द्वारा यौनदासता में भी मजा लेने का चित्रण प्रश्नांकित किया गया। यहीं सवाल उठता है कि अगर फिल्मों का आदर्श यथार्थ-चित्रण ही होना चाहिए, तो क्या इस तर्क के आधार पर सिनेमा के पर्दे पर अधिक सेक्स और लैंगिक हिंसा नहीं दिखाई जानी चाहिए? बहरहाल, मधु किश्वर और रुथ वनिता ने स्त्रियों का अश्लील निरूपण रोकने के लिए बने कानून में संशोधन की यह कहकर उपयोगी आलोचना पेश की कि यह विधेयक हास्यास्पद ढंग से अस्पष्ट है। इसका दायरा बहुत बड़ा रखने की कोशिश की गई है। नतीजतन इसका कार्यान्वयन ही नहीं हो पाएगा और इसके आधार पर राज्य की मनमानी और बढ़ जाने का अंदेशा रहेगा।

अस्सी के दशक में 'फिल्म थियरी' के मुताबिक भारतीय सिनेमा को सिद्धांतबद्ध करने की कोशिश भी शुरू हुई। इसमें मनोविश्लेषण, नारीवादी विचार और हॉलीवुड सिनेमा के अध्ययनों का इस्तेमाल करते हुए अमेरिकी सिनेमा के यथार्थवादी कथांकन और भारतीय सिनेमा के जज़्बाती रवैये, तड़क-भड़क और फैंटेसी का हद से ज्यादा सहारा लेने के बीच फर्क दिखाने की अपर्याप्त कोशिशें की गईं।

रवि वासुदेवन ने अपने एक शुरुआती लेख में पचास के दशक की पारिवारिक प्रेम कथाओं में स्त्री की सेक्शुअलिटी की व्याख्या की। उन्होंने दिखाया कि किस तरह ये फिल्में स्त्री-यौनिकता को एक विचलन या क्रम-भंग के रूप में दिखाती हैं। इन कथानकों में स्त्री की सेक्शुअलिटी अच्छे और बुरे, देहात और शहर, भारतीय और पश्चिमी, पवित्रता और यौनिकता, कर्तव्य और कामना के द्विभाजन में फँसी नजर आती है। अस्सी और नब्बे के दशक में फिल्म अध्ययन के अनुशासन ने सेक्शुअलिटी के मुद्दे के साथ बेहतर संवाद स्थापित किया। माधव प्रसाद ने अपने लेख 'सिनेमा एंड दि डिजायर फार मॉडर्निटी' में निजी धरातल पर यौन अंतरंगता और स्त्री के शरीर को दर्शनीय बनाकर पेश करने वाले निरूपणों में अंतर किया। वासुदेवन का रवैया जहाँ आम तौर पर

रूपवादी फिल्म आलोचना के मुताबिक रहा, वहीं माधव प्रसाद ने विचारधारा और पूँजीवाद के बदलते रूपों के बीच संबंधों की जटिलता पर ध्यान दिया। तेजस्विनी निरंजना ने हैदराबाद में मणिरत्नम की *बोंबे* पर लगे प्रतिबंध के संदर्भ में फिल्म के उदारतावाद पर प्रश्न उठाते हुए कहा कि हिंदू-मुसलमान जोड़े की ऐंद्रिकता का चित्रण साम्प्रदायिक नफरत कम करने के बजाय एक समुदाय को 'आपत्तिजनक' भी लग सकता है, क्योंकि बुनियादी रूप से फिल्म में निहित साम्प्रदायिकता की समझ ही समस्याग्रस्त है।

जाहिर है कि सिनेमा और मीडिया की अश्लीलता और सेक्शुअलिटी संबंधी समझ अब तक लंबा रास्ता तय कर चुकी है। लेकिन, पुरानी समस्याओं का असर अभी भी लगता है, और नए मुद्दे भी सामने लाए जा रहे हैं। अश्लीलता, सेक्स, कामना और हिंसा के निरूपण की अधिक बारीक समझ बनाने की जरूरत महसूस की जा रही है। इस संकलन में शामिल सोहिनी घोष का लेख इस संबंध में नारीवादी द्वैध और दुविधा को एक विश्लेषणात्मक परिप्रेक्ष्य में सामने रखता है। इसी तरह सेक्शुअलिटी और लिखित शब्द के बीच संबंध समझने की कोशिश भी की गई है। तेलुगू लेखक चलम के बारे में लिखे गए प्रशंसात्मक आलेख के अलावा इस संकलन में सूसी थारू का एक लेख भी है जिसमें उन्होंने गुजराती लेखक सरोज पाठक की पत्रकारीय और साहित्यिक रचनाओं के जरिए पचास और साठ के दशक में राष्ट्र-राज्य के विकास के दौरान नागरिकता की अभिव्यक्तियों के सेक्शुअल मुकामों को उकेरा है।

सेक्शुअलिटी और राजनीतिक आंदोलन

हम जानते हैं कि अतीत में राष्ट्रवादी आंदोलन ने राष्ट्र-निर्माण के लिए यौन ऊर्जा का उपयोग करने की कोशिश की थी। सवाल यह है कि आजादी के बाद हुए लोकतांत्रिक और रेडिकल आंदोलनों ने सेक्शुअलिटी के मुद्दे के साथ किस तरह का संवाद स्थापित किया? इस संबंध में वामपंथी आंदोलन और गैर-ब्राह्मण आंदोलन के उदाहरण द्रष्टव्य हैं।

सत्तर के दशक के बाद विकसित हुआ भारतीय नारीवाद काफी-कुछ मार्क्सवाद से प्रेरणा प्राप्त करता रहा है, पर इसके बावजूद भारत में प्रतिष्ठानमूलक मार्क्सवाद और नारीवाद के बीच रिश्ते समस्याग्रस्त रहे हैं। वामपंथी आंदोलन ने सशस्त्र संघर्ष समेत राजनीतिक गतिविधियों के दायरे में स्त्रियों को अधिक दृश्यमान बनाया है, पर यह भी एक हकीकत है कि 'अनैतिकता' के संदेह के आधार पर स्त्रियों को पार्टी से निकाला भी जाता रहा है। तेलंगाना के सशस्त्र संघर्ष में भाग लेने वाली स्त्रियों का बहुचर्चित अनुभव

इसका प्रमाण है। अन्य सामाजिक आंदोलनों की भाँति छापामार आंदोलन में भी पुरुषों और खास तौर से ऊँची जाति के पुरुषों द्वारा किया गया यौन अतिक्रमण अधिक सहन किया जाता रहा है, और स्त्रियों से उम्मीद की जाती रही है कि वे यौन नैतिकता का झंडा बुलंद करती रहेंगी। यू. विंध्या का लेख इशारा करता है कि रेडिकल वामपंथी आंदोलन में सक्रिय स्त्रियाँ चलम जैसे लेखकों की रचनाओं का उपयोग करके राजनीतिक गतिविधियों और सैद्धांतिक आलोचना के क्षेत्र में नया कदम उठा सकती हैं। बहरहाल, हाल ही में तेलुगू नारीवादी कविता पर साहित्यालोचकों (इनमें वामपंथी भी शामिल हैं) द्वारा लगाया गया पोर्नोग्राफिक होने का आरोप बताता है कि स्त्री लेखन की विषयवस्तु आज भी विवादास्पद बनी हुई है।

स्त्री-पुरुष संबंधों पर रेडिकल तरीके से पुनर्विचार करने की कोशिश गैर-ब्राह्मण आंदोलन में भी की गई थी। पेरियार जैसे नेता ने गर्भनिरोध पर एक नए तरह की बहस चलाई थी। चलम के लेखन में जातिगत मुद्दे स्पष्ट रूप से नहीं उभरते, पर गैर-ब्राह्मण आंदोलन ने सेक्शुअलिटी की राजनीति के जातिसंबंधी आयामों को स्पर्श दिया। वी. गीता बताती हैं कि पेरियार ने गाँधी द्वारा की जाने वाली भक्ति और त्याग की राजनीति की जम कर मुखालफत की और उस नागरिक समाज की नई शक्ल बनाने की कोशिश की जिस पर गाँधी ने अपना दावा किया था। यह नागरिक समाज चेतना, सम्प्रेषण, सेक्शुअलिटी और अस्मिता के भीतरी तौर से जुड़े आयामों से मिलकर बना था। आत्म-सम्मान आंदोलन आत्म-सम्मान युक्त विवाह की धारणा लेकर आया। यह विवाह एक ऐसे सामाजिक करार के इर्द-गिर्द सूत्रबद्ध किया गया था जिसके आधार में पारस्परिकता, एक-दूसरे की यौनेच्छा और बुद्धिवादी आग्रह थे। यहीं सवाल उठता है कि चाहे गाँधी हों, चलम हों या फिर पेरियार हों; आखिर ये तीनों पुरुष ही थे जिन्होंने सामाजिक रिश्तों में बुनियादी परिवर्तन कल्पित करने में अपने राजनीतिक प्राधिकार का उपयोग किया। क्या इस संबंध में हो सकने वाली नारीवादी कल्पनाशीलता इससे भिन्न होगी?

वैकल्पिक यौनिकताएँ

एक विषय के रूप में 'सेक्स' से संबंधित विमर्शों में इतरलैंगिकता की संरचनाओं (पितृसत्ता और जेंडर से अलग) के प्रभुत्व की आलोचना न के बराबर ही की जाती रही है। लेकिन, दुनिया के अन्य हिस्सों की भाँति भारत में भी स्त्री और पुरुष समलैंगिक आंदोलन का विकास हो रहा है, और उस पर मीडिया की निगाह भी पड़ रही है।

१९८८ की शुरुआत में मध्य प्रदेश की दो महिला पुलिसकर्मियों ने आपस में विवाह करने का फैसला करके एक तरह का हंगामा खड़ा कर दिया। मीडिया ने इस खबर को सुर्खियाँ दीं। इस घटना के बहुआयामी प्रभाव पड़े। इस लेस्बियन रिश्ते के इर्द-गिर्द हुई बहस को पश्चिमी प्रभाव कहकर खारिज नहीं किया जा सकता था। साथ ही नारीवादी आंदोलन और समलैंगिक आंदोलन के बीच के रिश्ते भी बहस के केंद्र में आए। पिछले दस-पंद्रह सालों में भारत के भीतर और पश्चिम में रहने वाले दक्षिण एशियायियों के बीच समलैंगिक आंदोलनों की दृश्यमानता बहुत बढ़ी है। कई समूह सक्रिय हो गए हैं। प्रकाशनों का क्रम शुरू हुआ है। गुदा-मैथुन विरोधी कानून खारिज करवाने और समलैंगिक विवाहों को इजाजत देने वाले विशेष विवाह कानून बनवाने के लिए कानूनी मुहिम चलाई जा रही है। हाल ही में शेरी जोसेफ ने गे और लेस्बियन आंदोलन की अस्मिता-राजनीति को पश्चिम में चल रहे इसी तरह के आंदोलनों की रोशनी में देखने की कोशिश की है। साथ ही उन्होंने इस पुरुष प्रधान आंदोलन के भीतर लेस्बियनों द्वारा महसूस की जा रही दिक्कतों की तरफ भी इशारा किया है।

स्त्री आंदोलन की प्रवक्ताओं में से एक फ्लेविया एग्नस ने की मान्यता है कि शोषणकारी उसूलों और पितृसत्ता के खिलाफ संघर्ष में लेस्बियनिज्म स्त्री मुक्ति आंदोलन का अभिन्न हिस्सा समझा जाना चाहिए। लेकिन, स्त्री आंदोलन के भीतर समलैंगिकों के खिलाफ शत्रुभाव रखने वाले तत्त्व भी हैं। भारतीय स्त्रियों के राष्ट्रीय महासंघ की उपाध्यक्ष १९९४ में प्रधानमंत्री को पत्र लिखकर अनुरोध कर चुकी हैं कि दक्षिण एशियायी गे कान्फ्रेंस बंबई में करने की इजाजत नहीं दी जानी चाहिए। स्त्री संगठन जागोरी ने स्त्री आंदोलन में सक्रिय एक हस्ती द्वारा समलैंगिकता के खिलाफ इस तरह के तथ्यहीन वक्तव्य जारी करने के विरोध में एक पत्र जारी किया जिसका काफी प्रचार हुआ और जिसे बहुत से लोगों का समर्थन भी मिला।

इसी दौरान मीडिया ने गे और लेस्बियन अस्मिताओं और सेक्शुअलसंबंधी चुनाव की आजादी के बारे में सामग्री प्रकाशित करनी शुरू की, जिसे देखने पर पहली नजर में लगता था कि वह वैकल्पिक यौनिकताओं को गंभीरता से ले रहा है। थोड़ा गहराई से देखने पर पता चला कि होमोफोबिया (समलैंगिक भीति) का शिकार होने से बचने के लिए मीडिया इस विषयवस्तु को मोहकता और अनिवार्यता के ताने-बाने में गूँथ कर पेश कर रहा है। हमदर्दी दिखाने के बावजूद मीडिया लेस्बियन छवि को एक अलग-थलग पहचान के रूप में ही चित्रित करता नजर आया। दूसरी तरफ, *दायरा, तमन्ना* और *फायर* जैसी फिल्मों ने कला फिल्मों के दायरे में समलैंगिक रिश्तों की विषयवस्तु को मान्यता दिलाई। *बोंबे*

फिल्म में दिखाया गया कि एक हिजड़ा हिंदू नायक और मुसलमान नायिका के जुड़वाँ बच्चों को साम्प्रदायिक हिंसा से बचा कर अस्मिताओं की असंभाव्यता का प्रवक्ता बन जाता है। लेकिन, *हम आपके हैं कौन* नामक फिल्म में शादी के प्रसंग के दौरान नायक तो स्त्री के कपड़े पहन कर सिर्फ स्त्रियों के लिए सुरक्षित स्पेस में भागीदारी कर पाता है, पर 'बच' यानी लेस्बियन यौन संबंधों में पुरुष की भूमिका निभाने वाली स्त्री को उस दायरे में प्रवेश नहीं मिलता और स्त्रीवेषधारी पुरुष द्वारा उसकी बेइज्जती की जाती है।

इस संबंध में कुछ विद्वत्तापूर्ण पहलकदमियाँ भी उल्लेखनीय हैं। सेरेना नंदा द्वारा हिडड़ों का मानवजातीय अध्ययन प्रकाशित हुआ है। वैसे भी हिजड़ों के बारे में देशी-विदेशी विद्वानों में काफी अरसे से रुचि रही है। नंदा के अध्ययन में हिजड़े स्त्री के रूप में रहने वाले समलैंगिक पुरुष की तरह पेश किए गए हैं। समाज की मुख्यधारा से अलग रहने वाले इस समुदाय का मुखिया उनका गुरु होता है और वे नाच-गाकर, यौन-कर्मियों के रूप में या खैरात से अपनी रोजी-रोटी चलाते हैं। नंदा के सामने हिजड़ों का हाशियाग्रस्त वजूद भी स्पष्ट है, फिर भी वे मानती हैं कि पश्चिम के मुकाबले भारतीय समाज में लैंगिक विभिन्नताओं, अस्पष्टताओं और अंतर्विरोधों के लिए ज्यादा गुंजाइश है। इस लिहाज से नंदा के अनुसार हिजड़ों को भारतीय समाज में तीसरे लिंग के रूप में मान्यता प्राप्त है। जाहिर है कि नंदा की धारणाएँ बहसतलब हैं।

समलैंगिक यौनिकता को पश्चिमी आयात मानने के रवैये की प्रतिक्रिया में भारतीय अतीत को भी कुरेदा जा रहा है। प्राचीन ग्रंथों, मध्ययुगीन दरबारी रीति-रिवाजों, महाकाव्यों और तांत्रिक कर्मकांडों में समलैंगिक यौनक्रियाओं और निरूपणों की जाँच-पड़ताल की जा रही है। इस प्रकार के प्रयासों में पद्धति का प्रश्न महत्त्वपूर्ण बन जाता है। सामग्री कितनी भी प्राचीन हो, उसके पाठ और व्याख्या के औजार तो आधुनिक ही होते हैं। लेस्बियन सेक्शुअलिटी के अपने उल्लेखनीय अध्ययन में गीति थडानी उन प्राचीन परंपराओं का जिक्र करती हैं जो स्वायत्त और स्त्रीकेंद्रित हैं। थडानी के अनुसार इस्लाम और ब्रिटिश उपनिवेशवाद के आगमन से इन परंपराओं का क्षय हुआ और हिंदू धर्म अधिक एकाश्म और इतरलैंगिक होता चला गया। दिक्कत यह है कि इस तरह की ऐतिहासिक महागाथाएँ एक तरफ तो प्रामाणिक सामग्री की कमी की शिकार होती हैं, दूसरी तरफ उन पर आज के एजेंडे की छाया भी होती है। इसमें हिंदू दक्षिणपंथियों का एजेंडा भी शामिल है। लेकिन, इस सीमा के बावजूद प्राचीन, मध्ययुगीन और आधुनिक इतिहास द्वारा प्रदत्त सामग्री का इस्तेमाल करने के प्रयास बंद नहीं किए जाने चाहिए।

जहाँ तक लेखों के इस संकलन का सवाल है, समलैंगिकता को वैकल्पिक यौनिकता के रूप में पेश करने के खतरे भी हैं। निवेदिता मेनन के अनुसार समलैंगिकता को वैकल्पिक जीवन-शैली मान लेने का एक मतलब इतरलैंगिकता को स्थापित मानक के रूप में स्वीकार कर लेने का भी निकलता है। निवेदिता पूछती हैं कि तरह-तरह की यौनिकताओं के लिए गुंजाइश निकालने का प्रयास करने के बजाय क्या प्राकृतिक और स्वाभाविक यौनिकता का दायरा विस्तृत करने के जरिए प्रचलित यौन बंदोबस्त को अस्थिर करने की रणनीति बेहतर नहीं होगी? देह और कामना की स्थापित संरचनाओं को ही स्वाभाविक मानने की प्रवृत्ति के खिलाफ संघर्ष इस रणनीति का दूसरा पहलू हो सकता है।

निष्कर्ष

परिप्रेक्ष्यों की विविधता ही इस संकलन का सबसे महत्त्वपूर्ण पहलू है। सभी निबंध अपने-अपने दृष्टिकोणों से यौनिकता की प्रचलित परिभाषाओं और आम धारणाओं को विस्तृत या संशोधित अथवा उनकी परीक्षा-समीक्षा करना चाहते हैं। इन निबंधों में समकालीन जगत को अलग-अलग नजरियों से देखा-समझा गया है। कुमकुम रॉय और उमा चक्रवर्ती के लेख हमें अतीत की ओर ले जाते हैं, मगर यहाँ भी समकालीन सरोकार मौजूद हैं। रॉय का निबंध वात्स्यायन रचित 'कामसूत्र' में आधुनिक युग से लेकर आज तक आए बदलावों से संबंधित है। हमारे मिथकीय अतीत के ब्रह्मचारी महानायकों को वर्तमान राजनीतिक विचारधाराओं के धारक-समर्थक के रूप में प्रस्तुत करने की रणनीति इतनी सफल क्यों रही है? चक्रवर्ती ने 'चाणक्य' टीवी धारावाहिक के जरिए इस सवाल का जवाब देने की कोशिश की है। यू. विंध्या और सूज़ी थारू ने साहित्य के माध्यम से सेक्शुअलिटी के प्रश्नों पर प्रकाश डाला है। स्वंतत्रता-पूर्व आंध्र प्रदेश के संदर्भ में तेलुगू लेखक चलम के स्त्री पात्र और आजादी के बाद गुजरात में गुजराती लेखिका सरोज पाठक की कहानी 'दुष्चक्र' उस व्यथा और विघटन को चित्रित करते हैं जिसने यौनिक-स्वतंत्रता के संघर्ष को आकार दिया। वी. गीता और प्रेम चौधरी के लेख अलग-अलग सांदर्भिक कोणों से वैवाहिक संबंधों में हिंसा के विषय पर विचार करते हैं। पुरुषों की सामान्य काम-संरचना किस प्रकार स्त्रियों के अनुभव में दर्द का रूप धारण करती है—इस प्रक्रिया को वी. गीता ने चेन्नई की एक झुग्गी-झोपड़ी बस्ती की औरतों के माध्यम से समझने की कोशिश की है। ग्रामीण हरियाणा में अंतरजातीय विवाह करने वालों और सजातीय विवाहों में सामाजिक-सांस्कृतिक मानक-मर्यादाओं का उल्लंघन करने वालों को दी जाने वाली हिंसक सजाओं का विवरण प्रेम चौधरी के निबंध में

मिलता है।

संकलन के अंत में मीडिया जगत पर केंद्रित निबंधों का समूह है। 'फायर' फिल्म पर मैरी जॉन और तेजस्विनी निरंजना द्वारा संकलित लेखों में स्त्री समलैंगिकता के वर्जित विषय को संबोधित करने में फिल्म माध्यम के महत्त्व का अंदाजा लगता है। यौन कामुकता-प्रधान छवियों के प्रकाशन-प्रसारण पर नारीवादी अक्सर प्रतिबंध लगाने की माँग करते हैं। सोहिनी घोष ने अपने लेख में इस प्रवृत्ति की समीक्षा की है। अंतिम लेख में अभय कुमार दुबे ने दिल्ली के महानगरीय मीडिया के आईने में प्रेम और सेक्स की दुनिया में बदलते हुए रिश्तों को देखने की कोशिश की है।

हालाँकि सेक्शुअलिटी समाज की एक निर्धारक शक्ति है, पर इस पुस्तक के लेख उस शक्ति का कोई सटीक चित्रण करने का दावा भी नहीं करते। ये लेख तो सेक्शुअलिटी से संबंधित कुछ विशिष्ट मुकामों पर नजर डालते हैं, जहाँ सेक्शुअलिटी कभी तो स्कैंडल की तरह उभरती है, कभी सत्ता के औजार के रूप में, कभी हिंसा के एक रूप के तौर पर और कभी आजादी के निशानों की तरह सामने आती है। निबंधों में कोशिश की गई है कि सेक्शुअलिटी से संबंधित मुद्दों और उन्हें आपस में जोड़ने वाले सूत्रों को उभारा जाए, ताकि समाज द्वारा अपनायी जाने वाली चुप्पी प्रश्नांकित करते हुए सेक्शुअलिटी के नए बनते हुए भारतीय खाके की रूपरेखा स्पष्ट हो सके।

इन निबंधों का दायरा व्यापक है। जहाँ तक क्षेत्र का सवाल है, इन निबंधों में उत्तर भारतीय देहाती समाज से लेकर दिल्ली के महानगरीय परिदृश्य तक सेक्शुअलिटी के मुद्दों का संधान किया गया है। क्या भारतीय सेक्शुअलिटी के बारे में इनसे कुछ सामान्यीकृत निष्कर्ष निकाले जा सकते हैं? अवधारणात्मक स्तर पर एक बात जरूर कही जा सकती है कि ये निबंध सेक्शुअलिटी के विमर्श को दोनों सिरों पर खोल देते हैं। इनकी कोशिश है कि प्रति-विचार का पैंतरा इस विमर्श पर हावी न होने पाए। ये निबंध नहीं चाहते कि किसी खास सरोकार के शिन्कंजे में यह विमर्श फँस कर रह जाए। इनकी कोशिश यह पता लगाने की है कि पितृसत्ता की हमारी समझ सेक्शुअलिटी के आईने का इस्तेमाल करने से समृद्ध होती है या नहीं! इन निबंधों में पाठकों को वामपंथी क्रांतिकारी आंदोलन में पितृसत्ता के खिलाफ जूझती स्त्रियाँ मिलेंगी। यौन मुक्ति का झंडा उठाने वाले चलम के स्त्री पात्रों से मुलाकात होगी। सरोज पाठक के लेडीज़ टेलर का विखंडन होता हुआ मिलेगा जिससे भारतीय सेक्शुअलिटी की स्वातंत्र्योत्तर राजनीति स्पष्ट होगी। वैवाहिक संबंधों में पुरुष हिंसा के खिलाफ संघर्ष करती स्त्रियों से साक्षात्कार होगा। मीडिया समर्थित यौन क्रांति का खाका दिखाई देगा।

इन निबंधों को पढ़कर पाठकगण खुद तय कर सकते हैं कि भारतीय सेक्शुअलिटी के इन अलग-अलग मुकामों से पुरुष की यौन आक्रामकता और स्त्रियों के कष्ट के प्रति हमारी समझ कितनी बेहतर और नवीकृत होती है।

इतिहास, कामनाओं का
संसार और राष्ट्रवादी कल्पनाशीलता

१

कामसूत्र पर नई रोशनी

कुमकुम रॉय

एलेन दानील्यू ने *कामसूत्र* का सबसे ताजा अंग्रेजी अनुवाद किया है[१] जिसके ग्रंथ-परिचय में जानकारी दी गई है : 'सेक्स तकनीकों और आनंद-भोग से संबंधित दुनिया की सबसे प्राचीन और सर्वाधिक पढ़ी जाने वाली निर्देशिका'। यह परिचय आगे बताता है :

> *कामसूत्र* का नजरिया यथार्थपरक और व्यावहारिक है। वह बिना किसी लाग-लपेट और पाखंड के यौन जीवन के सभी पहलुओं की जानकारी देता है। इसमें विवाह, विवाहेतर संबंध, वेश्यावृत्ति, समूह में की जाने वाली यौन-क्रिया (ग्रुप सेक्स), परपीड़क-कामुकता (सेडोमैसोचिज्म), पुरुष और स्त्री की समलैंगिक प्रवृत्तियों और प्रति-लैंगिक वस्त्रसज्जा (ट्रांसवेस्टिज्म) जैसे विषयों के बारे में चर्चा शामिल है। *कामसूत्र* का पाठ एक ऐसे भारत का मोहक चित्र पेश करता है जिसके सेक्शुअलिटी से संबंधित खुलेपन के कारण शृंगारिकता की बेहद उन्नत अभिव्यक्ति सामने आई।

कामसूत्र के कई जाने-माने अध्ययन उपलब्ध हैं। इनमें से कई तो पिछली सदी में ही सामने आए। दरअसल, यह प्रशंसात्मक परिचय इन सभी के सार की झलक देता है।

कुछ साल पहले एक कंडोम की विज्ञापन-मुहिम में *कामसूत्र* का एक प्रतीक के रूप में जम कर इस्तेमाल किया गया। इस विज्ञापन के पाठ में कुछ

छवियाँ भी शामिल थीं, जिसमें जींस पहने एक पुरुष दिखाया जाता था जिसका चेहरा स्पष्ट नहीं था। पुरुष की बाँहों में एक युवा स्त्री बँधी होती थी जिसकी आँखें (समझा जा सकता था कि आनंदातिरेक से) अर्धोन्मीलित लगती थीं। स्त्री की छवि विज्ञापन देखने वाले की निगाह (पुरुष?) के लिए पूरी तरह खुली हुई थी। इस छवि-अंकन से *कामसूत्र* के पाठ का सायास और स्पष्ट आधुनिकीकरण होता नजर आता था। साथ ही इसके जरिए सेक्शुअलिटी की परिभाषा से संबंधित वह लैंगिक पूर्वग्रह भी जाहिर हो जाता था जो *कामसूत्र* का प्रमुख आयाम है।

हाल ही में मीरा नायर की एक विवादास्पद फिल्म को उसका शीर्षक भी *कामसूत्र* ने ही दिया। इस लेख की रचना के समय तक यह फिल्म भारत में प्रदर्शित नहीं हो पाई थी। उपलब्ध सूचनाओं के आधार पर शुरू में इस फिल्म का नाम इसके दो प्रमुख महिला चरित्रों के नाम पर *तारा और माया* रखा गया था।[२] फिल्म में सोलहवीं सदी यानी *कामसूत्र* की रचना के तकरीबन एक हजार साल पहले का कोई वाकया दिखाया गया है। बताया गया है कि यह फिल्म 'स्त्रियों की मैत्री और होड़ के बारे में होते हुए भी अंततः स्त्रियों की एकजुटता के बारे में है।'[३] दिक्कत यह है कि *कामसूत्र* के संस्कृत-पाठ में इन पहलुओं की झलक मिलना कुछ मुश्किल ही है। फिल्म के नाम बदले जाने और फिर उसके सेंसर किए जाने से उन तात्पर्यों की तरफ इशारा मिलता है जो अक्सर *कामसूत्र* के पाठ से निकाले जाते हैं। इनकी रोशनी में *कामसूत्र* की एक खास तरह की समझ बनती है जिसके मुताबिक यह रचना सेक्शुअलिटी की उन धारणाओं की वाहक है जो एक साथ उन्मुक्त होने के साथ परिष्कृत भी हैं।

इन मिसालों से जाहिर है कि आज से संभवतः करीब डेढ़ हजार साल पहले तैयार किया गया यह ग्रंथ हमारे लिए प्रासंगिक बना हुआ है। इसका पाठ प्राचीन शृंगारिक साहित्य की सूत्र या शास्त्र परंपरा के अंग के रूप में देखा जा सकता है। जहाँ तक समकालीन संदर्भों का प्रश्न है, *कामसूत्र* के बहुत से अनुवाद उपलब्ध हैं जिन्होंने पाठ को तकरीबन रूपांतरित ही कर दिया है।

लेकिन इसका मतलब यह नहीं निकाला जाना चाहिए कि *कामसूत्र* की शास्त्र परंपरा और उसके आधुनिक अनुवाद एक-दूसरे से एकदम अलग हैं। मसलन, शास्त्र परंपरा आमतौर पर किसी भी पाठ को मानकीय या निर्देशात्मक के रूप में परिभाषित करती है, और *कामसूत्र* के कई ताजे अनुवादों का आधार भी यही है। यहाँ तक कि इसी आधार पर उनका औचित्य सिद्ध किया जाता है। दरअसल, *कामसूत्र* के पाठ का एक विलक्षण पहलू यह है कि निर्देशात्मक साहित्य का अंग होने और उसके कारण कई तरह के प्रतिबंध प्रस्तावित करने

के बावजूद वह अपनी हिदायतों पर खरा उतरने के लिए पुरस्कार और उनका उल्लंघन करने के लिए दण्ड की व्यवस्था नहीं करता। यही वह गुण है जिसके कारण कई स्तरों पर इस पाठ के संधान की गुंजाइश मिल सकी है। इसी कारण से *कामसूत्र* में अपनी हिदायतें मनवाने के लिए साफ तौर से किसी प्रावधान का जिक्र नहीं मिलता। जो प्रावधान हैं भी, हम आगे चल कर देखेंगे कि वे किस तरह यदाकदा अंतर्निहित रूप में ही मिलते हैं। इस तरह की·विसंगतियाँ शास्त्रों के लिए आम बात हैं, और इन्हीं के कारण तरह-तरह से उनका अध्ययन कर पाना मुमकिन हो पाता है। कहना न होगा कि *कामसूत्र* का इतिहास लंबा और जटिल है, जिसकी केवल आंशिक जानकारी ही संभव हो सकी है।

अपने इस लेख में मैंने इस ग्रंथ के रूप और सार की जाँच करने की एक सीमित कोशिश की है। मेरा मकसद यह पता लगाना है कि अपने रचनाकाल यानी तीसरी और चौथी सदी के संदर्भ में *कामसूत्र* के तात्पर्य किस तरह पढ़े जाने चाहिए; और आज के जमाने में जब *कामसूत्र* के तात्पर्यों का आधुनिकता के मकसद से विनियोग किया जा रहा है तो उसके क्या फलितार्थ हो सकते हैं।

संदर्भ और रूप के प्रश्न

कामसूत्र की रचना या संकलन शायद दूसरी और चौथी सदी के बीच कभी उत्तर भारत में हुआ होगा।[४] हालाँकि इसका श्रेय आम तौर से वात्स्यायन को दिया जाता है, पर ज्यादा संभावना यही है कि इसमें कई लोगों ने योगदान किया होगा। संस्कृत के ग्रंथ अक्सर इसी तरीके से तैयार होते थे। *धर्मशास्त्र* की रचना का श्रेय मनु को दिया जाता है (इसीलिए इसे मनुस्मृति भी कहते हैं), और *अर्थशास्त्र* के रचयिता कौटिल्य माने जाते हैं। हालाँकि *कामसूत्र* इन दोनों के बाद तैयार किया गया, पर उसका संबंध इन दोनों से है। शैलीगत रूप से *कामसूत्र* कौटिल्य के *अर्थशास्त्र* के ज्यादा नजदीक है।

जाहिर है कि इन तीनों ग्रंथों की रचना और संकलन की प्रक्रिया बड़ी जटिल रही होगी। इनमें से प्रत्येक ग्रंथ मानव जीवन के तीन महत्त्वपूर्ण आयामों, धर्म, अर्थ और काम की विषयवस्तुओं पर क्रमशः विचार करते हुए उनका हल प्रस्तुत करता है। ये तीनों विषय मिलकर वह *त्रिवर्ग* बनाते हैं जो मनुष्य के सामाजिक जीवन की संपूर्णता को अपने-आप में समेट लेता है। परिणामस्वरूप, ये तीनों ग्रंथ सामाजिक मानक और आचरण संहिताबद्ध करने के विस्तृत प्रयासों के रूप में उभरते हैं। भले ही ये प्रयास हमेशा ही सुसंगत साबित न होते हों।

इन तीनों ग्रंथों में पूर्ववर्ती विद्वानों और लेखकों के हवाले मिलते हैं जिनकी राय या तो स्वीकार करके विस्तृत रूप से पेश की गई है, या फिर उसे खारिज

कर दिया गया है। ये ग्रंथ पहले से चली आ रही परंपराओं की परिणति का ही प्रतिनिधित्व करते हैं। इनमें नई जमीन तोड़ने का काम आंशिक रूप से ही किया गया है। जहाँ तक *कामसूत्र* का सवाल है, उसके लिए पूर्ववर्ती विद्वानों की चर्चा एक ऐसी युक्ति की तरह है जिसके जरिए वह स्वयं को काव्य या किसी साहित्यिक कृति के बजाय एक शास्त्र के रूप में स्थापित करता नजर आता है। यही कारण है कि *कामसूत्र* की विषयवस्तु श्रृंगारिक समझे जाने के बावजूद[५] संरचना और सरोकार के संदर्भ में उसकी शैली मानकीय परंपरा के अधिक नजदीक है।

सामाजिक मानकों और आचरणों को संहिताबद्ध करने की प्रक्रिया एक खास सामाजिक-आर्थिक संदर्भ में समझी जा सकती है। चाहे उत्तर भारत हो या उपमहाद्वीप के दूसरे क्षेत्र हों, इसकी अवधि दूसरी सदी के आसपास की है जब मौर्य साम्राज्य का शीराजा बिखर रहा था। क्षेत्रीय राजनीति विकसित हो रही थी। इसी अवधि में और इसी के साथ जुड़ी हुई एक सघन प्रक्रिया और चल रही थी। समाज श्रेणियों में विभाजित होता जा रहा था, और शहरी केंद्रों की अहमियत बढ़ रही थी। शहर दस्तकारी उत्पादन और तरह-तरह के विनिमय का केंद्र बनते जा रहे थे। साथ ही उनका राजनीतिक, धार्मिक और सांस्कृतिक महत्त्व भी बढ़ रहा था। लगता है कि इसी घटनाक्रम के कारण सामाजिक अन्योन्यक्रिया के विनियमन की जरूरत का एहसास हुआ होगा। साथ ही इस तरह के विनियमन में निहित पेचीदगी भी समझ में आई होगी। सामाजिक संबंधों को परिभाषित करने की जटिल प्रक्रिया में शास्त्रों की उपयोगिता समझी गई होगी। लेकिन, इसका मतलब यह नहीं निकाला जाना चाहिए कि इस प्रश्न पर सबकी राय एक सी थी, और असहमतियाँ नहीं थीं।

संहिताबद्ध करने की कोशिशों ने जितनी समस्याएँ सुलझाईं, उतनी ही पैदा भी कर दीं। पहली समस्या थी कि संहिता बनाने के अधिकार का सीमांकन कैसे किया जाए। इसी के तहत *कामसूत्र* जैसे शास्त्रों के संदर्भ में संहिता बनाने का अधिकार खुले या अंतर्निहित रूप से पुरुषों को ही दिया गया, जो अक्सर संस्कृत में पारंगत ब्राह्मण ही होते थे। इसे दैवी संस्तुति का ठप्पा लगाकर न्यायोचित ठहराया गया। इसका नतीजा संहिता बनाने के अधिकार से सभी स्त्रियों और अधिकांश पुरुषों के वंचित रह जाने में ही निकलना था। इससे संहिता बनाने की समस्या का कुछ समाधान तो हुआ, पर यह ग्रंथ अन्य प्रभावों से बच नहीं पाया। संकेत हैं कि एक पीढ़ी से दूसरी पीढ़ी तक सम्प्रेषण की प्रक्रिया में *कामसूत्र* के पाठ पर कई तरह के प्रभाव पड़े।

कामसूत्र के लेखक या लेखकों का एजेंडा कम से कम दो तरह का तो

था ही। पहला लक्ष्य था कि काम या कामना को शास्त्र सम्मत बनाकर वैधता के दायरे में लाना। *कामसूत्र* के पहले परिचयात्मक वक्तव्य से ही उनका यह मकसद साफ हो जाता है : 'धर्म, अर्थ और काम को प्रणाम।'[६] संस्कृत की सभी रचनाएँ इसी तरह देव-प्रार्थना से आरंभ होती हैं। इस तरह *कामसूत्र* के रचयिता इस एक पंक्ति से काम को धर्म और अर्थ के दर्जे पर ले आते हैं, और तीनों को देवताओं की संज्ञा मिल जाती है। वात्स्यायन और भी साफगोई से कहते हैं कि अपनी जटिल संरचना के कारण धर्म और अर्थ चर्चा के विषय माने गए हैं, पर नैसर्गिक और सार्वभौम समझे जाने के कारण काम को संहिताबद्ध करने की आवश्यकता महसूस नहीं की गई है। इस प्रवृत्ति का खंडन करते हुए वात्स्यायन तर्क देते हैं कि अन्य प्रजातियों के स्त्रीलिंगों के विपरीत मानव समाज में स्त्रियों के लिए मैथुन हेतु ऋतु अलग से निर्धारित नहीं होती। परिणामस्वरूप लिंगों के बीच का समागम *उपायों* द्वारा संचालित होता है[७] जिन्हें विनियमित करना जरूरी है। स्पष्ट है कि वात्स्यायन मनुष्य की सेक्शुअलिटी का मूल प्रकृति में देखने के बजाय समाज में मानते थे। साथ ही उनकी निगाह में मानवीय अस्तित्व के लिए कामना का स्थान आहार जितना ही बुनियादी था।[८]

एक अन्य स्तर पर और कहीं ज्यादा साफ तौर से *कामसूत्र* कामना के कुछ खास रूपों को वैधता प्रदान करने में जुटा नजर आता है। अर्थात वह काम के सार का सीमांकन कर देता है। असल में वह केवल उच्चवर्गीय पुरुष की कामनाओं को ही मान्यता देते हुए उन्हें अपने केंद्र में रखता है। इस तरह स्त्री की कामना प्रत्यक्ष रूप से और निचले तबके के पुरुष की कामना अप्रत्यक्ष रूप से उपेक्षित हो जाती है। इस प्रकार *कामसूत्र* द्वारा संरचित कामनाएँ अव्यवस्थित या प्रारंभिक किस्म की नहीं रहतीं। उन्हें कुछ इस तरह का पारिभाषिक दर्जा प्राप्त हो जाता है कि उनकी रोशनी में कामनाओं की अन्य अभिव्यक्तियाँ अधीनस्थ, अप्रासंगिक और यहाँ तक कि विघटनकारी की तरह वर्गीकृत कर दी जाती हैं। जाहिर है कि *कामसूत्र* द्वारा संहिताबद्ध कामना की ऐसी परिभाषा सत्ता संबंधों के साथ एकीकृत होनी ही थी, ताकि उसे भी सत्ता की एक अभिव्यक्ति के रूप में देखा जा सके।

इसी का विस्तार करते हुए *कामसूत्र* कामनाओं के दायरे में सबकी हैसियत तय करता जाता है—कामसुख प्राप्त करने योग्य कौन है, या कामना की वस्तु कौन है, वह स्त्री है या पुरुष, शक्तिशाली है या शक्तिहीन। *कामसूत्र* जिस खास तरह की कामना को विशेष दर्जा देता है, वह उसके संदर्भ में सन्निहित है जिसके तहत इस ग्रंथ में बड़े विस्तार से विषमतापूर्ण विभेदीकरण किया गया है। विभेद करने में विषमता का मतलब यह है कि स्त्रियों के पुरुषों के मुकाबले और आपस

में बहुत से भेद बताए गए हैं, पर शक्तिशाली पुरुषों को तकरीबन एक ही समरूप श्रेणी में रख दिया गया है।

बहरहाल, साफ-सुथरी श्रेणियाँ बनाने के इस रवैये की भी अपनी समस्याएँ हैं। ग्रंथ को व्यापक और सार्वभौम बनाने के लिए इसमें तरह-तरह के यौनाचरणों की सूची पेश की गई है जिनके बारे में बताया गया है कि उनका संबंध विभिन्न क्षेत्रों से है। चूँकि ग्रंथ का मुख्य रवैया मानकीय है इसलिए इन यौनाचरणों को एक श्रेणीक्रम में पेश करना जरूरी था, पर सूचीबद्ध करने की इस प्रक्रिया से यौनाचरणों की विविधता को मान्यता मिल गई है। दूसरे, जरूरी नहीं कि इन यौनाचरणों में परस्पर संगति ही हो।

इसके अलावा एक समस्या यह भी थी कि *कामसूत्र* की संहिता लागू होकर ही वैधता प्राप्त कर सकती थी। इसके लिए जरूरी था कि यह ग्रंथ उन स्त्रियों या पुरुषों को अपना कायल कर पाता या उनसे जबरन अपनी बात मनवा पाता जिन्हें संहिता बनाने की प्रक्रिया में भागीदारी से वंचित रखा गया था। ऐसे लोगों को यह यकीन आना जरूरी था कि *कामसूत्र* जिस मानकीय यौनाचरण की वकालत कर रहा है वह वास्तव में सबके लिए वैध और लागू करने योग्य है। अर्थात *कामसूत्र* की हर संहिता का तात्पर्य समझाया जाना और उसे लागू किया जाना जरूरी था।

आज जो *कामसूत्र* मिलता है, वह सात खंडों या अधिकरणों में विभाजित है। पहला खंड *साधारणाधिकरण* के शीर्षक से आम व्यवहारों और धारणाओं प्रतिपादन करता है। दूसरा खंड *संप्रायोगिकाधिकरण* इतरलैंगिक सहवास के बारे में है। तीसरा खंड *कन्यासंप्रयुक्तक* है जो पत्नी के चुनाव के बारे में निर्देश देता है। चौथा खंड *भार्याधिकारिकाधिकरण* पत्नी के कर्तव्यों का विवरण देता है। पाँचवाँ खंड *परादिरकाधिकरण* अन्य पुरुषों की पत्नियों के साथ संबंधों के बारे में है। छठा खंड *वैशिकाधिकरण* गणिकाओं के संबंध में है। सातवाँ खंड *औपनिषदिशिकाधिकरण* उन गुप्त फार्मूलों की चर्चा करता है जिनसे यौन गतिविधियों में सफलता सुनिश्चित की जा सकती है। यह समझना मुश्किल नहीं है कि इतरलैंगिक सहवास की चर्चा करने वाले दूसरे खंड ने पिछले दिनों लोगों को सबसे ज्यादा क्यों आकर्षित किया है, हालाँकि यह पूरे ग्रंथ का केवल चौथाई हिस्सा ही है। दरअसल, इस भाग में मैथुन की दैहिक मुद्राओं का विशद लेकिन कुछ-कुछ नीरस सा विवरण है। ग्रंथ का विश्लेषण[१] करने पर लगता है कि दूसरे, छठे और सातवें भाग संभवत: एक-दूसरे से और बाकी हिस्सों से स्वतंत्र हैं। इन्हें एक साथ इसलिए रख दिया गया है कि यौन संबंधों की विस्तृत परिभाषा प्राप्त की जा सके।

एक सामासिक और जटिल ग्रंथ होने के साथ-साथ *कामसूत्र* का केंद्रीय सरोकार है कामना की परिभाषा कुछ इस तरह करना कि लैंगिक संबंधों की एक खास समझ विकसित हो सके। यह लक्ष्य वेधना अपने-आप में कोई आसान नहीं था। खास तौर से इसका संप्रेषण तो और भी कठिन रहा होगा।

कामसूत्र का पहला खंड कई और बातों के साथ-साथ अपनी सामग्री के उचित संप्रेषण के तरीके भी बताता है। यह ज्ञान प्राप्त करने की इजाजत उसने पुरुषों को भी दी है, और स्त्रियों को भी।[१०] इससे थोड़ा अचरज जरूर होता है क्योंकि आम रवैया स्त्रियों को शास्त्रों का ज्ञान प्राप्त करने के अधिकार से वंचित रखने का रहा है। स्त्रियों को *कामसूत्र* का ज्ञान प्राप्त करने की इजाजत देने के पीछे का तर्क दिलचस्प है : उन्हें इस शास्त्र का ज्ञान प्राप्त करना चाहिए क्योंकि उन्हें इसे व्यावहारिक रूप देना है।[११] लेकिन, इसी के साथ स्त्रियों तक *कामसूत्र* की पहुँच सीमित भी कर दी गई है। निर्देश दिया गया है कि विवाहित स्त्री केवल अपने पति की अनुमति से ही यह ज्ञान प्राप्त कर सकती है। अन्य स्त्रियाँ विश्वसनीय लोगों, खासकर विवाहित स्त्रियों, कुटुंब की औरतों या दासियों से ही कामकला सीख सकती हैं।[१२]

साफ है कि *कामसूत्र* के रचयिता नहीं चाहते थे कि संस्कृत सूत्रों में पारंगत पुरुषों द्वारा स्त्रियों को कामकला में दीक्षित किया जाए। डर यह था कि अगर विनियमित संदर्भों के बाहर स्त्री और पुरुषों के बीच निकटता होगी तो कामना की वैकल्पिक अभिव्यक्तियों की संभावना खुल जाएगी। चूँकि आम तौर से स्त्रियाँ शास्त्रों और संस्कृत के प्रत्यक्ष ज्ञान से वंचित थीं, इसलिए स्त्री द्वारा स्त्री को सिखाने का मतलब यही हो सकता था कि शैली और सामग्री के संदर्भ में रचना की जटिलताएँ सरलीकृत की जातीं। यानी *कामसूत्र* का पाठ ऐसे वाचिक सूत्रों में या फिर ऐसे श्रुतलेख में बदलना पड़ता जो पंडितों की दुनिया से बाहर के लोगों की समझ में आ सके। लेकिन, स्त्रियों द्वारा स्त्रियों को सिखाने के इस निर्देश में एक संभावना जरूर अंतर्निहित थी कि ग्रंथ के पाठ में गैर-शास्त्रीय तत्त्व शामिल हो सकते थे। संचार की प्रक्रिया में कमतर 'पंडित' पुरुषों और स्त्रियों के हाथों पाठ परिवर्तित हो सकता था। जाहिर है कि *कामसूत्र* तक लोगों की पहुँच सीमित रखना एक हद तक ही मुमकिन था। उसके परे जाते ही उसके पाठ के सम्प्रेषण और संरचना की गतिविधियाँ अपेक्षाकृत खुले दायरे में जा सकती थीं।

इस रोशनी में *कामसूत्र* के गद्यांशों और पद्यांशों (श्लोक) को एक-दूसरे के मुकाबले रखकर देखने से अहम नतीजे निकल सकते हैं। *कामसूत्र* का ज्यादातर हिस्सा अधिकांशतः ऐसी तकनीकी शब्दावली से लदे-फँदे गद्य-सूत्रों

या वाक्यों के रूप में रचा गया है जिनकी व्याख्या बड़ी सावधानी से करनी पड़ती है। लेकिन, ग्रंथ का प्रत्येक उपखंड का उपसंहार एक या अधिक श्लोकों से किया गया है जिनकी रचना महाकाव्यों द्वारा प्रचलित अनुष्टुप छंद में की गई है। पद्य और गद्य के बीच का फर्क महज शैलीगत नहीं है। कहीं-कहीं तो पद्य को गद्य का सार-संकलन करने के लिए इस्तेमाल किया गया है, और कहीं पद्य में निहित संदेश की संगति उसके मुकाबले अधिक गंभीर गद्य के साथ मुश्किल से ही बैठती है। ऐसी जगहें भी हैं जहाँ गद्य और पद्य एक-दूसरे के तीखे अंतर्विरोध में खड़े हुए हैं।

पद्य और गद्य के अंतर्विरोध की स्पष्ट मिसाल *दंतक्रिया* वाले उपखंड में मिलती है।[१३] इस उपखंड के गद्य-सूत्र विस्तार से बताते हैं कि पुरुष को स्त्री के शरीर के किस हिस्से पर किस-किस किस्म के दंतचिह्न बनाने चाहिए, लेकिन इसका उपसंहार करने वाले पद्य में स्त्री द्वारा पुरुष को काटने की चर्चा है।[१४] अर्थात, गद्य में जो पहल पुरुष को दी गई है, पद्य में वह उलट जाती है।

पद्य और गद्य के बीच ऐसी ही दिलचस्प विच्छिन्नता दूसरे खंड में मिलती है, जहाँ तरह-तरह के दैहिक संपर्कों का विवरण है। इस खंड में[१५] तरह-तरह के आलिंगनों का खुश्क अंदाज में ब्योरा देने के बाद *कामसूत्र* के रचयिता हमें अचानक आश्वस्त करते नजर आते हैं कि शास्त्रों के अनुपालन की तुक तभी तक है जब तक कामोत्तेजना न जाग्रत हो जाए। एक बार कामोत्तेजित हो जाने के बाद जो शास्त्रों में वर्णित नहीं है, उसे करने में भी कोई हिचक नहीं होनी चाहिए। इस तरह के श्लोक एंटी-क्लाइमेक्स साबित होते हैं, क्योंकि वे एक झटके में वर्गीकरण और संहिताबद्ध करने के विस्तृत प्रयासों को बेमतलब बना देते हैं। यह समस्या *कामसूत्र* के बाकी पाठ में भी देखी जा सकती है।

पद्य और गद्य के बीच अंतर्विरोधों को पाठ के दायरे में ही साफ तौर से हल नहीं किया गया है। मसलन, *कामसूत्र* हमें नहीं बताता कि पुरुष द्वारा स्त्री को काटना बेहतर होगा या स्त्री द्वारा पुरुष को काटना। हम चाहें तो पांडित्यपूर्ण रचनाओं से मिली शैलीगत प्रतिष्ठा के कारण गद्य-सूत्रों को श्लोकों के मुकाबले अधिक प्रामाणिक मान सकते हैं, और चाहें तो श्लोकों को ही अंतिम अर्थ के रूप में ग्रहण कर सकते हैं, क्योंकि उपसंहार के लिए उनका ही इस्तेमाल किया गया है।

पद्य और गद्य के बीच इस विच्छिन्नता के निहितार्थ दिलचस्प हैं। हमें याद रखना चाहिए कि *कामसूत्र* का पद्य और गद्य मिलाकर संपूर्ण पाठ एक बेहद सीमित पाठक वर्ग के लिए ही सुलभ था। इस पाठक समूह की जातिगत, वर्गीय और लैंगिक संरचना के बारे में अंदाज लगाकर समझा जा सकता है कि इसके

लिए पाठ के गद्य-सूत्रों की अहमियत ही अधिक रही होगी। दूसरी तरफ वे बहुत से पुरुष और लगभग सभी स्त्रियाँ रही होंगी, जिन्हें वाचिक संप्रेषण की सुविधा ही प्राप्त थी। जाहिर है कि जिन लोगों तक केवल या मुख्य तौर से पद्यांश ही पहुँच पाए होंगे, उन्हें अपने प्राप्त-ज्ञान की तुलना अधिक गूढ़ और अप्राप्य गद्य-सूत्रों से करने की सुविधा नहीं मिल सकती थी।

चूँकि गद्य और पद्य में निहित संदेश पूरे पाठ में एक जैसे नहीं हैं, और कभी-कभी अंतर्विरोधी तक हो जाते हैं, इसलिए *कामसूत्र* द्वारा संहिताबद्ध मानकों को लागू करने में दिक्कतें आ सकती थीं। संभावना यही है कि उच्च कुलीन पुरुष यौनसंबंधों की अपनी परिभाषा अपनी आर्थिक, सामाजिक, कर्मकांडीय या राजनीतिक सत्ता के बल पर थोपने में कामयाब हो जाते रहे होंगे। लेकिन, हकीकत यह भी है कि अपने अलग तरह के तात्पर्यों के बावजूद *कामसूत्र* के पद्यांश 'उच्च-भ्रू' शास्त्रीय परंपराओं के दायरे में भी जीवित बने रहे। इससे पता लगता है कि यौनसंबंधों की वैकल्पिक परिभाषाएँ कितनी जीवंत और क्षमतावान थीं। इससे यह हकीकत भी सामने आती है कि व्यापक पाठकवर्ग तक पहुँचने की प्रक्रिया में शास्त्रों के तात्पर्य किस हद तक बदल जाते होंगे।

यहाँ यह संभावना भी दिखती है कि पद्यांशों की रचनाप्रक्रिया अपेक्षाकृत खुली रही होगी। साधारण पद्य-संरचना काफी सहजता से सीखी जा सकती थी। इसीलिए हो सकता है कि संप्रेषण करते समय श्लोक जोड़े या निकाले जाते रहे हों या उनमें परिवर्तन कर दिया जाता हो। इस चक्कर में पद्यांशों में सेक्शुअलिटी और लैंगिक संबंधों के वैकल्पिक परिप्रेक्ष्य भी शामिल हो गए होंगे जिनसे हमें काम की शास्त्रीय परिभाषाएँ मनवाने से जुड़ी पेचीदगियों की झलक मिलती है।

सामाजिक-सेक्शुअल संबंध

कामसूत्र मुख्यतः *नागरिक* को संबोधित है जिसे इस ग्रंथ में *नायक* का दर्जा दिया गया है।[१६] नायक की परिभाषा ऐसे पुरुष के रूप में की गई है जो धनी और 'सुसंस्कृत' होगा। उसके जातिगत पहलुओं को ज्यादा अहमियत नहीं दी गई है। *कामसूत्र* के अनुसार अगर कोई पुरुष पर्याप्त रूप से धनी है तो कामकला के ज्ञान और व्यवहार में पारंगत होने की कामना कर सकता है।

कामसूत्र की पाठ-संरचना ऐसे संकेंद्रित वलयों के रूप में समझी जा सकती है जो नागरिक को अपना केंद्र बनाते हुए व्यापक सामाजिक संबंधों की तरफ बढ़ते जाते हैं। रचना की शुरुआत नायक के लिए आदर्श जीवन-शैली तजवीज करने से होती है। उसके बाद इतरलैंगिक सहवास के मानक परिभाषित किए जाते हैं। वैवाहिक संबंधों के दायरे में की जाने वाली यह परिभाषा स्त्री

और पुरुष के बीच ऊँच-नीच के संबंधों के तहत होती है। पितृसत्तात्मक परिवार के भीतर स्त्री पर नियंत्रण का विस्तार अन्य परिवारों में रहने वाली स्त्रियों पर नियंत्रण तक होता चला जाता है। आखिर में *कामसूत्र* इस दायरे में वेश्या या गणिका को भी जगह देता है। आगे चल कर हम देखेंगे कि *कामसूत्र* के परिप्रेक्ष्य के साथ वेश्या की स्थिति का संबंध कितना कमजोर है।

चूँकि *कामसूत्र* में नागरिक की रचना एक ऐसे पुरुष के रूप में की गई है जो सामाजिक-सेक्शुअल संबंधों के केंद्र में होने के साथ-साथ उनका नियंता भी है, इसलिए इसका परिणाम स्त्री को उन संबंधों का लक्ष्य बनाने और उसका वर्गीकरण और वस्तुकरण करने में निकलता है। यही कारण है कि *कामसूत्र* आदर्श स्त्री की परिभाषा दैहिक और मानसिक गुणों के संदर्भ में करते हुए उसे क्षेत्रवार वर्गीकृत करता चला जाता है। इस तरह एक स्पष्ट द्विभाजन उभरता है जिसके तहत एक तरफ एकक, समरूप और सार्वभौम पुरुष के रूप में नागरिक और नायक है, और दूसरी तरफ किस्म-किस्म की स्त्रियों की ढेर सारी विविधता है। इसी परिप्रेक्ष्य के कारण यह देखकर कोई हैरानी नहीं होती कि *कामसूत्र* में नागरिक का कोई स्त्री समकक्ष नहीं बताया गया है।

ऐसी बात नहीं कि नायिकाओं का हवाला न मिलता हो, पर उनकी खूबियाँ और भूमिकाएँ नायक जैसी नहीं हैं। नायिकाओं का वर्गीकरण पुरुष के साथ संबंधों के आधार पर किया गया है। या तो वे अक्षतयौनि स्त्रियाँ हैं, या पुनर्विवाहित स्त्रियाँ हैं या फिर गणिकाएँ हैं।[१७] स्त्रियों के बीच एक-दूसरे से और पुरुषों से विभेद इस आधार पर किया गया है कि वे किसी एक पुरुष को उपलब्ध हैं, दो पुरुषों को उपलब्ध हैं या फिर सभी पुरुषों को उपलब्ध हैं। कुल मिलाकर पुरुष को उपलब्ध होने के संदर्भ में ही स्त्री की परिभाषा का विस्तार किया गया है। पुंसत्व के मूर्तिमान स्वरूप में नायक की संरचना को बल प्रदान करने के लिए *कामसूत्र* में स्त्री और पुरुष के अलावा नपुंसकों की एक तीसरी श्रेणी का भी जिक्र है जिसे *तृतीय प्रकृति* कहा गया है।[१८] नपुंसक पोशाक या चाल-ढाल के हिसाब से स्त्री भी हो सकता है और पुरुष भी, पर नायक के मुकाबले उसे स्त्रैण की तरह ही परिभाषित किया गया है।

मैथुन के विभिन्न रूपों के वर्गीकरण और वर्णन से स्पष्ट हो जाता है कि *कामसूत्र* किस प्रकार पुरुषत्व और स्त्रीत्व की बनावट अलग-अलग तरीके से करता है। जननांगों के मिलन को जिस तरह के नाम दिए गए हैं उनका सीधा संबंध मैथुन में स्त्री की भूमिका या स्थिति से लगता है। कुछ नाम तो ऐसे हैं जो स्त्री की सेक्शुअलिटी को निष्चेष्ट करार देते नजर आते हैं। मसलन, संभोग के एक आसन का नामकरण *जृम्भितक* यानी जँभाई लेने वाली मुद्रा[१९] इसलिए रखा

गया है कि उसमें स्त्री की टाँगों को उठाकर फैलाया जाता है। *वाड़वक* जैसे नाम यानी घोड़ी जैसा आसन एक अन्य उदाहरण है जिसमें स्त्री को शिश्न दृढ़ता से पकड़ने का निर्देश दिया गया है। जाहिर है कि यहाँ *कामसूत्र* मैथुन में स्त्री की अधिक सक्रिय भागीदारी की तरफ इशारा कर रहा है।[२०] लेकिन, स्त्री को सक्रिय करार देने वाले प्रकरण *कामसूत्र* के लिए अपवाद ही हैं। यही कारण है कि स्त्री द्वारा पुरुष पर सवारी करने वाले आसन को *पुरुषायित* नाम से वर्गीकृत किया गया है, जिसका अक्षरशः मतलब होता है स्त्री द्वारा पुरुष जैसी क्रिया करना।[२१] बुनियादी तौर पर *कामसूत्र* में मैथुनरत पुरुष *कर्त्ता* की भूमिका में परिभाषित है, और उसके साथ मैथुनरत स्त्री *आधार* की तरह देखी गई है। *कामसूत्र* कहता है कि दोनों की भूमिकाएँ संपूरक हैं, और इस प्रकार दोनों ही आनंद की प्राप्ति कर सकते हैं।[२२]

संभोग के नामित आसनों के बराबर ही उन आसनों की भी अहमियत है जिनका या तो नामकरण नहीं किया गया है, या फिर जिनके बारे में कुछ अस्पष्टता है। इस श्रेणी में समलैंगिक या गुदा मैथुन आता है। मसलन, स्त्री समलैंगिकता (लेस्बियनिज्म) का हवाला संभोग के आसनों के संदर्भ में न मिलकर उस उपखंड में मिलता है जिसमें दूसरों की पत्नियों को फुसलाने के उपायों का वर्णन किया गया है।[२३] इसके अलावा स्त्री-समलैंगिक यौनक्रिया इतरलैंगिक सहवास की शब्दावली में परिभाषित की गई है जिसके तहत दो में से एक स्त्री की भूमिका का वर्गीकरण *पुरुषवत* के रूप में है। जाहिर है कि एक स्तर पर ऐसे यौनसंबंध या तो चर्चा से पूरी तरह नदारद कर दिए गए हैं, या फिर उन्हें हाशिए पर ही जगह दी गई है। एक दूसरे स्तर पर उनके लिए मान्यता तो है, पर उन्हें उन इतरलैंगिक भूमिकाओं में ही समाहित कर दिया गया है जो उस समय भी मुख्यधारा के तहत समझे जाते थे।

इसी तरह *कामसूत्र* द्वारा चर्चित 'स्त्री-क्षेत्र' की धारणा भी दिलचस्प है। इसके तहत यह ग्रंथ *ग्रामनारी* और *स्त्री-राज्य* के बारे में बताता है। अर्थात एक ऐसी धरती जहाँ लैंगिक संबंध उलट गए हों और एक स्त्री कई युवकों के साथ संभोग कर सकती हो। ऐसी परिस्थितियों में मैथुन के दौरान स्त्री की प्रधान भूमिका तो झलकती है, पर यह समझ उस समय कमजोर पड़ जाती है जब *कामसूत्र* ऐसी स्त्री की तुलना वेश्या और राजा के हरम की उस स्त्री से करता है जिसके लिए राजा का प्रेम जीतने के लिए हरम की अन्य स्त्रियों से होड़ करना लाजमी है। हालाँकि, ऐसी स्त्रियों के माध्यम से यौन संबंधों की एक भिन्न परिभाषा प्राप्त की जा सकती है, पर *कामसूत्र* उनकी भूमिका कई तरह से सीमित कर देता है। उन्हें मिलने वाली यौन 'स्वच्छंदता' पुरुषों को मिली

आजादी का अक्स तक नहीं रह पाती।

दूसरे, इन भिन्न यौनाचरणों को जिन क्षेत्रों से संबंधित बताया गया है, उन्हें *कामसूत्र* में जानबूझकर मिथकीय रूप प्रदान कर दिया गया है। आंध्र और महाराष्ट्र जैसी जगहों में प्रचलित यौनाचरणों के क्षेत्रवार संदर्भ पूरी स्पष्टता से दिए गए हैं,[२४] पर स्त्री-राज्य के ऐसे ही संदर्भ या तो अस्पष्ट हैं या फिर उन्हें *बाह्लीक* या *बलख* जैसे नाम दे कर उपमहाद्वीप के उत्तर-पश्चिम में फेंक दिया गया है, एक दूरदराज और अनजानी लगने वाली जमीन के साथ जोड़ दिए जाने के कारण इन क्षेत्रों को विचित्र की श्रेणी में डाला जा सकता है।[२५] स्पष्ट है कि *कामसूत्र* में यौनसंबंधों की प्रतिलोमता की सैद्धांतिक संभावना तो स्वीकारी गई है, पर साथ ही उन्हें अपेक्षाकृत दूरस्थ करार देकर दरकिनार कर दिया गया है।

एक अन्य स्तर पर *कामसूत्र* यौनसंबंधों में हिंसा को मान्यता देता हुआ उसे एक खास रूप प्रदान करता है। यौन संपर्कों का वर्गीकरण करने के लिए इस्तेमाल की गई शब्दावली से यह साफ हो जाता है। मसलन, एक खास तरह के चुंबन के लिए जरूरी है कि पुरुष अक्षतयौनि कन्या को जबरन अपनी ओर खींचे। इस क्रिया को *बलात्कारेणनियुक्त* कहा गया है।[२६] इसके अलावा पुरुष द्वारा स्त्री की पिटाई को संभोग के वैध हिस्से की तरह मान्यता दी गई है। इसे न्यायसंगत ठहराने के पीछे यौनक्रिया को *कलहरूपम* या भिड़ंत मानने की समझ है।[२७] एक तरफ पुरुष को चार या शायद आठ प्रकार की प्रहणन (मारने की क्रियाओं) की अनुमति दी गई है, पर दूसरी तरफ स्त्री से उम्मीद की गई है कि बदले में वह सिर्फ कई तरह के सीत्कार और अन्य ध्वनियाँ ही निकालेगी।[२८] यानी इस भिड़ंत का नतीजा अपने तरीके से विनियमित कर दिया गया है। सबसे ज्यादा आपत्तिजनक तो यह है कि अगर स्त्री अपनी पिटाई का विरोध करती है तो इसकी सीधी वजह यह मानी गई है कि इस खेल में उससे यही उम्मीद हो सकती है। यानी उसके सीत्कार को उसकी तकलीफ की अभिव्यक्ति न मान कर संहिता की पुष्टि का संकेत समझा जाना चाहिए। इसी के साथ *कामसूत्र* हिंसा के अत्यधिक प्रयोग के खिलाफ चेतावनी भी देता है[२९] जिससे कभी-कभी स्त्री की मृत्यु तक हो सकती है।

कामसूत्र में हिंसा पुरुष सेक्शुअलिटी के लिए नैसर्गिक मान ली गई है, पर क्रोध करने के मामले में स्त्री की सीमाएँ तय कर दी गई हैं। यह उस समय साफ हो जाता है जब क्रोधित नायिका को कुछ निश्चित कार्रवाइयों की इजाजत ही मिलती है। वह चिल्ला सकती है, जोर से रो सकती है, यहाँ तक कि नायक को ठोकर मार सकती है, लेकिन उसके बाद उससे उम्मीद की जाती है कि वह दरवाजे पर जा कर आँसू बहाते हुए नायक को उसे मनाने का अवसर प्रदान

करेगी।[30]

पत्नी के चुनाव पर *कामसूत्र* में जिस प्रकार चर्चा है उससे भी प्रमाण मिलता है कि वह यौन संबंधों में हिंसा को वैधता देता है। विवाह योग्य स्त्रियों के किसी पण्य की भाँति प्रदर्शन का प्रावधान करते हुए इसे *पण्यसधर्मत्वत* की संज्ञा दी गई है।[31] पत्नी चुन लेने के बाद पुरुष से उम्मीद की जाती है कि वह उस स्त्री को यौन संबंधों में दीक्षित करेगा। इसके तौर-तरीकों में आग्रह-निवेदन से लेकर धमकियाँ तक शामिल बताई गई हैं।[32] स्त्री से उम्मीद की जाती कि वह पुरुष की ऐसी पहलकदमी के प्रति लज्जालु अनुक्रिया करेगी। पुरुष द्वारा की जाने वाली प्रत्यक्ष हिंसा की ही भाँति *कामसूत्र* इस तरह के व्यवहार के प्रति स्त्री की खामोशी या उसमें भागीदारी से हिचकने को लज्जालु अनुक्रिया के रूप में ही पेश करता है। विवाह करने के लिए तैयार न होने वाली स्त्री को राजी करने के लिए समझाने-बुझाने या दबाव डालने हेतु कई तरह के तरीके बताए गए हैं जिनके लिए परिचित स्त्रियों और परिजनों के इस्तेमाल के साथ छल या जोर-जबरदस्ती तक के प्रयोग का प्रावधान है।[33] अर्थात, यह कहा जा सकता है कि पुरुष की इतरलैंगिक कामना *कामसूत्र* में इस हद तक अहम बना दी गई है कि वह सर्व-शक्तिमान बनकर स्त्री के लिए विवाह के बंधन से बचने का कोई रास्ता नहीं छोड़ती। किसी दूसरे की पत्नी को फुसलाने में लगे हुए पुरुष द्वारा अन्य तरीकों के नाकाम हो जाने के बाद ताकत के इस्तेमाल को भी *कामसूत्र* मान्यता देता है।[34]

अंतिम विश्लेषण में कहा जा सकता है कि नायक द्वारा हिंसा के प्रत्यक्ष या अप्रत्यक्ष इस्तेमाल को वैध ठहराने के पीछे कामसूत्र की शास्त्र के रूप में मान्यता की भूमिका है। चूँकि इस ग्रंथ के रचयिताओं ने नायक और नायिका की बनावट में बड़ी नफासत दिखाई है, इसलिए जरूरी था कि यौन संबधों के एक खास तरह के ढाँचे को मनवाने के लिए भी वे पुरुष-हिंसा को स्वीकारोग्य बनाते। हम पहले उल्लेख कर चुके हैं कि अन्य शास्त्रों के विपरीत कामसूत्र में अपनी संहिता के उल्लंघन के लिए किसी दण्ड की साफ व्यवस्था नहीं है। इतरलिंगी संबधों में नियमित हिंसा को एक हद तक दी गई मंजूरी संहिता मनवाने के एक वैकल्पिक तरीके की तरह देखी जा सकती है।

अगर यौन संबंधों के दायरे में पत्नीत्व की बनावट संभवतः हिंसा की अव्यक्त स्वीकृति पर निर्भर है, तो उसी तरह पत्नी की पति के प्रति अधीनस्थता को *कामसूत्र* कुछ कम नाटकीय शैली में ही पेश करना पसंद किया है। वह पत्नी से उम्मीद करता है कि वह अपने पति को देवता मानेगी,[35] उसकी सेवा करने के लिए सुंदर वस्त्र धारण करके उसके सामने आएगी, पति के स्वादानुसार

भोजन बनाएगी, उसके सोने के बाद ही सोएगी और उसके जागने से पहले जाग जाएगी, उसके कल्याण के लिए धर्मविधियाँ संपन्न करेगी, और घर से बाहर जाने के लिए उसकी इजाजत माँगेगी। *कामसूत्र* पत्नी को भिक्षुणियों, संन्यासिनों, जादू-टोना करने वाली औरतों, चरित्रहीन औरतों और भविष्य बताने वाली औरतों से दूर रहने की सलाह देता है। इस तरह की औरतें न केवल 'बदनाम' होती हैं, बल्कि उनकी संगत में जोखिम भी होता है। पत्नी की पराधीनता बहुपत्नी प्रथा के संदर्भ में और उभर कर आती है। *कामसूत्र* महिलाओं से अपील करता है कि वे न केवल अधीनस्थ संबंधों को स्वीकारें, बल्कि उन्हें बल देने वाले संबंधों में सक्रिय भागीदारी करें। मसलन, एक संतानहीन स्त्री से अपेक्षा की जाती है कि वह अपने पति से दूसरा विवाह करने का आग्रह करे। साथ ही कनिष्ठ पत्नी को वरिष्ठ पत्नी की बात मानने की सलाह दी गई है।[३६]

कामसूत्र में एक ऐसा परिवार उभरता है जिसके केंद्र में नायक है। इस परिवार में हर किस्म का यौन संबंध नायक के जरिए ही सामने आता है, और उसी के आसपास घूमता है। ऐसे हालात में इतरलैंगिक संभोग केवल आंशिक रूप से ही युग्मीय रह जाता है। उसकी संरचना लैंगिक ऊँच-नीच के संदर्भ में ही होती है। नायक चाहे तो कितनी भी स्त्रियाँ हासिल कर सकता है, और उसका यह दायरा उसके अपने परिवार से परे अन्य पुरुषों की पत्नियों तक चला जाता है। इसे इस आधार पर जायज ठहराया गया है कि अतप्त कामना से मानसिक और शारीरिक कष्ट हो सकता है, यहाँ तक उसका परिणाम मृत्यु तक में निकल सकता है। नायक के इस आचरण में निहित संभावनाओं और फलितार्थों पर नैतिक दृष्टि से नहीं बल्कि परिणामवादी नजरिए से चर्चा की गई है।

कामसूत्र की इस कामनाग्रस्तता का सीधा संबंध प्रजनन के सरोकारों से नहीं है। इस बात से कुछ हैरानी होती है, क्योंकि आखिरकार *कामसूत्र* को शास्त्र माना गया है। शायद इसकी व्याख्या यौन संबंधों के उस समग्र परिप्रेक्ष्य के तहत की जा सकती है जिनकी पैरोकारी इस ग्रंथ में की गई है। नायक के लिए स्त्रियों की संभावित या वास्तविक उपलब्धता से प्रजनन की गारंटी हो ही जाती होगी। वैसे भी *मनुस्मृति* में भी संतान के मामले में विशुद्ध वैधता जैसी कोई धारणा नहीं है। यह शास्त्र कम या अधिक वैध संतान की चर्चा करता है, और काम की तुष्टि के क्रम में पैदा हुई किसी भी संतान के लिए गुंजाइश प्रदान करता है।

कामसूत्र के अंतिम खंड में इसी आयाम का विस्तार है। इस खंड में विविध प्रकार की कामविषयक फार्मूलों की सूची दी गई है। इनमें गर्भनिरोधक शामिल नहीं हैं, और न ही गर्भपात कराने वाली औषधियाँ हैं। यहाँ भी जोर नायक के लिए विशेष तरह की यौन सफलता के जुगाड़ पर है, और ऐसी सफलता के

प्रजनन संबंधी फलितार्थों की कोई चिंता नहीं की गई है।

कामसूत्र न सिर्फ प्रजनन का प्रत्यक्ष महत्त्व नहीं मानता, बल्कि धर्मविधियों या कर्मकांडों को भी अहम नहीं मानता। हालाँकि आदर्श पत्नी के कर्तव्यों में धर्मविधियाँ संपन्न करना जोड़ दिया गया है, पर नायक के लिए उनका कोई केंद्रीय महत्त्व नहीं है। *कामसूत्र* कर्मकांडों को परिणामवादी निगाह से देखता है, और इस संबंध में उसके और *अर्थशास्त्र* के बीच समानता दिखती है।

स्त्रियाँ एक सुलभ वस्तु के तौर पर परिभाषित की गई हैं, और उनकी सुलभता पुरुष के दर्जे के सूचकांक की तरह है। मसलन, गाँव के मुखिया के बारे में माना गया है कि गाँव की औरतें उसे सुलभ रहेंगी। जब वे जबरिया मजूरी कर रही हों, जब वे खलिहान में प्रवेश कर रही हों, जब वे सामान ढो रही हों, खरीद-फरोख्त कर रही हों, जब वे खेतों में काम कर रही हों या फिर घर की सफाई कर रही हों, तो मुखिया उनके साथ संभोग कर सकता है।[३८] अर्थात, *कामसूत्र* के अनुसार इस तरह की स्त्रियों के साथ उनकी रोजाना की जिंदगी में कभी भी यौन छेड़छाड़ की जा सकती है। इसी प्रकार मवेशियों के प्रभारी के लिए चरवाहों की पत्नियाँ सुलभ बताई गई हैं। ऐसे और भी उदाहरण हैं।[३९]

जाहिर है कि ऐसी स्थिति में स्त्रियों को अपने लिए सुलभ मानने का संपूर्ण अधिकार *कामसूत्र* द्वारा राजा को दे दिया जाना स्वाभाविक ही है। अगर राजा किसी स्त्री की कामना करता है तो किसी दासी से या खुद उसकी पत्नी से उम्मीद की गई है कि वह उसे हासिल करने में मदद करेगी।[४०] यह जरूर है कि राजा को किसी अन्य व्यक्ति के घर में घुसने के खतरों के प्रति चेताया भी गया है।[४१] इस चेतावनी में यह भी शामिल है कि राजा को अपने हरम में किसी और पुरुष के घुस आने के प्रति भी सचेत रहना चाहिए। अगर राजा के हरम में किसी अन्य व्यक्ति का प्रवेश हो जाता है, तो जाहिर है कि ऊँच-नीच की श्रेणियाँ गड़बड़ा जाती होंगी। तो क्या इससे यह माना जाए कि कुलीन स्त्रियाँ बनावटी ताकत के धनी अपने पतियों को अँगूठा दिखाते हुए निचले दर्जे के पुरुषों को आमंत्रित करती थीं? अगर ऐसा होता था तो इससे लैंगिक ऊँच-नीच को सीधी चुनौती मिलती होगी। लेकिन, अगर इसी स्थिति को निचले दर्जे के पुरुषों द्वारा कुलीन स्त्रियों को हासिल करने के रूप में देखा जाए तो लैंगिक श्रेणीक्रम को कोई ठेस नहीं लगती। हाँ, अपनी पुरुष-प्रजा के ऊपर राजा के अधिकार पर सवालिया निशान जरूर लग जाता है। *कामसूत्र* दोनों तरह की संभावनाओं को अवांछनीय मानते हुए एक व्यावहारिक हल पेश करता है कि स्त्रियों को पहरे में रखा जाना चाहिए।[४२]

बताया जाता है कि *कामसूत्र* का छठा खंड पाटलीपुत्र (आज का पटना)

की एक गणिका के कहने पर तैयार किया गया था।[४३] यह खंड कुछ अजीब है, क्योंकि इसमें नायक के बजाय केंद्र में गणिका है। इस खंड का केंद्रीय प्रश्न कामतुष्टि न होकर मुनाफा कमाना है। वेश्या को सलाह दी गई है कि उसे कुछ-कुछ पत्नी सरीखे आचरण भी करने चाहिए।[४४] इसमें पुरुष से चौंसठ कामकलाएँ सीखने का दिखावा करने के साथ पुरुष की पसंद-नापसंदगी अपनाना भी शामिल है।[४५] इन कलाओं को रणनीति की तरह पेश किया गया है जिनका उपयोग ग्राहक से ज्यादा से ज्यादा संपत्ति खींचने में किया जाना चाहिए।[४६] इस प्रकार वेश्या को पत्नी की तरह सिर्फ दिखना चाहिए।

एक अन्य स्तर पर *कामसूत्र* में हमें नायक और गणिका, दोनों की खूबियों पर चर्चा मिलती है।[४७] मसलन, यौन समागम के लिए निमंत्रित पुरुष आदर्शरूप से धनी, महत्त्वाकांक्षी, पंडित, विभिन्न कलाओं में कुशल, स्वस्थ और पुंसत्व संपन्न होना चाहिए। स्त्री को सुंदर, दैहिक समागम के लिए इच्छुक, कला-प्रवीण, दूरदर्शी, बुद्धिमान होने के साथ-साथ क्रोध और लालच जैसे दुर्गुणों से दूर होना चाहिए। जाहिर है कि ये सभी गुण एक जैसे नहीं हैं, और साथ ही दोनों पक्षों के लिए आदर्श बताए गए गुण पति-पत्नी के लिए तजवीज की गई खूबियों से भी मेल नहीं खाते। पत्नी को इसका अधिकार नहीं है, पर गणिका किसी चलताऊ किस्म के या गरीब पुरुष को तरह-तरह से अपमानित करके बाहर निकाल सकती है।[४८] गणिका और पत्नी के बीच बहुत बड़ा फर्क यह है कि गणिका धन कमाने का अधिकार रखती है। वह अपने खर्चे पर खुद नियंत्रण रख सकती है।

अनुवाद और आधुनिकता

सत्रहवीं सदी तक *कामसूत्र* से संबंधित या पूरी तरह उसी पर आधारित रचनाएँ सामने आती रहीं।[४९] बहरहाल, *कामसूत्र* के बाद के कई अन्य संस्करणों से वेश्यावृत्ति और जननांगों के मुख से संपर्क के प्रकरणों को निकाल दिया गया। इन संस्करणों का जोर दूसरे खंड को ही विस्तार से पेश करने पर ही रहा :

> इस तरह हमारे सामने चित लेटी हुई हालत में संभोग के ५० प्रकार, पार्श्वीय मुद्रा में १२ प्रकार, बैठी हुई मुद्रा में १३ प्रकार, खड़ी हुई मुद्रा में १७ प्रकार, झुकी हुई मुद्रा में २१ प्रकार और विलोम मुद्रा में १२ प्रकार आते हैं।[५०]

अट्ठारहवीं सदी में क्षेत्रीय भाषाओं में इसका एक संस्करण *श्रृंगारमंजरी* के नाम से संस्कृतनिष्ठ तेलुगू में तैयार किया गया। यह रचना किसी पंडित की न होकर अली अकबर शाह की थी।[५१] कहा जाता है कि १८८३ में रिचर्ड बर्टन ने *कामसूत्र* की 'फिर से खोज' की, लेकिन खास बात यह है कि इससे पहले इस ग्रंथ के आधे-अधूरे और तरह-तरह से पुनर्रचित संस्करण उपलब्ध हो चुके थे।

औपनिवेशिक और उत्तर-औपनिवेशिक संदर्भ में इनका खूब प्रसार हुआ। लेकिन, अभी तक ऐसा कोई अध्ययन उपलब्ध नहीं है जिसके मुताबिक यह जाना जा सके कि ये संस्करण किस तरह के पाठकवर्ग को संबोधित थे।

बर्टन द्वारा किया गया *कामसूत्र* का अनुवाद इस ग्रंथ को लोकप्रियता के सर्वथा नये चरण में ले गया। १८२१ में जन्मे रिचर्ड बर्टन ने फ्रांस, इटली, भारत और अरबिस्तान का जम कर भ्रमण किया था। बर्टन में 'विक्टोरियन सेक्शुअलिटी में निहित परले दर्जे के पाखंड' के प्रति अरुचि और 'पूर्व के प्रति प्रेम' का संयोग मिलता है, जिसका स्रोत संभवत: उनके अपने समलैंगिक रुझानों में रहा होगा।[५२] *कामसूत्र* के अलावा बर्टन ने *अरेबियन नाइट्स* और अल्जीरियायी रचना *दि परफ्यूम्ड गार्डन* का अनुवाद भी किया। बर्टन की रचनाओं पर तरह-तरह की प्रतिक्रियाएँ हुईं, जिनसे पता लगता है कि सेक्शुअलिटी संबंधी चर्चा उन दिनों कितनी पेचीदगी से घिरी हुई थी। वैसे, इसी तरह की पेचीदगी इन चर्चाओं से आज भी जुड़ी हुई है। एक तरफ तो १८८६ में बर्टन को सर की उपाधि दी गई, दूसरी तरफ उनकी मृत्यु के बाद उनकी पत्नी ने *दि परफ्यूम्ड गार्डन* के अनुवाद की पांडुलिपि से समलैंगिकता वाला हिस्सा निकाल कर जला डाला।

बर्टन संभवत: पहले व्यक्ति थे जिन्होंने *कामसूत्र* की परिभाषा 'प्रेम विषयक रचना' की तरह की।[५३] शायद उन्हीं से इस ग्रंथ की विषयवस्तु 'स्वाभाविक' समझे जाने के सिलसिले की शुरुआत हुई होगी, और ग्रंथ के तात्पर्य को सार्वभौम मानने का आधार मिला होगा। बर्टन हमें बताते हैं कि 'आज की मानवीय प्रकृति काफी-कुछ वही है जो पुराने जमाने में रही होगी।'[५४] साथ ही उन्होंने सिफारिश की है कि इस 'रचना का अध्ययन सभी को, पकी उम्र वालों को और नौजवानों को भी करना चाहिए।'[५५] बहरहाल, *कामसूत्र* की सामग्री के अभूतपूर्व प्रसार का श्रेय मुद्रण के माध्यम को जाता है। छापेखाने ने इस ग्रंथ के पाठ का वह मानकीकरण भी सुनिश्चित कर दिया जो हस्तलिखित या मौखिक सम्प्रेषण के जरिए मुमकिन नहीं था।

कामसूत्र के संस्कृत संस्करण ने कामना के सामाजिक दर्जे और स्थिति का शीराजा बड़ी सावधानी से खड़ा करते हुए उसकी विशिष्टताएँ निर्धारित की थीं। पर, बर्टन की रचना में उसके ऊपर नया मुलम्मा चढ़ गया। उन्होंने *कामसूत्र* के पाठ का इस्तेमाल 'स्त्री की प्रकृति' पर टिप्पणी करने में किया :

> ... हालाँकि कुछ स्त्रियाँ जन्मना वेश्या होती हैं, और समाज के प्रत्येक वर्ग में अपनी इस प्रकृति के मुताबिक ही आचरण करती हैं, लेकिन कुछ लेखकों ने ठीक ही कहा है कि हर स्त्री की प्रकृति में वेश्या के पेशे की कुछ न कुछ झलक

> जरूर होती है, और इसी सामान्य नियम के तहत वह पुल्लिंग के साथ स्वयं के मिलाप की भरसक कोशिश करती है।[५६]

बर्टन का अनुवाद और उसके संस्करण मुख्यत: पश्चिम के पाठकों को ध्यान में रखकर तैयार किए गए थे। पश्चिम के पाठक वर्ग के पास दोनों मौके थे। वे *कामसूत्र* के इस सुस्पष्ट और अक्षरश: अनुवाद के जरिए सेक्शुअलिटी के प्रश्न का सामना भी कर सकते थे, उससे पलायन भी। उन्हें इस ग्रंथ की समझ कामाचरण की पुस्तक के रूप में मिलती थी, और अगर वे चाहते तो इस रचना को विदेशज या पौर्वात्य करार देकर इससे दूरी भी कायम कर सकते थे। नतीजा यह हुआ कि मूल ग्रंथ में व्याख्यायित कामाचरणों का विशिष्ट सामाजिक संदर्भ या तो पृष्ठभूमि में चला गया, या फिर उसे समस्याहीन ढंग से स्वीकार कर लिया गया। इसके पीछे तब के और अब के पितृसत्तात्मक मूल्यों के बीच सतही समानता के आधार पर सामान्यीकरण करने की प्रवृत्ति भी हो सकती है।

बर्टन ने जिन रणनीतियों के तहत *कामसूत्र* के पाठ का रूपांतरण किया, उन्हीं में कुछ का इस्तेमाल इस ग्रंथ के भारतीय अनुवादकों द्वारा भी किया गया। उन्होंने भी सेक्शुअलिटी का प्रश्न उठाया, पर उसे किस्म-किस्म के अन्य सरोकारों के साथ जोड़ दिया। सेक्शुअलिटी कभी विज्ञान से जुड़ी, तो कभी आधुनिकता से और कभी मोक्ष से। हर अनुवाद के साथ एक अदद परिचय भी नत्थी किया गया ताकि ग्रंथ के पाठकों तक पहुँच सकने वाले तात्पर्यों को सीमित किया जा सके। मसलन, एस.सी. उपाध्याय अपने अनुवाद[५७] को साफ तौर से 'चिकित्सा और कानून के पेशे में लगे लोगों, विद्वानों, और भारतविद्या, मनोविज्ञान और समाज विज्ञानों के शोधार्थियों'[५८] के लिए उपयोगी बताते हैं। इस अनुवाद के साथ नत्थी परिचय इस मकसद से लिखा गया लगता है कि कामना की एक खास तरह की परिभाषा और प्रेम के सार्वभौम विचार में कोई फर्क न रह सके। इसके लिए इस परिचय में कई भारतविद्याविदों और यौनविज्ञानियों के *कामसूत्र* संबंधी वक्तव्यों को प्रेम संबंधी महात्मा गाँधी और रवींद्रनाथ ठाकुर के वक्तव्यों के बरक्स रख दिया गया है। *कामसूत्र* का एक कम दाम का संस्करण (साढ़े बारह रुपए मूल्य) कहता है कि वह 'विवाहित जीवन की दहलीज पर खड़े युवकों के लिए' उपयोगी है।[५९] इसके परिचय में उच्चपदासीन सरकारी अधिकारियों और अकादमीशियनों की टिप्पणियाँ इसी मकसद से जोड़ी गई लगती हैं।

उपाध्याय द्वारा लिखा गया परिचय करीब साठ पृष्ठ लंबा है। वे *कामसूत्र* की वैधता काम संबंधी विमर्श के प्राचीन स्रोतों यानी ऋगवेद से प्राप्त करना चाहते हैं। उन्होंने *कामसूत्र* जैसे ही उदाहरण महाकाव्यों, पुराणों, जैन और बौद्ध

साहित्य एवं कालिदास की रचनाओं तक से खोज निकाले हैं।[६०] इस तरह वे अपने पाठक को आश्वस्त करते हैं कि यद्यपि *कामसूत्र* असाधारण ग्रंथ है, पर वह अपने तरह का अकेला ग्रंथ नहीं है। प्राचीनता के साथ नैरंतर्य और स्थिरता जुड़ते ही हमारे सामने एक ऐसी सेक्शुअल व्यवस्था का नजारा आ जाता है, जो न कभी बदली है और जो शायद न कभी बदलेगी। यह लक्ष्य हासिल करने के लिए उपाध्याय विभिन्न साहित्यिक विधाओं की विशेषताओं और ऐतिहासिक संदर्भों को नजरअंदाज करते हैं। वे उनमें से शृंगारिक उद्धरण निकालकर एक जगह रख देते हैं।

एक अन्य स्तर पर उपाध्याय काम की आराधना इसलिए न्यायसंगत ठहराते हैं कि वह प्रजनन के अनुकूल है। दिलचस्प बात यह है कि मूल *कामसूत्र* प्रजनन में इस तरह की कोई दिलचस्पी नहीं दिखाता। उपाध्याय जब यह कहते हैं कि यदि कामना ठीक रास्ते पर चले तो पुत्रों की उत्पत्ति हो सकती है, तो जाहिर हो जाता है कि सेक्शुअलिटी की प्राचीन धारणाओं के बजाय उनकी दिलचस्पी बीसवीं सदी के इंसानी सरोकारों और मूल्यों में ज्यादा है।

साथ ही यह भी देखने में आया है कि जैसे-जैसे *कामसूत्र* का प्रसार हुआ, उसके संस्करणों में दैहिक आयाम के प्रति दिलचस्पी बढ़ती चली गई। परिणामस्वरूप इस ग्रंथ के दूसरे खंड यानी संभोग के आसनों वाले हिस्से पर लंबी-लंबी टिप्पणियाँ दिखने लगीं। *कामसूत्र* में उल्लिखित प्रत्येक क्रिया को न्यायसंगत ठहराने के लिए संस्कृत साहित्य, यूनानी और रोमन रिवाजों, और / अथवा आदिवासी समाजों, और / अथवा समाजशास्त्र संबंधी पश्चिमी विद्वानों की रचनाओं से समानार्थक उदाहरण खोजे जाने लगे। तालिकाबद्ध करके आँकड़े पेश किए जाने लगे[६१] ताकि आयुर्विज्ञान पर शोधरत समाजशास्त्रियों के शब्दों में *कामसूत्र* को 'सटीक, वस्तुनिष्ठ और वैज्ञानिक' करार दिया जा सके।[६२] कामसूत्र को वैज्ञानिक करार देने की कोशिश को बल प्रदान करने के लिए उसे आधुनिक करार देना आम बात हो गई। मसलन, *कामसूत्र* के एक अनुवादक खन्ना[६३] ने दावा कर डाला कि नायिका के शयनकक्ष का विवरण पाँचतारा होटलों के कमरों के लिए मॉडल बन सकता है।

कामसूत्र को वैज्ञानिक करार देने के आग्रह का चिंताजनक परिणाम यह निकला है कि आज के कई टिप्पणीकार यौन हिंसा को स्वाभाविक कहकर न्यायसंगत ठहराने लगे हैं। इन लोगों का कहना है, 'आज के पुरुष इसे निश्चित तौर पर समझते हैं कि स्त्री द्वारा आँसू बहाना और रोना साधारण बात ही है। आँसू बहाकर, रोकर दिखाने और पुरुष के साथ सहयोग न करने का दिखावा करने के जरिए जो वह कहती है, अंदर ही अंदर उसकी इच्छा उल्टी ही होती

है।'[६४] वैज्ञानिकता के इस आग्रह के कारण ही स्त्री की सेक्शुअलिटी को यांत्रिक शब्दावली में समझने की प्रवृत्ति पैदा हुई है। इसीलिए भगनासा उत्तेजित करने की क्रिया पर इस तरह की शब्दावली में चर्चा की जाती है कि 'बिजली के बटन पर पर्याप्त दबाव दिए जाने से आम तौर पर पूरी मशीन चल पड़ती है।'[६५] ऐसी मिसालें भी हैं जिनमें *कामसूत्र* की आधारभूत मान्यताओं को न सिर्फ स्वीकार बल्कि उन्हें परिवर्द्धित भी किया गया है। मसलन जी. खन्ना[६६] ने अपने परिचय में *कामसूत्र* द्वारा की गई यौनि का आकार को छोटा करने की तजवीज खारिज करते हुए प्लास्टिक सर्जरी करवाने का सुझाव दिया है। इसका मतलब साफ है। स्त्री की देह में जोड़-घटाव के लक्ष्य पर उन्हें लेशमात्र भी आपत्ति नहीं है, मतभेद सिर्फ उसके लिए अपनाए जाने वाले तरीके में है।

चूँकि प्राचीन परंपरा और उसी का विस्तार करते हुए समकालीन भारतीय परंपरा मोक्ष प्राप्ति को सबसे बड़ा लक्ष्य घोषित करती है, इसलिए काम को भी मोक्ष से जोड़ने के प्रयासों के रूप में कुछ टिप्पणीकारों ने अपनी प्रतिभा दिखाई गई है। मुल्कराज आनंद दावा करते हैं[६७] कि *कामसूत्र* का ज्ञान न केवल 'देह के विविध सुखों को भोगने का रास्ता खोलता है, बल्कि कामक्रिया की गोपनीयता के साथ जुड़ी हुई तमाम गंदगी को भी दिमाग से साफ कर देता है। मोक्ष प्राप्त करने के बाद वैसे भी मस्तिष्क में कोई भी प्रच्छन्न कामना नहीं रहनी चाहिए।'

कामसूत्र के अधिकतर मुद्रित संस्करण सचित्र भी होते हैं। महँगे, रंगीन और कॉफी-टेबिल संस्करणों में तो यह प्रवृत्ति काफी होती है। दिलचस्प बात यह है कि खुद को विद्वत्तापूर्ण और अकादमीय बताने वाले उपाध्याय के अनुवाद में अन्य चित्रों के अलावा पचास फोटग्राफ भी छापे गए हैं।[६८] इन चित्रों की दो विशेषताएँ ध्यान आकर्षित करती हैं : पहली, उनका संग्रह चित्रकला और मूर्तिकला की विभिन्न परंपराओं से उठाकर किया गया है। इनमें तीसरी सदी की नागार्जुनकोंडा[६९] की मूर्ति भी शामिल है, और अट्ठारहवीं व उन्नीसवीं सदी की पहाड़ी चित्रकला[७०] के नमूने भी हैं। इन चित्रों में खजुराहो[७१] और दक्कन[७२] के साथ-साथ कोणार्क[७३] और बीकानेरी[७४] चित्रकला के उदाहरण भी शामिल हैं।

इन चित्रों में जिन क्षेत्रों और कालखंडों की नुमाइंदगी की गई है, उनकी खास बात उनकी अलग-अलग शैलियाँ मानी जाती हैं। लेकिन, *कामसूत्र* के इस संस्करण में उन पर एक समरूप विषयवस्तु थोप दी गई है। सभी चित्र अधिकांशतः इतरलैंगिक युगलों के हैं। इनके इस्तेमाल के पीछे इन चित्रों से एक सार्वभौम और समरूप समझ निकालने का आग्रह भी दिखता है। नतीजा यह निकला है कि मुगल काल की दरबारी चित्रकला खजुराहो की मंदिर मूर्तिकला

के साथ रख दी गई है। गूढ़ सौंदर्यशास्त्रीय परंपराओं की अभिव्यक्तियों के वैभिन्न्य की उपेक्षा करके उन्हें एक साथ तौल दिया गया है।

हालाँकि ये चित्र पूरे अनुवाद में जगह-जगह बिखरे हुए हैं, पर उनका जोर दूसरे खंड यानी संभोग के आसनों वाले भाग पर ही है। इस तरह अनुवाद के पाठ और चित्रों के बीच कई जगह असंगति हो जाती है। जैसे, पाठ में तो जिक्र गणिकाओं को मिलने वाले पारिश्रमिक का है, पर उसके साथ लगे हुए चित्र में प्रेमी युगल किसी उद्यान में दर्शाए गए हैं।

चित्रों का यह जोर और उनके जरिए पाठ के तात्पर्य परिवर्तन का नतीजा यह निकला है कि शृंगारिक और पोर्नोग्राफिक के बीच का फर्क धुँधला गया है। संभवतः किताब बेचने के लिहाज से यह रणनीति उपयोगी रही होगी। इन चित्रों की एक और भूमिका प्रतीत होती है। इनके जरिए इतरलिंगी युग्म उन सामाजिक संबंधों के ऊपर प्राथमिकता हासिल कर लेता है और एक हद तक उनसे स्वतंत्र दिखने लगता है जिनमें दरअसल वह अंतःस्थापित है। इस प्रकार यह अनुवाद खास तरह के सामाजिक-सेक्शुअल संबंधों का भ्रम पैदा करते हुए व्यक्तिगत स्तर पर और इतरलैंगिक युगल के स्तर पर अपनी अपील सम्प्रेषित करते हुए लगता है। इससे विशेष प्रकार के 'आधुनिक' व्यक्तिवाद को वैधता मिलती है।

कामसूत्र के दूसरे खंड के उपसंहारात्मक श्लोकों के साथ भी अनुवाद में खेल कर दिया गया है। अनुवाद से पता ही नहीं लगता कि ये श्लोक रहे भी होंगे। उनका अनुवाद तो किया गया है, पर वे बाकी पाठ की तरह अंग्रेजी गद्य में अनूदित हैं जिससे उनकी मौलिक शैली छिप गई है। संस्कृत के मूल ग्रंथ में मौजूद पद्यांशों और गद्यांशों के बीच की असंगतियाँ कहीं नहीं दिखतीं और अनूदित पाठ अपेक्षाकृत समरूप होकर उभरता है।

कामसूत्र के अनुवादों की सुलभता जैसे-जैसे बढ़ रही है, वैसे-वैसे संस्कृत का मूल संस्करण दरकिनार होता जा रहा है। उन्नीसवीं और बीसवीं सदी में संस्कृत का अध्ययन आमतौर पर सरकारी स्कूलों, कॉलेजों और विश्वविद्यालयों में सिमटकर रह गया है। संस्कृत सीखने और सिखाने की परंपरागत विधियाँ हाशिये पर चली गई हैं। खास तौर से आजादी के बाद से एक और परिवर्तन हुआ है कि संस्कृत का संस्थागत अध्ययन उत्तरोत्तर 'स्त्रियों' की गतिविधि समझा जाने लगा है। यानी संस्कृत पढ़ने के लिए पुरुषों के मुकाबले स्त्रियाँ अधिक आगे आ रही हैं। अन्य विषयों के मुकाबले संस्कृत पढ़ना कम प्रतिष्ठित समझा जाता है। विषय के रूप में संस्कृत लेने का मकसद भाषा सीखने में दिलचस्पी के बजाय अक्सर विश्वविद्यालय की डिग्री लेना ज्यादा होता है।

यह देखकर कोई हैरानी नहीं होती कि संस्कृत पढ़ाने वाले ज्यादातर विभागों में *कामसूत्र* का अध्ययन करने की इजाजत नहीं है। जाहिर है कि इस हिचक का संबंध इस ग्रंथ की विषयवस्तु से है। परिणामस्वरूप *कामसूत्र* को समझना केवल एक सीमित दायरे में ही संभव रह गया है। *कामसूत्र* का संस्कृत पाठ धीरे-धीरे अलभ्य होता जा रहा है, स्त्रियों के लिए तो विशेषतौर से।[७५]

व्यावहारिक रूप से हमारे पास अनूदित संस्करण ही रह गए हैं जो इस ग्रंथ को एक साथ प्राचीन भी बताते हैं और आधुनिक भी, भारतीय भी बताते हैं और सार्वभौम भी, विज्ञानसम्मत भी बताते हैं और सौंदर्यमूलक भी। इस तरह इस ग्रंथ को तरह-तरह के विमर्शों के दायरे में लाकर उसे ऐतिहासिक, समाजशास्त्रीय, मेडिकल, दार्शनिक और कलात्मक आभा से आलोकित करने की कोशिश की जाती है। जाहिर है कि इन प्रयासों के कारण ग्रंथ की आलोचना मुश्किल होती जा रही है। इस ग्रंथ के सामाजिक और सेक्शुअल आदर्श अभूतपूर्व पैमाने पर वैधीकरण की प्रक्रिया से गुजर कर लोक-प्रचलित होते जा रहे हैं। पढ़े-लिखे पुरुषों के लिए नायक का अनुकरणीय आदर्श आसानी से सुलभ है। उसका मॉडल उन्हें शक्ति के साथ-साथ सीमांकित कामना के तुष्टीकरण का आश्वासन देता है।

पढ़ी-लिखी स्त्रियाँ पढ़े-लिखे पुरुषों के मुकाबले संख्या में बहुत कम हैं। *कामसूत्र* उन्हें कुछ भिन्न तरीके से ही सुलभ है। हम देख चुके हैं कि इस ग्रंथ की मूल भाषा यानी संस्कृत समझ सकने वाली स्त्रियाँ इसके अध्ययन से किस तरह प्रच्छन्न रूप से वंचित रखी जा रही हैं। उनके लिए तो इसके अनूदित संस्करण भी ठीक से सुलभ नहीं हैं। स्त्रियाँ यह किताब पुरुष साथियों की सोहबत में या उनके मार्गनिर्देशन में ही पढ़ सकती हैं। इस चक्कर में होता यह है कि पिछली सदी के दौरान इस रचना पर थोपे गए तात्पर्य ही और प्रबल होकर उनके पास पहुँचते हैं। इस रचना का आतंक इस कदर है कि अगर हम इसके कथनों से सहमत नहीं होते तो डर लगता है कि हम पर या तो पुरातनपंथी होने का बिल्ला चस्पाँ कर दिया जाएगा या हमें अति-आधुनिक ठहरा दिया जाएगा। *कामसूत्र* से असहमति का नतीजा यह भी निकल सकता है कि हमें अवैज्ञानिक, संकीर्ण, अ-भारतीय, संस्कारहीन, अ-परिष्कृत और बुद्धिवादविरोधी करार दे दिया जाए। कुल मिलाकर आज के जमाने में *कामसूत्र* ने एक ग्रंथ के रूप में पूरी तरह निर्देशात्मक चरित्र ग्रहण कर लिया है।

आज *कामसूत्र* केवल कुछ ही लोगों को सुलभ संस्कृत के ग्रंथ की सीमा से निकल तरह-तरह के माध्यमों में चौतरफा व्यक्त हो रहा है। फिल्मों, गीतों, नृत्यों, विज्ञापनों और नव-विकसित मध्यवर्गीय जन-संस्कृति में इसकी

पारिवेशिक अभिव्यक्ति देखी जा सकती है। सम्प्रेषण की यह प्रक्रिया दरअसल साक्षरता की बाधाएँ लाँघ चुकी है। *कामसूत्र* प्रदत्त पुरुष सेक्शुअलिटी और स्त्री सेक्शुअलिटी की परिभाषाओं का वर्चस्व कायम हो चुका है। *कामसूत्र* का मूल संस्करण शायद ऐसा ही वर्चस्व स्थापित करना चाहता था, पर आज से पहले वह उसे कभी नसीब नहीं हो पाया।

पिछली एक सदी में *कामसूत्र* के सम्प्रेषण-माध्यमों में नाटकीय परिवर्तन हुए हैं। इन्हें दो स्तरों पर देखा जा सकता है : एक तरफ संचार की भाषाओं का प्रसार हुआ है, दूसरी तरफ संचार की प्रौद्योगिकी विविध हुई है। मुद्रण के साथ-साथ अन्य माध्यमों का भी इस्तेमाल हुआ है। इसे *कामसूत्र* की सुलभता के लोकतांत्रिकीकरण के रूप में देखा जा सकता है, और कई लोग इसे इसी तरीके से देख भी रहे हैं, लेकिन यह केवल आंशिक सच्चाई ही है।

हम देख चुके हैं कि संस्कृत की सूत्र रचना, खासकर स्त्रियों के बीच, वाचिक सम्प्रेषण के दौरान किस तरह परिवर्तन और पुनर्रचना से गुजर सकती थी। इन परिवर्तनों को कुछ-कुछ दिक्कत के साथ संस्कृत के सामासिक पाठ में समायोजित कर लिया जाता था। इसके लिए शायद उपसंहारात्मक श्लोक उपयोगी साबित होते होंगे। हम देख चुके हैं कि इन श्लोकों और गद्यांशों के बीच हमेशा ही संगति कायम नहीं हो पाती थी। यह प्रक्रिया सूत्र के रूप और तात्पर्य, दोनों को ही बहस के लिए खोल देती थी।

इस हकीकत के बरक्स मुद्रित संस्करणों और अन्य माध्यमों से छन कर निकली *कामसूत्र* की मौजूदा समझ दावा करती है कि इस ग्रंथ का केंद्रीय सरोकार एक सार्वभौम और समरूप इतरलैंगिक मानक से है। यह समझ किसी भी तरह के बहस-मुबाहिसे के प्रति खुली हुई नहीं है। इसका एक कारण यह भी है कि सम्प्रेषण की प्रक्रिया उद्योगीकृत और मशीनीकृत हो गई है। एक सीमा तक *कामसूत्र* का प्रारब्ध वही हो गया है जो आम तौर पर सेक्शुअलिटी का है। सेक्शुअलिटी को कुछ दृश्यमानता मिली है, पर इस प्रक्रिया में उसके सामाजिक संदर्भ जानबूझकर धुँधले कर दिए गए हैं। हालाँकि वाचिक सम्प्रेषण में अंतर्निहित बहस और आलोचना को खोद कर निकालना मुमकिन नहीं है, पर हमें वैसी ही कोई कोशिश जरूर करनी होगी ताकि आज की जटिल हकीकत के तहत समकालीन सेक्शुअलिटियों पर सार्थक बहस की भित्ति उसी आधार पर खड़ी की जा सके।

संदर्भ और टिप्पणियाँ

१. एलेन दानील्यू (अनु.), *दि कम्प्लीट कामसूत्रा,* रोशेस्टर, पार्क स्ट्रीट प्रेस, १९९४
२. *टाइम्स ऑव इंडिया,* २९ दिसंबर १९९६
३. मीरा नायर, *टेलीग्राफ,* १ दिसंबर १९९६ में उद्‌धृत।
४. एम.एन. भट्टाचार्य, *हिस्ट्री ऑव इंडियन इरोटिक लिटरेचर,* मुंशीराम मनोहरलाल, दिल्ली, १९७५, पृष्ठ xii; टी.आर. ट्रॉटमेन, *कौटिल्य एंड दि अर्थशास्त्र,* ई.जे. ब्रिल, लीडेन, १९७१, पृष्ठ ६
५. उदाहरण के लिए देखें : शोभिता पुंज, *डिवाइन इक्सटैसी,* वाइकिंग, नई दिल्ली, १९९२, पृष्ठ ix; यहाँ इसे 'संभोग-कला' संबंधी रचना करार दिया गया है।
६. *कामसूत्रा,* I.१.१; इसके बाद *कामसूत्र* के सारे संदर्भ माधवाचार्य (सं.), *दि कामसूत्रा,* (दो खंड), लक्ष्मी वेंकटेश्वर स्टीम प्रेस, बंबई, १९३४ से।
७. *कामसूत्रा,* I.२.२०
८. उपरोक्त, I.२.३७
९. ट्रॉटमेन, *वही,* पृष्ठ १६९
१०. *कामसूत्रा,* I.३.१
११. उपरोक्त, I.३.३
१२. उपरोक्त, I.३.२, १२, १३
१३. उपरोक्त, II.५
१४. उपरोक्त, II.५.३७ पाद टिप्पणी
१५. उपरोक्त, II.२९-३१
१६. उपरोक्त, I.४.१
१७. उपरोक्त, I.५.३
१८. उपरोक्त, II.९.१
१९. उपरोक्त, II.६.२५
२०. घोड़ी सक्रियता की प्रतीक मानी जाती है। इस लिहाज से स्त्री की सेक्शुअलिटी कुछ प्राचीन भारतीय मिथकों में खतरनाक मानी गई है। देखें : डब्ल्यू.डी. ओ'फ्लाहर्टी, *सेक्शुअल मेटाफर्स एंड एनीमल सिंबल्स इन इंडियन माइथालॉजी,* मोतीलाल बनारसीदास, दिल्ली, १९८०, पृष्ठ १६४
२१. *कामसूत्रा,* II.८
२२. उपरोक्त, II.१.९-३०
२३. उपरोक्त, V.६.२
२४. उपरोक्त, II.६.४७
२५. उपरोक्त, II.६.४५
२६. कई आधुनिक भारतीय भाषाओं में बलात्कार का मतलब होता है स्त्री के साथ जबरन यौनक्रिया करना।
२७. *कामसूत्रा,* II.७.११
२८. उपरोक्त, II.७.३-२१

२९. उपरोक्त, II.७.२५-३०
३०. उपरोक्त, II.१०.३०-३१
३१.उपरोक्त, III.१.१४
३२. उपरोक्त, III.२.११-२४
३३. उपरोक्त, III.५.२,१६, १९,२७
३४. उपरोक्त, V.३.४
३५. उपरोक्त, IV.१.११
३६. उपरोक्त, II.२.४, १६, आदि
३७. उपरोक्त, V.१
३८. उपरोक्त, V.५.५-६
३९. उपरोक्त, V.५.७ पाद टिप्पणी
४०. उपरोक्त, V.५.१३, २४
४१. उपरोक्त, V.५.२८
४२. उपरोक्त, V.६.३९ पाद टिप्पणी
४३. उपरोक्त, II.१.११
४४. उपरोक्त, VI.५.३६
४५. उपरोक्त, VI.२.१३, २२
४६. उपरोक्त, VI.३ पाद टिप्पणी
४७. उपरोक्त, VI.१.१०-१४
४८. उपरोक्त, VI.३
४९. भट्टाचार्य, *वही,* पृष्ठ १०२
५०. उपरोक्त, पृष्ठ १०५
५१. उपरोक्त, पृष्ठ १२२
५२. बर्टन के बारे में सभी जीवनीपरक ब्योरों के लिए देखें : आर. बर्टन और एफ.एफ. अर्बुथनॉट (अनु.), *दि कामसूत्रा एंड दि परफ्यूम्ड गार्डन,* ओमेगा बुक्स लि., इंग्लैंड, १९८७
५३. उपरोक्त, पृष्ठ ५
५४. उपरोक्त, पृष्ठ २२९
५५. उपरोक्त।
५६. उपरोक्त, पृष्ठ १७३
५७. एस.सी. उपाध्याय (अनु.), *कामसूत्रा ऑव वात्स्यायन,* बंबई, तारापोरवाला, १९६१
५८. उपरोक्त, पृष्ठ IV
५९. वी.सी. बंधु (अनु.), *कामसूत्रा ऑव वात्स्यायन,* यूनिवर्सल पब्लिकेशंस, दिल्ली, पृष्ठ २२
६०. उपाध्याय, *वही,* पृष्ठ ५५ पाद टिप्पणी
६१. उपरोक्त, पृष्ठ ३६
६२. जी. खन्ना, *कामसूत्रा : इट्स रेलेवेंस टुडे,* जैको, बंबई, १९८५, पृष्ठ २

६३. उपरोक्त, पृष्ठ १६
६४. उपाध्याय, *वही,* पृष्ठ २२
६५. उपरोक्त, पृष्ठ १९
६६. खन्ना, *वही,* पृष्ठ १६६-६७
६७. मुल्कराज आनंद, *काम कला,* नैजेल पब्लिशर्स, जिनेवा, १९५८, पृष्ठ २६
६८. उपाध्याय, *वही*।
६९. उपरोक्त, पृष्ठ १२८ के सामने।
७०. उपरोक्त, पृष्ठ ४८ के सामने।
७१. उपरोक्त, पृष्ठ १२८ के सामने।
७२. उपरोक्त, पृष्ठ ४८ के सामने।
७३. उपरोक्त, पृष्ठ ७२ के सामने।
७४. उपरोक्त, फोटोग्राफ XVI
७५. इस बात का तीखा एहसास मुझे तब हुआ जब मैंने एक पब्लिक लाइब्रेरी में *कामसूत्र* का संस्कृत संस्करण पढ़ने की कोशिश की। पुस्तक के आवरण पर छपा था : *नितांतम गोपनीयम्* (यानी अतिगोपनीय)। साथ ही अंग्रेजी में लिखा हुआ था : *'फॉर प्राइवेट सर्कुलेशन ऑनली'।* इन निर्देशों को कितनी गंभीरता से लिया जाता था, इसका पता मुझे तब लगा जब मुझे यह ग्रंथ अपनी डेस्क पर नहीं दिखा और मैंने उसकी माँग की। मुझे बताया गया कि मेरी अनुपस्थिति में लाइब्रेरी में आने वाली जवान लड़कियाँ उसके पन्ने पलट रही थीं। इसलिए लाइब्रेरियन ने (जो खुद भी स्त्री थी) उसे ताला बंद कर देना उचित समझा।

२

मर्द हीरो और पुंसत्वहीन राष्ट्र

भगवा इतिहास का आविष्कार

उमा चक्रवर्ती

समकालीन संदर्भ

भारतीय राष्ट्र-राज्य अस्सी के दशक के मध्य से ही संकट में फँसा हुआ है। क्षेत्रीय आंदोलन पहले मध्यवर्ग की चेतना पर इतना प्रत्यक्ष असर नहीं डालते थे, लेकिन अब उत्तर-पूर्व के आंदोलनों और पंजाब 'समस्या' के मिले-जुले नाटकीय असर ने इस स्थिति को बदल दिया है। ऑपरेशन ब्ल्यू स्टार और अपने ही अंगरक्षकों के हाथों इंदिरा गाँधी की हत्या के कारण राष्ट्रवाद की जज़्बाती अपील काफी बढ़ गई है। खास बात यह है कि इसके पीछे कांग्रेस की भूमिका भी है। इस पार्टी ने सत्ता के लिए बढ़ती हुई होड़ में आगे रहने के लिए राष्ट्र के विखंडन का राग अलापने का हथकंडा अपनाया। अस्सी का दशक खत्म होते-होते कुछ और द्वंद्व उभरे, जो मुख्यत: जाति की संस्था के आस-पास थे। विशेष तौर से उत्तर भारत में दिल्ली और कुछ अन्य शहरों में ऊँची जाति के युवकों ने मंडल विरोधी आंदोलन छेड़ दिया। मध्यवर्गीय प्रेस ने देश के 'प्रमुख' समाजशास्त्रियों की मदद से मंडल रपट को राष्ट्र का 'विखंडन' करार देने की भरपूर कोशिश की। अस्सी के आखिरी वर्षों में कश्मीर के हालात में तेजी से

गिरावट आ ही रही थी। इन सभी परिस्थितियों ने मिलकर सामाजिक और राजनीतिक संकटों के एक ऐसे संयोग को जन्म दिया कि 'अपने' राष्ट्र की हालत और उसके भीतर अपने दबदबे को लेकर मध्यवर्गीय चिंताएँ मुखर हो उठीं। यही थी वह पृष्ठभूमि जिसके तहत भारतीय राजनीति दक्षिणोन्मुखी होती चली गई, हिंदुत्व की फासिस्ट वाहिनी का उभार हुआ और द्विज जातियों के मध्यवर्ग ने हिंदू बहुसंख्यकवादी विचारधारात्मक और राजनीतिक संरचनाओं के साथ वफादारी महसूस करना शुरू कर दिया। राज्य की वैधता का संकट इस बदले हुए रुझान का विचारधारात्मक संदर्भ था।

वर्तमान के संकट से निबटने के लिए अक्सर 'राष्ट्र के वैभवशाली अतीत' की चर्चा करने या उसकी पुनर्रचना की विधि अपनाई जाती रही है। यह एक स्थापित विधि है और इसका कई बार इस्तेमाल किया जा चुका है। उन्नीसवीं सदी में बंकिम चंद्र चट्टोपाध्याय और रमेश चंद्र दत्त ने भी ऐसे ही प्राचीन अतीत का आविष्कार किया था (जिसके कुछ पहलू इतने प्राचीन भी नहीं थे)।[१] आज यही भूमिका सिनेमा[२] और टेलीविजन निभा रहा है। मौजूदा राजनीतिक-सामाजिक संकट और उसके सर्वांगीण हल के एकसूत्रीय फारमूले की खोज प्रभावशाली लेखन के जरिए नहीं, बल्कि सिनेमा[२] और टेलीविजन जैसे दृश्य माध्यमों के जरिए हो रही है। टेलीविजन इस लिहाज से एक बहुत ही प्रभावशाली माध्यम साबित हुआ है। इसका एक कारण इसकी पहुँच तो है ही, पर दृश्यों के माध्यम से दिए जाने वाले 'संदेश' की विचारधारात्मक ताकत की भूमिका कहीं अधिक है। हफ्तों और महीनों तक चलने वाले कार्यक्रमों के जरिए यह संदेश चेतना की गहराइयों तक पहुँचता चला जाता है। इस लिहाज से टेलीविजन अतीत की पुनर्रचना करके वर्तमान व भविष्य के निर्माण में उसके इस्तेमाल के लिए बेहद महत्त्वपूर्ण माध्यम है। दुर्भाग्य से इतिहासकारों, खास तौर से प्रतिष्ठित इतिहासकारों ने 'बुद्धू' बक्से की इस क्षमता पर न के बराबर ही ध्यान दिया है। जबकि असलियत यह है कि आजकल अतीत की 'राष्ट्रवादी' पुनर्रचना और देशभक्ति के मौजूदा निरूपण की परियोजनाएँ इसी इडियट बॉक्स के जरिए चलाई जा रही हैं।

अस्सी के आखिरी वर्षों में टेलीविजन ने राज्य की वैधता के संकट के साथ 'संवाद' करने वाले कई सीरियल प्रसारित किए। ऐसा लगता है कि सरकारी टेलीविजन पर इस तरह के सीरियलों को स्वीकृति इसीलिए दी गई थी कि विखंडित राष्ट्र की विचारधारात्मक पुनर्रचना की जा सके। कुछ सीरियलों का देश-काल आज का भारत था। ऐसे सीरियल दो तरह के थे। पहली किस्म उन धारावाहिकों की थी जिनके जरिए राज्य/सरकार के भ्रष्ट होने की व्यापक धारणा

का खंडन होता था। मसलन, *उड़ान* सीरियल में पुलिस का चित्रण था। *संघर्ष* में कस्टम और आय कर विभाग के साथ-साथ आईएएस जैसी प्रतिष्ठित सेवाओं को भी विषय बनाया गया था। दूसरे किस्म के सीरियलों में पंजाब और कश्मीर जैसे राज्यों के अलगाववाद से त्रस्त सीधे-सादे 'असली' लोगों को दिखाया जाता था। (उत्तर-पूर्व के प्रांतों के बारे में ऐसे सीरियल नहीं बनाए गए, क्योंकि मध्यवर्गीय चेतना की उनमें कोई दिलचस्पी नहीं थी)। इन कार्यक्रमों को प्रचलित भाषा में 'टीवी का सरसों का साग' करार दिया जाता था। इनके जरिए दूरदर्शन हफ्ता-दर-हफ्ता खालिस्तान और आजाद कश्मीर के आंदोलनों के साथ-साथ आतंकवाद और उसकी विचारधारा का प्रतिकार करने की बेअसर कोशिश करता रहा। दरअसल, ये सीरियल पूरी तरह से नाकाम रहे, केवल *उड़ान* को छोड़कर, क्योंकि उसके कर्तव्यनिष्ठ स्त्री पात्र ने दर्शकों से तादात्म्य स्थापित कर लिया था। बहरहाल, राजकीय संस्थाओं की छवि सुधारने और राज्यवादी विचारधारा बुलंद करने के मकसद से बनाए ये धारावाहिक दर्शकों के मन पर कोई छाप नहीं छोड़ पाए।

लेकिन, अतीत का चित्रण करने वाले सीरियल कहीं ज्यादा प्रभावी साबित हुए। इनका प्रदर्शन पहले *रामायण* और फिर *महाभारत* जैसे महाकाव्यों पर बने सीरियलों के रूप में हुआ। इन्हें जबरदस्त लोकप्रियता प्राप्त हुई जिसके कारण उन्होंने काफी ध्यान आकर्षित किया। मेरे कहने का तात्पर्य यह है कि धार्मिक विषयवस्तुओं पर बने इन महा-सीरियलों का निर्माण करवाने और उन्हें सीधे लोगों के घरों में प्रसारित करने के सचेत राजकीय निर्णय के पीछे एक विचारधारात्मक तर्क था।

इकबाल मसूद ने अपनी एक बेहतरीन पत्रकारीय टिप्पणी में कहा भी है कि अस्सी के आखिरी वर्षों में संकटग्रस्त भारतीय राज्य ने एक नीतिगत निर्णय लिया जिसके तहत हर रविवार की सुबह प्रसारित किए जाने वाले सेकुलर कार्यक्रमों की जगह धार्मिक कार्यक्रमों ने ले ली, और इस तरह रविवार की सुबह वर्चस्ववादी मकसदों के लिए आरक्षित कर दी गई।[३] सरकार का ख्याल था कि देशभक्ति आधारित सेकुलर सीरियलों से लोगों के विक्षोभ में बढ़ोतरी ही होती है। उसे लगा कि ऐसे धारावाहिक बेकार हैं, इसलिए टेलीविजन जैसे आधुनिक नशे के माध्यम से धर्म की अफीम खिलाने का सचेत राजनीतिक निर्णय लिया गया।[४]

मसूद की मान्यता थी कि सेकुलर के बजाय 'धार्मिक' सीरियल दिखाने के पीछे एक अधिक बुनियादी मकसद था। उनका विचार है कि टेलीविजन हमेशा से ही एक 'बहुसंख्यकवादी' माध्यम रहा है। टीवी स्क्रीन पर राज्य और राजधानी

और राष्ट्र के चित्रण के जरिए एकता, अनुशासन और निष्ठा के विचारों पर जोर दिया जा सकता है और इस तरह 'मौन' बहुसंख्यक जनता तक अपनी बात पहुँचाई जा सकती है। किसी भी तरह का विवाद, चाहे वह विचारधारात्मक नजरिए से किया गया हो, या जाति, धर्म या अल्पसंख्यक नजरिए से किया गया हो, इस विचार के तहत राष्ट्रद्रोह समझा जाता है। मसूद का तर्क था कि इस लिहाज से धार्मिक सीरियलों ने यह दोहरा मकसद बड़ी कामयाबी के साथ हासिल कर दिखाया।[५]

इस संदर्भ में टीवी के एक अन्य सीरियल *चाणक्य* और इन महाकाव्य आधारित धारावाहिकों के बीच एक तरह की साझा विचारधारात्मक जमीन पर निगाह डालना उपयोगी होगा। इन धार्मिक सीरियलों में प्रचलित परंपरा के लोकप्रिय पहलुओं की झलक तो थी ही, पर इनके प्रसारण से वह जमीन बनना भी शुरू हुई जिसकी महाकाव्यात्मक विषयवस्तु में समकालीन मुद्दों की प्रतिध्वनियाँ सुनी जा सकती थीं। ये मुद्दे थे : राज्य को भीतरी दुश्मनों से पहुँच सकने वाला खतरा, जनता द्वारा अपने हुक्मरानों से रखी जाने वाली बेतुकी उम्मीदें और उनके दबाव, शासकों के आसानी से भ्रष्ट हो जाने की संभावनाएँ और राज्य की वैधता की पुनर्स्थापना की जरूरत। इन स्थितियों में सिद्धांतनिष्ठ कार्रवाई करते हुए अगर कोई दिखता था तो वह या तो अभिजनों का छोटा सा तबका होता था, या फिर कोई एक व्यक्ति। समग्र जनता कभी कार्रवाई करते हुए नहीं दिखती थी। इसलिए स्वाभाविक रक्षक के रूप में अगर कोई उभरता था तो वह कुछ पराक्रमी पुरुष ही होते थे। *महाभारत* सीरियल की अंतिम किस्तें शासक अभिजनों के बीच आंतरिक होड़ के नतीजों पर अहम रोशनी डालती थीं कि इस वजह से किस तरह फूट पैदा होती है और धरती के टुकड़े-टुकड़े हो जाते हैं। खास बात यह है कि ये किस्तें *चाणक्य* के प्रसारण के ठीक पहले प्रसारित हुई थीं। *चाणक्य* सीरियल भी भ्रष्टाचार की समस्या पर विचार करते हुए शासक वर्गों के सदस्यों के बीच अहं के टकराव और मुख्यत: *अधर्म* के प्रभाव में टूट की ताकतों को बढ़ावा मिलने के मुद्दे पर जोर देता है। वह दिखाता है कि प्रतिद्वंद्विता की वजह से भाइयों के बीच युद्ध के कारण राष्ट्र नाश के कगार पर पहुँच जाता है। दरअसल, *चाणक्य* सीरियल की विषयवस्तु *महाभारत* के अंतिम वक्तव्य से शुरू करके विखंडित 'राष्ट्र'[६] की समस्या के आस-पास गोलबंद होती है। इस तरह यह सीरियल धार्मिक परंपरा को और संकेंद्रित रूप से आगे बढ़ाता है। इस धारावाहिक में एक ऐसे भ्रष्ट, अनैतिक और पुंसत्वहीन राजा के भीतर छिपे हुए दुश्मन के खिलाफ संयुक्त 'द्वेष' पर बल दिया गया है। इस राजा ने ब्राह्मणवादी मूल्यों को ठुकरा दिया है और एक प्रतिपक्षी विचारधारा

का पक्ष लेने लगा है (धारावाहिक में इसे एक 'अल्पसंख्यक' धर्म जुड़ा दिखाया गया है)। यह राजा परीक्षा की उस घड़ी में राष्ट्र से गद्दारी करता है जब एक विदेशी आक्रांता पवित्र 'भारतीय' राष्ट्र की सीमाओं का अतिक्रमण करने जा रहा था।

एक और पहलू ऐसा था जिसके लिहाज से *चाणक्य* को रामायण और महाभारत के टीवी संस्करणों से जोड़ कर देखा जा सकता है। यह समानता वंश परंपरा और खानदान की विषयवस्तु के आसपास घूमती है। यह बात आसानी से समझी जा सकती है। आखिरकार महाकाव्य 'परिवार' का आख्यान ही होते हैं। *रामायण* एक ऐसे राजा के परिवार की कहानी है जिसे अपने सबसे भीतरी कोनों से जोखिम का सामना करना पड़ता है। यानी स्वयं रानी ही उसके लिए मुसीबत का सबब बन जाती है।[७] *महाभारत* एक ऐसे राज्य और विभाजित परिवार की कहानी है जो आपसी कलह के कारण जोखिमग्रस्त है और नष्ट हुआ जा रहा है। वह संदेश देता है कि जब परिवार टूट कर एक-दूसरे के खिलाफ खड़े हो जाते हैं तो राष्ट्र का नाश निश्चित है। *चाणक्य* इन दोनों महा-सीरियलों के मुकाबले भी खड़ा है और इनकी निरंतरता में भी। वह बताता है कि किसी एक राजा की हुकूमत से परे जाने वाले बड़े और 'एकीकृत' राष्ट्र के लिए किस तरह के खतरे पैदा हो सकते हैं।

चाणक्य में परिवार यानी राष्ट्र का इतिहास उसे यानी उसकी स्वतंत्रता और पौरुष को नष्ट करने के प्रयासों का इतिहास है। नंद जैसे विलासी राजा और तक्षशिला के आम्भी जैसे गद्दार (बाद में इसी श्रेणी में जयचंद और मीर जाफर भी आते हैं) उसे भीतर से बरबाद करने में लगे हुए हैं। बाहर से खतरा अपना साम्राज्य बढ़ाने के भूखे यूनानी हमलावरों से है (बाद में यही खतरा मुसलमानों और फिर अंग्रेजों से देखा जाता है)। ५२ किश्तों के इस धारावाहिक में चाणक्य का पात्र अपने मकसद के लिए सचेत रूप से एक परिवार की स्मृति का इस्तेमाल करते हुए राष्ट्र का पुनः आह्वान करता है। इस तरह सीधी रेखा में चलने वाला परिवार का आख्यान एक भव्य राष्ट्रीय परिवार का आख्यान बन जाता है। राष्ट्र की पहचान का मिथक फिर से याद कराने वाले प्रतीकों की श्रृंखला का उपयोग करते हुए यह सीरियल अपने दर्शकों को उस राष्ट्र, माँ भारती या मातृभूमि से जोड़ देता है जिसे विष्णुगुप्त चाणक्य ने 'रचा' था। सीरियल के रचयिता चंद्रप्रकाश द्विवेदी के निःसंकोच शब्दों में सीरियल का यह पहलू साफ तौर से सामने आ जाता है : 'मैं कोई ऐतिहासिक फिल्म नहीं बना रहा हूँ, बल्कि राष्ट्र की चेतना से लैस पहले व्यक्ति के जीवन का अपने ढंग से निरूपण कर रहा हूँ।'[८]

राष्ट्रप्रेम की आग अपने हृदय में जलाए रखने वाले चाणक्य को सीरियल में मर्दाना प्राधिकार के आदर्श के तौर पर पेश किया गया है। वह धर्म की एक ऐसी दूरगामी पुनर्व्याख्या करता है जिसके मुताबिक राष्ट्र के देशभक्त आराधक द्वारा धर्म की ही खातिर झूठ बोलने, छल करने, रिश्वत देने और भड़कावे की कार्रवाई को जायज मान लिया जाता है। उसका मकसद हर हालत में राष्ट्र की एकता-अखंडता और ब्राह्मणवादी मूल्यों की उपलब्धि है। इस नए राष्ट्र-धर्म में साध्य का महत्त्व है, साधनों का नहीं, क्योंकि इस प्रक्रिया से सच्चे धर्म यानी 'स्वाधीन' राष्ट्र का पुनर्जन्म होगा।

यहाँ भी *चाणक्य* के सूत्र महाभारत से जुड़ते नजर आते हैं जहाँ हत्या करना और झूठ बोलना क्षत्रिय 'धर्म' के तौर पर बुरा नहीं माना जाता। ध्यान रहे कि *महाभारत* के इस पहलू में एक तरह की अस्पष्टता है, पर *चाणक्य* में कोई दुविधा नहीं है, किसी तरह के आत्म-संदेह का कोई क्षण नहीं है। वहाँ तो माँ-भूमि की आराधना ही सच्चा धर्म है। मातृभूमि की आराधना करने वाला पुनर्रचित पुरुष नैतिक या किसी और तरह की आचरण संहिता से बँधा हुआ नहीं है। हिंदुत्ववादियों के विपरीत उल्लेखनीय यह है कि *चाणक्य* में न तो देवताओं का इस्तेमाल किया गया है, न उनकी पूजा है और न ही उनके जरिए गोलबंदी दिखाई गई है। अतीत का चित्रण करने में असाधारण आत्मविश्वास का प्रदर्शन करते हुए घटनाक्रम के केंद्र में मनुष्यों को ही रखा गया है। आस्था नहीं, बल्कि राष्ट्रीय संस्कृति की दावेदारी ही संगठनकारी शक्ति के रूप में सामने आती है (भले ही देवी-देवता न हों, पर यह संस्कृति स्पष्ट रूप से ब्राह्मणवादी है)। इसीलिए ताज्जुब नहीं होता कि *चाणक्य* से मिथकीय तत्त्व एकदम लापता हैं। *रामायण* और *महाभारत* के टीवी संस्करणों की तरह उसमें न तो पुष्पक विमान हैं, न ही नक्षत्र-युद्ध है, न ही बचकानी कल्पनाएँ हैं और न ही पवित्र आत्माओं को जलाने में नाकाम आग की लपटें हैं।

वहाँ तो प्रथम भारतीय राष्ट्र के नैतिक समुदाय की भित्ति खड़ी करने के लिए केवल धधकती हुई राष्ट्रवादी कामना और मर्दाना पराक्रम को ही पर्याप्त माना गया है। उसे किसी और सहारे की आवश्यकता नहीं है जिसके कारण यह सीरियल कहीं प्रामाणिक लगता है। खास बात यह है कि अपने विश्वसनीय माहौल के कारण *चाणक्य* ऐतिहासिक प्रामाणिकता का दावा भी कर पाता है। इन्हीं कारणों से चंद्रप्रकाश द्विवेदी के 'आविष्कारों' को पहचानना मुमकिन नहीं हो पाता, और उनका *चाणक्य* पहले 'राष्ट्रीय' राज्य की स्थापना का सच्चा वृत्तांत मान लिया जाता है।

राष्ट्रवादी इतिहास का पुनर्लेखन

द्विवेदी का *चाणक्य* न केवल महाभारत और रामायण के प्रसारण का उत्तराधिकारी था, बल्कि इससे भी ज्यादा महत्त्वपूर्ण बात यह थी कि उसने राष्ट्रवादी इतिहास लेखन की लंबी परंपरा से बहुत कुछ लिया था। इस दायरे में भी द्विवेदी को मौजूदा विमर्श का विस्तार करते हुए उसमें एक अहम तब्दीली लाते हुए देखा जा सकता है। 'राष्ट्रवादी चेतना' से लैस पहले व्यक्ति यानी अपने हीरो चाणक्य को द्विवेदी भगवा रंग प्रदान करने में हाथ की सफाई दिखाते हैं। राष्ट्रवादी लेखन से कई तरह के तत्त्वों का अपने हिसाब से इस्तेमाल करके वे चाणक्य को एक भगवा नायक बनाने में कामयाब हुए। इस प्रक्रिया की रूपरेखा इस प्रकार देखी जा सकती है :

बीसवीं सदी के पहले पचास साल में भारतीय अभिजनों और बहुत से इतिहास लेखकों के लिए एक ताकतवर केंद्रीकृत साम्राज्य बहुत बड़ा आदर्श था। चूँकि भारत की अधीनता का कारण बिखराव और राजनीतिक प्रतिद्वंद्विता माना जाता था, इसलिए उसका प्रतिकार करने के लिए उन्हें ऐसे साम्राज्य की जरूरत महसूस होती थी। इसी आग्रह के कारण बीसवीं सदी के राष्ट्रवादी इतिहासकारों ने बिना किसी संकोच के भारतीय इतिहास के ऐसे संस्करण तैयार किए जिनमें फौजी ताकत की महिमा गाई गई थी। विंसेंट स्मिथ सरीखे अंग्रेज प्रशासक इतिहासकारों की कलम अशोक, हर्ष और अकबर जैसे मुख्यत: 'प्रशासनिक' राजाओं का चरित्र पहले ही उभार चुकी थी। राष्ट्रवादी इतिहासकारों ने भी यही विधि अपनाई और इतिहास के उन चरणों और हस्तियों को उभारा जिनसे फौजी ताकत का प्रतीक स्थापित होता था। पराक्रमी नायकों की खोज के लिए इन इतिहासकारों ने प्राचीन भारत पर विशेष ध्यान दिया। चूँकि अधिकतर राष्ट्रवादी इतिहास हिंदू इतिहास लेखकों की कृति थी, इसलिए मध्ययुगीन मुसलमान भारत उनके लिए बेकार था और पराक्रमी हस्तियों की खोज मुसलमानों से पहले के भारत में ही की जानी थी।

दसियों साल तक 'राष्ट्रवादी' इतिहासकार ऐसी कई हस्तियों पर विचार करते रहे और आखिर में उन्होंने मौर्य वंश व खास कर चंद्रगुप्त मौर्य (अशोक की नहीं) की शख्सियत को चुना। इसका कारण यह था कि चंद्रगुप्त ने सिकंदर के 'हमले' के फौरन बाद सत्ता सँभाली थी। दूसरे, चंद्रगुप्त ने भारत में पहले साम्राज्य की स्थापना की थी, यूनानी सेनापति को युद्ध में लड़ कर 'पराजित' करते हुए उसे एक असमान संधि मानने पर मजबूर किया था, और उसके बाद अपने साम्राज्य पर कड़ाई से हुकूमत की थी।[९] दरअसल, पराक्रमी चंद्रगुप्त की प्रशंसा में अशोक की आलोचना भी निहित थी, क्योंकि अशोक ने अपने साम्राज्य

की सीमाओं का विस्तार करने के लिए युद्ध को एक वैध साधन के रूप में ठुकरा दिया था। इतिहास लेखकों ने अशोक के युद्धविरोधी आग्रहों को राष्ट्र को 'नपुंसक' बनाने के कारणों की तरह लिया।[१०] इस विचार के मुताबिक 'निष्क्रिय' पड़ी सेना यूनानियों के मुकाबले सीमाओं की रक्षा करने में असमर्थ थी और अशोक की युद्ध विरोधी नीतियों के कारण भारत एक बार फिर विदेशी आक्रमण के सामने कमजोर हो गया। यह विचार जोर देता था कि युद्ध और सीमाओं का विस्तार राज्यकला की स्थायी कार्यसूची का अंग होना चाहिए। घुमा फिरा कर यह मुसोलिनी जैसी बात ही थी। हिंदू राष्ट्रवादी भी मानते हैं कि युद्ध लोगों को मर्द बनाता है, और युद्ध विरोध उन्हें भोथरा करके राष्ट्र को दुर्बल कर देता है। जवाहरलाल नेहरू के विचार भी इस मामले में कुछ राष्ट्रवादी इतिहासकारों से मिलते-जुलते हैं। ताज्जुब नहीं कि इसीलिए नेहरू के जीवन पर हमदर्द निगाह डालने वाले उनके जीवनीकार एस. गोपाल ने भी कहा है कि 'डिस्कवरी ऑव इंडिया' जैसी उनकी किताब 'भारत के सांस्कृतिक इतिहास का एक ऐसा संस्करण है जो आश्चर्यजनक रूप से संकीर्ण राष्ट्रवादी परंपरा के तहत तैयार किया गया है।'[११]

बहरहाल, राष्ट्रवाद से अनुप्राणित होते हुए भी नेहरू इसकी उग्रवादी संभावनाओं से थोड़े चिंतित थे। इसीलिए राष्ट्रवादी इतिहासकारों में वे अकेले ऐसे लेखक निकले जिन्होंने अशोक को मौर्य साम्राज्य के सच्चे नायक के रूप में प्रतिष्ठित किया। नेहरू का जोर भारतीय राष्ट्र के 'अनूठेपन' पर अधिक था। उनके लिए युद्ध न करने की शपथ लेने वाला अशोक प्राचीन भारत का असली हीरो था। एक तरह से वे उसे भारत ही नहीं, बल्कि उत्तर-औपनिवेशिक युग में सारी दुनिया का हीरो मानते थे, क्योंकि एशिया और अफ्रीका में ज्यादातर देशों को साम्राज्यवाद के हाथों उजड़े हुए अपने समाजों और अर्थव्यवस्थाओं की पुनर्रचना करनी थी।[१२]

जिस तरह अधिकतर राष्ट्रवादी लेखन बिना किसी दिक्कत के भगवा एजेंडे को अपना आधार बना लेता है, उसी तरह द्विवेदी का *चाणक्य* भी इन्हीं विचारों और धारणाओं के तात्त्विक आधार पर खड़ा है। यह धारावाहिक मजबूत राष्ट्र अथवा एक अनूठे राष्ट्र की विषयवस्तु को इकहरी धारा की तरह पेश करता है। उसके मुताबिक अतीत में भारत एक मजबूत और अनूठा राष्ट्र था जिसका हीरो चंद्रगुप्त न होकर चाणक्य था (क्योंकि चाणक्य का भगवाकरण करना आसान है)। भारतीय राष्ट्र का चाणक्यवादी संस्करण स्थापित करता है कि एक राष्ट्र के रूप में भारत का जन्म एक ताकतवर, अनूठें, आध्यात्मिक और अंतिम रूप से 'हिंदुत्ववादी' राष्ट्र के तौर पर ही हुआ था।

कथानक का ढाँचा

धारावाहिक *चाणक्य* के कथानक की शुरुआत मगध में होती है। वहाँ का राजा धनानंद अनैतिक और व्यभिचारी है। राज्य के संसाधनों का छल के साथ मनमाना इस्तेमाल करने में उसे कोई संकोच नहीं होता। केवल कुछ ईमानदार ब्राह्मण ही उसके इस भ्रष्टाचार को समझते हैं। उन्हीं में से एक शकटार है जो राजा के खिलाफ खुल कर आवाज उठाता है और नतीजे के तौर पर कैद में डाल दिया जाता है। इसके फौरन बाद आचार्य चणक (चाणक्य के पिता) भी सरकारी संसाधनों की राजा द्वारा की जा रही लूट का साहसपूर्वक विरोध करते हैं। उन्हें भी जेल जाना पड़ता है। उन्हें उम्मीद है कि लम्पट राजा के खिलाफ जनता उठ खड़ी होगी। लेकिन, आम लोग इतने भयभीत और रोजमर्रा की जिंदगी में इस कदर फँसे हुए हैं कि धनानंद की निरंकुशता का विरोध करना उनके बस की बात नहीं है। बाद में आचार्य चणक मारे जाते हैं। युवा चाणक्य इन घटनाओं को पीड़ा के साथ देखने के लिए विवश है। वह इस निरंकुशता के बीच नहीं रहना चाहता और अपनी विधवा माँ और बचपन के साथियों को पीछे छोड़कर तक्षशिला चला जाता है। जाहिर है कि पहले दौर की यह बगावत नाकाम हो जाती है।

तक्षशिला में चाणक्य एक गुरुकुल की स्थापना करते हैं जहाँ गुरुजन शिष्यों के साथ रहते हुए उन्हें राजनीति और युद्धकला की शिक्षा देते हैं। शिष्यों को तरह-तरह की युद्धकलाएँ सिखाई जाती हैं ताकि उनकी देह मर्दाना पराक्रम के लिए मजबूत और कुशल बन सके। इसी दौरान सिकंदर और उसकी यूनानी फौज 'भारत' पर हमला करती है। चाणक्य उसके खिलाफ राष्ट्रीय प्रतिरोध खड़ा करने की कोशिश करते हैं, पर उन्हें नाकामी मिलती है। हताश होकर वे मगध जाते हैं और वहाँ के अलोकप्रिय राजा से प्रतिरोध का नेतृत्व करने की अपील करते हैं। भोग-विलास में लिप्त धनानंद चाणक्य का अपमान करता है जिसके जवाब में वे 'राष्ट्र' के नाम पर बदला लेने की शपथ लेते हैं।

'आक्रमण' की जगह पर वापस जाने से पहले चाणक्य अपने घर जाते हैं जो अब बरबाद हो चुका है। हाल ही में गुजर चुकी अपनी माता की अंत्येष्टि करने के बाद चाणक्य पाते हैं कि उनका घर और उनकी मातृभूमि की क्या दुर्दशा है। वे प्रण करते हैं कि वे इस संसार का पुनर्निर्माण करेंगे। तभी अनायास एक आदिवासी स्त्री के बेटे चंद्रगुप्त से उनकी मुलाकात होती है जो अपनी माँ और चाचा के साथ रह रहा है (क्या यह एक तरह के मातृसत्तात्मक परिवार की तरफ इशारा तो नहीं है?)। चाणक्य को लगता है कि चंद्रगुप्त में जबरदस्त सैनिक क्षमताएँ हैं। वे उसे उसके लालची चाचा से 'खरीद' लेते हैं। फिर अपने शिष्य

के साथ उनकी तक्षशिला वापसी होती है जहाँ का राजा आम्भी सिकंदर से संधि करके राष्ट्र के साथ 'गद्दारी' कर रहा है। द्विवेदी के *चाणक्य* के अनुसार आम्भी की देशभक्त पत्नी पोरस की बेटी है। वह अपने पति के विश्वासघात पर बेहद अफसोस में डूबी हुई है। आम्भी की बहादुर बहिन भी यूनानियों का प्रभुत्व स्वीकार करने से इनकार करके राज्य छोड़ देती है। पोरस अकेला लड़ता है, पर द्विवेदी के अनुसार वह पर्याप्त बहादुरी और विवेक का परिचय नहीं देता जिसके कारण उसे हारना पड़ता है। विजित प्रदेश में एक यूनानी छावनी स्थापित कर दी जाती है और सिकंदर वापस चला जाता है क्योंकि उसके सिपाही आगे लड़ने से इनकार कर देते हैं, हालाँकि वह उनसे उस वक्त तक आगे बढ़ने की अपील करता है जब तक पूरा भारत न जीत लिया जाए। (सिकंदर के इस भाषण को यूनानी और रोमन रचनाओं के हवालों से लिया गया है।)

चाणक्य चंद्रगुप्त को युद्धकलाओं में दीक्षित करते हैं और वह दुर्जेय योद्धा बन जाता है। चाणक्य और चंद्रगुप्त अपनी जरूरत के मुताबिक भारतीय राज्यों का एक संतोषजनक गठजोड़ बनाकर प्रतिरोध की तैयारी कर लेते हैं। इसके बाद चाणक्य की नैतिक कमान में युद्ध लड़ा जाता है। 'विदेशी' दासता से देश का उत्तर-पश्चिमी हिस्सा मुक्त करा लेने के बाद चाणक्य और चंद्रगुप्त अन्य राजाओं के साथ मिलकर मगध पर हमला करते हैं। राजा धनानंद और उसकी पुरुष संतान का सफाया कर दिया जाता है। इसके बाद कई तरह के राजनयिक कदमों और कूटनीतिक चालों के जरिए चाणक्य राजाओं के गठजोड़ के मुकाबले चंद्रगुप्त के लिए सिंहासन हासिल करते हैं। लेकिन, इसके बाद भी उन्हें लगता रहता है कि धनानंद के अमात्य राक्षस, उसकी पत्नी और बेटी को केंद्र बनाकर चंद्रगुप्त की स्थिति कमजोर की जा सकती है। नए राजा के खिलाफ बन सकने वाला खतरनाक गठजोड़ तोड़ने के लिए वे धनानंद की बेटी को चंद्रगुप्त से विवाह करके पटरानी बनने के लिए मनाने की कोशिश करते हैं। विशाखदत्त के नाटक *मुद्राराक्षस* में वर्णित पेचीदा और लंबे समय तक चलने वाले कूटनीतिक दाँव-पेचों का सिलसिला दिखाने के बाद धारावाहिक में धनानंद के अमात्य राक्षस को चंद्रगुप्त का मुख्य सलाहकार बनने के लिए राजी करने में चाणक्य को कामयाबी मिलती है। राष्ट्र को पुनरुज्जीवित करने के अपने अभियान में सफल हो जाने के बाद चाणक्य राजधानी छोड़कर चले जाते हैं। सत्ता त्याग कर संभवत: एक साधारण शिक्षक की भूमिका निभाने के लिए।

द्विवेदी के *चाणक्य* में दो सरोकार एक साथ बार-बार उभरते हैं जिनकी पैरोकारी आज के हिंदू राष्ट्रवादी भी करते हैं। पहला सरोकार है 'अखंड भारत' की आवश्यकता ताकि राष्ट्र के विघटन को रोका जा सके क्योंकि इस विघटन

के कारण ही 'हम' बाहरी दुश्मनों के सामने कमजोर पड़ जाते हैं। दूसरा सरोकार एक नए हिंदू पुरुष की रचना करने का है। यह नया हिंदू पुरुष ही राजसत्ता पर अवैध कब्जा कर लेने वालों (राष्ट्र के आंतरिक शत्रुओं) द्वारा फैलाए जाने वाले भ्रष्टाचार के बहुमुखी राक्षस से लड़ सकता है। ईसा पूर्व दूसरी शताब्दी का चित्रण करने वाले इस सीरियल में परस्पर युद्धरत छोटे-छोटे राज्य पहली परिघटना का उदाहरण हैं, और नंद वंश के शासन में भ्रष्टाचार और लम्पटपन के बोलबाले से ग्रस्त मगध राज्य दूसरी परिघटना का प्रमाण है। चूँकि हालात संगीन थे, इसलिए चाणक्य को उसी के मुताबिक संगीन तौर-तरीके अपनाने में कोई हिचक नहीं होती। नाजानकार लोग जिसे कूटनीति कहते हैं, चाणक्य के खरे ईमानदार हाथों में पड़कर यही कूटनीति एक प्रभावशाली नैतिक उपकरण में बदल जाती है। बहरहाल, चाहे राजनय हो, समझौता वार्ता हो या फिर युद्ध, साध्य ही साधनों का औचित्य बन जाता है। चाणक्य साफ तौर पर कहते हैं कि भ्रष्टाचार खत्म करने के लिए कूटनीति का सहारा लेना अनिवार्य है। यह नीति अपने आप में 'अनैतिक' न होकर अनैतिकता से निबटने के लिए अपनाई जाने वाली है। यहाँ द्विवेदी एक दिलचस्प युक्ति अपनाकर खुद को अर्थशास्त्र के 'निर्नैतिक' और दिक्कततलब अंशों से खुद को अलग कर लेते हैं। ये बातें नंद द्वारा शासित मगध राज्य पर लागू दिखाई जाती हैं। सीरियल स्पष्ट रूप से दावा करता है कि ये पहलू चाणक्यवादी नैतिकता अथवा उनकी उच्चतर विश्व-दृष्टि का अंग नहीं हैं। जो भी हो, द्विवेदी के चाणक्य को अपनी जरूरत के मुताबिक अन्य पात्रों का दोहन करने में महारत हासिल है। चाणक्य की कार्रवाइयाँ एक संभावना यह भी खोलती हैं कि उनके वक्त के सभी सामान्य चरित्र (चाहे वे खलनायक हों, या खलनायक में बदल गए नायक हों (जैसे, इस सीरियल का पोरस), या फिर राजा या देश की कतई परवाह न करके केवल धन में दिलचस्पी रखने वाले लोग हों) उनकी निपुण कारसाजी के चलते राष्ट्रवाद की पवित्र आग में तप कर अपने पापों से मुक्ति प्राप्त कर सकते हैं। अगर ऐसा है तो जाहिर है कि उनकी नीति को कूटनीति नहीं कहा जा सकता।

५२ किस्तों के इस धारावाहिक की शुरुआती कड़ियों में द्विवेदी का कथानक कामयाबी के साथ 'असहमति' की विषयवस्तु पर रोशनी डालता है। इसका मतलब यहाँ राजसत्ता के अवैध इस्तेमाल के खिलाफ आत्मा की आवाज के आधार पर किया जाने वाला नैतिक विरोध है। इससे यह सीरियल दो तरह के मकसद हल करता है। वह नैतिक उद्देश्यों के लिए कूटनीति के चाणक्य द्वारा इस्तेमाल पर कहीं ऊँची वैधता की मुहर लगाने में कामयाब हो जाता है, भले ही यह कूटनीति स्थापित मान्यताओं की कसौटी पर खरी न उतरती हो। दूसरे,

इस जरिए यह सीरियल ऐसे लोगों को अपनी ओर आकर्षित कर लेता है जो आज के भारत में व्याप्त चौतरफा भ्रष्टाचार से शर्मिंदगी महसूस करते हैं। बौद्धिक और नैतिक असहमति के इस विलक्षण प्रदर्शन की खास बात यह है कि सीरियल इसके स्रोत के रूप में ब्राह्मणों के एक छोटे से समूह को चित्रित करता है। *चाणक्य* में ब्राह्मणों को एक सुपरिभाषित सामाजिक वर्ग के रूप में न दिखाकर आचार्यों यानी शिक्षकों की तरह पेश किया गया है। ब्राह्मण और आचार्य को एक-दूसरे का पर्याय बना देने के बाद चाणक्य को शिक्षक या भटके हुए राष्ट्र का बौद्धिक निर्माता करार देना आसान हो जाता है। इससे चाणक्य की छवि बहुत उज्जवल हो जाती है। उन्हें एक ऐसे व्यक्ति के रूप में देखा जाने लगता है जो भ्रष्ट हो चुकी नैतिक व्यवस्था का अंग बनने से इनकार करता है। चाणक्य की शख्सियत का यह निरूपण बुद्ध द्वारा ब्राह्मणों को दो श्रेणियों में बाँट कर देखने के तरीके जैसा लगता है। बुद्ध के हिसाब से एक तरह के ब्राह्मण वे होते हैं जो उच्चतर ब्राह्मण नैतिकता के हामी होते हैं, और दूसरे तरह के ब्राह्मण निचले किस्म के भौतिकवादी रवैये पर चलने वाले होते हैं।[१३] *चाणक्य* में केवल एक ही किस्म के ब्राह्मण दिखाए गए हैं जिनके प्रतीक चाणक्य हैं जो ईमानदार और निष्ठावान होने के साथ-साथ देशभक्ति के आवेग से भी अनुप्राणित है। 'निम्न' किस्म के ब्राह्मणों का चलताऊ जिक्र जरूर है, पर केवल भ्रष्ट नंद के दरबार में नौकरी करने वालों के रूप में।

ब्राह्मणों को एक सामाजिक समूह के रूप में निरूपित करने का दोहरा उपयोग है। इससे ब्राह्मण शब्द की मूल्यवत्ता अपने अर्थ में खुली हुई न रहकर एक खास तरह के अर्थ से घिर जाती है। इससे भी अहम बात यह है कि इससे जाति जैसी महत्त्वपूर्ण संस्था को *चाणक्य* के देश-काल में ही नहीं, आज भी पर्दे के पीछे फेंकना आसान हो जाता है। उल्लेख़नीय है कि इस धारावाहिक में ब्राह्मणों को कर्मकांडीय सत्ता का धनी या कुछ चुनिंदा लोगों को शिक्षा देने के जरिए ज्ञान पर इजारेदारी रखने वाले तबके का सदस्य नहीं दिखाया गया है।

एक सामाजिक वर्ग के रूप में ब्राह्मणों को न दिखाने में कामयाबी हासिल करने के बाद सीरियल अन्य जातियों और वर्गों की शक्ल भी धुँधली कर देता है। धारावाहिक में उत्पादनरत लोग पूरी तरह से गैरहाजिर हैं और उनका वजूद गायब ही शोषण भी दिखाई देना बंद हो जाता है। कथानक सिर्फ सिपाहियों, अधिकारियों, राजाओं, ब्राह्मणों और व्यापारियों की चर्चा करता है। जाति और वर्ग अदृश्य रहते हैं। चूँकि श्रम और उसके दोहन को कथानक से लापता कर दिया गया है, इसलिए कोई ताज्जुब नहीं होना चाहिए कि साधारण जन भी लापता हो जाते हैं। न केवल इतिहास के निर्माता के रूप में उनकी महत्त्वपूर्ण भूमिका

नदारद है, बल्कि सीरियल में उनकी मौन उपस्थिति भी नहीं है। 'वर्ग' के रूप में केवल एक तरह के लोगों का जिक्र है जिसका मतलब घुमा-फिरा कर श्रम और वर्ग से जोड़ा जा सकता है। यह ज़िक्र है *दासी* का। लेकिन दासी भी केवल राजा के घर में और भ्रष्ट अधिकारियों के घर में दिखाई गई है।

कथानक का शुरुआती हिस्सा साफ कर देता है कि धारावाहिक साधारण लोगों को नैतिक कार्रवाई करने लायक नहीं मानता। यूनानी दार्शनिक जिस नीची निगाह से 'भीड़' को देखते हैं, उसी तरह आम लोगों को देखा गया है। *चाणक्य* में जन-इच्छा का तो कोई वजूद ही नहीं है। बालक चाणक्य पहला सबक यही सीखता है, जो उसके पिता की उस गलतफहमी का संशोधन है जिसके मुताबिक उन्हें उम्मीद थी कि आम लोग निरंकुशता के खिलाफ विद्रोह कर देंगे। इस हवाले के अलावा *चाणक्य* में 'जन-साधारण' का चित्रण न केवल जानबूझकर अस्पष्ट रखा गया है, बल्कि उन्हें समरूप अमूर्त प्रजा बना दिया गया है। यह प्रजा वही है जो *रामायण* की प्रजा थी, स्वार्थी और पशुवत, सचेत नैतिक कार्रवाई के लिए अक्षम। जाहिर है कि बुद्धिजीवी अभिजनों को ऐसी प्रजा के नाम पर कार्रवाई करनी ही होगी। कुछ चुनिंदा लोगों और बहुसंख्यक जन-साधारण का ऐसा निरूपण करने का सबसे अहम नतीजा यह निकलता है कि धारावाहिक एक ऐसे समाज को पेश करने में सफल हो जाता है जिसमें न कोई आंतरिक अंतर्विरोध है, और न ही कोई विवाद। उसके सभी हिस्सों और प्रत्यक्षत: अलग-अलग इकाइयों ने मिलकर एक समरस आर्थिक और सामाजिक व्यवस्था बना दी है। इस समाज व्यवस्था में न तो वर्गों के बीच विरोध है और न ही अलग से किसी लैंगिक एजेंडे के लिए गुंजाइश है। यहाँ मैंने *चाणक्य* के इसी पहलू पर रोशनी डाली है।

चाणक्य में दिखाए गए समाज में कुछ तबकों और समूहों की हैसियत बहिष्कृत जैसी है। यह बहिष्करण ऊँच-नीच वाली व्यवस्था के जरिए न करके अलग-अलग समुदायों में समाज के स्तम्भीय विभाजन के रूप में दिखाया गया है। *चाणक्य* का ब्राह्मणवाद उस समय सबसे ज्यादा निकलकर आता है, जब उसमें बौद्धों की चर्चा होती है। दो उल्लेखनीय दृश्यों में बौद्ध दर्शन को ओछे ढंग से पेश किया गया है। इस पर मैं बाद में चर्चा करूँगी। बौद्धों का निरूपण कुछ इस तरह से किया गया है जैसे वे मुसलमानों और ईसाइयों की तरह ब्राह्मणवादी हिंदूधर्म के दायरे के बाहर खड़े अन्य धार्मिक समुदायों के पूर्वगामी हों। इन संकेतों और *तुष्टिकरण* जैसी आधुनिक अभिव्यक्तियों का इस्तेमाल करके 'उन' दिनों और 'आज' के दिनों में समानता दिखाई गई है। ध्यान रहे कि तुष्टिकरण के मौजूदा तात्पर्यों जैसा शब्द चाणक्यकालीन भारत में था ही नहीं।

यह तो हिंदुत्ववादी विमर्श की ही देन है जो इसका इस्तेमाल 'छद्म' सेकुलरवादी राज्य पर मुसलमानों के तुष्टिकरण का आरोप लगाने के लिए करता है।

द्विवेदी का *चाणक्य* ऐसे और भी कई प्रमुख शब्दों और अभिव्यक्तियों का खास अर्थों में इस प्रकार इस्तेमाल करता है कि उनसे निकलने वाली हिंदुत्व की गूँज आसानी से सुनी जा सकती है, जैसे : राष्ट्र, उत्तिष्ठ, स्वतंत्रता संग्राम, सीमा, संस्कृति, बीज और सत्ता। यहाँ राष्ट्र माँ-भारती की संतानों का है जो एक परिवार की सदस्य हैं और जिनकी मातृभूमि एक ही है। लेकिन, जब तक चाणक्य जैसा कोई व्यक्ति इस हकीकत का एहसास लोगों को नहीं दिलाता, तब तक वे इससे अनजान ही रहते हैं। विदेशी हमले के मुकाबले राष्ट्र की इज्जत बचाने से पीछे हटने वाला राजा जब चाणक्य को निकाल देता है, तो उस मौके पर मगध में दिखाए गए एक प्रभावशाली दृश्य में एक आवाज आचार्य से कहती है : *तेरा घर भीतर से टूट रहा है*। चाणक्य का उत्तर होता है : *देख रहा हूँ। घर को जोड़ने आया हूँ।* अपना स्वतंत्र राष्ट्रत्व कायम न रख पाने वाले विभाजित और बिखरे हुए भारत के संदर्भ में चाणक्य जनता से यह समझने की अपील करते हैं कि हम सभी एक ही बीज से पैदा हुए हैं, हमारे पुरखे भी समान हैं, समान संस्कृति के गहरे सूत्र में हम बँधे हैं। भले ही आज यह सूत्र निजी स्वार्थों के कारण न दिखाई पड़ रहा हो, लेकिन इसके होने में कोई शक नहीं है। यह राष्ट्र एक विशाल वृक्ष की तरह है जिसकी जड़ें जमीन के भीतर हैं, पर लोगों ने जिसका वजूद भुला दिया है। चाणक्य के अनुसार तक्षशिला से मगध तक अलग-अलग जनपदों और राजनीतिक संरचनाओं में बँटे और विखंडित भारत को इस यथार्थ का एहसास होना और फिर इस पवित्र स्पेस व इसके राष्ट्रत्व को दोबारा हासिल करने के लिए खड़ा होना जरूरी है। चाणक्य का जोर इस बात पर है कि अगर मगध से तक्षशिला तक सांस्कृतिक जड़ें एक ही हैं तो राजनीतिक सीमाएँ भी सांस्कृतिक सीमाओं जितनी ही होनी चाहिए। इसी के साथ चाणक्य संस्कृति परिभाषित करने के लिए एक अतिरंजित ब्राह्मणवादी धारणा का सहारा लेते हैं : 'एक' संस्कृति यानी एक बीज से उत्पन्न हुए सभी लोग। इस प्रकार ईसा पूर्व तीसरी सदी की असमान और श्रेणीबद्ध संस्कृति और लोग इस धारावाहिक से पूरी तरह लुप्त हो जाते हैं। *चाणक्य* में बीसवीं सदी के दर्शकों के लिए पहले एक सांस्कृतिक सीमा बनाई जाती है और फिर आग्रह किया जाता है कि राजनीतिक सीमाएँ भी इसी सांस्कृतिक मानचित्र के मुताबिक होनी चाहिए। यहाँ देखा जा सकता है कि *चाणक्य* से निकलने वाली गूँजें समकालीन हिंदुत्व की दावेदारियों से कितनी मिलती-जुलती हैं।

ब्रह्मचर्य और सेक्शुअलिटी की दूसरी किस्में

चाणक्य के पूरे उद्यम पर परले दर्जे का मर्दवाद छाया हुआ है। कथानक जिस तरीके से खुलता है और जिस प्रकार मुख्य चरित्रों की रूपरेखा उभरती है, उससे यह मर्दवाद साफ हो जाता है। पुरुष सेक्शुअलिटी समेत मर्दानेपन के साथ सीरियल में बड़ा परिष्कृत सुलूक किया गया है। यह निहितार्थों, संकेतों और देह-भाषा की बारीकियों में व्यक्त हुआ है। इसका प्रदर्शन मोटे तौर पर, खुली सेक्शुअल अथवा पारंपरिक मर्दाना शैली में नहीं होता। आनंद पटवर्धन ने अपने वृत्त चित्र *फादर, सन एंड होली वार* में मर्दानगी के जिन प्रगट पहलुओं को बेहतरीन चित्रण किया है, उनके लगभग विपरीत *चाणक्य* में मर्दानापन दिखाने के लिए पुरुष सेक्शुअलिटी को भीतर से उलटने की विधि अपनाई गई है। *चाणक्य* में ब्राह्मणवादी हिंदू दार्शनिक नजरिए की गहराइयों को छूने वाली एक बेहद विकसित सांस्कृतिक भाषा का इस्तेमाल किया गया है। इसके अनुसार इंद्रियों पर संपूर्ण नियंत्रण के जरिए कहीं बेहतर किस्म का वीर्य (शक्ति) उन्मुक्त किया जा सकता है। पुराणों के कई द्रष्टांतों के साथ-साथ संन्यासी/गृहस्थ के द्विभाजन का हवाला देते हुए चाणक्य तेजस, बौद्धिक क्षमता, मानसिक व शारीरिक शक्ति और आध्यात्मिक ऊर्जा का उच्च स्तर कायम रखने के लिए वीर्य संरक्षण की जरूरत सामने रखते हैं। इस लिहाज से यह धारावाहिक मर्दाना ताकत के संकेंद्रण की उपलब्धि के लिए ब्रह्मचर्य के विचार को प्राथमिकता देता है।

संन्यासियों में प्रचलित ब्रह्मचर्य के जरिए प्राप्त होने वाली यह मर्दानगी बौद्धों द्वारा ब्रह्मचर्य पर दिए जाने वाले जोर से भिन्न दिखाई गई है। बताया गया है कि बौद्धों का ब्रह्मचर्य पलायनवाद और क्लीवता की ओर ले जाता है। ब्रह्मचर्य के इन दो प्रकारों को बरक्स रखने वाली दृश्य-शृंखला अर्थपूर्ण है : 'भारत' का उत्तर-पश्चिमी हिस्सा यूनानी फौजों द्वारा तबाह किया जा रहा है; माँ भारती की लुटती हुई इज्जत देखकर चाणक्य चुप नहीं बैठ पाते और हमलावरों के खिलाफ मदद लेने के लिए मगध की तरफ तेजी से कदम बढ़ाते हैं। दूसरी तरफ राष्ट्र की पीड़ा से विदीर्ण-हृदय चाणक्य हैं, और दूसरी तरफ उनके सामने से गुजरते हुए भगवाधारी बौद्ध भिक्षु हैं। आत्ममग्न, दुबले-पतले, पीले, स्त्रैण मुद्रा वाले इन भिक्षुओं को राष्ट्र पर आई भीषण मुसीबत का कोई एहसास या फिक्र नहीं है। अपनी यौन कामनाओं को दबाते-दबाते वे नपुंसक हो गए हैं। युद्ध क्षेत्र की तरफ पीठ करके पलायन करने वाले इन भिक्षुओं ने मातृभूमि के प्रति अपने राजनीतिक कर्तव्य को त्याग दिया है। *चाणक्य* में दिखाए गए बौद्ध भिक्षु नारीसुलभ और निजी मोक्ष की तलाश में हैं। वे लोगों की सामूहिक मुक्ति के लिए काम करने वाले पुरुष नहीं हैं। इनके बरक्स चाणक्य की शख्सियत खड़ी

है जिसने न केवल अपनी यौन कामनाओं का दमन किया है, बल्कि यौन ऊर्जा को असली मर्दानगी में बदलकर राष्ट्रहित में लगा दिया है।

पुरुष सेक्शुअलिटी को सावधानी से संयमित करके उसका इस्तेमाल करना *चाणक्य* द्वारा प्रवर्तित राजनीतिक कार्यक्रम का प्रमुख पहलू है। अगर ईसा पूर्व दूसरी सदी में द्विवेदी की डिजाइन के मुताबिक चल रहे इस नाटक के प्रमुख चरित्रों पर निगाह डाली जाए तो हमें उनकी चार श्रेणियाँ मिलेंगी। पहली श्रेणी में वह युवा पुरुष आता है जो अभी तक दीक्षित नहीं हुआ है। वह एक ऐसा ब्रह्मचारी है जो भविष्य का कार्यभार पूरा करने के लिए जबरदस्त शारीरिक और मानसिक प्रशिक्षण के दौर से गुजर रहा है। वैसे तो चाणक्य के गुरुकुल में प्रशिक्षण प्राप्त कर रहे सभी युवकों पर यह नमूना लागू होता है, पर चंद्रगुप्त उसका सबसे जोरदार नुमाइंदा है। उसे चाणक्य ने ही 'खोजा' है और उसे भविष्य के शासक के तौर पर तैयार किया जा रहा है। पात्रों की दूसरी श्रेणी में पकी उम्र के संन्यासी पुरुष आते हैं। इस पात्र की शख्सियत ही धारावाहिक के केंद्र में है। उसका केंद्रीय पात्र चाणक्य इसी श्रेणी में आता है। एक साधारण ब्राह्मण से भगवाधारी शिक्षक के रूप में चाणक्य के रूपांतरण पर मैं पहले ही प्रकाश डाल चुकी हूँ। खास बात यह है कि इस श्रेणी का पात्र पूरे धारावाहिक में एक ही है जिसके कारण वह अनूठा बन गया है। चूँकि इस पात्र को बड़ी मेहनत से तैयार प्रतीक योजना से उठाया गया है इसलिए एक खास तरह के दर्शक वर्ग के लिए उसका आकर्षण काफी बढ़ जाता है। सीरियल में दिखाए गए शिक्षक और शिष्य, दोनों ही ब्रह्मचारी पुरुष हैं। इनके एकदम विपरीत ध्रुव पर खड़ी हुई पात्रों की एक तीसरी श्रेणी ऐसे पुरुषों की है जो भोगविलास में लिप्त और इंद्रियों के दास हैं। इनके प्रतीक धनानंद और उसकी पुरुष संततियाँ हैं। चौथी श्रेणी थोड़ा हाशिए पर दिखाया गया गृहस्थ का पात्र है। धारावाहिक के कथानक में यह पात्र ब्राह्मण गृहस्थ के रूप में प्रशासन और शासन का कामकाज चलाने वाली दुनिया का सदस्य दिखाया गया है। पुरुषों की सभी श्रेणियों का सेक्शुअलिटी के साथ अलग-अलग संबंध है। चाणक्य के रूप में पुरुष पात्र वह है जिसने शिष्य के संन्यासी ब्रह्मचर्य से आगे बढ़कर संन्यासी अथवा शिक्षक/गुरु का स्थायी ब्रह्मचर्य अपना लिया है। उसने किसी भी किस्म के यौन जीवन को त्याग दिया है। यहाँ तक कि वह अपने बाद के जीवन के लिए टाले गए यौनाचार को लक्ष्य पूरा होने पर भी अपनाने के लिए तैयार नहीं है। चूँकि उसका उत्तरीय भगवा है और गले में रुद्राक्ष की माला है, इसलिए मतलब साफ है कि ब्रह्मचर्य अपनाने संबंधी उसके चुनाव की प्रकृति क्या है। उसका एकमेव लक्ष्य माँ भारती को एकताबद्ध करना और मुक्त करना है, और

इसकी पूर्ति के आड़े किसी भी किस्म का भावनात्मक या सेक्शुअल संबंध नहीं आ सकता।

इस तरह का विचार यह मान कर चलता है कि इतरलैंगिक प्रेम, खासकर जब वह जज़्बाती किस्म का हो, विशेष तौर से संकट के क्षणों में मातृभूमि की सेवा से डिगा देता है।[१४] चाणक्य को एक सामान्य ब्राह्मण न दिखाने के पीछे यह भी एक कारण रहा होगा। शिक्षक द्वारा धारण किया गया भगवा वस्त्र न केवल उसे उसके उस सामाजिक वर्ग से अलग कर देता है जिसका मैंने पहले जिक्र किया है, बल्कि उसके जरिए उसका व्यक्तित्व एक नैतिक प्राधिकार से सम्पन्न हो जाता है। यह एक ऐसी हैसियत है जिसका अधिकार ब्रह्मचारी होने के कारण पुरुष को अपने-आप मिल जाता है। अपनी सेक्शुअलिटी को संयमित करते ही पुरुष को बौद्धिक और आध्यात्मिक शक्ति मिल जाती है, और इस तरह की शक्तियाँ चाणक्य में पर्याप्त मात्रा में हैं। पूरे धारावाहिक में चाणक्य का चेहरा सम्पूर्ण यौन नियंत्रण के कारण उपजे तेज से चमकता दिखाया गया है। दूसरी बात यह है कि इस विचार के मुताबिक संतानोत्पत्ति और घर-बार को स्वेच्छा से त्याग देने वाले व्यक्ति को समाज अनिंद्य मानता है। ऐसे व्यक्ति को उसके लक्ष्य से कोई नहीं भटका सकता, क्योंकि वह पारिवारिक बंधनों में बँधा हुआ नहीं होता। गैरजिम्मेदार और भ्रष्ट संततियाँ भी उसे सच्चे रास्ते से नहीं डिगा सकतीं।

सीरियल में एक ऐसा नाटकीय क्षण आता है जब एक जोरदार सेक्शुअल प्रतीकवाद के माध्यम से मर्दाना ऊर्जा उन्मुक्त होते दिखाई गई है। इस दृश्य में चाणक्य धनानंद के दरबार में हमलावर यूनानी फौजों से लड़ने हेतु मदद के लिए प्रभावशाली पैरोकारी कर रहे हैं। इस मौके पर अपना हाथ बढ़ाने के बजाय धनानंद पूरे दरबार के सामने चाणक्य का निजी तौर पर अपमान करता है। भावावेश में चाणक्य इस अपमान का बदला लेने की शपथ लेते हैं, हालाँकि उनकी निगाह में यह व्यक्तिगत अपमान न होकर माँ-भारती का अनादर है। प्रतिकार की शपथ लेते हुए चाणक्य अपनी शिखा की गाँठ खोल देते हैं और कहते हैं कि जब तक उनका देश मुक्त नहीं हो जाता, वे शिखा नहीं बाँधेंगे (*महाभारत* की द्रौपदी की तरह)। लीच और उबयसेकर समेत कई विद्वानों ने दिखाया है कि केश किस तरह सेक्शुअलिटी के प्रमुख सूचक होते हैं।[१५] कथानक में कई मुकामों पर चाणक्य के मिशन की याद दिलाने के लिए यह दृश्य दोहराया गया है जिससे इसके प्रभावशाली सेक्शुअल प्रतीकवाद की पुष्टि होती है : गाँठ बँधी शिखा नियंत्रित और सुरचित सेक्शुअलिटी की प्रतीक है। मर्दानगी की बेइज्जती होने पर इस शिखा का खोला जाना यौन शक्ति के उन्मुक्त

किए जाने का सूचक है। *चाणक्य* के संदर्भ में इसका मतलब है वीर्य अथवा सेक्शुअल शक्ति का शारीरिक और मानसिक शक्ति में रूपांतरण यानी मर्दानगी की सम्पूर्ण संभावनाओं को उन्मुक्त करना।

चाणक्य की विश्व-दृष्टि में ब्राह्मणवाद कूट-कूट कर भरा हुआ है। इसका पता ऐसी कई दृश्य-शृंखलाओं से लगता है जो ब्रह्मचारी होने और मर्दानगी के बीच के संबंध को उभारती हैं। सीरियल में दिखाए गए अधिकतर ब्रह्मचारी चाणक्य के तक्षशिला स्थित गुरुकुल में उनके शिष्य हैं। उनका काफी समय शास्त्रों के अध्ययन में, संस्कृत के श्लोक पढ़ने में और होम करने में गुजरता दिखाया गया है। इसी तरह करीब इतने ही प्रभावशाली दृश्यों में सुंदर देहयष्टि के मालिक शिष्यों को कुश्ती लड़ते, तलवारबाजी करते और घुड़सवारी करते हुए दिखाया गया है ताकि वे शारीरिक रूप से शक्तिशाली पुरुष में विकसित हो सकें। ब्रह्मचारियों को यौन संबंध बनाने की इजाजत नहीं होती, और उनसे उम्मीद की जाती है कि वे अपनी समस्त बौद्धिक और शारीरिक ऊर्जा अपना लक्ष्य वेधने की शिक्षा लेने में खर्च करेंगे। जाहिर है शिष्यगण उम्र के उस दौर से गुजर रहे हैं जब उनकी अति-युवा यौनेच्छा को श्रमसाध्य शारीरिक व्यायाम और मिशन से बँधे हुए चिंतन के जरिए दिशा देना और कामना से परे ले जाना जरूरी समझा जाता है। *चाणक्य* सीरियल में यह मिशन राष्ट्र की रक्षा करना बताया गया है। इसलिए गुरुकुल में सफाचट खोपड़ी के भगवा या पीली धोतियाँ पहने हुए शिष्यों को झंडे लहराते हुए अपने गुरु चाणक्य अथवा माँ भारती की रक्षा करने के लिए झपटते हुए देखना असामान्य नहीं लगता।

ब्रह्मचारी पुरुषों के बरक्स सीरियल में अति-कामुकता के शिकार निरींद्रिय लोग भी हैं जिन्हें शारीरिक और मानसिक रूप से बेकार दिखाया गया है। ये लोग ज्यादातर दारू पी कर निष्क्रिय पड़े रहते हैं। यौनेच्छा पूरी करने में लगे रहने के रवैये ने उन्हें विकलांग कर दिया है। ब्रह्मचारी पुरुषों की मर्दानगी अगर रेखा का एक सिरा है तो उसके दूसरे सिरे पर ऐसे नपुसंक लोग खड़े हुए हैं। उन्होंने अपना वीर्य वास्तव में पूरी तरह खर्च कर दिया है, इसलिए उनकी मर्दानगी खोखली हो गई है। पुंसत्व और 'नपुंसकता' का यह परस्पर विरोध बहुत से राष्ट्रवादी इतिहास लेखन के लिए आधारभूत रहा है। इसी तरह अतीत के साहित्यिक संधान में भी इसका केंद्रीय महत्त्व दिखाई देता है। इसका एक उदाहरण हिंदी के एक प्रभावशाली राष्ट्रवादी 'ऐतिहासिक' नाटक *ध्रुवस्वामिनी* के रूप में मिलता है। जयशंकर प्रसाद रचित यह नाटक विशाखदत्त (*मुद्राराक्षस* के रचयिता) के विख्यात नाटक *देवी चंद्रगुप्त* पर आधारित है। इस नाटक में विलासी राजा रामगुप्त के राजदरबार को बौनों, हिजड़ों और कुबड़ों से भरा हुआ

दिखाया गया है। ऐसे राजा की रानी अपनी किस्मत पर अफसोस करती है कि उसके पति के दरबार में सिर्फ नपुंसक लोग ही हैं जिनकी सूची में सबसे ऊपर खुद राजा का नाम है।[१६] दिल्ली के एक प्रतिष्ठित महिला कॉलेज में इस नाटक के प्रदर्शन को सराहना मिल चुकी है।[१७] इसमें स्त्रैण राजा नशे में लड़खड़ाता हुआ और किसी भी तरह के खतरे से भयभीत दिखाया गया है। इससे भी अहम यह है कि नाटक में राजा वैवाहिक सहवास कर पाने में भी कामयाब नहीं है। राजा में मर्दानगी से जुड़ी हुई शक्तियों का इतना अभाव है कि वह अपनी आजादी के बदले कुछ भी करने के लिए तैयार है। 'विदेशी' राजवंश के हमले के मुकाबले अपने राज्य की सीमाओं की रक्षा करने में असमर्थ रहने के बाद वह आक्रांता की माँग पर अपनी पटरानी उसके हवाले करने के लिए तैयार हो जाता है। आखिर में राजा का छोटा भाई मर्दानगी के प्रतीक के रूप में हमलावर को मार कर अपनी भाभी और राज्य के सम्मान की रक्षा करता है। चाहे *चाणक्य* में दिखाए गए नपुंसक राजा का दरबार हो, या कुछ कम सीमा तक *ध्रुवस्वामिनी* में दिखाया गया दरबार हो, चाक्षुष रूप से हिंदी सिनेमा में 'मुसलमान' सामंती दरबारों को दिखाने का यही प्रचलित तरीका है। ऐसे दरबार के केंद्र में नवाब या सामंत की शख्सियत होती है जिसके हाथ में शराब का जाम होता है, दासियाँ विलासी पुरुष की सेवा में लगी होती हैं और सामने नर्तकियों के खूबसूरत बदन थिरक रहे होते हैं। अन्य दरबारी भी इधर-उधर नशे और लंपटपन में चूर पड़े दिखाए जाते हैं। *चाणक्य* में इस तरह के दृश्यों के फौरन बाद पराक्रमी मर्दों को दिखाया जाता है जो हमलावरों का मुकाबला करने के लिए योजना बनाने में लगे हुए हैं। इस माहौल को उभारने में पृष्ठभूमि के संगीत की भूमिका भी होती है। दरबार का दृश्य शुरू होने से पहले ही घुँघरुओं की झंकार आती है ताकि भोग-विलास के दृश्य की आहट सुनाई पड़ जाए।

चाणक्य में नायक और खलनायक के बीच दिखाया गया विरोध सेक्शुअल है। एक तरफ ब्रह्मचारी की नियंत्रित, कामनाओं से परे जाने वाली मर्दाना शक्ति है, और दूसरी तरफ विलासी पुरुष की कामनाओं में लिप्त सेक्शुअलिटी है जिसके कारण उसकी मर्दानगी नष्ट हो चुकी है।

कथानक की चाक्षुष और प्रतीक भाषा के कुछ-कुछ हाशिए पर तीसरी श्रेणी का पुरुष पात्र यानी गृहस्थ खड़ा हुआ है। (पुरुषों की कुछ श्रेणियाँ सीरियल में बिना शिनाख्त के ही छोड़ दी गई हैं, जैसे सेनापति)। ब्राह्मण पुरुषों के रूप में गृहस्थों की रूपरेखा स्पष्ट है। कुछ राजा के सलाहकार, मंत्री या पार्षद हैं। ऐसे नौकरीपेशा ब्राह्मणों में चाणक्य के पिता आचार्य चणक की तरह कुछ असहमति की आवाज उठाने वाले भी हो सकते हैं। सेक्शुअलिटी से इन गृहस्थ

ब्राह्मणों का संबंध खास तरह का है। यह उपलब्धि उनकी पत्नियों के साथ उनके संबंधों को अस्पष्ट रखकर की गई है। ऐसा लगता है कि द्विवेदी ने उन शास्त्रोक्त हिदायतों का खास ध्यान रखा है जिनके अनुसार ब्राह्मणों को अपनी पत्नियों के पास केवल संतानोत्पत्ति के मकसद के कुछ विशेष प्रहरों में ही जाना चाहिए। ब्रह्मचारी और नपुंसक के बीच विरोध में गृहस्थों की स्थिति पर सीरियल का कथानक पर्याप्त प्रकाश नहीं डालता।

चाणक्य में पुरुष सेक्शुअलिटी को दो विपरीत तत्त्वों की मदद से दो अलग-अलग रूपों में पेश किया गया है। एक तरफ पुरुष सेक्शुअलिटी को मर्दानगी के रूप में यानी शारीरिक शक्ति, पराक्रम और देशभक्ति का पर्याय दिखाया गया है। ये सब पहलू मिलकर पुरुष के ओज का सार बन जाते हैं। इसके विपरीत युद्ध विरोध को कायरता, गद्दारी, भोग-विलास, यौन लिप्सा पूरी करने यानी पुरुष वीर्य के क्षय का पर्याय बता दिया गया है। *चाणक्य* की मुख्य सफलता यही है कि उसके कथानक में पुंसत्व और नपुंसकता का यह संबंध हिंदू राष्ट्रवाद का केंद्रीय तत्त्व बन जाता है। पुरुष के ओज पर दिया गया यह एकमेव बल मर्दाना प्राधिकार की अहमियत लगातार स्थापित करने के कारण और उभर आया है। चाणक्य के व्यक्तित्व का चित्रण करने के दौरान द्विवेदी एक पल के लिए भी अपने लक्ष्य से भटकने के लिए तैयार नहीं दिखते। उनका चाणक्य हर समय दर्शकों की देशभक्ति संबंधी भावनाओं को स्पर्श करता हुआ उसे नैतिकता, उत्थान और राष्ट्रीयता का उपदेश देता रहता है। सीरियल में किसी उपकथानक को भटकाव पैदा करने की इजाजत नहीं दी गई है। मसलन, पूरे धारावाहिक में हास्य के प्रसंग नहीं हैं। केवल एक बार चाणक्य अपनी तनी हुई देह-भाषा कुछ ढीली करते हैं जब उन्हें एक वेश्यालय में अपने आधे घुटे हुए सिर पर फूलों की पगड़ी लगाकर जासूसी करने जाना पड़ता है। इसके अलावा पूरे सीरियल में एक भी 'प्रेम प्रसंग' नहीं है जिसके संपूर्ण निहितार्थों पर मैं फिलहाल चर्चा नहीं करूँगी।

सीरियल में चित्रित महिला पात्र और स्त्री की सेक्शुअलिटी का भी उसकी केंद्रीय विषयवस्तु यानी मर्दानगी से एक अलग तरह का रिश्ता है। पर, इसका विश्लेषण करने से पहले मैं मर्दानगी के एक अंतिम पहलू का संधान करना चाहूँगी। सीरियल में पारंपरिक किस्म के प्रेम प्रसंगों की अनुपस्थिति और ब्रह्मचर्य पर उसके जोर का नतीजा शायद यह निकला है कि उसमें केवल पुरुषों के बीच के 'मनोभाव' ही महत्त्वपूर्ण बन गए हैं। इनमें समलैंगिक-ऐंद्रिकता नहीं है, बल्कि इन्हें पूरी तरह ऐंद्रिकताविहीन बनाकर पेश किया गया है। लेकिन, इन मनोभावों में आवेश बहुत दिखाया गया है। ऐसा लगता है कि जैसे पूरा माहौल

दमित भावनाओं से खदबदा रहा हो। पुरुषों के आपसी संबंध उत्तेजक संवादों और हिंसक मुद्राओं के जरिए दिखाए गए हैं। *चाणक्य* के पुरुषों के बीच 'शुद्ध' प्रेम है, विशेषकर बचपन के संबंधों के संदर्भ में।

दरअसल, *चाणक्य* पुरुषों के बीच विशेष तरह के संबंधों का गुणगान करता है। ये संबंध चार तरह के हैं : बचपन के दोस्तों के बीच, समान लक्ष्य की पूर्ति में लगे हुए पुरुषों के बीच, पिता और पुत्र के बीच, और सबसे ज्यादा गुरु और शिष्य के बीच। बाद के दो संबंधों की झलक एक प्रभावशाली दृश्य में देखी जा सकती है जिसमें चाणक्य चंद्रगुप्त से कहते हैं : *मेरे जीवन का यथार्थ हो तुम।* जिन दृश्यों में ये चार तरह के संबंध चित्रित किए गए हैं, उनमें पात्रों के बीच मनोभाव का अतिरेक दिखाया गया है। इसके विपरीत रिश्तों का, खास कर इतरलैंगिक रिश्तों का, चित्रण करने वाले अन्य दृश्यों में भावशून्य माहौल है, जैसे कि इस तरह की अन्योन्यक्रियाओं में मनोभावों के हस्तक्षेप की इजाजत ही न हो।

सीरियल में इतरलैंगिक संबंधों का संधान नहीं किया गया है। केवल मान लिया गया है कि वे तो बस होते हैं। उनका चित्रण असामान्य रूप से कामनाविहीन है। कई पुरुष पात्रों की पत्नियाँ तो हैं, पर वे पृष्ठभूमि में रहती हैं। मुझे ऐसा एक भी दृश्य याद नहीं आता जिसमें स्त्री पात्र के प्रति पुरुष पात्र ने कोई मनोभाव व्यक्त किया हो। इसके बावजूद सीरियल सेक्शुअलिटी को स्त्री के अस्तित्व का सहजात अंग मान कर चलता है। खास बात यह है कि ब्रह्मचर्य का चयन और फिर नायकत्व में उसके रूपांतरण की प्रक्रिया केवल पुरुषों के लिए सुरक्षित है, और स्त्रियों के लिए इतरलैंगिक संबंध और विवाह स्वाभाविक मान लिया गया है। सीरियल में स्त्रियाँ अगर विवाहित नहीं हैं, तो महल में दासियाँ हैं या फिर गणिकालयों में बड़े अफसरों की (दृश्य से गायब पत्नियों के स्थानापन्न के रूप में) सेवा करते दिखाई गई हैं। सभी 'नेक' ब्राह्मणों के पास सेवा कराने के लिए पत्नियाँ हैं जो उनकी चिंताओं को हमदर्द भाव से सुनती भी हैं। (टीवी के पर्दे पर ये पत्नियाँ एक ऐसे संवादपरक माध्यम के रूप में भी आती हैं जिनके साथ होने वाली बातचीत के जरिए दर्शक जान पाते हैं कि उनका पति क्या 'सोच' रहा है।) जहाँ तक सत्ता के लिए साजिश करने वाले खल पात्रों का प्रश्न है, उनके चित्रण में पत्नियाँ दिखाई ही नहीं गई हैं। इनकी सेवा दासियाँ करती हैं। उन्हें अक्सर गणिकालयों में वक्त गुजारते हुए भी दिखाया गया है। जाहिर है कि ऐसी जगहों पर दैहिक आनंद खरीदा जाता है। इनकी दृश्य सज्जा रोमन महलों जैसी है। इनमें फव्वारे हैं, जलाशय हैं, इधर-उधर हमेशा लेटी हुई मुद्रा में जोड़े हैं, और शराब के जाम हैं।

विवाहित जीवन गुजारने वाले नेक पुरुषों और दासियों व वेश्याओं के साथ दाम चुका कर रमण करने वाले पुरुषों के बीच दिखाए गए विरोध के साथ-साथ दोनों तरह के संबंधों का एक समान पहलू उनकी भावशून्यता है। दैहिक आनंद खरीदने के खिलाफ किसी तरह का नैतिक फैसला नहीं दिया गया है। यह एक ऐसा पहलू है जहाँ *अर्थशास्त्र* का उपयोगितावाद साकार हो जाता है। कुछ खास हैसियत के पुरुषों के लिए स्त्री-संसर्ग स्वाभाविक मान लिया गया है। दोनों स्थितियों में पुरुषों के लिए स्त्रियाँ सेक्स की सप्लाई करती नजर आती हैं। नेक पुरुषों के लिए उनकी कर्तव्यनिष्ठ पत्नियाँ और बुरे पुरुषों के लिए दासियाँ और गणिकाएँ यही भूमिका निभाती हैं। इनमें से कोई भी स्त्री चरित्र कथानक के लिए अहम नहीं है। उनकी हैसियत दृश्यसज्जा के लिए इस्तेमाल की जाने वाली ऐसी चीजों की तरह है जिनके न होने से दृश्य अधूरे लगने लगते हैं। मसलन, स्त्रियों की उपस्थिति अक्सर घर के भीतर से आने वाली इस आवाज तक सीमित रह जाती है कि *भोजन तैयार है।* दासियों और गणिकाओं को तो इतना भर बोलते हुए भी नहीं दिखाया गया है।

यह सीरियल मान कर चलता है कि विवाह का लक्ष्य तो संतानोत्पत्ति ही है, खास कर राजाओं के लिए। चंद्रगुप्त की तरफदारी में चाणक्य द्वारा चली गई बड़ी-बड़ी चालों में उसके विवाह के लिए अनुकूल संबंध के लिए वार्ता भी शामिल है। जाहिर है कि चंद्रगुप्त देश को 'मुक्त' करके राजसत्ता हासिल कर चुका है, और अब उसके ब्रह्मचारी रहने की कोई जरूरत नहीं है। चाणक्य का कुटिल दिमाग सोचता है कि धनानंद की पुत्री चंद्रगुप्त के लिए सबसे अच्छी रानी साबित होगी। चूँकि चंद्रगुप्त ने नंद वंश के अंतिम राजा का तख्ता पलटा है, इसलिए एक शासक के तौर पर उसकी वैधता के लिए यह विवाह संबंध उपयुक्त होगा। यह रिश्ता चंद्रगुप्त को सत्ता छीनने के लिए घात लगाए बैठे लोगों से भी बचाएगा। लेकिन, इस संबंध के लिए धनानंद की पुत्री अनिच्छुक है। वह सत्ता के लिए खेली जाने वाली चालों का मोहरा बनने से दृढ़तापूर्वक इनकार कर देती है। दुर्भाग्य से यह सीरियल विवाह का मुद्दा अचानक बीच में ही अनसुलझा छोड़कर आगे बढ़ जाता है। इस प्रकरण में भी पूरे सीरियल की ही तरह किसी भी तरह के रोमानी मनोभाव का अभाव है। *चाणक्य* में इतरलैंगिक संबंधों के बारे में यही रवैया अपनाया गया है।

धारावाहिक में पुरुषों के लिए पराक्रमपूर्ण उत्तरदायित्व नियत किए गए हैं, पर उसके मुकाबले स्त्रियों की कोई उल्लेखनीय उपस्थिति नहीं है। यहाँ तक कि प्रायः होने वाला माँ का स्तुतिगान भी नहीं सुनाई पड़ता। कथानक में चंद्रगुप्त की माँ का आगमन अपने बेटे को चाणक्य के हवाले करने के लिए होता है। खुद

चाणक्य की माँ की उपस्थिति काफी कमजोर है जिसे किशोरावस्था में ही छोड़कर वे तक्षशिला चले जाते हैं। उनकी वापसी से पहले ही माँ चल बसती है, और मृत्यु के समय भी माँ के पास न होने का दुख चाणक्य को मगध के भ्रष्ट राजा के खिलाफ और अधिक क्षोभ से भर देता है। लेकिन, मातृभूमि की दुर्दशा का रूपक माँ को खोने की पीड़ा की जगह लेकर उसकी स्मृति आसानी से तिरोहित कर देता है।

५२ किस्तों के धारावाहिक में स्त्री चरित्र की मूल्य-स्थापना केवल दो पात्रों के रूप में दिखाई देती है। इनमें एक पात्र है गद्दार राजा आम्भी की बहिन और दूसरी है आम्भि की पत्नी। उल्लेखनीय है कि कथानक में आम्भी की पत्नी देशभक्त पौरव (पोरस) की बेटी बताई गई है। ये दोनों स्त्रियाँ स्त्रीत्व की राष्ट्रवादी संरचनाओं के लिहाज से वीरांगना सरीखी हैं जिसका प्रतिनिधित्व हमारे आधुनिक इतिहास में सबसे अच्छे तरीके से रानी लक्ष्मीबाई ने किया है।[१८] ये स्त्रियाँ अपनी-अपनी क्षमता और हैसियत के अनुसार मुक्ति संघर्ष में भागीदारी करते हुए विदेशी आक्रांताओं के सामने झुकने से इनकार कर देती हैं! आम्भी की बहिन सिंहासन के लिए अपनी गरिमा का सौदा करने के लिए तैयार भाई के कारण हुए अपमान का प्रतिकार करने के लिए पुरुष वेष धारण करके घोड़े पर जंगल की तरफ चली जाती है (संभवत: प्रतिरोध की शक्तियों में शामिल होने के लिए?)। आम्भी की पत्नी वहीं रहती है और अंत में अपने पति को देशभक्ति के रास्ते पर वापस लाने में कामयाब हो जाती है। सीरियल संकेत करता है शायद उसने अपने पति से यौन संबंध तोड़ लिए होंगे और उसे स्त्री-संसर्ग के सुख से भी वंचित कर दिया होगा। बाद में अपने ही संदेहों से घिरे आम्भी को वह राष्ट्र के प्रति उसके कर्तव्य की याद दिलाने में सफल हो जाती है। अंत में आम्भिराज भी चाणक्य और चंद्रगुप्त के साथ मिलकर राष्ट्र के पुनरुज्जीवन में लग जाता है।

खास बात यह है कि इतिहास में इन स्त्री पात्रों के बारे में एक भी प्रमाण उपलब्ध नहीं है। ये पात्र द्विवेदी के अपने आविष्कार हैं जिनके जरिए उन भारतीय महिलाओं के असाधारण सारतत्त्व का चित्रण किया गया है जो उस समय भी वीरोचित रहते हुए अपने पथ से नहीं डिगतीं जब उनके पुरुष मातृभूमि के प्रति कर्तव्य भूल जाते हैं।[१९] ये आविष्कार केवल एक ही तरह की स्त्री को वैध ठहराते हैं जो या तो राष्ट्र के लिए संघर्ष करती है या फिर पुरुषों को राष्ट्र की सुरक्षा करने के पौरुषपूर्ण कर्तव्य के लिए प्रेरित करती है।

स्त्री सेक्सुअलिटी का *चाणक्य* में एक अनूठा इंस्तेमाल किया गया है। सीरियल 'देशभक्त' उद्देश्यों की प्राप्ति के लिए वेश्या की सेक्सुअलिटी का प्रयोग

होते दिखाता है। (स्त्री की सेक्शुअलिटी का जासूसी के लिए राष्ट्रों द्वारा इस्तेमाल होता रहा है, पर भारतीय राष्ट्रवाद की गाँधी के नेतृत्व वाली धारा ने वेश्याओं के देशभक्त आवेगों को खारिज कर दिया था। इस लिहाज से देखें तो *चाणक्य* चरित्रवान स्त्रियों और देशभक्ति के बीच संबंध भंग कर देता है।) धारावाहिक में अगर पुरुष सेक्शुअलिटी के मर्दाना पराक्रम में रूपांतर के लिए ब्रह्मचर्य को अहमियत दी गई है, तो उचित उद्देश्यों की प्राप्ति के लिए स्त्री सेक्शुअलिटी के खुले और उन्मुक्त इस्तेमाल को भी महत्त्व दिया गया है। इन अर्थों में सीरियल स्त्री को अनिवार्यतः एक सेक्शुअल अस्तित्व की तरह पेश करता है। चूँकि वेश्या या गणिका की सेक्शुअल सेवाएँ किसी एक व्यक्ति के लिए सुरक्षित न होकर सभी पुरुषों के लिए उपलब्ध रहती हैं, इसलिए उसे एक ऐसे माध्यम के रूप में चुना गया है जिससे सूचनाएँ जमा हो सकती हैं, एक-दूसरे को काटने वाली चालें चली जा सकती हैं और अंत में इस प्रकार विलासी शत्रु का खात्मा किया जा सकता है।

यह चित्रण अर्थशास्त्र की हिदायतों के मुताबिक ही है जिसमें गणिकाओं, अभिनेत्रियों और यहाँ तक कि भिक्षुणियों को भी राजा के लिए उपयोगी सूचनाएँ जमा करने का दायित्व देने का प्रावधान है।[२०] विशाखदत्त के नाटक *मुद्राराक्षस* में तो एक विषकन्या चंद्रगुप्त के आखिरी शत्रु की हत्या के लिए अपनी देह का इस्तेमाल करती दिखाई गई है। इस मामले में *चाणक्य* की विशेषता यह है कि उसमें स्त्री की सेक्शुअलिटी का परिणामवादी इस्तेमाल न दिखाकर उसे एक ऐसे माध्यम के रूप में चित्रित किया गया है जो दासता और भ्रष्टाचार की बेड़ियों से राष्ट्र का भ्रूण रूप मुक्त करने में योगदान दे सकती है। गणिका की कूटनीति चाणक्य की कूटनीति के ही समान है। 'राष्ट्रवादी' इस माध्यम का प्रयोग करके राष्ट्र के साथ छल करने वालों का प्रभावी प्रतिकार कर सकते हैं। इस प्रकार राष्ट्र के भविष्य की सुरक्षा के राजनीतिक कार्यभार के लिए गणिका की सेक्शुअलिटी चाणक्य के ब्रह्मचर्य का दूसरा पहलू बन जाती है।

सवाल यह है कि *चाणक्य* की कथा योजना की समकालीन प्रासंगिकता क्या हो सकती है? बाबरी मस्जिद ध्वंस के तुरंत बाद प्रकाशित अपने एक बेहतरीन लेख में के. बालगोपाल ने आज की दक्षिणपंथी राजनीति की जटिलताओं की तरफ इशारा किया था। उन्होंने इस मान्यता का खंडन किया था कि हिंदुत्व की ताकतें *मनुस्मृति* के प्रावधानों की पैरोकारी करेंगी।[२१] यह अलग बात है कि दक्षिणपंथ के कुछ हिस्से अतीत की तरफ लौटने की वकालत करते हुए जाति प्रथा फिर से लागू करने, स्त्रियों के लिए पतिव्रता की आचार संहिता पुनः स्थापित करने और उन्हें सार्वजनिक जीवन से बाहर रखने का आग्रह करते

दिखाई दें। लेकिन, वास्तव में हिंदुत्ववादियों की राजनीतिक रणनीति आश्चर्यजनक रूप से लचीली है। उसमें नए तात्पर्य गढ़ने के लिए नवाचार करते हुए परंपरा के चुनिंदा इस्तेमाल की क्षमता है।

हिंदुत्व अतीत के सांस्कृतिक आगार से ऐसे प्रतीकों और हस्तियों को चुन सकता है जो भले ही पारंपरिक लगते रहें, पर उनका उपयोग समकालीन राजनीति के लिए किया जाएगा। हालाँकि *चाणक्य* केवल उच्चवर्णीय अभिजनों को ही आकर्षित करता है, पर वह एक दीर्घकालीन प्रक्रिया का अंग है जिसके तहत इतिहास और संस्कृति की ब्राह्मणवादी दृष्टि राजनीति के दक्षिणपंथी रुझान के साथ सुदृढ़ की जा रही है। स्त्री का जो इस्तेमाल, खास कर राजनीतिक उद्देश्यों के लिए, सीरियल में चित्रित किया गया है, वह 'संकटकाल' में स्त्री की विस्तारित भूमिका की राष्ट्रवादी संरचना का ही रूप है। इसी तरह सेक्शुअलिटी के मामले में भी उसका चित्रण जटिल और बहुआयामी है। इस सिलसिले में एक तरफ तो कुछ विशेष सांस्कृतिक तात्पर्यों से सम्पन्न प्रतीकों का इस्तेमाल है, और दूसरी तरफ स्त्री की सेक्शुअलिटी का उपयोगितावादी प्रयोग है। साध्वी ऋतम्भरा की शख्सियत इसके एक प्रमाण की तरह देखी जा सकती है। ऋतम्भरा एक तरफ तो भगवा कपड़े पहनती हैं जो ब्रह्मचर्य के प्रतीक हैं, पर दूसरी ओर हिंदू पुरुषों को भड़काने के लिए यौनमूलक भाषणबाजी का इस्तेमाल करती हैं।[२२] देखने में अंतर्विरोधी लगने वाली यह स्थिति राजनीति के खाँचे में फिट बैठती है : हिंदुत्ववादियों की जटिल योजना के दो पहलू उभरते हैं। पहले की नुमाइंदगी अगर ऋतम्भरा करती हैं तो दूसरे का प्रतिनिधित्व स्त्री की घरेलू भूमिका पर जोर दे कर अलग तरह के स्त्री मानस को स्पर्श देने वाली मृदुला सिन्हा करती हैं।[२३] स्त्री और पुरुष की सेक्शुअलिटी के *चाणक्य* में किए गए चित्रण में भी यही दोहरे पक्ष हैं। पुरुष ब्रह्मचर्य, पुरुषों के आपसी प्रेम और स्त्री की सेक्शुअलिटी का होशियारी से इस्तेमाल एक ही राजनीतिक एजेंडे के पहलू हैं। यह राजनीतिक एजेंडा है राजनीतिक शत्रुओं का खात्मा और भगवा सत्ता की स्थापना। *चाणक्य* का देशकाल भले ही अतीत हो, पर हमारे समय के लिए उसकी राजनीतिक प्रासंगिकता से इनकार नहीं किया जा सकता।

संदर्भ और टिप्पणियाँ

१. उमा चक्रवर्ती, 'व्हाटएवर हेपंड टु दि वैदिक दासी', संकलित : कुमकुम संगारी और सुदेश वैद (सं.), *रिकास्टिंग वुमॅन : एसेज ऑन कॉलोनियल हिस्ट्री*, काली फॉर वुमॅन, दिल्ली, १९८९

२. उदाहरण के लिए देखें, *रोजा* फिल्म पर किए गए लेखन का नमूना : तेजस्विनी निरंजना, 'इंटीग्रेटिंग हूज नेशन? टूरिस्ट्स एंड टेररिस्ट्स इन रोजा', *इकॉनॉमिक एंड पॉलिटिकल वीकली,* खंड २९.३, १५ जनवरी १९९४, पृष्ठ ७९-८२; वेंकटेश चक्रवर्ती और एम.एम.एस. पांडियन, 'मोर ऑन रोजा', *इकॉनॉमिक एंड पॉलिटिकल वीकली,* खंड २९.११, १२ मार्च १९९४, पृष्ठ ६४२-४४; रुस्तम भरूचा, 'ऑन दि बार्डर ऑव फासिज्म : मेन्यूफेक्चर ऑव कंसेंट इन रोजा', *इकॉनॉमिक एंड पॉलिटिकल वीकली,* खंड २९.२३, ४ जून १९९४, पृष्ठ १३८९-१३९५

३. इकबाल मसूद, 'इमेजिस ऑव डॉमिनेंस', *इंडियन एक्सप्रेस,* १६.८.९२

४. उपरोक्त; पारिता मैत्र, 'मास्टर ऑव दि गेम', *संडे,* २२ अक्टूबर-२ नवंबर १९९१, पृष्ठ ४४-५३

५. मसूद, उपरोक्त।

६. *चाणक्य* १९९१-९२ में प्रसारित किया गया था। उसका निर्देशन चंद्रप्रकाश द्विवेदी ने किया था, जिन्होंने उसकी मुख्य भूमिका भी निभाई थी। शुरुआती किश्तें बेहद रोचक और बहुत अच्छी तरह बनाई गई थीं। इस सीरियल की एक खास बात यह थी कि इसके लिए विस्तृत अनुसंधान किया गया था जिसने अतीत के चित्रण को प्रामाणिकता का बाना पहना दिया था। दूसरे, इसके लिए अच्छे अभिनेताओं को चुना गया था। कुछ अभिनेता राष्ट्रीय नाट्य विद्यालय में प्रशिक्षित थे। इस लिहाज से यह सीरियल टीवी पर प्रसारित महाकाव्यों पर 'पारसी थिएटर' की शैली में बनाए गए सीरियलों से अलग था। लेकिन, शायद सीरियल की ये खूबियाँ उसकी पहुँच सीमित करने का कारण भी साबित हुईं, और *चाणक्य* मुख्यत: ऊँची जातियों, मध्यवर्ग, और संस्कृतनिष्ठ हिंदी बोलने वाले लोगों यानी उत्तर भारत के बुद्धिजीवी तबके के बीच ही पसंद किया गया। सीरियल को *इंडियन एक्सप्रेस* ने खास तवज्जो दी और हर रविवार के एक साप्ताहिक कॉलम में अक्सर एक तस्वीर के साथ उसकी एक किश्त का सारांश छापा। ज़ी टीवी ने १९९७ में यह सीरियल दोबारा दिखाया।

७. कुमकुम संगारी, 'कंसेंट, एजेंसी एंड रिटॉरिक ऑव इंसाइटमेंट', *इकॉनॉमिक एंड पॉलिटिकल वीकली,* खंड २८.१८, १ मई १९९३, पृष्ठ ८६७-८२; कुमकुम रॉय, 'दि किंग्स हाउसहोल्ड : स्ट्रक्चर/स्पेस इन शास्त्रिक ट्रेडीशन', *इकॉनॉमिक एंड पॉलिटिकल वीकली,* खंड २७.४३-४४, २४-३१ अक्टूबर १९९२, पृष्ठ डब्ल्यूएस ५५-६०

८. पारिता मैत्र, उपरोक्त।

९. आर.एस. त्रिपाठी, *हिस्ट्री ऑव एंशिएंट इंडिया,* मोतीलाल बनारसी दास, दिल्ली, १९३७, पृष्ठ १४६-५०

१०. हर प्रसाद शास्त्री, *जरनल ऑव एशियाटिक सोसाइटी ऑव बिहार,* १९१०, पृष्ठ २५९, पाद टिप्पणी

११. मसूद द्वारा उद्‌धृत, उपरोक्त।

१२. जवाहर लाल नेहरू, *डिस्कवरी ऑव इंडिया,* ऑक्सफोर्ड यूनिवर्सिटी प्रेस, दिल्ली, १९८२, पृष्ठ १२३

१३. उमा चक्रवर्ती, *दि सोशल डाइमेंशन ऑव बुद्धिज्म,* ऑक्सफोर्ड यूनिवर्सिटी प्रेस, दिल्ली, १९८७, पृष्ठ ३६-३९

१४. इसी तरह के तर्क के लिए देखें, पाओला बाछेटा, 'हिंदू नेशनलिस्ट वुमॅन एज आइडोलॉग : दि संघ, दि समिति एंड डिफरेंशियल कंसेप्ट ऑव दि हिंदू नेशन', कुमारी जयवर्धना और मलाठी डि एल्विस (सं.), *एम्बॉडीड वायलेंस : कम्युनलाइजिंग वुमॅन सेक्शुअलिटी इन साउथ इंडिया,* काली फॉर वुमॅन, दिल्ली, १९९६, पृष्ठ १२६-२७, पृष्ठ १४८

१५. ई.आर. लीच, 'मेजिकल हेयर', *जरनल ऑव रॉयल एंथ्रोपोलोजिकल इंस्टीट्यूट ऑव ग्रेट ब्रिटेन,* खंड ८८, १९५८, पृष्ठ १४७-६४; गननाथ उबेसेकरे, *मेडुसाज़ हेयर,* यूनिवर्सिटी ऑव शिकागो प्रेस, शिकागो, १९८१, पृष्ठ ३३-३४; ४५-५०

१६. जयशंकर प्रसाद, *ध्रुवस्वामिनी,* इलाहाबाद, लीडर प्रेस, १९७४, पृष्ठ २२-२४

१७. २२-२३ दिसम्बर १९९५ को मिरांडा हाउस हिंदी ड्रामेटिक सोसाइटी ने *ध्रुवस्वामिनी* का मंचन किया था।

१८. वीरांगना पर एक दिलचस्प चर्चा के लिए देखें, कैथरीन हेंसन, 'दि वीरांगना इन नॉर्थ इंडियन हिस्ट्री : मिथ एंड पापुलर कल्चर', *इकॉनॉमिक एंड पॉलिटिकल वीकली,* खंड २३.१८, ३० अप्रेल १९८८, पृष्ठ डब्ल्यूएस २५-३३

१९. पाओला बाछेटा, उपरोक्त, पृष्ठ १५४

२०. आर.पी. कांग्ले, *दि कौटिल्य अर्थशास्त्र,* खंड-१, मोतीलाल बनारसीदास, दिल्ली, १९७२, पृष्ठ २६५-६७

२१. के. बालगोपाल, 'व्हाई डिड दिसम्बर ६ हेपंड?', *इकॉनॉमिक एंड पॉलिटिकल वीकली,* खंड २८.१७, २४ अप्रेल १९९३, पृष्ठ ७९०-९३, ७९१

२२. कुमकुम संगारी, उपरोक्त, पृष्ठ ८७७-७९

२३. एस. अनिता वगैरह, 'इंटरव्यू विद वुमॅन', संकलित : तनिका सरकार और उर्वशी बुटालिया (सं.), *वुमॅन एंड दि हिंदू राइट : ए कलेक्शन ऑव एसेज़,* काली फॉर वुमॅन, दिल्ली, १९९५, पृष्ठ ३२८-३५

मार्क्सवाद–लेनिनवाद,
साहित्य और नागरिकता

३

स्त्री-कामरेड और सेक्शुअलिटी

यू. विंध्या

आज के आंध्र प्रदेश में लैंगिक संबंधों की समझ, नारी की आत्मपरकता और सेक्शुअलिटी के सवाल के साथ-साथ सांस्कृतिक व राजनीतिक जीवन में नर-नारी संबंधों के लोकतांत्रिकीकरण पर विमर्श के दो अलग-अलग ध्रुव बने हुए हैं। इनमें पहला है रेडिकल वामपंथी आंदोलन[१] का राजनीतिक व्यवहार। दूसरा ध्रुव औपनिवेशिक युग के 'विद्रोही' लेखक जी.वी. चलम (१८९४-१९७९) की साहित्यिक विरासत के रूप में है जिसने तेलुगू के नवविकसित नारीवादी साहित्य पर ही नहीं, बल्कि नारीवादी राजनीतिक व्यवहार पर भी असर डाला है। दोनों ही प्रवृत्तियों ने 'नई स्त्री' की छवियाँ अपने-अपने ढंग से पेश की हैं, जिनके बीच कोई संगति नहीं प्रतीत होती। समकालीन क्रांतिकारी आंदोलन द्वारा प्रस्तुत छवि के स्रोत उस अर्थवाद की प्रधानता में निहित हैं जो पारंपरिक मार्क्सवादी विश्लेषण की देन है। नारी की अस्मिता और एजेंसी की उपेक्षा करने वाला यह विश्लेषण नारीवादी आलोचना और अन्य मुक्तिकामी विमर्शों द्वारा खड़े किए गए प्रश्नों से जूझने के बजाय उन्हें दरकिनार करता चलता है।

दूसरी तरफ 'नारीवादी स्त्री' की छवि का आधार यह विश्वास है कि जो कुछ निजी है वही हमारी राजनीति है। 'पर्सनल इज पॉलिटिकल' का यह फिकरा पश्चिम के नारीवादी आंदोलन से लिया गया है, और व्यक्ति के रूप में स्त्री के

निजी व आत्मपरक अनुभवों को बड़े-बड़े मुद्दों के संदर्भ में अहमियत देता है। इससे स्त्रियों को 'तरह-तरह की विमर्शी बहसों और आलोचनाओं में उतरने' की गुंजाइश मिलती है। वे अपने मनोभावों, कामनाओं, देह व व्यक्तिगत रिश्तों से जुड़े निजी और सामाजिक जीवन के दबे हुए कोनों में झाँक पाती हैं। यह प्रक्रिया 'स्त्री-अनुभव की विशेषता के साथ-साथ सांस्कृतिक और सामूहिक अस्मिता की जरूरतों के प्रति भी ग्रहणशील है।'[२] तेलुगू के समकालीन नारीवादी साहित्य में नर-नारी संबंधों और स्त्री की सेक्शुअलिटी को नई दृष्टि से देखा गया है। लेकिन, इस नवाचार का श्रेय न तो केवल नारीवादी सिद्धांत को दिया जा सकता है, और न ही नारीवादी आंदोलन को। काफी हद तक इसका श्रेय पिछली सदी के तेलुगू साहित्यकार जी.वी. चलम और बीस से लेकर चालीस के दशक के बीच किए गए उनके लेखन को जाता है। इस दौरान चलम ने स्त्री की स्वायत्तता, सेक्शुअलिटी और प्रजनन संबंधी अधिकारों को अपना विषय बनाया। खास बात यह थी कि चलम आज से साठ-पैंसठ साल पहले स्त्री की स्वायत्तता के लिए ठोस भौतिक परिवर्तनों के हक में थे। उन्होंने स्त्री की आर्थिक स्वाधीनता, जन्म-नियंत्रण और गर्भपात संबंधी उसके अधिकार का सवाल उठाया। उन्होंने विवाह की संस्था के बाहर स्त्रियों और बच्चों की सुरक्षा पर जोर दिया।

इस लेख के पहले हिस्से में समकालीन क्रांतिकारी आंदोलन के संदर्भ में स्त्रीत्व, सेक्शुअलिटी और लैंगिक संबंधों की प्रकृति पर जारी बहस का संधान किया गया है। दूसरे हिस्से में चलम के लेखन और उनकी विरासत से नारीवाद को हुए लाभ का विश्लेषण है। चूँकि तेलुगू भाषियों की दुनिया के बाहर चलम के बारे में जानकारी का खासा अभाव है, इसलिए यह लेख गैर-तेलुगू पाठकों के लिए स्त्री के उत्पीड़न और अधीनस्थता के बारे में चलम के रेडिकल विचारों का परिचय देने की कोशिश भी करता है। इसी लिहाज से मैंने नर-नारी संबंधों की चलम की समझ पर विशेष रोशनी डाली है। तेलुगू में नारीवादी साहित्य की मौजूदा लहर पर इस समझ का प्रभाव साफ तौर से देखा जा सकता है।

सेक्शुअलिटी और रेडिकल वामपंथ

देश के कई अन्य हिस्सों की भाँति आंध्र में भी 'स्त्री-प्रश्न' समाज सुधार और राष्ट्रवाद के युग में सामने आया। पर, इस क्षेत्र की परंपरा कुछ अलग तरह की थी। १९४८-५१ के बीच हैदराबाद रियासत के निज़ाम व हिंदू जमींदारों के सामंती उत्पीड़न के विरोध में अविभाजित कम्युनिस्ट पार्टी ने तेलंगाना जन-संघर्ष छेड़ा था जिसमें स्त्रियों की भागीदारी बहुत बड़े पैमाने पर हुई थी। इसी

तरह साठ के दशक में मार्क्सवादी-लेनिनवादियों के नेतृत्व में हुए श्रीकाकुलम के हथियारबंद विद्रोह में भी स्त्रियों ने भागीदारी की थी।

नारीवादी इतिहास-लेखन के प्रयासों से ऐसी कई अंतर्दृष्टियाँ सामने आई हैं जिनसे पता चलता है कि तेलंगाना और श्रीकाकुलम आंदोलनों के दौरान पार्टी नेतृत्व और संगठन की कमजोरियों के कारण सामंती पितृसत्तात्मक मूल्य तोड़े नहीं जा सके। बहरहाल, गुजरे जमाने की घटनाएँ होने के कारण ये संघर्ष शायद एकबार अपने पितृसत्तात्मक रवैये और पारंपरिक तौर-तरीकों के खिलाफ आलोचना से बच भी सकते हैं, पर मौजूदा क्रांतिकारी आंदोलन इन आलोचनाओं को नारीवादी पश्चात-दृष्टि कहकर खारिज नहीं कर सकता। आखिरकार पुरुष प्रभुत्व और स्त्री की सेक्शुअलिटी पर नियंत्रण और विनियमन की समस्या केवल क्रांतिकारी संगठनों तक ही सीमित नहीं है। कहना न होगा कि छापामार आंदोलन में भागीदारी करने वालों का जीवन बहुत विकट परिस्थितियों में गुजरता है। वहाँ 'क्रांतिकारियों का जीवन वर्षों में नहीं, बल्कि घंटों और मिनटों में नापा जाता है।'[५] इस तरह के हालात सतर्क आकलन की माँग करते हैं। इसके बावजूद समाज के रेडिकल रूपांतरण से प्रतिबद्ध होने और समतामूलक नर-नारी संबंधों का समाजवादी आदर्श बुलंद करने के कारण यह आंदोलन कुछ उम्मीदें भी जगाता है। इन्हीं उम्मीदों के कारण राजनीतिक औचित्य या 'क्रांतिकारी बलिदान-भावना के प्रति निष्ठा से गद्दारी' की आड़ में ये आलोचनाएँ नजरअंदाज करना कठिन हो गया है।

पिछले दस-पंद्रह साल के दौरान आंध्र प्रदेश की क्रांतिकारी राजनीति के विमर्श और दायरे में नारीवाद एक अहम चुनौती के रूप में उभरा है। चाहे सांगठनिक जिम्मेदारियों का लैंगिक विभाजन हो, लैंगिक संबंधों में सत्ता की भूमिका हो, या फिर स्त्री की आत्मपरकता या सेक्शुअलिटी हो, इन सभी प्रश्नों का क्रांतिकारी आंदोलन के व्यवहार से घनिष्ठ संबंध रहा है। लेकिन, क्रांतिकारी दलों ने इन सवालों का बाँहें फैलाकर कभी स्वागत नहीं किया। उन्होंने इन्हें हमेशा या तो भटकाव पैदा करने वाले सवालों की तरह देखा या 'बुर्जुआ फेमिनिज्म' करार देकर वर्ग संघर्ष के लिए नुकसानदेह माना। शास्त्रसम्मत मार्क्सवादी विमर्श 'लैंगिक भिन्नता की अनदेखी' करता है। नारीवादी इसे आड़े हाथों लेते हैं। हालाँकि इस पर आपत्ति करने के मामले में आंध्र के रेडिकल वामपंथी संगठन ही अकेले नहीं है,[६] पर रेडिकल राजनीतिक आंदोलन की ठोस जमीन पर ऐसी बहसें एक खास शैली में चलाई जाती हैं।

पता चला है कि भाकपा (माले) पीपुल्स वार गुट के कार्यकर्ताओं में स्त्रियों की संख्या एक-तिहाई है।[७] क्रांतिकारी आंदोलन में स्त्री भागीदारों की

इस जबरदस्त बढ़ोतरी को यदि पब्लिक स्फेयर में स्त्रियों के उभार और स्त्री आंदोलन द्वारा निजी जीवन के राजनीतिकरण के आग्रह को जोड़कर देखा जाए तो कई तरह के परिवर्तन होते दिखाई पड़ते हैं। पार्टी के नेतृत्व पर पुरुषों का कब्जा जाहिर है। ऐसे नेतृत्व द्वारा किनारे डाल दी गई स्त्री-कामरेडों द्वारा संगठन के भीतर उठाए गए आलोचना और चुनौती के स्वर भले ही बहुत तेज न हों, पर वे गुजरे जमाने के संघर्षों की तरह प्रभावहीन भी नहीं हैं। यही कारण है कि आंदोलन पर बाहर और भीतर से दबाव पड़ रहा है। अतीत के संघर्षों के विपरीत नारीवादी आलोचना भी उसके सामने खड़ी है, जाति का प्रश्न भी उसके सामने है। क्रांतिकारी व्यवहार को मिली इन चुनौतियों के प्रभाव के कारण ही औरतों और मर्दों की जिंदगी के नियंत्रणकारी पहलू के तौर पर जेंडर उसके सामने एक समस्या की तरह खड़ा हो गया है। एक तरह का विरोधाभास पैदा हो गया है। एक तरफ पीपुल्स वार गुट ने स्त्रियों के अलग संगठन बनाने शुरू किए हैं जिनकी शाखाएँ आंध्र के कई शहरों और छोटे कस्बों में देखी जा सकती हैं, और दूसरी तरफ वह तेलुगू साहित्य में उभरी नारीवादी दावेदारी की भर्त्सना भी कर रहा है। दिलचस्प बात यह है कि पीपुल्स वार से जुड़े इन शहर आधारित संगठनों ने सबसे पहला मुद्दा स्त्री के खिलाफ होने वाली व्यक्तिगत हिंसा—घर के भीतर होने वाली हिंसा, बलात्कार और यौन बदसलूकी—का ही उठाया है। नारीवादी आंदोलन ने भी अपने शुरुआती दौर में यही मुद्दा उठाया था। पार्टी के दस्तावेजों में 'पितृसत्ता' शब्द का खूब इस्तेमाल किया जाने लगा है जो स्त्री के उत्पीड़न की सामाजिक समग्रता व्यक्त करने वाली अभिव्यक्ति है। दूसरी तरफ, पीपुल्स वार 'फेमिनिज्म' शब्द को भटकाव पैदा करने वाला, आयातित या मजदूर वर्ग और मेहनतकश औरतों के संघर्ष व हकीकत से कटी हुई मुट्ठीभर स्त्रियों की अभिव्यक्ति मानता है।

नारीवाद का मौजूदा सिद्धांत पहले से दमित मनोभावों, कामनाओं, दैहिक आयामों और निजी रिश्तों को बहस के केंद्र में लाता है। पीपुल्स वार की मान्यता है कि यह सिद्धांत या तो यौनस्वच्छंदता प्रोत्साहित करने वाला है, या फिर क्रांतिकारी आंदोलन कमजोर करने वाली और वर्ग चेतना को नुकसान पहुँचाने वाली बहुत बड़ी साम्राज्यवादी साजिश है। रचनात्मक साहित्य चूँकि निजी अनुभव के राजनीतिकरण और निजी जीवन के नारीवादी राजनीतिक विश्लेषण के आधार पर अपनी विषयवस्तुओं का चुनाव कर रहा है, इसलिए लाजमी हो जाता है कि वह स्त्री-उत्पीड़न के प्रकरणों की शिनाख्त रोजाना की जिंदगी में करे। आखिरकार रोजाना की जिंदगी में ही तो स्त्रियाँ उत्पीड़न का सीधी सामना करती हैं। लेकिन, ऐसा सूत्रीकरण क्रांतिकारी वामपंथ के लिए बड़ा दिक्कततलब

है। जमींदारों, फोरेस्ट गार्डों और पुलिस द्वारा ग्रामीण और आदिवासी स्त्रियों के साथ अक्सर किए जाने वाले यौन दुराचार और अन्य बदसलूकियों को समस्याहीन तरीके से उस व्यापक किसान संघर्ष से जोड़ा जा सकता है जो राज्य और शासक वर्गों के शक्तिशाली हिस्सों और ताकतवर जातियों के खिलाफ किया जाता है। पर, सेक्शुअलिटी की उस राजनीति और गृहस्थी के कामकाज में निहित राजनीति को स्वीकार करना वामपंथी आंदोलन के लिए मुश्किल होता है, क्योंकि ऐसी राजनीति उस व्यवस्था को चुनौती देती है जिसकी जड़ औरत पर अधीनस्थता थोपने वाले स्त्री–पुरुष के अंतरंग रिश्तों में निहित है।

पार्टी के भीतर बढ़ते विवाह–प्रकरणों पर विचार करने वाले एक दस्तावेज में पीपुल्स वार की एक जिला कमेटी ने अफसोस व्यक्त किया है कि पार्टी के भीतर 'रोमानी प्रेम, यौन कामना और विवाह की आवश्यकता संबंधी पूँजीवादी किस्म की भ्रांत धारणाएँ' कुछ ज्यादा ही बढ़ गई हैं। इसी के साथ इस दस्तावेज में इस तरह के विचारों के 'बुरे प्रभावों' की भर्त्सना की गई है। दस्तावेज के अनुसार पहले पार्टी सदस्य विवाह को आंदोलन से 'ध्यान हटाने वाला और नुकसानदेह' मानते थे, पर नब्बे के दशक के बाद से शादियाँ काफी होने लगी हैं। पूर्णकालिक कार्यकर्ताओं के तौर पर पार्टी में स्त्रियों की आमद बढ़ गई है जिसका नतीजा पुरुष कार्यकर्ताओं में 'विवाह के लिए इच्छा' पैदा होने में निकला है। कमेटी बढ़ते विवाह–प्रकरणों के पीछे स्त्री कार्यकर्ताओं की बढ़ोतरी एक प्रमुख कारण मानती है। इस दस्तावेज से समझा जा सकता है कि पार्टी की निगाह में महिलाओं का बड़ी संख्या में सदस्य बनना वैसे तो कई नजरियों से स्वागतयोग्य है, पर लेकिन इसका नतीजा स्त्रियों के चक्कर में फँसने की गतिविधियाँ बढ़ने में निकला है (कभी–कभी तो नेतृत्वकारी पदों पर बैठे पुरुष भी ऐसा करते दिखते हैं)। इसी कारण से कुछ पुरुष और स्त्री कार्यकर्ता आंदोलन तक छोड़ गए हैं क्योंकि वे 'अपनी निजी (विवाह संबंधी) समस्याएँ पार्टी हितों के दायरे के भीतर हल करने के लिए तैयार नहीं थे।'

पूरे दस्तावेज का अंतर्निहित तर्क इस मान्यता पर आधारित है कि पुरुषों की यौन स्वच्छंदता और पुरुष व स्त्री की बेलगाम कामुकता क्रांतिकारी आंदोलन के लक्ष्यों के लिए घातक है। रिपोर्ट में ऐसी प्रवृत्तियों को सामंती विचारधारा के अवशेषों की तरह देखा गया है और पार्टी की नाकामी के बारे में चर्चा की गई है कि वह 'नर–नारी संबंधों पर उपयुक्त वैज्ञानिक परिप्रेक्ष्य' विकसित और सम्प्रेषित नहीं कर पाई। सवाल यह है कि यह 'वैज्ञानिक परिप्रेक्ष्य' क्या है? इससे भी ज्यादा अहम सवाल यह है कि इस वैज्ञानिक परिप्रेक्ष्य से क्रांतिकारी रूपांतरण की राह में रोड़ा बने हुए 'सामंती और पूँजीवादी विचारों' पर विजय

कैसे प्राप्त की जा सकती है? नेतृत्व की अपील है कि निजी हितों और जरूरतों को आंदोलन के हितों और लक्ष्यों के ऊपर हावी नहीं होने देना चाहिए। वह इस किस्म की 'पथभ्रष्टताओं' को 'निजी कमजोरियाँ' करार देता है। नेतृत्व की इन बातों से शीला राउबॉथम का कथन याद आ जाता है। उन्होंने कहा था, 'सेक्शुअलिटी के बारे में 'वैज्ञानिक' नजरिया बीसवीं सदी में मार्क्सवाद की एक सबसे ज्यादा हैरान कर देने वाली तलाश है जिससे मार्क्सवाद की कुछ बुनियादी दुविधाओं का सुराग मिलता है।'[८] मेरे कहने का तात्पर्य यह नहीं है कि सेक्शुअलिटी के प्रश्नों को हल न कर पाने की समस्या केवल क्रांतिकारी आंदोलन के साथ है, या नारीवादी आंदोलन के पास सारे सवालों के जवाब हैं, पर सेक्शुअलिटी के बारे में लगातार भ्रम की स्थिति के पीछे कारण यह है कि समाजवादी व्यवहार निजी रिश्तों और राजनीतिक भागीदारी के बीच संतुलन कायम करने के लिए तैयार नहीं है। चूँकि ये दोनों पहलू बड़े जटिल तरीके से परस्पर गुँथे हुए हैं, इसलिए इनके बीच का तनाव विवाह, बच्चों, सेक्शुअलिटी के विनियमन और स्त्री-आचरण के उपयुक्त मानक तजवीज करने वाले पार्टी के रवैये में दिखाई देता है। इसी कारण से पार्टी के सेक्शुअलिटी विमर्श का संदर्भ स्त्री-पुरुष द्वारा विचारधारात्मक लिहाज से सही व्यवहार करने की दृष्टि से जुड़ जाता है। यही प्रवृत्ति और आगे चल कर इस चिंता में बदल जाती है कि कहीं निजी संसार में (पुरुष के) आचरण पर ज्यादा जोर देने से सार्वजनिक प्रश्नों की उपेक्षा न हो जाए।

दूसरी तरफ हालत यह है कि संगठन पुरुष तानाशाही की प्रवृत्ति और यौन उत्पीड़न की शिकायतों से निबटने के लिए स्त्री कार्यकर्ताओं के विशेष अधिवेशन आयोजित कर रहा है, हिदायतें और सर्कुलर जारी किए जा रहे हैं। हालाँकि ये गतिविधियाँ भूमिगत संगठन तक ही सीमित हैं, पर पार्टी को नारीवादी सिद्धांत के विचारधारात्मक प्रभाव का मुकाबला भी करना पड़ रहा है, क्योंकि उसके कारण सेक्शुअल राजनीति संघर्ष के एक अहम दायरे के रूप में स्थापित होती जा रही है। तेलुगू साहित्य में आई मौजूदा नारीवाद लहर[९] विषमतामूलक लैंगिक संबंधों का संधान करते हुए प्राइवेसी के आग्रहों से ढँके हुए रिश्तों को अनावृत करने में लगी हुई है। नतीजे के तौर पर इस संघर्ष से 'एक नई नारीवादी स्त्री' का उभार हो रहा है। इसके विपरीत क्रांतिकारी आंदोलन की कोशिश है कि देह, स्त्री की सेक्शुअलिटी और निजी रिश्तों पर दिए जाने वाले नारीवादी जोर का मुकाबला करते हुए अपने साहित्य में स्त्री की छवि 'एक क्रांतिकारी विषयवस्तु' के रूप में स्थापित की जाए।[१०]

क्रांतिकारी आंदोलन की यह नई स्त्री एक जुझारू कार्यकर्ता और कंधे से

कंधा मिलाकर चलने वाली स्त्री-कामरेड के रूप में सामने लाई जाती है। इसे उत्पीड़न, बदसलूकी, समाज व परिवार द्वारा उपेक्षा के खिलाफ कठिन संघर्ष के जरिए रचा गया है। इस नई स्त्री से राजनीतिक कार्रवाई के जरिए सच्ची मुक्ति का आश्वासन मिलता है। अपने पुरुष कामरेडों और संगठन के साथ समरस इस क्रांतिकारी स्त्री की जुझारू अस्मिता मेरे ख्याल से दो तरह के मकसद हल करती है। पहला, यह आत्मपरक अनुभवों के दलदल में फँस चुकी 'नारीवादी स्त्री' की छवि का प्रतिकार कर सकती है। दूसरा, इसके जरिए दिखाया जा सकता है कि संगठन के भीतर लैंगिक संबंधों की प्रकृति गैर-शत्रुतापूर्ण है। इस तरह पार्टी के भीतर महिला कार्यकर्ताओं द्वारा यौन उत्पीड़न की बढ़ती हुई शिकायतों का जवाब दिया जा सकता है।

फौरी जिंदगी से बेपरवाह होकर उद्देश्य के प्रति समर्पण, सामूहिक हित के लिए निजी खुशी का त्याग और बलिदान को एक महान मूल्य की तरह लेने वाली विषयवस्तुओं को न केवल पार्टी के दस्तावेजों में देखा जा सकता है, बल्कि आंदोलन के रचनात्मक लेखन में भी ये बार-बार उभरती हैं। 'उद्देश्य' से एकात्म होकर जूझता हुआ योद्धा, स्त्री हो या पुरुष, रोजमर्रा की जिंदगी के मामूली ब्योरों से कहीं ऊँचा उठ जाता है। इस एकता का एक मतलब यह भी निकलता है कि स्त्री और पुरुष समानता के स्तर पर एक हो गए हैं, साथ-साथ मुश्तरका दुश्मन के खिलाफ आगे बढ़ रहे हैं, और इस प्रकार दोनों की भिन्नताएँ कम महत्त्वपूर्ण करार दी जा सकती हैं। लेकिन, जैसा कि टोरिल मोई ने किसी अन्य संदर्भ में कहा था, 'हो सकता है कि दो आपस में मिलकर एक हो गए हों, पर ऐसा कभी नहीं होता कि उनके समागम से कभी कुछ 'बनती' हो। उससे तो हर हाल में 'बनता' ही है।'[११]

उदाहरण के तौर पर *अडावी पुत्रिका* (वन-पुत्री) नामक रचना ली जा सकती है जो जंगल में सक्रिय एक दलम की स्त्री-सदस्य की आपबीती है। यह आंदोलन के भीतर से निकली तीसरी रचना है जिसमें स्त्री-कामरेडों की जुझारू अस्मिता प्रक्षेपित की गई है। लेकिन, इस तीसरी रचना की अहमियत इसलिए ज्यादा है कि इसे आंदोलन में प्रत्यक्ष भागीदारी करने वाली स्त्री ने ही लिखा है। आत्मकथा के केंद्र में वनजा (जिसे दलम में पद्मक्का कहा जाता है) का रूपांतरण है। पहले वह एक निरक्षर और शोषित उजरती मजदूर भर थी। पर, आंदोलन में आकर वह न सिर्फ पढ़ने-लिखने (मार्क्सवादी पुस्तकों समेत) लगी, बल्कि कंधे पर बंदूक लटकाकर 'शत्रु' का मुकाबला करने लायक भी हो गई। इस रचना में घने जंगलों के भीतर क्रांतिकारी छापामारों द्वारा बिताए जाने वाले कठोर जीवन के प्रभावी चित्र खींचे गए हैं। रात के अँधेरे में उन्हें बिना

थके हुए मीलों पैदल चलना पड़ता है, कुदरत और मौसम के खिलाफ अंतहीन लड़ाइयाँ लड़नी पड़ती हैं, लगातार पानी और भोजन की तलाश में रहना पड़ता है, और पुलिस के छिपे हुए हमले के खिलाफ हमेशा चौकन्ना रहना पड़ता है।

क्रांतिकारी चेतना और कार्रवाई में दीक्षित होने की प्रक्रिया में वनजा अपने बचपन के शुरुआती दिनों की याद करती है जो उसने गरीबी और कठोर परिश्रम के बीच गुजारे थे। उसे याद आता है कि अपने सम्मान की रक्षा करने और एक ठीक-ठाक मजदूरी हासिल करने के लिए उसे क्या-क्या करना पड़ता था। वनजा पारिवारिक मूल्यों और लालन-पालन के दौरान लड़कों और लड़कियों के बीच भेद करने के रवैये पर भी निगाह डालती है। वनजा बताती है कि किस तरह उसके अकेले भाई को तो पढ़ाने की कोशिश की गई, पर उसे और अन्य बहिनों को दैनिक मजदूरी के लिए भेज दिया गया। पिता की मृत्यु और बीमार भाई के कारण कम उम्र में ही मजदूर बनने पर मजबूर हुई वनजा की शादी एक उम्रदराज और बेहद हिंसक मर्द के साथ कर दी गई। यह विवाह अल्पजीवी और बहुत कष्टदायक साबित हुआ। वनजा बताती है कि किस तरह पार्टी ने हस्तक्षेप किया और किस तरह दलम में शामिल होने पर उसका नाता भाई और माँ से भी टूट गया। स्थानीय मुद्दों में भागीदारी के कारण पार्टी उसे जानती थी। क्रांतिकारी जीवन की शुरुआत से पहले के इस ब्योरे को पूरा करने के बाद वनजा बताती है कि दलम के सदस्य उसका कितना ध्यान रखते हैं और कई मसलों पर उसका पथप्रदर्शन करने के लिए तैयार रहते हैं। वनजा ने अपने ब्योरों में यह भी बताया है कि दलम के सदस्यों, खासकर पुरुषों, द्वारा किए गए 'सभ्य व्यवहार' से वह कितनी प्रभावित हुई। आखिर में उसका विवाह दलम कमांडर से हो गया जो मध्यवर्ग से आने और राजनीतिक रूप से अधिक तजरुबेकार होने के बावजूद काफी धीरज दिखाते हुए हर कदम पर उसका मार्गदर्शन करता रहा। जब उन दोनों को महाराष्ट्र के एक दलम में भेजा गया तो उसने वनजा को अंग्रेजी और मराठी तक सिखाई। वनजा के इन विवरणों पर पूरी तरह भरोसा करना मुश्किल लगता है। भूमिगत जीवन की कठिन-कठोर स्थितियों के ब्योरे निश्चित रूप से विश्वसनीय हैं, पर अखबारों में छपने वाली स्त्री-कामरेडों की यौन-उत्पीड़न और भेदभाव की शिकायतों की रोशनी में देखने पर नहीं लगता कि वनजा या अन्य स्त्री सदस्यों को पार्टी के भीतर और पुरुष सदस्यों के साथ किसी किस्म के तनाव और दिक्कत का सामना नहीं करना पड़ता होगा।

पति की शुरुआती हिचक के बावजूद वनजा एक शहरी शेल्टर में बच्चे को जन्म देने का फैसला करती है। इस ब्योरे में बार-बार 'माँ के रिश्ते' का हवाला आता है। बार-बार प्रियजनों के साथ हृदयविदारक विछोह की चर्चा आती है।

वह अपनी उस तकलीफ का वर्णन करती है जब उसे गिरफ्तारी के कारण साल भर के बेटे से अलग होना पड़ा। वह अपराध बोध से ग्रस्त है, क्योंकि उसे अपना बच्चा खुद से दूर भेज देना पड़ा। ये तमाम प्रकरण वनजा के इंसानी पहलुओं को सामने लाते हैं, पर उसने अपने पति का जो चित्र पेश किया है वह एक भावहीन अडिग क्रांतिकारी का है जो जज्बाती रूप से हिल चुकी अपनी पत्नी के मुकाबले जिंदगी की अनिश्चितताओं का ज्यादा ठंडे ढंग से सामना करता है। इससे एक मजबूत पुरुष संरक्षक की छवि उभरती है। साथ ही निजी आवश्यकताओं को एक उच्चतर और बेहतर उद्देश्य के लिए कुर्बान करने की जरूरत भी रेखांकित होती है। इस पूरे प्रकरण में वनजा के लिए भी संदेश यही प्रतीत होता है कि अगर क्रांतिकारी प्रयास में योगदान करना है तो उसे सामूहिक अस्मिता के संदर्भ में अपनी निजी अस्मिता की पुनर्रचना करनी ही होगी।

वनजा ने दण्डकारण्य के माड़िया आदिवासियों के बीच पार्टी द्वारा चलाई गई 'जम्पर मुहिम' की चर्चा भी की है। यह अभियान आदिवासियों की उस प्रथा के खिलाफ था जिसके तहत स्त्रियाँ अपने शरीर का ऊपरी भाग निर्वस्त्र रखती हैं। वनजा के अनुसार पार्टी इस तरह की प्रथाओं को पितृसत्तात्मक मानती है, लेकिन वह उन बाधाओं का कोई जिक्र नहीं करती जो इस मुहिम के कारण संगठन के सामने आई होंगी। वह आदिवासी पुरुषों की प्रतिक्रिया का भी कोई जिक्र नहीं करती।

वेन्नेला ने *अडावी पुत्रिका* की तीखी आलोचनात्मक समीक्षा लिखी है। वे खुद जंगल-क्षेत्र में काम करने वाली कार्यकर्ता हैं। उनका कहना है : 'क्रांतिकारी संगठन जिम्मेदारियों के लैंगिक विभाजन के बारे में साफ नहीं हैं और उनकी यह समस्या स्त्रियों को, खासकर शहरी शेल्टरों में, अधीनस्थ हैसियत में बनाए रखने की जिम्मेदार है।'[१२] वेन्नेला के अनुसार अपने परिवारों की सीमा तोड़ कर आंदोलन में शामिल हुई स्त्रियाँ इन शेल्टरों में घूम फिर कर परनिर्भर गृहिणियों की भूमिका में सिमट जाती हैं। ताकझाँक करने वाले पड़ोसियों आदि से उनकी असली पहचान छिपाने के नाम पर होता यह है कि दलम में विश्वास और साहस दिखाने वाली वनजा जैसी स्त्रियों के पास चौका-बासन करने के अलावा कोई और काम नहीं रह जाता। पार्टी के काम के लिए कभी भी और लंबे-लंबे समय तक बाहर रहने वाले पति का इंतजार करते-करते वनजा को रुआँसा और पागल जैसा हो जाना पड़ता है। उसे न तो यह पता रहता है कि उसका पति कहाँ है, और न ही उसके काम के बारे में जानकारी रहती है। पति भी उसके साथ अपने कामकाज के बारे में चर्चा करना पसंद करता है। विचित्र बात यह है कि अपने विवरण में वनजा अपनी उस हालत के कारणों के बारे में कभी सोचते हुए नहीं

दिखती। समीक्षक इस मामले में पार्टी के नेतृत्व को कसूरवार ठहराती है कि वह शहरी शेल्टरों में रहने वाली स्त्री-कामरेडों के लिए कोई राजनीतिक जिम्मेदारी क्यों नहीं तय करता। इस तरह की जबरन थोपी गई निष्क्रियता और पराधीनता स्त्री कार्यकर्ताओं के विकास में बाधक बन जाती है।

बहरहाल, वनजा की कहानी हताशा में खत्म नहीं होती। जेल से बाहर आ कर उसे लगता है कि उसके बच्चे की परवरिश 'सामान्य' पारिवारिक माहौल में होना ही ठीक होगा। इसलिए वह नागरिक अधिकार आंदोलन में कूद पड़ती है। उत्पीड़ित स्त्री की स्थिति से नायिका बनने तक की यात्रा तब तक नहीं हो सकती थी, जब तक वनजा न केवल 'मजबूत स्त्री' का कवच पहनती, बल्कि आंदोलन में शामिल अन्य स्त्रियों के लिए उसकी वांछनीयता भी साबित करती। इस तरह लैंगिक प्रश्न दरकिनार करके एक राजनीतिक रूप से शून्य स्त्री राजनीतिक रूप से सचेत बनती हुई दिखाई जाती है।

क्रांतिकारी आंदोलन के एजेंडे पर 'स्त्रियों के मुद्दों' की आमदगी के पीछे दो कारण समझ में आते हैं : स्त्री आंदोलन के उदय के कारण बाहर से पड़ने वाला दबाव, और संगठन के भीतर स्त्रियों की संख्या बढ़ने के कारण स्त्री अनुभव की विशिष्टता की अहमियत बढ़ना। पार्टी के दस्तावेज भी पितृसत्ता को प्रभुत्व की एक संरचना के रूप में देखने लगे हैं, और उनमें एक क्रांतिकारी स्त्री आंदोलन खड़ा करने की काफी चर्चा होने लगी है। स्त्रियों के स्वास्थ्य, जन्म-नियंत्रण और स्त्री कार्यकर्ताओं में कमतरी के एहसास की समस्या सुलझाने के लिए वक्त खर्च किया जाने लगा है। लेकिन, इसके साथ ही 'देश और पार्टी के भीतर नारीवादी रुझानों' की कड़ी भर्त्सना करते हुए उन्हें 'जनवाद विरोधी और क्रांति विरोधी प्रवृत्तियों' के रूप में भी देखा जाता है 'जिनके कारण स्त्रियों का संघर्ष परिवार से संबंधित मसलों तक ही सीमित रह जाता है और जो वे पुरुष को दुश्मन मान लेती हैं।' दिलचस्प बात यह है कि पार्टी के दस्तावेज स्त्रियों से 'आर्थिक, सामाजिक और सांस्कृतिक मुद्दों पर संघर्ष करने के साथ-साथ स्त्रियों के विशेष मुद्दों, खास कर पितृसत्ता विरोधी मुद्दों, को उठाने' की अपील करते हैं। अगस्त १९९५ में पहला स्त्री छापामार अधिवेशन आयोजित किया गया जिसमें पार्टी नेतृत्व ने साफ तौर पर कहा कि 'एक मजबूत क्रांतिकारी पार्टी बनाने के लिए स्त्री आंदोलन खड़ा करने की आज सबसे ज्यादा जरूरत है।' अधिवेशन में स्त्री कार्यकर्ताओं के विकास में आ सकने वाली कई संभावित बाधाओं पर गौर किया गया। बहुत सी स्त्रियाँ जन्म-नियंत्रण की बेहतर विधियाँ अपनाने की जरूरत के बारे में बोलीं और कहा कि उन पर गर्भपात थोपना अन्यायपूर्ण है। कुछ ने तो यह तक कहा कि अगर पुरुष समझते हैं कि संतानोत्पत्ति भूमिगत

आंदोलन के हितों के लिए नुकसानदेह है तो उन्हें अपनी नसबंदी करा लेनी चाहिए।

इससे जाहिर है कि क्रांतिकारी आंदोलन अब स्त्रियों की भूमिका 'असली लड़ाई' के लिए महज सहायक के तौर पर नहीं देखता। इसके बावजूद आंदोलन वह अंतर्विरोध हल नहीं कर पा रहा है जिसके तहत एक तरफ तो वह स्त्रियों का राजनीतिकरण करना चाहता है ताकि संयुक्त संघर्ष में वे कामरेड की भूमिका निभा सकें, और दूसरी ओर प्रभुत्व के बाहरी और भीतरी रूपों के बीच तनाव को ठंडे बस्ते में डालना चाहता है। इन तनावों का संबंध विवाह, सेक्शुअलिटी और संतानोत्पत्ति के दायरे से है। क्रांतिकारी आंदोलन में स्त्रियाँ आज पहले से कहीं ज्यादा ऐसी भूमिकाएँ निभा रही हैं जो महज सहयोगात्मक किस्म की नहीं हैं। उत्पीड़ित और उपेक्षित तबकों से आई स्त्रियों की भागीदारी काफी है। ये दोनों पहलू बताते हैं कि स्त्रियाँ इस आंदोलन में न केवल वर्ग और जाति की संरचनाओं से जूझ रही हैं, बल्कि स्वयं को मान्यताप्राप्त भूमिकाओं में समेटने के ऊपर सवाल भी खड़ा कर रही हैं। संघर्ष के भौतिक और विचारधारात्मक स्तरों के बीच संबंध बेहतर करने के लिए बहुत जरूरी है कि यह अंतर्विरोध सुलझाया जाए। बहरहाल, कुल मिलाकर सेक्शुअलिटी और स्त्री-पुरुष संबंधों के बारे में रेडिकल वामपंथी नजरिया दो अलग-अलग रुझानों में सामने आता है : (अ) सेक्शुअलिटी का सवाल सत्ता और प्रभुत्व के संबंधों से जुड़ा न मान कर क्रांतिकारी लक्ष्यों से नैतिक भटकाव के रूप में मानना; (ब) सेक्शुअलिटी के राजनीतिक चरित्र पर दिए जाने वाले नारीवादी जोर का मुकाबला करने के लिए राजनीतिक संघर्ष में लगी 'क्रांतिकारी स्त्री' की छवि उभारना ताकि सभी तरह की विषमताएँ ठंडे बस्ते में डाली जा सकें।

चलम : नारी स्वातंत्र्य के अगुआ

तेलंगाना और श्रीकाकुलम के संघर्षों एवं समकालीन क्रांतिकारी आंदोलनों को श्रेय दिया जाना चाहिए कि उनके कारण सर्वधिक उत्पीड़ित तबके की स्त्रियों को एक सीमा तक आत्मसम्मान की अनुभूति हो पाई। दूसरी तरफ, जी.वी. चलम के रचनात्मक लेखन को श्रेय जाता है कि स्त्रियों के लिए आत्माभिव्यक्ति और आत्मनिर्णय के रास्ते खोलने के लिए उसने अलग तरह की आलोचनात्मक सामग्री प्रदान की।

तेलुगू के साहित्यिक और सांस्कृतिक जीवन में चलम का स्थान अनूठा केवल इसलिए नहीं है कि उन्होंने समय से दसियों साल पहले स्त्री के पक्ष में आवाज उठाई, बल्कि वह बहस छेड़ने के लिए भी है जिसके बाद 'स्त्री का

नजरिया' नजरअंदाज करना नामुमकिन हो गया। चलम के लेखन से वह दायरा बना जिसका विस्तार मौजूदा पीढ़ी के लेखक कर रहे हैं।

१९९४-९५ में चलम की जन्म शताब्दी के मौके पर सरकारी पक्ष की ओर से तो खानापूरी की ही गई, पर वामपंथियों ने भी उसे समारोहपूर्वक मनाया। खास बात यह रही कि *नुरेल्ला चलम* (चलम के सौ वर्ष) नाम से गठित स्त्रियों के एक अनौपचारिक से समूह ने भी चलम की जन्म शताब्दी मनाई। इस संगठन ने नारीवादी राजनीति को बढ़ावा देने वाली चलम की जीवंत विरासत पर केंद्रित निबंधों का एक संकलन प्रकाशित किया,[१३] और पूरे साल आंध्र के बीस शहरों और कस्बों में जनसभाएँ आयोजित कीं। इसके बाद उसने *वाल्लु अरुगुरु* (वे छः)[१४] नामक एक नए किस्म का नाटक तैयार करके खेला। इस नाटक की खास बात यह थी कि इसमें चलम के उपन्यासों से लिए गए छः प्रमुख स्त्री चरित्र मंच पर एक साथ आकर अपने उत्पीड़न के अनुभव आपस में बाँटते हैं। सबसे बड़ी बात तो यह थी कि इन चरित्रों को उस समय अपनी लड़ाई के अकेलेपन का एहसास होता है जब वे आज की नारीवादी राजनीति द्वारा चलाए जा रहे सामूहिक संघर्ष से उसकी तुलना करते हैं।

जाहिर है कि चलम का शताब्दी-वर्ष एक मौका था जब उनकी रचनाओं की प्रासंगिकता पूरे आंध्र प्रदेश में चलने वाली समाज परिवर्तन और आंदोलन की लहरों की रोशनी में देखी जा सकती थी। ये लहरें उन मुद्दों और सरोकारों की भी द्योतक थीं जिनका गंभीर तेलुगू लेखकों की मौजूदा पीढ़ी संधान कर रही है।

चलम की रचनाओं पर मार्क्सवादी सिद्धांत का असर नहीं है। वे मुख्यत: शिक्षित मध्यवर्गीय पाठक वर्ग को संबोधित करती हैं। पर उनकी खास बात यह है कि उनमें सामंती और पितृसत्तात्मक समाज में स्त्रियों की दुरवस्था को खुली चुनौती दी गई है। चलम स्त्री की आत्मपरकता और सेक्शुअलिटी को केंद्र बनाते हैं। इससे न केवल नैतिकता पर बहस होती है और उत्पीड़न से औरत की आजादी की जरूरत को बल मिलता है, वरन् एक ऐसी अस्मिता बनाने की वकालत भी होती है जो स्त्रीत्व की स्थापित मान्यताओं के नीचे दबी हुई न हो। चलम के स्त्री चरित्र न केवल पहलकदमी लेते हैं, बल्कि आक्रामक किस्म की सेक्शुअलिटी प्रदर्शित करते हैं। इस प्रकार चलम स्त्रीत्व की उस पारंपरिक विचारधारा को उलट देते हैं जिसका इतिहास न जाने कब से आत्म-नकार, त्याग और निजी कामनाओं और आवश्यकताओं का दमन ही रहा है।

चलम द्वारा जिस सेक्शुअल आमूलवाद की वकालत की गई, जाहिर था कि उससे मध्यवर्गीय नैतिकता बहुत आहत हुई। वामपंथियों को भी कुछ समझ

में नहीं आया कि उन्हें चलम की इस विरासत का क्या करना चाहिए। चलम ने मध्यवर्गीय नैतिकता के पाखंड और स्त्री को आजादी न देने के रवैये की भर्त्सना की थी। वामपंथी उनके इस स्वर में स्वर मिलाने के लिए तैयार थे। पर चलम स्त्री को उसकी देह और यौनानंद पर पूरा हक देने की वकालत भी करते थे, जिसे स्वीकार करने में वामपंथियों को हिचक थी। निजी संबंधों के संदर्भ में स्त्री की स्वायत्तता और नर-नारी संबंधों के लोकतंत्रीकरण का चलम द्वारा चित्रण वामपंथियों की निगाह में केवल व्यक्तिवादी हल था जिसे वे मान्यता नहीं दे सकते थे।[१५] वामपंथियों की दिक्कत का कारण चलम के उपन्यासों का वह 'रोमानी परिवेश' है जो उनके स्त्री पात्रों को उनकी आत्मपरकता मूर्त करने वाला एक निजी भावात्मक दायरा उपलब्ध कराता है। यह परिवेश ही वह मंच है जिस पर चलम के स्त्री पात्र परंपरा और रिवाजों की जकड़ से खुद को मुक्त करते हुए अपनी आत्मपरिभाषा की संभावनाओं का संधान करते हैं। उल्लेखनीय है कि रेडिकल वामपंथियों ने चलम को अपना बताने का दावा उस समय किया है जब स्त्री आंदोलन और साहित्य अपनी उपस्थिति दर्ज करा चुका है। स्त्री-उत्पीड़न का अन्य उत्पीड़नों से विशिष्ट होना कुछ इस तरह से रेखांकित हो रहा है कि उसे बाकी विषमतामूलक सामाजिक संबंधों के तले नहीं दबाया जा सकता। यह एक दिलचस्प तथ्य है कि १९९४ में चलम की जन्म-शताब्दी पर प्रकाशित निबंधों के संकलन का शीर्षक *माना चलम* यानी *हमारे चलम* था और उसका संपादन विप्लवी रचयिता संघम की एक संस्थापक सदस्य द्वारा किया गया था। चलम की प्रासंगिकता केवल नारी मुक्ति की रणनीतियों में निहित नहीं है जो उन्होंने अपने महिला चरित्रों के जरिए तजवीज की है। खास बात यह है कि वे स्त्री-उत्पीड़न के अनूठेपन को उभारते हैं और बड़ी शिद्दत से यह विश्वास व्यक्त करते हैं कि स्त्री का स्वायत्त होना और उसे समान दर्जा मिलना समाज को मानवीय बनाने की आवश्यक शर्त है।

चलम का जन्म १८ मई, १८९४ को मद्रास के एक मध्यवर्गीय ब्राह्मण परिवार में हुआ था। उनकी आत्मकथा में दर्ज है कि किस तरह बचपन में उन्हें अपने पिता की निर्मम पिटाई अक्सर झेलनी पड़ती थी, और किस तरह उनकी माँ चुपचाप सारे कष्ट सहती थीं। ये तकलीफदेह यादें चलम के संवेदनशील मन पर बेचैन करने वाले गहरे निशान छोड़ गईं। वे याद करते हैं कि किस तरह वे अपनी दादी के बिस्तर के नीचे छिप जाया करते थे। वे संकल्प करते थे कि न तो कभी शादी करेंगे और न ही बच्चे पैदा करेंगे। और, अगर शादी करनी भी पड़ी, तो पत्नी और बच्चों के साथ कभी मार-पीट नहीं करेंगे। बचपन में कमजोर और बीमार रहने वाले चलम हमेशा दिवास्वप्नों में डूबे रहते। एक धर्मप्राण

ब्राह्मण होने के कारण एक बालक के रूप में उनके ऊपर *रामायण* और *महाभारत* का गहरा असर था। जब पंद्रह साल की उम्र में उन्हें जबरन शादी करनी पड़ी तो उन्होंने जोर दिया कि उनकी पत्नी अपनी पढ़ाई जारी रखे। परिवार के बुजुर्गों की कड़ी आपत्ति के बावजूद वे उसे साइकिल पर बिठा कर स्कूल ले जाते थे।

युवक चलम के पास एक जिज्ञासु और उत्सुक मस्तिष्क था। वे उन्नीसवीं सदी के उत्तरार्ध में कंदुकुरी वीरेशलिंगम[१६] द्वारा आंध्र में चलाए गए समाज सुधार आंदोलन से बहुत प्रभावित हुए। चलम को ब्रह्म समाज ने काफी आकर्षित किया। शायद केवल इसी संगठन में उन्होंने सक्रिय दिलचस्पी ली और उसके 'उग्र समर्थक' बन गए। लेकिन, चलम के जीवन का यह अध्याय बहुत संक्षिप्त रहा। ब्रह्म समाज के अन्य सदस्यों, खासकर उसके कुछ नेताओं की कट्टरता और पाखंड से उनका मोहभंग हो गया।

चलम सेक्शुअलिटी के मामले में खुले हुए थे और 'मुक्त प्रेम' की वकालत करते थे। ब्रह्म समाज से उनके जल्दी निष्कासन की वजह यह भी थी। उस समय तक उनके रिश्तेदार भी चलम को त्याग चुके थे। उन्होंने अपनी पैतृक संपत्ति पर कोई भी दावा करने तक से इनकार कर दिया था। इन्हीं सब कारणों से उनके लिए भद्र किस्म के मुहल्लों में मकान किराए पर लेना नामुमकिन हो गया। आंध्र के जिन-जिन शहरों में वे काम करने के लिए गए, उनकी रिहाइश हरिजनवाड़ों में होने लगी। आगे चलकर यही उनकी जीवन-शैली बन गई, क्योंकि केवल दलितों और मुसलमानों के बीच ही वे अपने तरीके से रह पाते थे।

चलम ने हैडमास्टर की नौकरी की और बाद में इंस्पेक्टर ऑव स्कूल्स बन गए। उन्होंने इन पदों को कभी गंभीरता से नहीं लिया। उनकी आत्मकथा से पता चलता है कि शिक्षा प्रणाली द्वारा पैदा की जाने वाली विकृतियों को वे किस कदर आड़े हाथों लेते थे। अपने बड़े बेटे की मृत्यु से चलम को बड़ी ठेस लगी और वे एक कठोर अनीश्वरवादी बन गए। लेकिन, चलम की यात्रा जारी रही, और बाद के जीवन में वे ज्योतिषियों और साधु-महात्माओं के पास जाने लगे। दिसंबर १९३६ में कुछ निकट मित्रों के आग्रह पर उनकी भेंट रमण महर्षि से हुई। उन्होंने चलम को काफी प्रभावित किया। १९४७ में उनका छोटा बेटा घर छोड़ गया और फिर उसका कभी पता नहीं चला। फरवरी १९५६ में चलम अरुणाचलम स्थित रमण महर्षि के आश्रम में रहने चले गए। ४ मई, १९७९ को उनका देहांत हुआ।

चलम ने कुल मिलाकर नौ उपन्यास, १८ कहानियाँ और १४ नाटक लिखे। उनकी आठ और भी किताबें हैं जिनमें उनके पत्रों के चार संकलनों के साथ-साथ एक उनके बिखरे हुए विचारों का संकलन *म्यूज़िंग्स*, दूसरा *स्त्री* नामक

प्रबंध, तीसरा *बिड्ला शिक्षणा*[17] नामक बच्चों के लालन-पालन पर लिखी गई किताब और उनकी आत्मकथा शामिल है।

आज चलम की विरासत पर निगाह डालने पर यह देखकर ताज्जुब होता है कि उन्होंने खुद को समाज सुधार आंदोलन, राष्ट्रीय आंदोलन या कम्युनिस्ट आंदोलन की लहरों में बह जाने से कैसे रोका होगा। इन आंदोलनों ने तेलुगू लेखकों और बुद्धिजीवियों के प्रयासों और आकांक्षाओं को काफी प्रभावित किया, और जल्दी ही प्रगतिशील किस्म के तत्त्वों ने इनसे निकली विषयवस्तुओं को अपना लिया। इस लिहाज से तेलुगू साहित्य का विकास-क्रम बाकी भारतीय भाषाओं के विकास-क्रम से अलग नहीं था। लेकिन, ये प्रभावशाली धाराएँ चलम को अपने आसपास चल रही परिवर्तन की प्रक्रिया में सक्रिय दिलचस्पी लेने से कभी नहीं रोक पाईं। चलम की मौलिकता इस बात में निहित थी कि वे समकालीन सामाजिक-राजनीतिक आंदोलनों के परे देख सकते थे। उन्होंने किसी खास वैचारिक जड़सूत्र का ताला अपने दिमाग पर लगाने से लगातार इनकार किया। यही कारण है कि चलम को किसी मतवाद या किसी शैली से बाँधना मुश्किल है। उनके सरोकार उपनिवेशवाद और उससे उपजे विमर्शों की सीमाएँ लाँघ जाते थे। परंपरावादियों की निगाह में वे कुछ ज्यादा ही रेडिकल थे, सुधारवादियों को उनमें धीरज की बहुत कमी लगती थी, और क्रांतिकारियों को वे कुछ संदेहवादी किस्म के व्यक्ति प्रतीत होते थे।

चलम ने परंपरागत सामाजिक प्रथाओं और रीति-रिवाजों पर जम कर हमला किया। उन्हें भारत के 'भव्य' अतीत में कोई दिलचस्पी नहीं थी, न ही वे भविष्य में बिना शर्त यकीन करते थे। उनकी रचनाएँ देखकर नहीं लगता कि उन्होंने कभी कोई विश्लेषणात्मक परिप्रेक्ष्य बनाने की कोशिश की हो या किसी तत्कालीन प्रतिमान का पक्ष लिया हो। बजाय इसके चलम का यकीन तो उनके अपने शब्दों में 'आम आदमी की अनगढ़ सामान्य बुद्धि' पर ज्यादा लगता था।[18]

चलम के संसार और उनकी रचनाओं पर कंदकुरी वीरेशलिंगम का बहुत असर था। उन्नीसवीं सदी के आंध्र में सुधार आंदोलन की अगुआई करने वाले इस सुधारक को वे अपना 'आध्यात्मिक पिता' मानते थे। वे गाँधी की भी बहुत इज्जत करते थे, और 'सोवियत प्रयोग' के प्रति उनमें एक लगाव था। रवींद्रनाथ की कविता के प्रति श्रद्धाभाव रखने वाले चलम को कृष्ण शास्त्री[19] की रोमानी कविता और श्री श्री[20] की कविता से निकलने वाली क्रांतिकारी घनगरज भी पसंद थी। अपनी आत्मकथा में चलम ने माना है कि उन पर हैवलॉक एलिस और बर्ट्रेंड रसेल का भी असर था।

उन्नीसवीं सदी के भारतीय सांस्कृतिक इतिहास में आम तौर पर परंपरावादियों और समाज सुधारकों के बीच द्वंद्व दिखाई देता है। सुधारकों की मंशा स्त्रियों (मध्यवर्गीय) की हालत सुधारने की थी, और परंपरावादी उनके हर प्रयास का कड़ा विरोध करते थे। सुधारक इस प्रश्न का जवाब देने की कोशिश भी करते थे कि आधुनिक स्त्री कैसी होगी। इसके लिए उस जमाने में उभर रही मध्यवर्गीय पुरुष चेतना के आईने में झलकने वाली स्त्री की छवि पेश की जाती थी। इसके उत्तर में यथास्थिति के समर्थक परंपरावादियों का प्रयास रहता था कि 'पश्चिमी अवधारणाओं' का खंडन करते हुए 'आदर्श स्त्री' की छवि अपने लिहाज से गढ़ी जाए। आज की स्थिति काफी दिलचस्प है। आज सुधारकों और परंपरावादियों द्वारा प्रस्तुत परस्पर प्रतिलोम लगने वाली ये दोनों छवियाँ एक हो गई लगती हैं। दोनों ही नजरियों में समानता के उदाहरण निकलकर आ गए हैं। दोनों ही चाहते थे कि स्त्री की सेक्शुअलिटी को काबू में रखा जाए, उससे 'नेक पत्नी' जैसे आचरण की अपेक्षा की जाए और बच्चे पैदा करने पर जोर देते हुए स्त्री पर संतानों को अच्छा नागरिक बनाने की जिम्मेदारी डाली जाए। औरत की आजादी और सेक्शुअलिटी के बारे में चलम की रचनाओं का महत्त्व इस पृष्ठभूमि और उसके विचारधारात्मक आधार की रोशनी में देखा जाना चाहिए। चलम के रवैये की खास बात यह थी कि उन्होंने स्त्रीत्व की परंपरावादी ही नहीं, बल्कि सुधारवादी परिभाषा भी खारिज कर दी। स्त्रियों की सामाजिक स्थिति (हिंदू और ब्राह्मणवादी समाज में) को चलम ने जिस दृष्टि से देखा, वह स्त्री-उत्पीड़न के प्रति एक पुरुष की संवेदनशीलता के लिहाज से असाधारण थी।

उन्होंने बीस के दशक में लेखन शुरू किया और अपनी आलोचनात्मक व आवेगमय दृष्टि राज्यव्यवस्था के हालात पर तो डाली ही, साथ ही स्त्रियों की स्थिति पर विशेष तौर से ध्यान दिया। अपने उपन्यासों, निबंधों और कहानियों में वे समाज के खिलाफ खड़े नजर आते हैं। दिलचस्प बात यह है कि व्यक्ति रूप में उनके चरित्र हालात की गिरफ्त में तो हैं, पर किसी भी तरह से हालात के अंग नहीं दिखाई देते। उनके चरित्र (या चलम की स्त्रियाँ) इस प्रति-संबंध को जीते तो हैं, पर खुद को मातहत बनाने वाले मूल्यों से संघर्ष भी करते हैं।

चलम की कहानियों के केंद्र में प्रेम है और सत्ता है। वे दमनकारी सामाजिक स्थितियों की भर्त्सना करते हुए औरत की दिलदारी, पहलकदमी और आक्रामक सेक्शुअलिटी का झंडा बुलंद करते हैं, पर उनकी रचनाओं में धुँधलके भी पर्याप्त हैं। चलम स्त्री-स्वातंत्र्य में विश्वास रखते हुए स्त्री द्वारा प्रेम की आकांक्षा के रोमानी विचार का सामंजस्य दो आत्माओं की एकता के विचार से बैठाने की बड़ी जबरदस्त कोशिश करते हैं। विशेष तौर उनके स्त्री पात्र कामुक

प्रेम के माध्यम से दुनियावी जकड़बंदियों से बाहर निकल आते हैं। कामुक प्रेम उन्हें रेडिकल विकल्पों के साथ-साथ त्याग के लिए भी तैयार करता है। चिंतनशील और संवेदनशील स्त्रियाँ न केवल अपने सौंदर्य से वरन् अपनी बौद्धिकता से पुरुष को प्रेम पाश में बाँधती हैं। लेकिन, क्या सामंती पितृसत्ता के दौर में ऐसा उद्यम संभव हो सकता था? जब पति दुर्जन, बेपरवाह या कमजोर इच्छा शक्ति वाला हो, और प्रेमी भी बेहतर साबित न हो, तो क्या हो सकता था? जाहिर है कि यौन संबंधों के मामले में पुरुषों के दोहरेपन और कायरता के कारण प्रामाणिकता के साथ जीवित रहना स्त्रियों के लिए बहुत मुश्किल था। वे स्वायत्तता और पराधीनता के बीच, अपनी इयत्ता की दावेदारी और किसी दूसरे में खो जाने की जरूरतों के बीच झूलती रहती थीं। स्वाधीनता और नियंत्रण के बीच उन्हें खुद को परिभाषित करने में बड़ी तकलीफ और संघर्ष का सामना करना पड़ता था। उनकी इस जद्दोजहद का अंत अक्सर उनकी मृत्यु, रहस्यमय रूप से लापता होने, अथवा स्वयं अपने प्रेम को नष्ट कर देने में होता था। ऐसी विकट परिस्थितियों के बावजूद चलम की रचनाओं में स्त्रियाँ महज उत्पीड़ित बनकर नहीं रह जातीं। 'अस्तित्वगत रूप से कहें, तो स्त्रियाँ पितृसत्ता के तहत पुरुषों के मुकाबले अधिक जोखिम उठाती हैं, वे उनसे ज्यादा नीचे गिरती हैं और उनसे ज्यादा ऊपर उठती हैं।'[२१] शायद यही कारण है कि चलम के कथा-साहित्य में पुरुष चरित्र स्त्रियों के मुकाबले फीके हैं। महिलाओं के लिए बहुत कुछ दाँव पर लगा हुआ है। पुरुषों के मुकाबले उनके लिए विजय के प्रसंग भी ज्यादा हैं, और पराजय के भी।

१९२६ में चलम ने अंग्रेजी में *मेन एंड वुमॅन* शीर्षक से एक पुस्तिका लिखी। इसमें चलम ने लिखा : 'लेकिन, स्त्रियों से घर या संसार के ऊपर नियंत्रण की माँग नहीं की जाती, बल्कि स्वयं अपने ऊपर नियंत्रण, अपने विचारों, क्रियाओं और आमदनी पर नियंत्रण की माँग की जाती है।' इसी पुस्तिका में स्त्री-स्वातंत्र्य की आवश्यकता और उसके खिलाफ दिए जाने वाले तर्कों की चर्चा करते हुए चलम लिखते हैं :

> तो पुरुष स्त्रियों की स्वाधीनता पर इसलिए नियंत्रण रखता है ताकि वह खराब रास्ता न अपना ले। लेकिन, पुरुष पर कौन नियंत्रण रखता है? समाज और विवेक। तो फिर समाज को ही स्त्री पर नियंत्रण क्यों न रखने दिया जाए? पुरुष का यह हस्तक्षेप क्यों? क्या पुरुष की स्वाधीनता को स्वेच्छाचारिता में बदलने से रोकने के लिए स्त्री को उस पर नियंत्रण का अधिकार है? क्या पुरुष जानता है कि स्त्री को अपने कहे पर चलाने की स्वतंत्रता के क्या मायने होते हैं? वह अपने लिए एक आचारसंहिता बनाता है, और स्त्री के लिए दूसरी। वह स्वयं को ईश्वर-निर्मित मानता है, और स्त्री को मनुष्य-निर्मित। व्यक्तिगत अधिकारों

पर किसी भी किस्म का मानवीय नियंत्रण अरुचिकर और असहनीय है। व्यक्ति के प्राकृतिक विकास के रास्ते में यह एक बाधा है। ... लेकिन यहाँ तो हर स्त्री के ऊपर एक पुरुष नैतिक संरक्षक बन कर बैठा है और सामाजिक स्वच्छता के नाम पर उसकी शुद्धता का अचार बनाए दे रहा है, जबकि उसका असली मकसद स्त्री का निजी इस्तेमाल ही है। इससे ज्यादा वहशी, इससे ज्यादा गहरी और इससे ज्यादा अवमाननाकारी निरंकुशता कोई नहीं हो सकती। इसके बारे में दुनिया की आँखें अभी तक नहीं खुल सकी हैं।[२२]

चलम के लेखन में स्त्री की सेक्शुअलिटी, अपनी देह पर स्त्री का हक और मातृत्व के प्रश्न से संबंधित विषयवस्तु बार-बार उभरती है। नारीवादी राजनीति के लिए यह बहुत प्रासंगिक है। सेक्शुअलिटी संबंधी आलोचना के दौरान चलम सबसे ज्यादा तीखे तेवरों के साथ सामने आते हैं। वे जब सेक्शुअलिटी की बात करते थे तो उसे स्वच्छंद-संभोग और स्वेच्छाचारिता की वकालत के रूप में देखा जाता था। नतीजे के तौर पर चलम को सारे जीवन भर्त्सना और बहिष्कार का सामना करना पड़ा। निस्संदेह, चलम तेलुगू साहित्य के ऐसे पुरोधा थे जिन्होंने स्त्री की सेक्शुअलिटी और कामना के रहस्यों को उजागर किया। उन्होंने यौनसुख प्राप्त करने के स्त्री-अधिकार को मान्यता प्रदान की। यहाँ यह याद रखना भी जरूरी है कि चलम के लेखन की पृष्ठभूमि में तेलुगू साहित्य की दो भिन्न-भिन्न प्रवृत्तियाँ थीं। एक तरफ सामंती संरक्षण के तहत रची गई रोमानी कथाओं में स्त्री की देह के पेचो-खम बड़े कामुक अंदाज में उघाड़े जाते थे, दूसरी तरफ उन्नीसवीं सदी के आखिरी वर्षों और बीसवीं सदी के शुरुआती सालों का साहित्य था जिसने समाज सुधार साहित्य के साथ मिलकर स्त्री के लिए सेक्शुअल और वैवाहिक नैतिकता की संहिता का सूत्रीकरण किया था। यह संहिता ही बंधनों में बँधी स्त्री के जीवन का मानचित्र बन जाती थी। यह साहित्य हिंदू नारी के स्त्रीत्व की रचना करने वाली उत्पीड़नकारी प्रथाओं को संबोधित जरूर करता था, पर वह भी स्त्रीत्व का अक्स परंपरा के आईने में ही देखना चाहता था।

खास तौर से सेक्शुअलिटी के संदर्भ में तो यह बात और भी सही थी। चलम ने इन दोनों प्रवृत्तियों की निंदा की और उनसे मोर्चा लिया। एक प्रवृत्ति जहाँ स्त्री को श्रृंगार प्रधान बनाने पर तुली हुई थी, दूसरी उसकी सेक्शुअलिटी को रोज-बरोज नकारती हुई उसके यौनसुख के अधिकार की उपेक्षा करती थी। सांस्कृतिक रूप से मान्यता प्राप्त स्त्री-छवि का मतलब था कि औरत की सेक्शुअलिटी अंतिम रूप से परिभाषित मान लेना, उसका दायित्व पोषण तक सीमित कर देना, और समाज द्वारा स्वीकृत विवाह के संस्थागत ढाँचे में उसे इतना समरस कर देना कि उसकी सेक्शुअलिटी पर चर्चा करने की कोई जरूरत

ही न रह जाए। चलम को ऐसी स्त्री-छवि बहुत अरुचिकर लगती थी। न ही चलम उन्नीसवीं सदी में प्रचलित 'विशुद्ध प्रेम' का रोमानी विचार मानने के लिए तैयार थे जो दैहिक कामना को पतित मान कर अवांछनीय समझता था। अपने स्त्री चरित्रों के जरिए चलम औरत की सेक्शुअलिटी को एक सामान्य और प्राकृतिक परिघटना के रूप में उभारते हैं। वे प्रयास करते हैं कि स्त्री की सेक्शुअलिटी का पल्ला उन रहस्यमय भयों और कलंकों से छूट जाए जिनसे उसका संबंध जोड़ा जाता है।

१९३१ में एक तेलुगू पत्रिका में उनका उपन्यास *मैदनम*[२३] धारावाहिक छपना शुरू हुआ। लेकिन, पाठकों के एक तबके ने उसके कथानक की संकोचहीनता का इस कदर प्रतिवाद किया कि प्रकाशन बीच में ही रोक देना पड़ा। उपन्यास में चलम ने अपने मुख्य सरोकारों को केंद्रस्थ करने की कोशिश की थी। उनकी यह रचना न केवल जाति, धर्म और विवाह की संस्था को जबरदस्त ढंग से आड़े हाथों लेती थी, बल्कि स्त्री और पुरुष के बीच ऐसे रिश्तों की संभावना का संधान करती थी जो किसी भी तरह के बहिर्वेशन से पीड़ित न हों। चलम का यह उपन्यास स्त्री के यौनानंद और प्रजनन संबंधी स्वातंत्र्य का सवाल उठाता था। विवाह की संस्था अमान्य करने की प्रक्रिया में चलम वह ब्राह्मणवादी मूल्य प्रणाली भी खारिज कर देते थे जो उनकी निगाह में स्त्री की इयत्ता जकड़े हुए थी।

चलम ने सेक्शुअलिटी की शिनाख्त एक ऐसे दायरे के रूप में की जहाँ न केवल उत्पीड़क विषमताएँ बसती हैं, बल्कि जो उत्पीड़ित विषमताओं के बोझ से स्त्री की मुक्ति की रणनीति भी तजवीज करता है। ऐसा करके चलम कई अहम नारीवादी सरोकारों का पूर्वानुमान लगाने में सफल हो जाते हैं। सबसे पहले तो वे हमारी इस समझ को झकझोर देते हैं कि 'सेक्शुअल' का मतलब सेक्शुअलिटी, लिंग और प्रजनन को आपस में मिलाकर एक कर देना होता है। चलम के अनुसार इन तीनों को सत्ता की अलग-अलग संरचनाओं के रूप में देखा जाना चाहिए। चलम का दूसरा योगदान यह है कि उनके मुताबिक सेक्स पर बात करते समय हमें अपने भीतरी और बाहरी संकोच का मुकाबला करना ही चाहिए, क्योंकि हमारी संस्कृति सेक्स के आलोचनात्मक विश्लेषण को नापसंद करती है। विशेष तौर पर स्त्री की सेक्शुअलिटी को तो यह परंपरा तीन हथकंडों का एक साथ इस्तेमाल करके सीमित करने की कोशिश करती है। ये तीन हथकंडे हैं वर्जना, महिमामंडन और नकार। पहले तो स्त्री की सेक्शुअलिटी के बारे में बोलना ही दिक्कततलब है, ऊपर से इन तीनों हथकंडों का मुकाबला करते हुए बोलने का मतलब होगा तीखी प्रतिक्रियाओं का सामना करना।

बहरहाल, चलम ने इस मुश्किल जमीन पर बहादुरी के साथ पहलकदमी की। उन्होंने यौन नैतिकता के मामले में अपनाए जाने वाले दोहरे मानदण्डों का पर्दा तो फाश किया ही, पितृसत्तात्मक सेक्शुअलिटी की आलोचना के परे जाने की कोशिश भी की। उनकी कोशिश यह थी कि नर–नारी संबंधों के दायरे में सेक्शुअलिटी, सत्ता और नियंत्रण से संबंधित बुनियादी प्रश्न उठाए जाएँ।

स्त्री के यौन दमन की भर्त्सना करके और उसकी यौन मुक्ति की संभावनाओं का संधान करके चलम सामाजिक आलोचना प्रस्तावित कर रहे थे। कुछ इस अंदाज में जैसे कि यह आलोचना सामाजिक व्यवस्था में परिवर्तन की पूर्व शर्त हो। चलम इस बात से काफी चिंतित थे कि सेक्शुअलिटी को सत्ता के प्रदूषणकारी आयामों से कैसे मुक्ति दिलाई जाए। उन्हें लगता था कि बिना इसके स्त्री की सेक्शुअलिटी को समर्पण का पर्याय समझने के रवैये से छुटकारा मिलना नामुमकिन नहीं है।

तेलुगू के साहित्यिक और सामाजिक हल्कों में चलम पहली हस्ती थे जिसने स्त्री की सेक्शुअलिटी, स्त्री की 'प्रकृति', स्त्री की यौन–संतुष्टि और स्वास्थ्य से संबंधित पारंपरिक परिभाषाएँ इस आधार पर प्रश्नांकित कीं कि पुरुषों द्वारा बनाई गई ये निर्मितियाँ केवल स्त्री के यौन शोषण को ही न्यायसंगत ठहराने के काम आती हैं। चलम के दो स्त्री चरित्र अरुणा और राजेश्वरी शास्त्र और परंपरासम्मत नजरिए के खिलाफ विद्रोह करके यौन मुक्ति की राह पर चलते नजर आते हैं। उल्लेखनीय यह है कि उनकी स्वायत्तता का परिणाम यौन स्वाधीनता में निकलता है न कि उसके विपरीत। ऐसी यौन स्वाधीनता चलम की निगाह में बेकार थी जिसके तहत शोषण या दण्ड के डर के बिना स्त्री कोई यौन संबंध स्वीकार या नकार न सके। अरुणा और राजेश्वरी के चरित्रों में यही स्वाधीनता और इससे जुड़ी हुई मनोव्यथाएँ झलकती हैं। ऐसे ही चरित्रों के जरिए चलम यौन स्वाधीनता संबंधी अपना तात्पर्य उभारते हैं। उन्हें समाज का बंदोबस्त बदलने के मकसद से सेक्शुअलिटी से संबंधित नए प्रावधान प्रस्तावित करने में कोई दिलचस्पी नहीं थी। चलम तो पुरुषों के दोहरेपन की पोल खोलना चाहते थे। उनके विचार से औरत की सेक्शुअलिटी पर लगाम कसने और उसे अंतर्बाधित करने की जिम्मेदारी दोहरे सेक्शुअल मानकों, अक्षतयौनि स्त्री को आदर्श समझने के आग्रह और स्त्री–सेक्शुअलिटी की अभिव्यक्ति केवल एकनिष्ठ विवाह के दायरे में ही सीमित कर देने पर डाली जानी चाहिए। यह पूरा रवैया पुरुष प्रभुत्व सर्वोपरि कर देता है। चलम दिखाते हैं कि जब प्रजनन संबंधी स्वाधीनता नकारी जाती है, और जब उपहास, अस्वीकार और अलगाव के जरिए मानसिक दण्ड दिया जाता है, तो सेक्शुअल रूप से सक्रिय स्त्री को

क्या कीमत अदा करनी पड़ती है।

अपने निबंध संकलन *स्त्री* और बच्चों के लालन-पालन पर लिखी पुस्तक *बिड्डला शिक्षणा* में चलम बताते हैं कि पितृसत्ता किस तरह सेक्शुअलिटी और लिंग को मिलाकर एक कर देती है। उनका विचार है कि ठोस भौतिक परिवर्तन ऐसी परिस्थितियाँ पैदा कर सकते हैं कि किसी भी तरह की लैंगिक भिन्नता तथा अड़चन के बिना स्त्री और पुरुष यौन सुख प्राप्त कर सकते हैं। इन भौतिक परिवर्तनों में आर्थिक समता, स्त्रियों को जन्म नियंत्रण और गर्भपात की सुविधा और विवाह की संस्था के बाहर माताओं और बच्चों को सुरक्षा जैसे प्रस्ताव शामिल हैं। अगर चलम के युग के साथ-साथ आज के मध्यवर्ग के सेक्शुअल और विवाह संबंधी रवैए पर भी निगाह डाली जाए, और चलम पर आज भी लगाए जाने वाले यौन पथभ्रष्टता के आरोप देखे जाएँ तो उनकी चेतावनी की प्रासंगिकता और स्पष्ट हो जाती है। ऐसा लगता है कि चलम आज भी कह रहे हैं कि अगर हमने रेडिकल परिवर्तनों की माँग न की और पारंपरिक नैतिकता के सामने झुकते रहे, तो जिस हमारे लिए बची-खुची गुंजाइश भी कम होती चली जाएगी।

स्त्री के प्रजनन संबंधी अधिकार का बुनियादी सवाल भी चलम ने उठाया। ऐसे युग में यह बहस चलाने का प्रयास अपने आप में असाधारण था जब मातृत्व स्त्रियों के लिए नैसर्गिक रूप से स्वाभाविक माना जाता था और उस पर चर्चा की कोई जरूरत नहीं समझी जाती थी। अपने निबंध संकलन *स्त्री* में चलम ने मातृत्व के महिमामंडन और परिवार में स्त्री को अधीनस्थ बनाए रखने वाले विचारधारात्मक जाल का पर्दाफाश करते हुए भर्त्सना की। उन्होंने लिखा कि मातृत्व की सामाजिक निर्मिति किस तरह औरत के ऊपर एक बोझ बन जाती है, और जननेंद्रियों की बहुत कम जानकारी होने के बावजूद विवाह और मातृत्व के दौर से गुजरने के कारण कमसिन लड़कियों की तंदुरुस्ती पर कितना बुरा असर पड़ता है। चलम ने जोरदारी से वकालत की कि केवल उन्हीं औरतों को संतानोत्पत्ति करनी चाहिए जो दैहिक-मानसिक रूप से तैयार और इच्छुक हों। मातृत्व किसी के ऊपर थोपा नहीं जाना चाहिए। चलम ने तो यहाँ तक कहा : 'जब तक राज्य और समाज यह सुनिश्चित न कर दें कि गर्भाधान से स्त्री के आत्म-सम्मान, स्वास्थ्य और आर्थिक स्वाधीनता पर बुरा असर नहीं पड़ेगा, तब तक स्त्रियों को आंदोलन करते रहना चाहिए।'[२४] (*स्त्री*, १९३०, अनुवाद)। यह उस जमाने की बात है जब जन्म-नियंत्रण और गर्भपात जैसे उपायों के बारे में जानकारी बहुत सीमित थी, और इन मामलों में राज्य की भी पहलकदमी कोई खास नहीं थी। ऐसे युग में चलम ने इन मुद्दों की तरफ ध्यान खींचने में अगाऊ

भूमिका का निर्वाह किया। वे मानते थे कि स्त्री के स्वास्थ्य के लिए चलाई जाने वाली मुहिम की सफलता के लिए उसका प्रजननकारी स्वास्थ्य एक शर्त है। वे यह भी मानते थे कि स्त्री की समता और स्वतंत्रता के लिए जरूरी है कि वह अपनी देह पर अपने अधिकार की चेतना से सम्पन्न हो।

चलम के चरित्र, खासकर स्त्रियों के चरित्र असाधारण हैं। *मैदनम* की राजेश्वरी, *अरुणा* की अरुणा और *शशिरेखा* की शशिरेखा मध्यवर्गीय ब्राह्मण स्त्रियाँ हैं जो परिवार के बंधन तोड़ कर सामने आती हैं। उनकी कहानियाँ उस महान ऊँचाई का उद्घाटन करती हैं जिन्हें छू पाना इन स्त्रियों के लिए मुमकिन होता है। ऐसे असाधारण चरित्र जब साधारण जीवन में कदम रखते हैं तो नतीजे के तौर पर भ्रम, संकट और बेतुकेपन में फँसकर पाठक अपने भीतर अपने ही बुनियादी मूल्यों और पूर्वधारणाओं को प्रश्नांकित करने लगता है। तेलुगू और अन्य भारतीय भाषाओं के समकालीन उपन्यासकारों के विपरीत चलम ने समाज व्यवस्था के बाहर पड़े हुए स्त्री-चरित्रों का इस्तेमाल करके स्त्री-स्वायत्तता और नर-नारी संबंधों की पड़ताल करने की युक्ति का इस्तेमाल करने से इनकार किया। परिणाम यँह निकला कि उनके स्त्री चरित्र मध्यवर्गीय खूबियों का झंडा बुलंद करने वालों के लिए ज्यादा बड़ी चुनौती साबित हुए। साथ ही इन चरित्रों ने मध्यवर्ग के भीतर से ही संवेदनशील और हमदर्द पाठकों के साथ तादात्म्य भी स्थापित कर लिया। अपने समय में और आज भी चलम की रचनाओं के कारण पैदा होने वाले सभी विवादों का स्रोत शायद उनकी यही विशेषता है।

निष्कर्ष

आज का आंध्र स्त्री की अस्मिता और आत्म-निर्णय के सवालों पर जम कर बहस कर रहा है। इस गुंजाइश को खोलने का श्रेय चलम की नई जमीन तोड़ने वाली रचनाओं और नारीवाद द्वारा पेश की गई चुनौतियों को जाता है। नारीवाद ने जिस तरह से क्रांतिकारी वामपंथ की आलोचना की है, और जिस शिद्दत से आंध्र प्रदेश के राजनीतिक और साहित्यिक हल्कों में यह बहस चल रही है, उससे लगता है कि यह न केवल क्रांतिकारी आंदोलन के इतिहास का एक निर्णायक लम्हा है, बल्कि नारीवादी चेतना और व्यवहार के लिए भी उसकी यही अहमियत है। हालाँकि रेडिकल वामपंथी मान्यता अभी भी शास्त्रसम्मत मार्क्सवादी विश्लेषण के मुताबिक ही है। वह वर्ग को सत्ता संबंधों का केंद्रीय निर्धारक तत्त्व मानना जारी रखे हुए है, पर आंदोलन के भीतर और बाहर दोनों तरफ से नारीवादी आलोचना का उस पर दबाव भी पड़ रहा है। नारीवाद द्वारा क्रांतिकारी अस्मिता को दी गई चुनौती के कारण ही सेक्शुअलिटी और

आत्मपरकता की समस्याओं पर राजनीतिक दायरे में चर्चा होने लगी है, जबकि इससे पहले क्रांतिकारी विमर्श में ये पहलू दबा दिए जाते थे।

चलम ने स्त्री की आजादी का प्रश्न व्यक्तिगत स्तर पर अपनाई जाने वाली रणनीतियों के दायरे में ही सुलझाने की कोशिश की थी, पर निजी अनुभव की लघु संरचनाओं को प्रमुखता देने वाले आज के नारीवादी साहित्य में यह प्रवृत्ति नहीं है। यह नारीवादी साहित्य निजी या व्यक्तिगत को सर्वोच्च प्राथमिकता दे कर उसे एक ऐसे अतिविशिष्ट सिद्धांत के रूप में निरूपित नहीं करता जो राजनीतिक पहलकदमी के अन्य रूपों को गौण कर देता हो। तेलुगू में ऐसा रचनात्मक लेखन भी हुआ है जिसने नारीवाद का राजनीतिक व्यवहार के रूप में सूत्रीकरण करने की कोशिश की है। इससे जाहिर है कि अनुभव का कोई भी दायरा राजनीतिक हस्तक्षेप से बाहर नहीं माना जा सकता। दूसरी तरफ क्रांतिकारी आंदोलन में स्त्रियों की भागीदारी हाल के वर्षों में बढ़ी है। आंदोलन चाहता भी है और स्त्रियों के राजनीतिकरण में बढ़ोतरी भी हो रही है। इन परिघटनाओं से लगता है कि सेक्शुअलिटी और स्त्री–पुरुष संबंधों पर चल रही बहसों पर सवार होकर अब तक निजी समझे जाने वाले अनुभव भी रेडिकल राजनीति की दुनिया में कदम रख पाएँगे। इस प्रकार क्रांतिकारी संघर्ष की प्रक्रिया में नारीवादी जागरूकता क्रांति की गुणवत्ता सुधारने की भूमिका निभा पाएगी। शायद क्रांतिकारी आंदोलन ने अब यह समझना शुरू कर दिया है कि नारीवाद द्वारा उठाए गए प्रश्नों की अब और उपेक्षा नहीं की जा सकती। इसी तरह तेलुगू के ताजे नारीवादी लेखन में राजनीतिक गतिविधियों में स्त्रियों की भागीदारी के जरिए प्राधिकार की मौजूदा संरचनाओं को चुनौती देने पर जोर दिया गया है। तेलुगू का यह रचनात्मक लेखन 'जेंडर के लिए खास तौर से जगह' और स्त्रियों के राजनीतिकरण की जरूरत केंद्रस्थ करता है। यही वह मुकाम है जहाँ स्त्री की क्रांतिकारी अस्मिता और नारीवादी अस्मिता की आपसी मुलाकात हो सकती है।

संदर्भ और टिप्पणियाँ

१. रेडिकल वामपंथी आंदोलन से मेरा मतलब भाकपा (माले) पीपुल्स वार गुट के राजनीतिक व्यवहार और उससे जुड़े लेखक संगठन विरसम (विप्लवी रचयिता संघम) के वक्तव्यों और मतों से है।

२. एस. फेल्स्की, बी.एल. मार्शल की पुस्तक *एनजेंडरिंग मॉडर्निटी,* कैम्ब्रिज, १९९४, पृष्ठ ७१ पर उद्धृत

३. तेलंगाना संघर्ष में औरतों की भागीदारी के ब्योरे के लिए देखें, स्त्री शक्ति संगठना, *'वी वर मेकिंग हिस्ट्री : लाइफ स्टोरीज़ ऑव वुमॅन इन दि तेलंगाना पीपुल्स स्ट्रगल',*

काली फॉर वुमॅन, नई दिल्ली, १९८९

४. यू. विंध्या, 'वुमॅन इन श्रीकाकुलम मूवमेंट', संकलित : इलिना सेन (सं.), *ए स्पेस विदिन दि स्ट्रगल : वोमेंस पार्टिसिपेशन इन पीपुल्स मूवमेंट्स,* काली फॉर वुमॅन, नई दिल्ली, १९९०

५. शीला राउबॉथम, *वुमॅन इन मूवमेंट : फेमिनिज्म एंड सोशल एक्शन,* न्यूयार्क, १९९२, पृष्ठ १८२

६. एच. हार्टमेन, 'दि अनहैपी मेरिज ऑव मार्क्सिज्म एंड फेमिनिज्म : टुवर्ड्स ए मोर प्रोग्रेसिव यूनियन', *केपिटल एंड क्लास,* अंक-८, १९७९, पृष्ठ १४-२९

७. वनजा, *अडावी पुत्रिका* (भूमिका), हैदराबाद, १९९५, पृष्ठ २

८. राउबॉथम, *वही,* पृष्ठ १५०

९. उदाहरण के लिए देखें : नारीवादी काव्य संकलन *नीलि मेघलु,* स्वेच्छा प्रचुरानालु, हैदराबाद, १९९३; *गुरी घूसी पाडे पाता,* कविराम प्रचुरानालु, विजयवाड़ा, १९९०; वोल्गा द्वारा रचित दो उपन्यास *राजकीय कथालु,* स्वेच्छा प्रचारानालु, हैदराबाद, १९९३, और *प्रयोगम,* मानवी प्रचुराना, हैदराबाद, १९९५

१०. भाकपा (माले) और पीपुल्स वार के हथियारबंद संघर्ष में स्त्रियों की भागीदारी के लिए देखें : *वसंत गीतम्,* स्रुजराना प्रचुराना, हैदराबाद, १९९०; *रागो,* स्रुजाना प्रचुराना, हैदराबाद, १९९३; *अडावी पुत्रिका,* रागो प्रचुरानालु, हैदराबाद, १९९५

११. टोरिल मोई, *सिमोन दि बोइवार : दि मेकिंग ऑव एन इंटलेक्चुअल वुमॅन,* केम्ब्रिज यूनिवर्सिटी प्रेस, केम्ब्रिज, १९९४, पृष्ठ १०८

१२. वेन्नेला, *अडावी पुत्रिका* की समीक्षा, *आंध्र ज्योति,* १४ अप्रेल १९९६, पृष्ठ ५

१३. वोल्गा (सं.), *नुरेल्ला चलम,* स्वेच्छा प्रचुरानालु, १९९४

१४. वोल्गा, *वाल्लु अरुगुरु,* हैदराबाद, फेमिनिस्ट स्टडी सर्किल, १९९५

१५. के.वी.आर. रेड्डी, 'चलम : अभ्युदय सोहित्योद्यमु', *अरुण तारा,* मई, अंक-१५७, १९९४, पृष्ठ ५-१३

१६. कंदकुरी वीरेशलिंगम (१८४८-१९१९) आंध्र के पुनर्जागरण आंदोलन के पुरोधा थे। अपनी विविध साहित्यिक और पत्रकारीय गतिविधियों के लिए विख्यात वीरेशलिंगम स्त्रियों के मुद्दों को उठाने के लिए भी मशहूर थे। उन्हें तेलुगू का पहला उपन्यास और प्राकृतिक विज्ञानों और इतिहास पर पहली तेलुगू पुस्तकें लिखने का श्रेय जाता है। उन्होंने १८७४ में *विवेकवर्धिनी* नामक पत्रिका शुरुआत की और उसके जरिए स्त्री-शिक्षा, विधवा विवाह, बाल विवाह, देवदासी प्रथा आदि पर अपने विचारों का प्रसार किया। इसी वर्ष उन्होंने धौलेश्वरम में लड़कियों का एक स्कूल स्थापित किया जो आंध्र में अपने तरह की पहली संस्था थी। १८८३ में वीरेशलिंगम ने स्त्रियों के लिए *सत हित बोधिनी* नामक मासिक पत्रिका का प्रकाशन शुरू किया। विधवाओं के पुनर्वास, विधवाओं के पुनर्विवाह और स्त्री-शिक्षा के लिए चलाई गई उनकी मुहिम एवं बाल विवाह, अंधविश्वास और मुजरा प्रथा के खिलाफ उनके संघर्ष से आंध्र में समाज सुधार आंदोलन की शुरुआत हुई।

१७. जी.वी. चलम, *बिड्डुला शिक्षणा,* अरुणा पब्लिशिंग हाउस, विजयवाड़ा, (१९३५)

१९९३

१८. जी.वी. चलम, *म्यूज़िंग्स,* चलम सहिति, हैदराबाद, १९७६, पृष्ठ १४

१९. कृष्ण शास्त्री (१८९७-१९८०) तेलुगू के सबसे बड़े और संभवत: अंतिम रोमानी कवि थे जिन्होंने क्लासिकल शैली की कविताएँ लिखीं। वे चलम के समकालीन और घनिष्ठ मित्र थे।

२०. श्री श्री (१९१०-१९८३) सही अर्थों में तेलुगू के पहले आधुनिक और क्रांतिकारी कवि थे जिन्होंने तेलुगू साहित्य को नई दिशा दी। चलम से उनकी भी मित्रता थी।

२१. मोई, *वही,* पृष्ठ ७२

२२. जी.वी. चलम, *मेन एंड वुमॅन,* वेणी प्रेस, १९२६, विजयवाड़ा, पृष्ठ १५

२३. जी.वी. चलम, *मैदनम,* अरुणा पब्लिशिंग हाउस, हैदराबाद, (१९२७) १९९३

२४. जी.वी. चलम, *स्त्री,* प्रेमचंद पब्लिकेशंस, विजयवाड़ा, (१९३०) १९६६, पृष्ठ २३

४

सेक्शुअलिटी, नागरिकता और उसकी दिक्कतें

सूज़ी थारू

गुजराती साहित्यकार सरोज पाठक के लेखन की संरचना कुछ ऐसी है कि जैसे बाहर-भीतर-बाहर कुंडलियाँ बनती जा रही हों। इस अध्याय में मैं उन्हीं की एक कहानी 'दुष्चक्र' की चर्चा करूँगी। हालाँकि सरोजबेन की कहानियाँ पाठकों के बीच लोकप्रिय मान्यता प्राप्त करने में कामयाब रही हैं, पर आलोचना के स्थापित हल्के उन्हें 'बड़ा' साहित्यकार नहीं मानते। साठ के दशक की शुरुआत में छपी उनकी कुछ कहानियों ने आलोचकों को अपनी ओर जरूर खींचा, पर इन रचनाओं को मिली मान्यता में कुछ विडम्बना भी थी। आलोचकों ने उनकी जिन कहानियों पर ध्यान दिया, सतही दृष्टि से उनके प्रमुख चरित्रों की शिनाख्त मनोविकृति से ग्रस्त व्यक्तियों के रूप आसानी से की जा सकती थी। यह अलग बात है कि इन चरित्रों को कर्तव्यच्युत, भटकाव और हताशा का शिकार समझना एक गलती थी। इस दृष्टि के दो नतीजे हुए। पहली बात तो यह हुई कि स्वस्थ जीवन की धारणा राष्ट्रीय और आधुनिक के रूप में परिभाषित करने की सुविधा मिल गई। दूसरी ओर इन रचनाओं की सौंदर्यगत गुणवत्ता विवादग्रस्त बनी रही। इसके बावजूद अपनी अतिनाटकीय संरचना और ऐसी ही कुछ अन्य खूबियों के

कारण ये कहानियाँ साहित्य पर होने वाली उन नैतिकतावादी चर्चाओं में स्थान बनाने में कामयाब रहीं जो गुजराती सार्वजनिक जीवन के लिए आधारभूत बन चुकी हैं। बहरहाल, आलोचकों की मान्यता के बावजूद सरोजबेन बड़े रचनाकार का खिताब पाने से जरा सा चूक गईं। इस निबंध में एक दलील यह भी दी गई है कि उन्हें मिली इस अधूरी मान्यता और दूसरी ओर उनकी रचनाओं को आधुनिकतावादी मान लेने के कारण 'दुष्चक्र' जैसी कमतर समझी जाने वाली कहानियों पर अपेक्षाकृत बहुत कम चर्चा हुई। जबकि, ये कहानियाँ अधिक गूढ़ और मनमौजी किस्म की थीं। १९८७ में शीरीन कुड्चेड्कर ने 'दुष्चक्र' कहानी की तरफ उस समय ध्यान दिलाया जब हम *वुमॅन राइटिंग्स इन इंडिया* नामक संकलन में शामिलकरने के लिए गुजराती रचनाओं के उनके द्वारा किए गए चयन की समीक्षा कर रहे थे। शीरीन की सूची में सरोज पाठक की कुछ और भी कहानियाँ थीं : 'मैं किससे कहूँ? मैं कैसे समझाऊँ?', 'स्तब्ध, संतप्त और आतंकित', 'तलाकशुदा', 'असमंजस', 'तुरुप का इक्का', 'हीरो / हीरोइन' और 'मनौती'। अंत में इस सूची से हमने 'मनौती' का चुनाव किया।[१]

उन दिनों मुझे यह बात कुछ खटक रही थी कि लेखिका ने अपनी कहानी का शीर्षक 'दुष्चक्र' के बजाय 'लेडीज टेलर' क्यों नहीं रखा। सरोजबेन की कम मशहूर कहानियों के कई चरित्रों की भाँति इसका मुख्य पुरुष चरित्र भी आधुनिक भारत के शहरी जीवन के किनारों पर खड़ा है। कहानी उसका सजीव चित्रण वर्ग-जाति और सेक्शुअलिटी के कटान-बिंदु पर करती है। 'दुष्चक्र' एक विश्लेषणात्मक शीर्षक है। इसके बजाय 'लेडीज टेलर' शीर्षक से लग सकता था कि रचनाकार किसी डाक्यूमेंटरी की भाँति पीछे से बोल रहा है। मुझे 'लेडीज टेलर' एक और कारण से पसंद था। कहानी बताती है कि यह चरित्र शहर में बाहर से आया हुआ है, 'असंगठित' सेवा क्षेत्र में काम कर रहा है, परंपरागत जातिसूचक पेशे से जुड़ा है और उसका ग्राहक वर्ग शहरी स्त्रियों के रूप में नई श्रेणी का है। सरोजबेन ने न तो उसकी शख्सियत, और न ही उसकी मतिभ्रंशता पूरी तरह मनोवैज्ञानिक या पूरी तरह व्यक्तिवादी शैली में चित्रित की है। बजाय इसके यह चरित्र मूर्तिकला के प्रचलित रूपों या फिल्म होर्डिंग की शैली में पेश किया गया है।[२] बाद में जैसे-जैसे मैंने सरोजबेन की कहानियों के अनुवाद पढ़े, मेरे सामने साफ होता चला गया कि इन कहानियों में कथानक या चरित्रों के बजाय भारतीय आधुनिकता के लिए मुश्किलें पेश करने वाली जड़ताओं, अनसुलझी समस्याओं और अनिश्चयों को अधिक केंद्रस्थ किया गया है। ऊपर दिए गए शीर्षकों की सूची से भी यह बात समझी जा सकती है। जाहिर है कि इस तरह की रचनाओं के रूप-विधान पर गौर करने के जरिए स्वतंत्रता के फौरन

बाद की अवधि का जायजा लिया जा सकता है। इस लिहाज से सरोज पाठक का लेखन साठ के दशक में हो रहे आधुनिकीकरण के तहत नागरिकता और अधीनीकरण की प्रक्रिया का विचारोत्तेजक मानचित्र पेश करता है। उनका लेखन यह भी बताता है कि सेक्शुअलिटी को भारतीय राज्य के एक रूप की तरह भी देखा जा सकता है।[३] इसी के साथ कुछ और नजदीकी मुद्दे भी उठते हैं जिनका संबंध कथानक की संरचना, उसके इच्छित संबोधन और उसके पाठक वर्ग से है। ये मुद्दे पाठक-कर्त्ता यानी 'कथानक द्वारा संबोधित पाठक' से जुड़े प्रमुख सिद्धांतों को तो सवालों के दायरे में लाते ही हैं, स्वातंत्र्योत्तर भारत की उन अलिखित संविदाओं को भी प्रश्नांकित करते हैं जिनके तहत क्या लिखा जाना चाहिए और लिखते समय किस हद तक जाना चाहिए के बारे में एक तरह की सामाजिक सहमति बन जाती है।

मेरे इस निबंध का बाकी हिस्सा चार भागों में है। पहले हिस्से में सरोज पाठक की जिंदगी के साहित्यिक और जीवनीपरक ब्योरे हैं, और दूसरा हिस्सा उनकी पत्रकारिता पर है जिसका मुख्य मकसद अर्थग्रहण की सुविधा के लिए उनके विचारों का विन्यास करना है। तीसरा हिस्सा 'दुष्चक्र' तथा अन्य कहानियों के बारे में है। चौथे हिस्से में उन प्रश्नों पर विचार किया गया है जो सरोज पाठक की रचनाएँ उठाती हैं। इन प्रश्नों का संबंध शैली, संबोधन, अधीनीकरण की प्रक्रिया और राजनीति की जमीन से है।

I

सरोज पाठक के खुद के अनुभवों पर निगाह डाली जाए तो लगता है कि जैसे उनके जरिए एक स्वतंत्र और आधुनिक राष्ट्र में निहित मुक्तिकारी संभावनाएँ प्रमाणित हो रही हैं। जीवनीपरक ब्योरों, सरोजबेन और उनके पति के साक्षात्कारों, उनके साहित्यिक दोस्तों द्वारा दी गई श्रद्धांजलियों और संस्मरणों के रूप में मौजूद ऐतिहासिक सामग्री से तो ऐसा ही प्रतीत होता है। ऊँची जाति में जन्मी सरोजबेन जब छोटी थीं, तभी उनके पिता का देहांत हो गया। लेकिन, इसके कारण हो सकने वाली थोड़ी-बहुत आर्थिक दिक्कत और अतिरेकपूर्ण नैतिक संकोच से उनका व्यक्तित्व सीमित नहीं हुआ। इसके विपरीत ये हालात उनके लिए 'लड़कियों को स्वतंत्र और आत्मनिर्भर' बना देने वाले निकले, और परंपरा के मुताबिक चलते रहने का दबाव कुछ कम हो गया।[४] युवावस्था में सरोजबेन के सपने किसी पारंपरिक स्त्री की तरह विवाह और घर-गृहस्थी वाले नहीं थे। वे जिंदगी में कुछ हासिल करना चाहती थीं। उसी के मुताबिक उनका

सपना भी लैंगिक प्रश्न से परे जाने वाला, उदारतावादी और आधुनिक किस्म का था। ऐसी बात नहीं कि उन्हें अपनी आकांक्षाओं और समाज के मूल्यों के बीच टकराव का अनुभव न हुआ हो, लेकिन ऐसा नहीं लगता कि उनके अपने व्यक्तिवाद और स्वायत्तता पर समाज का दबाव कभी हावी हो पाया हो। जब वे बारहवीं में पढ़ती थीं, तभी उन्होंने अवाँगार्द साहित्यिक हल्कों में अपनी उपस्थिति दर्ज करा ली थी। इस साहित्यिक क्षेत्र के केंद्र में कवि मनसुखलाल झवेरी की शख्सियत थी। १९४९ में जब वे छात्रा ही थीं, सरोजबेन घर में बिना बताए दिल्ली चली आईं ताकि गुजराती लेखक रमणलाल पाठक से विवाह कर सकें। बिना किसी तामझाम के किया गया यह एक पंजीकृत विवाह था। वे अपने घर से भाटिया थीं, और रमणलाल ब्राह्मण थे। इसके बाद पति-पत्नी ने बंबई छोड़ दिया और राजधानी दिल्ली में डेरा जमा कर भारतीय राज्य द्वारा मुहैया कराए जा रहे संस्थागत दायरों में जीवन व्यवस्थित करना शुरू किया। इस निर्णय के पीछे एक भरोसा था, भारतीय राज्य के केंद्र को घर बनाने का भरोसा। और, उनका भरोसा टूटा भी नहीं। दस साल तक दिल्ली में रहने के दौरान सरोज पाठक ने आकाशवाणी में प्रोग्रामर की नौकरी की, नवस्थापित भारत कला केंद्र में नर्तकी रहीं और सोवियत दूतावास में अनुवादक का काम किया। उनका पहला कहानी संग्रह १९५९ में प्रकाशित हुआ। उसी दौरान वे और रमणलाल वापस गुजरात चले गए। सरोजबेन ने दोबारा विश्वविद्यालय में दाखिला लेकर पहले बीए और फिर एमए किया। इसके बाद वे १९८७ में रिटायर होने तक सूरत के एक कॉलेज में अध्यापन करती रहीं। अश्विन देसाई ने उनके सम्मान में एक निबंध संकलन *संवेदना अणे सर्जन* संपादित किया है जो उन्हीं दिनों उन्हें भेंट भी किया गया था। इसी में संकलित शीरीन कुड्चेड़कर के लेख से पता चलता है कि सरोजबेन 'जीवन से उत्कट प्रेम करने वाली एक जीवंत और भावप्रवण' स्त्री रही होंगी। उनके वैवाहिक जीवन का परिवेश आधुनिकता के लिहाज से आदर्श कहा जा सकता है। अपने साक्षात्कारों और लेखों में सरोज और रमणलाल, दोनों ने ही अपना वैवाहिक रिश्ता 'एक-दूसरे का पूरी तरह साथ देते हुए भी अपनी-अपनी पसंद के हिसाब से चलने की पूरी आजादी देने वाला' करार दिया है। उन्होंने इस रिश्ते को 'हर तरह से संतोषजनक और तृप्तिदायक' माना है। दोनों मानते हैं कि अगर विवाह का बंधन चलाना है तो एक-दूसरे से प्रतिबद्धता भी चाहिए, और स्वतंत्रता भी। कई साल तक पति और पत्नी को अलग-अलग शहरों में काम करना पड़ा, लेकिन रमणलाल यकीन के साथ कहते हैं कि 'मन से' वे कभी अलग-अलग नहीं हुए। दिमागी रोग के कारण जब उन्हें नौकरी छोड़नी पड़ी, तो उनके हिस्से में घर का कामकाज आया, और पत्नी और

बेटी ने घर के बाहर की जिम्मेदारी सँभाली। रमणलाल मानते हैं कि अगर पति और पत्नी दोनों ही लेखक हों तो उनमें से एक को दूसरे की रचनात्मकता विकसित करने के लिए कुछ त्याग करना पड़ता है। वे कहते हैं कि यह त्याग उन्होंने ही स्वेच्छा से किया, यह मानते हुए कि उनकी पत्नी उनसे बेहतर कलाकार है। इस रिश्ते की संपूर्णता पर कुछ न कुछ खरोंचें जरूर लगी होंगी, पर इन ब्योरों में उनके कोई निशान नहीं नजर आते। केंद्र (दिल्ली) से अपने क्षेत्र (गुजरात) में लौटते समय ये दोनों गुजराती बुद्धिजीवी-कलाकार काफी विश्वस्त प्रतीत होते हैं। यह देखकर आश्चर्य होता है कि लौटने के दस साल बाद भी दोनों में से किसी की तरफ से परस्पर कोंचने वाली कोई टिप्पणी नहीं मिलती। रमणलाल की 'मानसिक बीमारी' का उल्लेख जरूर है। लेकिन, ब्योरों में जोर इस बात पर है कि घर के कामों में वे हाथ कैसे बँटाते थे, और किस तरह जानकार ढंग से उन्होंने बच्चे की देखभाल की जिम्मेदारी उठाई। एक जिक्र यह मिलता है कि जीवन के अंतिम दौर में सरोजबेन काफी निराशावादी हो गई थीं और आसन्न मृत्यु के एहसास ने उन्हें घेर लिया था। पर, यह तथ्य निबंध संकलन में उन्हें दी गई भव्य श्रद्धांजलियों से ढँक जाता है। सरोजबेन खुद कहती हैं कि 'बचपन से ही मेरा दिमाग कुछ विलक्षण सा, कुछ अजीब सा था। मेरे स्वभाव का गठन कभी भी धीर-चित्त या सामान्य किस्म का नहीं था।' इसके फौरन बाद सरोजबेन कहती हैं कि 'एक सृजनात्मक लेखक के रूप में ऐसे स्वभाव का मुझे बहुत फायदा हुआ।'

बहरहाल, इन ब्योरों को पढ़ने के बाद यह देखकर हमें बहुत ताज्जुब होता है कि इनमें आधुनिकता के आगमन की रफ्तार कितनी तेज है। हम यह देखकर चकित रह जाते हैं कि इन विवरणों के किरदार कितनी आसानी से जात-पाँत की नियमबद्धता, क्षेत्रीय भिन्नता, जिम्मेदारियों के सेक्शुअल विभाजन, परिवार की संस्था में निहित उत्पीड़न और कामनाओं के अंतर्विरोध लाँघते चले जाते हैं। यहाँ तक कि वे जीवन में लगने वाले धक्कों और हताशाओं से भी प्रभावित होते नहीं दिखते। इस प्रकार इन ब्योरों में नियमित किस्म के सुसंक्षिप्त स्थिर-चित्र उभरते हैं जिनमें हमें प्रदर्शन के लिए प्रस्तुत, मुस्तैद और मुस्कराते हुए नागरिकों के चेहरे दिखाई देते हैं।

बहरहाल, इस कहानी में जाने से पहले हमें कुछ रुक कर विचार करना होगा। इसके किरदार नागरिक तो हैं, पर खास तरह के। फिलहाल मैं ऊपर वर्णित आश्चर्य के कारणों की खोज सुपरिचित तर्कों के आधार पर नहीं करना चाहती। वैसे मैं चाहूँ तो यह तर्क दे सकती हूँ कि सार्वजनिक ब्योरे लिखते समय एक तरह की शालीनता बरतनी पड़ी होगी। मैं यह भी कह सकती हूँ कि यह सामग्री

पूरी तरह से जीवनीपरक भी नहीं है और उसकी प्रामाणिकता भी संदेह से परे नहीं मानी जा सकती। यानी कुल मिलाकर इसे 'अपर्याप्त यथार्थ' की श्रेणी में डाला जा सकता है। पर, मेरे ख्याल से इससे भी ज्यादा अहम यह है कि इन गैर–पश्चिमी साहित्यिक जीवनियों की सिद्ध 'अपर्याप्ताएँ' ही उनकी ताकत बन जाती हैं। उन्हीं अपर्याप्तताओं में उनकी संपूर्णता है। तो फिर हमारी कहानी के इन दोनों चरित्रों की अभिभूतकारी जिंदगियों की मोहक प्रगति का रहस्य क्या हो सकता है?

माधव प्रसाद ने लोकप्रिय फिल्मों के संदर्भ में एकात्मीकरण की 'विफलता' की चर्चा की है। वे कहना चाहते हैं कि लोकप्रिय फिल्मों के चरित्रों की व्यक्तिपरकता पूर्ण विकसित नहीं होती। इसके लिए उन्होंने उस धारणा का इस्तेमाल किया है जो गीता कपूर ने भक्तकालीन संतों के जीवन पर बनाई गई फिल्मों की व्याख्या के लिए विकसित की थी। वे इस धारणा को 'प्रत्यक्षता' की संज्ञा देती हैं। गीता का मतलब यह है कि प्रत्यक्षता के तहत दर्शक के सामने बिम्ब होता है, डिजाइन होती है और रचनात्मक क्रिया होती है। इससे प्रत्यक्ष संबोधन के रूप निकलते हैं। जैसे किसी सपाट रेखांकन के जरिए किसी का चित्र बना दिया गया हो। यह प्रत्यक्षता ऐसी आकृति को जन्म देती है जो अपने माहौल के सापेक्ष स्थित है। इसका परिप्रेक्ष्य कुछ सतही किस्म का ही होता है। चूँकि यह रूप निर्दिष्ट सीमाओं से परे नहीं जा पाता, इसलिए इसमें अभिप्रायों का दोहराव और तामझाम भरी दृश्यसज्जा दिखती है।[५] माधव प्रसाद प्रत्यक्षता का भाष्य इस प्रकार करते हैं : 'एक ऐसा प्रत्यक्ष नजारा जिसमें अभिनेता प्रतीक के जरिए संदेशवाहक की भूमिका निभाता है जिसका सम्प्रेषण एक सामाजिक संविदा के जरिए सीधे होना लाजमी है।'[६]

कहने का तात्पर्य यह है कि हमारे यहाँ लोकप्रिय सिनेमा से संबंधित सम्प्रेषण का यह रूप यूरोप में विकसित हुए यथार्थवादी कथांकन के बरक्स खड़ा हुआ है जिसके लिए एकात्मीकरण की विधि एक अनुशासन की तरह सामने आती है। यूरोप में कहानी कहने के इस ढंग ने बाजारोन्मुख अर्थव्यवस्था, लोकतांत्रिक व्यवस्था और चयन की स्वतंत्रता के साथ ही उभरकर अपने पैर जमाए थे। आज हम जानते हैं कि यथार्थवाद का यह रूप एक निर्णायक समस्या का शिकार था। यह यथार्थवाद पाठकों को व्याख्या के प्रोटोकोल में कुछ इस तरह दीक्षित करता था कि एक तरह के श्रेणीक्रम के तहत पाठक का व्याख्यात्मक प्राधिकार कथानक का मुख्य नियामक बन जाता था। चित्रकला और फोटोग्राफी में यह समस्या माहौल के सापेक्ष स्थित आकृति के जरिए हल करने की कोशिश की जाती है। वहाँ यह आकृति बोधात्मक गहराई की प्रतिनिधि

बन जाती है। इसी आधार पर चित्र के दर्शक को सत्याभास होता है। चित्र का बारीक विवरण और उसका फ्रेम इसी सत्याभास को संबोधित करता है। परिणामस्वरूप वैयक्तीयन से लैस एक विन्यस्त दर्शक-कर्त्ता यानी चित्र द्वारा संबोधित दर्शक सामने आता है। जाहिर है कि बोधात्मक ही नहीं विचारधारात्मक अर्थों में भी चित्र या पाठ की छवि पाठक या दर्शक के अवधान और इच्छा से संघटित होती है। लेकिन, कहानी हो या इतिहास-रचना सरीखा यथार्थवादी लेखन का कोई रूप हो, इस प्रकार का सहार्थक प्रभाव कथानक पर हावी उस परिप्रेक्ष्य के जरिए हासिल हो पाता है जिसकी शेष प्रामाणिकता उद्धरणों से निकलकर आती है। वृत्तांत का अर्थ ग्रहण करने के लिए जरूरी होता है कि पाठक इस प्राधिकार और निरूपण के ढाँचे के साथ खुद की संगति बैठाए।

ऐतिहासिक रूप से और साथ में संरचनागत रूप से भी इसके समांतर एक और प्रयास चलता रहता है। नागरिक, जो राज्य (उदारतावादी) की अनुपस्थित संस्था का प्राथमिक तत्त्व है, के साथ एक नया संप्रभु-कर्त्ता संयुक्त करने की प्रक्रिया चलती है।[७] इस आधुनिक संप्रभु-कर्त्ता की प्रकृति अनुभवातीत है। वह एजेंसी से सम्पन्न है। कहा जा सकता है कि यथार्थवादी कथानक द्वारा स्थापित किए गए अवधान के नियमों के तहत साधारण पाठक नहीं, बल्कि यही संप्रभु-कर्त्ता पाठक/दर्शक-नागरिक के रूप में मध्यस्थता की जिम्मेदारी निभाता है। यही संप्रभु-कर्त्ता ज्ञानमीमांसात्मक, आर्थिक, नैतिक, न्यायिक और सौंदर्यमूलक के बीच माध्यम की भूमिका अदा करता है। यही राष्ट्र, राज्य, अर्थव्यवस्था और व्यक्ति के बीच में मध्यस्थ रहता है।[८] माधव प्रसाद लिखते हैं कि यथार्थवादी कथानक के क्लासिक (पश्चिमी) रूप-विधान के तहत पाठक/दर्शक का 'व्याख्यात्मक प्राधिकार निरूपण के ढाँचे की कोई चुनौती सहन करने के लिए तैयार नहीं होता।'[९] इस दलील का अहम पहलू यह है कि यह व्याख्यात्मक प्राधिकार कुल मिलाकर एक संभावना ही है, जिसे केवल 'नागरिकता की विशेष सुविधा' के जरिए ही साकार किया जा सकता है। इसलिए, पाठक/दर्शक द्वारा व्याख्या की इस आजादी के उपभोग से 'अर्थोत्पादन की प्रक्रिया साँसत में नहीं पड़ती, क्योंकि अवधान का नियम यानी प्रकृति अपना दावा पेश कर देती है। निर्देशक से उम्मीद की जाती है कि व्यक्ति की स्वतंत्रता का सम्मान करने के लिए वह अपनी खुद की स्वतंत्रता में कटौती के लिए तैयार हो जाएगा, अपनी पहचान को राज्य के अदृश्य फ्रेम में समा देगा, और राष्ट्र/नागरिक समाज के पूर्णतः खुलते हुए यथार्थ के लिए रास्ता साफ कर देगा।'[१०] ऐसी हालत में नागरिक दोहरी भूमिका निभाएगा। वह कथानक कहने वाली आवाज भी बन जाएगा, और साथ में (अनुपस्थित) राज्य का एजेंट भी।

देखने की बात यह है कि उदारतावादी–पूँजीवादी राज्य के इस 'क्लासिक' रूप–विधान के सामान्यीकृत नागरिक–वर्णनकर्त्ता और आधुनिकीकरण के उन वृत्तांतों के बीच महत्त्वपूर्ण अंतर है जो हमें इस लेख में चर्चित साहित्यिक–ऐतिहासिक ब्योरों में मिलते हैं। इस फर्क तक पहुँचने के लिए यहाँ मैं एत्यिने बालिबार के एक अर्थगर्भित लेख का सहारा लेना चाहूँगी। बालिबार ने बड़ी सावधानी से 'कर्त्ता' शब्द के दो अर्थों को अलग–अलग करके विषयगत किया है। उनका इशारा *सब्जेक्ट्स* यानी राजा के अधीन रहने वाले कर्त्ता और *सब्जेक्टम* यानी संप्रभु–कर्त्ता के बीच अंतर की ओर है। बालिबार यहाँ फेनोमेनॉलॅजिस्टों से तो बहस करते ही हैं, वे हाइडेगर (जिसमें लकाँ से बहस भी अंतर्निहित है) से भी बहस करते नजर आते हैं। वे कहते हैं कि *सब्जेक्टम* देकार्तवादी धारणा नहीं है। उनके मुताबिक देकार्तवादी सूत्रीकरण नकारने वाले ये विभेद और विलोम 'उन रहस्यों में अपना हल प्राप्त करने में कामयाब नहीं हो पाते, पर अपनी संबंद्धता जरूर प्राप्त कर लेते हैं जिनके साथ उनका अंतर्बंधन श्रेणीबद्ध भी होता है और कारणात्मक भी, और जो एक *बेहतरीन कारण–कार्य संबंध* से पूरी तरह विनियमित होते हैं ...।'[११] इससे बालिबार ने यह नतीजा निकाला है कि देकार्त के *अरगो कोजिटो (मैं सोचता हूँ इसलिए मैं हूँ)* को संप्रभु–कर्त्ता का पूर्ववर्त्ती मान कर चलना उचित नहीं होगा। *सब्जेक्ट्स* और *सब्जेक्टम* के बीच फर्क करने के जरिए ही बालिबार के लिए संप्रभु–कर्त्ता को अनुभवातीत और एजेंसीयुक्त मान पाना संभव होता है। इसीलिए वे उसे देकार्त के बजाय कांट के ज्यादा नजदीक मानते हैं। यही कारण है कि बालिबार उस संयोग की तरफ ध्यान आकर्षित कर पाते हैं जो ज्ञानमीमांसा के इतिहास के साथ–साथ राजनीति और राजनीतिक विचार के इतिहास को भी जटिल बना देता है। बालिबार कहते हैं : 'जिस क्षण कांट अनुभवातीत 'कर्त्ता' पैदा करते हैं (जिसे वे बाद में पिछले हवाले से प्रक्षेपित भी करते हैं), उसी क्षण राजनीति राजा की ताबेदारी करने वाले 'कर्त्ता' को नष्ट कर देती है, ताकि उसे रिपब्लिकन नागरिक से प्रतिस्थापित किया जा सके।'[१२] नागरिक का संप्रभु–कर्त्ता बनना एक अतिरिक्त प्रक्रिया है जिसमें न्यायिक, नैतिक और बौद्धिक व्यक्ति की परिभाषा के ऐतिहासिक प्रयासों की भूमिका देखी जा सकती है। यूरोप के लिए यह प्रक्रिया मध्य युग में शुरू हुई थी, लेकिन 'इसे इसका नाम और संरचनात्मक हैसियत क्रांतिकारी नागरिक के उदय के बाद ही मिल सकी, क्योंकि यह पहले से मौजूद *सब्जेक्ट्स* को उलट देने पर आधारित थी।'[१३] कांट ने जो कर्त्ता पेश किया, वह सार्वभौम नागरिकता यानी विश्व–नगर के राजनीतिक संदर्भ और उसके अंतर्निहित ज्ञानमीमांसात्मक, नैतिक और सौंदर्यगत तर्कों के दायरे में ही अपनी मानवता से जुड़ा दिखता है।

इसके उलट मानवनिर्मित संस्थाओं, खासकर विधिसम्मत (राष्ट्रीय) राज्य में निवास करते हुए उनके अधीन रहने वाले नागरिक की हैसियत केवल एक मुक्त और स्वायत्त कर्त्ता की ही हो सकती है। ऐसा होना केवल इसलिए मुमकिन हो पाता है कि 'चाहे कोई संस्था हो, चाहे कोई राज्य हो, उसे मानवता के आंशिक और अस्थायी प्रतिनिधि के तौर पर ही कल्पित किया जा सकता है। जबकि मानवता ही असल में एकमात्र विशुद्ध 'समुदाय' और 'इतिहास' का एकमात्र 'सच्चा विषय' है।'[१४]

इस प्रकार नागरिक-कर्त्ता एक साथ तीन हैसियतें ग्रहण करता है। वह सामाजिक कर्त्ता-एजेंट (विधिक, मनोवैज्ञानिक, नैतिक, काल्पनिक) बनता है, कानून का वफादारी से (अपने अंत:करण समेत) पालन करता है, और उदारतावादी-लोकतांत्रिक राज्य व्यवस्था के विधेयक तत्त्व की भूमिका निभाता है। हालाँकि बालिबार के लेख के शीर्षक में नागरिक और कर्त्ता जैसे शब्द आपस में जुड़ गए हैं, पर वे कर्त्ता के व्यक्तित्व द्वारा नागरिक के व्यक्तित्व पर हावी हो जाने के मामले में सतर्कता बरतते हैं। जब तक दार्शनिक दायरे और उससे परे जा कर नृतत्त्वशास्त्रीय या सांस्कृतिक दायरे के बुद्धिवाद पर क्रांतिकारी नागरिक का नाम दोबारा न खुद जाए तब तक व्यक्तिनिष्ठीकरण की प्रक्रियाएँ नहीं चल सकतीं। दूसरी तरफ, ये प्रक्रियाएँ एक तरफ तो राजा को दृश्य से हटा देती हैं, पर दूसरी तरफ कूड़ेदान में पड़े हुए कर्त्ता का आह्वान भी करती हैं।[१५] कुल मिलाकर होता यह है कि *सब्जेक्ट्स, सब्जेक्टम,* नागरिक या नागरिक-कर्त्ता के रूप में कर्त्ता का व्यक्तित्व तरह-तरह के तनावों से गुजरता है, और इसी तनाव से उसे प्राणतत्त्व भी प्राप्त होता है। लेकिन, यह तनाव उस समय और जटिल हो जाता है जब संस्कृति और प्रशासन की दुनिया में प्रतीकात्मक रूप से सार्वभौम और उदात्त होने के बावजूद नागरिक-कर्त्ता उस बेहद सटीक इतिहास से बँधा रहता है जिसके लिए प्रगति, संघर्ष, मुक्ति और क्रांति के प्रश्न हमेशा महत्त्वपूर्ण हैं।[१६]

बालिबार की यह गंभीर पड़ताल आधुनिक पश्चिमी राज्यों और संस्कृतियों के ऐतिहासिक और संरचनागत नियामकों को समझने में हमारी मदद करती है। इसके जरिए हमें उन जटिल और जोखिम भरे द्वंद्वों के बारे में पता लगता है जिनमें पश्चिमी राज्य और संस्कृतियाँ डूब-उतर रहे हैं। इसी में नागरिकों और कर्त्ताओं का वजूद कायम रखने और उसका नवीकरण करते रहने की अहम जिम्मेदारियाँ भी शामिल हैं। नागरिकों और कर्त्ताओं की संस्तुति और विस्तार करने वाली राष्ट्रीय शैलियों की रचना और उन्हें फिर से सजाने-सँवारने का काम भी इसी का अंग है। यह दायित्व पूरा करने के लिए जरूरत इस बात की है कि विविध

द्वंद्वों से भरे हल्के में पहलकदमियाँ ली जाएँ। आखिरकार इस जिम्मेदारी की पूर्ति के लिए आधुनिकता में निहित शंकाओं और उसकी विफलताओं से निबटना पड़ेगा। उदारतावादी-राष्ट्रीय राज्य के जन्म के साथ ही मुक्त हो गए नागरिक की लोकतांत्रिक और समतामूलक आकांक्षाओं से जुड़ते हुए उन्हें नया संस्कार देना पड़ेगा। इस प्रक्रिया में कल्पित राज्य केवल एक प्रशासनिक उपकरण या शासक वर्ग का विस्तार ही नहीं रह जाता, बल्कि राजनीतिक संघर्ष का एक दायरा बन जाता है।

भारत-विभाजन से संबंधित एक अन्य निबंध में मैंने यह दलील देने की कोशिश की है कि आजादी के फौरन बाद की अवधि में अधिकृत क्षेत्रों में जो नागरिक तैयार किया गया, वह मुख्यत: सार्वभौम और संप्रभु किस्म के नागरिक-कर्त्ता में बदलने के लिए तत्पर नहीं था। इस अवधि में बने नागरिक को नागरिक-अधिकारी, नागिरकता की शिक्षा देने वाले प्राधिकार और उसके हमशक्लों के रूप में देखना अधिक उचित होगा। ये नागरिक सरकार के तहत ऐसे कर्त्ता थे जिन्हें न तो राजा की वफादार प्रजा माना जा सकता था, और न ही विधिसम्मत शासन के कर्त्ता के रूप में देखा जा सकता था। इसीलिए चाहे कथा-साहित्य हो या फिल्में हों, कथांकन का एक ऐसा रूप उभरा जो वास्तव में देशज, कई तरीके से अलग किस्म का, यथार्थवादी और चीजों की स्वाभाविक प्रकृति के मुताबिक था। इस कथांकन में विशेषज्ञों, कलाकारों, आधुनिकीकरण के वाहकों और निजी तौर पर सेकुलर व्यक्तियों के रूप में एक अवाँगार्द अधिकारी की हस्ती उभरती दिखाई दी। कथांकन की इस शैली ने इस हस्ती में एक केंद्रक का निवेश किया जिसके आस-पास एक तरह की वस्तुनिष्ठता रचने में लगी एक पूरी धरती और शासित होने के लिए तैयार कर्त्ताओं की पूरी आबादी घूम रही थी।[१७] यह एक मनोनीत अवाँगार्द था। आध्यात्मिक किस्म की यूटोपियायी आत्मपरकताओं से लैस इस अवाँगार्द पर प्रशासन चलाने की सरकारी जिम्मेदारियाँ थीं, सुधार और विकास के दायित्व थे। संरचनागत रूप से ये अवाँगार्द हस्तियाँ अपनी प्राधिकारसम्पन्नता और नागरिक-मानवीय समता के अपने एहसास के बीच काफी मुश्किलों के साथ झूलती रहती थीं।[१८] जाहिर है कि उन्हें जिस किस्म के तनाव से गुजरना पड़ रहा था उससे बालिबार द्वारा व्याख्यायित नागरिक का साबका कभी नहीं पड़ा था।

स्वातंत्र्योत्तर नागरिक का प्रत्येक आयाम; चाहे वह प्राधिकार सम्पन्न अधिकारी का हो, यूटोपियायी आत्मपरकता का हो, शासित होने के लिए तैयार कर्त्ताओं का हो, या फिर देशज यथार्थवाद का हो; इस निबंध में किए गए विश्लेषण से कहीं अधिक विस्तृत और गहन विश्लेषण की माँग करता है। फिर

भी इस लेख में एक भाष्य की उपयोगी रूपरेखा जरूर खींची जा सकती है, क्योंकि ऐसी बहुत सी महत्त्वपूर्ण रचनाएँ मौजूद हैं जो हमारी समझ समृद्ध कर सकती हैं। रंजीत गुहा की रचनाएँ इनमें शामिल हैं। हालाँकि गुहा को इस तरह पढ़ना उन्हीं की थीसिस से निकले आग्रहों के खिलाफ जा सकता है। गुहा ने वर्चस्वविहीन प्रभुत्व का सिद्धांत देते हुए इस तरह के इतिहास को अभावग्रस्त करार दिया था, बल्कि उस रूप में उसका विश्लेषण भी करके दिखाया था। लेकिन, गुहा की रचनाओं को इसी स्वातंत्र्योत्तर नागरिक की वंशावलि की तरफ इशारा करने वाले प्रयास की तरह भी देखा जा सकता है। इनके जरिए औपनिवेशिक और राष्ट्रवादी राज्य के प्रभावों और उसके उपकरणों की वि-संरचना की जा सकती है। (थिएटर के संदर्भ में ये रचनाएँ किसान विद्रोह को उदारतावादी आईने में दिखा सकती हैं, और इसी तरह पूँजी के राज्य को समझने में, प्रति-विद्रोह के गद्य में, राष्ट्रवादी इतिहास लेखन के संदर्भ में, मानवतावादी संस्कृति और गाँधीवादी राजनीति के संदर्भों को समझने के लिए इनका उपयोग हो सकता है।) इसी तरह अगर कोई पूँजीवादी क्रांति के शांतिपूर्ण होने की थीसिस परे रखना चाहता है तो सुदीप्त कविराज और पार्थ चटर्जी के लेखन का इस्तेमाल कर सकता है, ताकि ऊपर से किए गए नौकरशाहाना प्रशासनिक आधुनिकीकरण में निहित संदेह नापे जा सकें।[१९] जहाँ तक चमत्कारिक किस्म की यूटोपियायी आत्मपरकताओं का सवाल है, नेहरू की हस्ती पर नजर डाली जा सकती है। आत्म-निर्माण के उन उदारतावादी विवरणों को देखा जा सकता है जिनका मकसद पूर्ण विकसित व्यक्तिवाद और नागरिक की अमूर्त अस्मिता हासिल करना था। नागरिक की यह अमूर्त अस्मिता रहस्यमय ढंग से उन विभेदों से परे जाने पर आधारित थी जिन्हें हम जाति, क्षेत्र, धार्मिक समुदाय, भाषा और लिंग के विभेदों के नाम से जानते हैं।

बहरहाल, इस निबंध का फौरी सरोकार यह देखना है कि देशज यथार्थवाद की स्थापना करने के दौरान इस नागरिक/अधिकारी ने कथांकन की संरचनाओं और निरूपण के ढाँचे का किस तरह विकास किया। इसके लिए गीता कपूर का हालिया लेखन प्रासंगिक हो सकता है। मैं उनका यह लेखन ऐसे कई प्रयासों की श्रृंखला के रूप में देखना चाहूँगी जिनमें इस उद्विग्न नागरिक द्वारा बीसवीं सदी के भारत में यथार्थवाद और आधुनिकता के उदय और सुदृढ़ीकरण का वाहक बनने की चर्चा है। कभी यह धार्मिक फिल्मों की भाँति दर्शक से अपनी प्रत्यक्षता में सीधा-सपाट और विराट छवि की तरह साक्षात्कार करता है। कभी वह सत्यजित राय की फिल्मों की भाँति कथानक के भीतरी स्पेस में पारस्परिकता की तरफ लौटता है और मानवीकरण के गहन प्रकाश से आलोकित होकर

गीतात्मक शैली में महिमामंडित होता है। कभी ऋत्विक घटक के कृतित्व में उसे मजदूर वर्ग के बीच से मनोनीत होते देखा जा सकता है।[२०] नतीजतन उस युग की 'सरकारी' शैली में एक तनाव और अनिश्चय का जन्म होता है। आधुनिकीकरण को प्रतीक शैली में व्यक्त करने वाली प्रत्यक्षता और यथार्थवादी कथांकन के बीच यह तनाव पढ़ा जा सकता है। इसी अनिश्चय की शिनाख्त उदारतावादी और कार्यकारी नागरिकताओं के बीच होती है। इसके प्रमाण ऐतिहासिक सामग्री के उन टुकड़ों में तो मिलते ही हैं जिनसे हमें अपनी चर्चा शुरू करने का बिंदु प्राप्त हुआ था, उस युग का प्रामाणिक साहित्य भी इसका सबूत देता है।

सरोज पाठक की पत्रकारिता और कथा-साहित्य की विशेषता यह है कि उनकी इन कृतियों में नागरिक की कार्यकारी हस्ती केंद्रस्थ है। दूसरी तरफ इनमें आधुनिक बन रहे भारत में स्वानुभूतिमूलकता से उत्पन्न उलझनग्रस्त सेक्शुअलिटियाँ भी केंद्रस्थ हैं। दरअसल, अगर हम चाहें तो देख सकते हैं कि यथार्थवाद और नागरिकता के प्रतिनिधित्वमूलक प्रोटोकोल के भीतर सरोजबेन का कथा-साहित्य किस तरह सबाल्टर्न दावेदारी के लिए गुंजाइश बनाने का जोरदार प्रयास करता है।

II

सरोज पाठक के अनुसार पत्रकारिता में उनकी दिलचस्पी की शुरुआत एक विशेष प्रकरण से हुई : उनकी एक पड़ोसी महिला ने खुदकशी कर ली, क्योंकि उसे हर बार लड़की पैदा करने के लिए सताया जाता रहता था। जल्दी ही वे *गुजरात समाचार* में नियमित लिखने लगीं जो अहमदाबाद से प्रकाशित होता था। उन्होंने *गुजरात मित्र* में भी लिखा जो सूरत से प्रकाशित होता था, पर जिसकी बंबई में भी खासी बिक्री थी। ध्यान रखने की बात यह है कि पचास और साठ के दशक में उन जैसे कई हस्ताक्षर क्षेत्रीय प्रेस में सामने आए। पुस्तकों और लेखों पर चर्चा करने के अलावा ये स्तंभ निजी समस्याओं पर भी गौर करते थे। इनमें ठोस सलाह दी जाती थी और कानूनी व मेडिकल जानकारी भी होती थी। इन स्तंभों के माध्यम से कमोबेश आधुनिक हो चुकी और वामपंथी रुझान रखने वाली 'नागरिक-स्त्रियाँ' सेक्शुअल व पारिवारिक जीवन से संबंधित मसलों पर राज्य और उसकी प्रजा के बीच मध्यस्थता करती नजर आती थीं। विंध्य के दक्षिण में ऐसी स्त्रियों में सबसे ज्यादा नाम संभवत: राजलक्ष्मी और अनुपमा निरंजना का था। सरोज पाठक की ही भाँति इन दोनों महिलाएँ ने भी लेखकों से ही शादियाँ

की थीं। अपनी रचनाशीलता की वजह से उन्होंने साहित्य के साथ इस प्रकार दोहरे बंधनों में बँधना स्वीकार किया था।[२१]

इस प्रकार के लेखन का घोषित इरादा था स्त्रियों से संबंधित मुद्दों पर एक सेकुलर-वैज्ञानिक और संविदात्मक दृष्टि की स्थापना। स्तंभकार स्त्रियाँ घरेलू जीवन, सेक्शुअलिटी, दैहिक रोगों और सौंदर्य संबंधी सवालों, बच्चों के लालन-पालन, शहरी जीवन की समस्याओं, परंपरा की प्रासंगिकता और ऐसे ही अन्य कई तरह के मुद्दों पर अपने विचार व्यक्त करती थीं। खास तौर से जहाँ तक कानूनी सलाह देने का सवाल है, वे प्राइवेट दायरे और सार्वजनिक दायरे में वैवाहिक करार के कानूनी पहलुओं के बीच होने वाले जटिल संवाद में उलझने से भी नहीं हिचकती थीं। इन स्तंभकारों के प्रयासों का एक घोषित उद्देश्य था। वे राष्ट्रीय और प्राइवेट के संयोग का एक कारगर रूप निकालना चाहती थीं। वे 'आचरण की आचरण संहिता' स्थापित करना चाहती थीं। उन्हें लगता था कि यह आविष्कार करना उनकी जिम्मेदारी है।

आइए, पहले गौर करें कि यह आविष्कार दरअसल था क्या! किसी विशेष ऐतिहासिक समस्या से जुड़ी सलाह देते समय इन स्तंभों में सबसे पहले ज्ञान के क्षेत्र में मौजूद द्वंद्वों, अंतर्विरोधों और अंतरालों की जानकारी अनुवाद और पुनः सम्प्रेषण के जरिए दी जाती थी। एक स्तर पर इस काम के लिए व्याख्यात्मक तौर-तरीकों की रचना करनी पड़ती थी। इनके जरिए राष्ट्र-राज्य, जेंडर, परिवार, कामना, स्वतंत्रता आदि संहिताओं की रोशनी में स्त्रियों और उनकी समस्याओं की शिनाख्त होना संभव हो जाता था। इससे यह भी होता था कि स्त्रियों को पूर्णतः व्यक्ति बनने से पहले की स्थिति यानी व्यक्ति से कुछ कमतर की तरह देखने की सुविधा मिल जाती थी। एक दूसरे स्तर पर अपने स्तंभों में ये नागरिक-अधिकारी इन तमाम संहिताओं की पुनः रचना करने की रणनीति अपना रहे होते थे। आखिर उन्हें स्त्रियों की समस्याओं के तर्कसंगत और यथार्थपरक हल भी तो सुझाने थे। यह आविष्कार उन्हें हर बार शून्य से शुरू करके ही करना पड़ता। हर बार वे राज्य का ही नहीं, अपने सामने मौजूद हर समस्या और समस्याग्रस्त स्त्री के संदर्भ में एकदम नए सिरे से तर्कपरक और यथार्थपरक का भी आविष्कार करते थे। इस प्रकार ये स्तंभ एक तरफ बाह्य का मानचित्र इस तरह बनाते और सँवारते कि आंतरिक उसे पहचान कर अपना बना सके, दूसरी तरफ वे आंतरिक का विन्यास करने का साधन भी बन जाते।

यह प्रक्रिया दो अलग-अलग विधियों से सुदृढ़ता प्राप्त करती थी। शीरीन कुड्चेडकर ने इन स्तंभों के बारे में लिखा है कि इनसे 'उस निश्चेष्ट क्षुद्रता और विद्वेष का पर्दाफाश हो जाता था जिसे अपनाकर औरतें खुद को कमतर बना लेती

थीं। साथ ही उन ताकतों की पोल भी खुल जाती थी जो स्त्रियों को उनकी मानवता से वंचित कर देती थीं।' निश्चित रूप से यह स्तंभलेखन की उस शैली का चतुराईपूर्ण आकलन है जिसे अपने दुश्मन भी तय करने थे, और युद्ध की जमीन भी निर्धारित करनी थी। इस स्तंभलेखन की निगाह में प्राक्-आधुनिक और स्त्रीसुलभ होना दुश्मन की हैसियत रखता था, एवं आधुनिक से बाहर का व इयत्ता के भीतर का इलाका लड़ाई की जमीन था। इस निर्धारण का परिणाम यह निकला कि स्त्रियों की शिकायतों और आकांक्षाओं को जिस निगाह से देखा गया, वह आधुनिक दायरे के भीतर न होकर बाहर से डाली गई नजर थी। आधुनिक के प्रति तो उन्हें ज्यादा से ज्यादा नाकाफी होने के एहसास की गुंजाइश ही मिल पाई। दूसरी विधि सलाहकार स्तंभों की केंद्रीय विषयवस्तु के अधिक निकट थी।

इन स्तंभों को सीधे-सीधे एक ऐसी संस्थागत डिजाइन के रूप में भी देखा जा सकता है जिसके जरिए एक समय में राष्ट्रीय और आधुनिक की प्रतीकात्मक व्यवस्था के लिए अनुयायियों की भरती की गई थी। इसके बावजूद यह कहना ज्यादा सही होगा कि ये स्तंभ मान कर चलते थे कि भरती की यह प्रक्रिया कामयाब नहीं है। वे तो असल में इस नाकामी का इस्तेमाल करके प्राइवेट और राष्ट्रीय के संयोग का संगठन और पुनःसंगठन करते हुए उसे फिर से रचना चाहते थे। 'स्त्री समस्याएँ' तो इस प्रक्रिया के लिए विशिष्ट ऐतिहासिक संदर्भ उपलब्ध कराती थीं जिसके तहत रचना के उपकरणों की इंजीनियरिंग की जा सकती थी। उन्हें नए जमाने के लायक बनाया जा सकता था। कुछ इस तरह कि समस्याओं के विश्लेषण के खाँचे दुरुस्त लगें, व्याख्याएँ सही लगें, सुझाए गए हल उचित प्रतीत हों, भले ही उन पर तुरंत अमल न किया जा सके। उदाहरण के लिए सरोज पाठक की कहानी 'तुरुप का इक्का' देखी जा सकती है जिसमें उन्होंने सलाह देने वाले स्तंभों की ही शैली में एक व्यंग्यपूर्ण खेल खेला है। इस कहानी का प्रमुख चरित्र चालीस के पेटे में चल रही एक औरत का है। चूँकि जिस ब्लॉक में उसका फ्लेट है, वह गिराया जाने वाला है इसलिए वह इस मौके का फायदा उठाते हुए घर छोड़कर अपने भाई के परिवार के साथ रहने की योजना बना रही है। इस स्त्री को लगता है कि उसका बुरी तरह दोहन किया गया है और न ही उसे अपने काम की कोई सराहना मिली है। वह तय करती है कि वह अलग होकर अपनी दुनिया खुद बनाएगी, पर 'ढहते हुए पुराने घर की खातिर, पुरानी त्वचा की खातिर' बेतुकी चाह का शिकार हो जाने के कारण उसमें ढुलमुलपन आ जाता है। उसका अंतरमन उसके सामने दलील देता है :

इस तरह का एकमुश्त बदलाव होने पर पुरानी व्यवस्था ढह जाती है।

> अगर आसक्ति ज्यादा ही सताने लगे तो पीठ पर नरम थपकी देकर उसे शांत कर देना चाहिए। अगर निराशा अधिक व्याप्त हो जाए तो उसे विश्वासमग्न करके आशा में बदल देना चाहिए। अगर आँसू निकलने के लिए उतावले हो रहे हों तो उन्हें तिरस्कार के साथ दबा देना चाहिए। और, अगर असहायता या तरस बढ़ने वाला हो तो गरम लोहे से दाग कर उसका उभार वहीं रोक देना चाहिए। गरिमा और शहीदाना भाव से अंग्रेजी में कहना चाहिए कि जिंदगी एक संघर्ष के सिवा है ही क्या। अपने विचारों को 'अप-टु-डेट' रखना जरूरी है।[२२]

यह वक्तव्य सरकारी यथार्थवाद की अभिव्यक्ति है, उस यथार्थवाद की जो एक प्रकार के कार्यकारी प्राधिकार को वैध बनाता है। लेकिन, यहाँ कहा जा सकता है कि इसकी सीमा केवल गैर-पश्चिमी और वैकासिक आधुनिकता में ही निहित नहीं है। इसे पूँजी के मर्म में भी स्थित माना जा सकता है।

फोटोग्राफी के इतिहासकार मानते हैं कि अमेरिकी फार्म सिक्यूरिटी एडमिनिस्ट्रेशन (एफएसए) के फोटो-अभिलेखों ने फोटोग्राफिक यथार्थवाद की रचना के मामले में एक निर्णायक पहलकदमी की भूमिका निभाई है। एफएसए की स्थापना रूजवेल्ट के 'न्यू डील' प्रशासन के दौरान १९३५ में एक सरकारी विभाग के तौर पर हुई थी। एफएसए के इतिहास संभाग के फोटोग्राफरों से कहा गया था कि वे सारा देश छान मारें ताकि न्यू डील प्रशासन के विभिन्न विभागों को उनकी जरूरत के मुताबिक फोटो-चित्र प्राप्त हो सकें। सरकार ने इन चित्रों का इस्तेमाल अपनी रपटों और प्रदर्शनियों में किया। इन्हें अखबारों को छापने के लिए दिया गया और लोकप्रिय सचित्र पत्रिकाओं में छापा गया। प्रोजेक्ट के इंचार्ज रॉय स्ट्राइकर ने अपनी इस जिम्मेदारी को भव्य अंदाज में 'अमेरिकी खेती का चित्रात्मक एनसाइक्लोपीडिया'[२३] बनाना करार दिया है।

स्ट्राइकर ने १९३६ में एफएसए के फोटोग्राफरों के बीच एक फोटो अंकन की एक स्क्रिप्ट भी वितरित की थी जिसमें जोर दिया गया था कि फोटो में अधिक से अधिक विवरण होने जाहिए। स्ट्राइकर का सुझाव ऐसे फोटोग्राफ उतारने पर था कि जिनमें 'आबादी की सघनता और आमदनी का रिश्ता इस्त्री किए गए कपड़ों और पॉलिश किए गए जूतों' जैसी चीजों के जरिए सामने आता हो। उनकी खास दिलचस्पी 'घरों की दीवारों पर लगी सजावटी चीजों में थी जो विभिन्न आय-समूहों और उनकी प्रतिक्रियाओं की सूचक समझी जा सकती थीं।'[२४] फोटोग्राफरों से उम्मीद की गई थी कि उनकी तस्वीरों में न केवल व्याख्या के लिए प्रस्तुत भौतिक जीवन का यह विवरण कैमरे द्वारा पर्याप्त रोशनी में पकड़ा जाना चाहिए ताकि वह ठीक से सतह पर उभर सके , बल्कि उनका

संयोजन कुछ इस तरह का होना चाहिए कि एक खास तरह की आकृति अपनी 'स्वाभाविक' पृष्ठभूमि में दिख सके। स्ट्राइकर के पसंदीदा फोटोग्राफरों में एक रसेल ली थे जिनके बारे में उन्होंने कहा था : 'जब उसके फोटोग्राफ आते हैं तो उन्हें देखकर मुझे हमेशा लगता है कि जैसे रसेल कह रहा हो, 'यह उस शख्स की तस्वीर है जो मुश्किलों से गुजर रहा है, पर थोड़ी सी मदद मिलने से यह उन पर पार पा लेगा।' रसेल की तस्वीरों की इसी खूबी से मुझे साहस मिलता है।'[२५] यहाँ 'थोड़ी सी मदद' अभिव्यक्ति पर ध्यान देना जरूरी है। यही है वह तत्त्व जिसके कारण न्यू डील का विचार एफएसए के फोटोग्राफरों के परिप्रेक्ष्य की चालक शक्ति में गहरे उतर सका। यही था वह सेतु जिसके जरिए फार्म एडमिनिस्ट्रेटिव एथॉरिटी अमेरिकी ग्रामीण जीवन की समस्याओं के हल सुझा पाई। इस बात को यूँ भी कहा जा सकता है कि यह 'छोटी सी सहायता' ही वह माध्यम था जिसके जरिए एक कर्त्ता परिभाषित होकर निकलता था। यह 'छोटी सी सहायता' ही उस कर्त्ता की रचना उद्देश्य की भाँति करती थी जिसके लिए एफएसए एक सटीक विधेय था। सरकार की प्रजा बनने लायक इस कर्त्ता की बनावट जटिल, सूक्ष्म और दुर्बोध थी।[२६] फोटोग्राफों में उभरने वाली कर्त्ता की यह आकृति एक तरह के सौंदर्य-शास्त्र के जरिए सबसे अच्छी तरह ग्रहण की जा सकती है। सौंदर्यशास्त्र के जरिए ही इस आकृति की शिनाख्त और देख-भाल हो सकती है, इसे सीमाबद्ध भी किया जा सकता है। यहाँ यह सौंदर्यशास्त्र वृत्तचित्रात्मक यथार्थवाद का सौंदर्यशास्त्र है। अन्य संदर्भों में यह कथात्मक यथार्थवाद हो सकता है। यह उदाहरण बताता कि किस प्रकार सरोज पाठक द्वारा लिखित सलाहकार स्तंभों में अपनी समस्याएँ भेजने वाली और बदले में उनके हल प्राप्त करने वाली आकृतियाँ आंतरिक के बाहर बाह्य में खड़ी हुई थीं। इनमें एक सक्षम लोककल्याणकारी प्रशासन की डिजाइन में फिट होने की सारी खूबियाँ थीं।

यहाँ देखने की बात यह है कि किसी राज्य की प्रजा बनने की प्रक्रिया हो या इयत्ता का निर्माण हो, दोनों को समान रूप से सौंदर्यशास्त्रीय औजारों के जरिए पढ़ा जा सकता है (फोटो-अंकन के लिए दिए गए निर्देशों की भाँति)। इन्हें मनोविज्ञान के आईने में भी देखा जा सकता है (मुख्य चरित्रों की इयत्ताओं की सूक्ष्म लेकिन समझ में आने वाली खूबियों के रूप में)। फोटोग्राफिक सौंदर्यशास्त्र यहाँ न केवल सृजन और दस्तावेजीकरण करता है, बल्कि साथ में कार्यकारी प्राधिकार को वैध बनाते हुए सुदृढ़ता और श्रेष्ठता प्रदान करता है। उसे 'साहस' तक देता है। अगर ऐसा न होता तो पर्ल हारबर की पराजय के बाद यानी करीब साल भर बाद ही स्ट्राइकर अपने फोटोग्राफरों से यह माँग न करते

कि वे एक निश्चित कार्यक्रम के तहत ऐसे लोगों की तस्वीरें खींचें जो वास्तव में संयुक्त राज्य अमेरिका में यकीन करते हों। उन्होंने माँग की कि ऐसे 'स्त्री, पुरुषों और बच्चों' के चित्र उतारे जाएँ जो 'देखने में वास्तव में अमेरिका में आस्था रखने वाले लगें। ऐसे लोगों के चित्र खींचो जिनमें कुछ जीवट हो। हमारे पास ऐसे चित्र कुछ ज्यादा ही हैं जिनमें अमेरिका बूढ़े लोगों के घर जैसा लगता है। ... लगता है कि जैसे यहाँ हर कोई इतना बूढ़ा है कि मेहनत कर ही नहीं सकता, और इतना भुखमरा है कि उसे किसी बात की परवाह ही नहीं हो सकती।' स्ट्राइकर ने ऐसे चित्रों की माँग की 'जिनमें तृप्त लगने वाले बूढ़े दम्पत्ति दिखाए गए हों, जिनमें औरतें सिलाई कर रही हों और मर्द कुछ पढ़ रहे हों।'[२७] इस मिसाल में यथार्थवाद एक तरह के संसार का प्रतिनिधित्व करता है, उसका विन्यास करता है, और एक ऐसा खाँचा बनाता है जिसमें उस संसार की संगति अमेरिकी राज्य के साथ और निर्लिप्त समझे जाने वाले कर्त्ता-दर्शक के साथ बैठा दी जाती है। यह कर्त्ता-दर्शक भले ही एकवचन क्यों न हो, राज्य संबंधी उद्यम की इकाई के रूप में उसकी हैसियत बहुवचन जैसी सामूहिक होती है।

एफएसए के रिकॉर्ड में दर्ज एक प्रकरण यहाँ विचारणीय है। हुआ यह कि वाकर इवांस नामक एक फोटोग्राफर ने एक कब्रिस्तान की तस्वीर खींची जिसमें चालनुमा घरों की पृष्ठभूमि पर मौसमों का मारा हुआ पर सीधा तना हुआ एक ठोस क्रॉस दिखाया गया था। जब यह फोटोग्राफ सार्वजनिक वितरण के दौर से गुजरा, तो एक स्त्री ने एफएसए के दफ्तर में आकर इसकी एक प्रति की माँग की। स्ट्राइकर इस प्रकरण के बारे में लिखते हैं :

> हमने उसे फोटो की प्रति दे दी। जब पूछा कि वह उसका क्या करेगी तो उसका कहना था, 'मैं इसे अपने भाई को देना चाहती हूँ जो स्टील कारखाने में अफसर है। मैं इस तस्वीर पर लिखूँगी : कब्रिस्तान तुम्हारे, सड़कें तुम्हारी, इमारतें तुम्हारी, स्टील मिलें भी तुम्हारी। लेकिन, आत्माएँ हमारी। ईश्वर तुम्हारा नाश करे।'[२८]

एफएसए जैसी वर्चस्वी परियोजनाओं के साथ सरोज पाठक भी अपने कथा-साहित्य के जरिए वक्र और आलोचनात्मक रिश्ता बनाती हैं। लेकिन, इस जटिल संधान में एक संयम भी मुखर दिखता है जिसका स्रोत उनके द्वारा अपनाई गई 'आचरण की आचरण संहिता' से है। अपने एक साक्षात्कार में उन्होंने बताया है कि उनके स्तंभों के 'विरोध में काफी तीखी प्रतिक्रियाएँ' होती थीं। इसमें हैरानी की कोई बात नहीं है क्योंकि सरोज पाठक जैसी आधुनिक स्त्री की सलाहों से उन लोगों को काफी गुस्सा आता होगा जो परंपरा की रक्षा करने में दिलचस्पी रखते थे। जाहिर है कि उन्हें अक्सर धमकी भरे खत मिलते रहते थे जिनमें उन्हें डाँटते हुए कहा जाता था कि दूसरों के फटे में टाँग अड़ाने के बजाय

उन्हें अपने पति और परिवार का ख्याल रखना चाहिए। सरोजबेन की कहानियाँ पढ़ने वालों को उस कारण के बारे में जानकर कुछ ताज्जुब होगा जिसका जिक्र उनके स्तंभ की 'कामयाबी' के संदर्भ में किया जाता है। हुआ यह था कि अपने लिए देखे जा रहे रिश्तों से नाराज एक युवती ने उनके स्तंभ के माध्यम से महिला शरणालय का पता हासिल कर लिया था। सरोज पाठक लिखती हैं कि अगर ऐसा न हुआ होता तो 'स्त्री खुदकशी करने की तरफ चली गई होती।'[२९]

इस उदाहरण में निहित समीकरण के दोनों हिस्सों के बीच कोई संगति नहीं दिखाई देती। एक तरफ शास्त्रीय रूप से व्यक्त की गई समस्या है जिसके तहत एक ऐसा कर्त्ता है जो आगे चलकर आधुनिक बन जाएगा और जो फिलहाल तरह-तरह के हरबे-हथियारों से लैस प्राक्-आधुनिक शक्तियों से संघर्ष कर रहा है। दूसरी तरफ उसकी समस्या का एक नौकरशाहाना हल है जिसके तहत उसकी विशिष्ट समस्या का हल एक पते और राज्य द्वारा डिजाइन किए गए एक संस्थान के जरिए या उसके नाम पर निकलता है। यह हल लोककल्याणकारी राज्य से जुड़ी कल्पनाशीलता को तो संतुष्ट कर देता है, पर प्राक्-आधुनिकता से जूझ रहे कर्त्ता से असंभव किस्म के अति-यथार्थवादी साहस, सामर्थ्य और आजाद ख्याली की माँग करता है। यह तो एक तरह से जादुई यथार्थ की माँग हुई।[३०] यहाँ सरोज पाठक वह संदर्भ उभारने की कोशिश भी नहीं करतीं जिसकी रोशनी में कर्त्ता की कार्रवाई मानवीय, पूरी तरह तर्कसंगत और 'यथार्थपरक' लग सके। अर्थात, रसेल ली के विपरीत वे एक ऐसे संसार की रचना नहीं करतीं जिसमें उनके कर्त्ता द्वारा उठाया गया कदम एकदम यकीन के काबिल लगने लगे, और जिसके बारे में जानकर उनके पाठक को आवश्यक साहस की अनुभूति हो सके। वे तो इस प्रकरण को महज एक प्रत्यक्षता की भाँति पेश करती हैं। यह प्रकरण फटाफट घटित होता है और वे बिना किसी परेशानी के यह मानकर बढ़ती चली जाती हैं कि इस मामले में प्रत्यक्षता की प्रकृति स्वेच्छाचारी न होकर न्यायोचित, सेकुलर और वैज्ञानिक किस्म की है। यही कारण है कि सरोजबेन कभी-कभार घटित होने वाली ऐसी घटना को सलाहकार-स्तंभ की कामयाबी मानकर खुश होने लगती हैं, बिना इस बात की परवाह किए कि एक कारगर किस्म के आधुनिक स्पेस में अचानक आ गया उनका कर्त्ता जरूरी नहीं कि उसी मंजिल के लिए चला हो। सवाल यह है कि सोरजबेन द्वारा समस्याओं के ऐसे नीरस और भौंदू किस्म के हल को एक उपलब्धि मान लेने को अगर इस तरह नहीं तो फिर कैसे समझा जाए? यह प्रश्न उस समय और कठिन हो जाता है जब हम देखते हैं कि उनके स्तंभों में बड़े जटिल मुद्दों को संबोधित किया जाता था, और उनकी कहानियाँ भी कामना की

गठीली और द्वंद्वात्मक संरचनाओं का दस्तावेज थीं।

हमें दो सुराग जरूर मिलते हैं जिन पर गौर किया जा सकता है, पर यह नहीं कहा जा सकता कि उनसे इस प्रश्न का पूरा संतोषजनक उत्तर मिल जाएगा। पहला सुराग लोककल्याण का विचार कुरेदने से मिल सकता है। यह एक जाना-माना तर्क है कि लोकतांत्रिक राज्यव्यवस्था धरती पर उतारने से जुड़ी समस्याओं का समाधान करने के लिए लोककल्याणकारी राज्य का आविर्भाव हुआ था। लोककल्याणकारी राज्य की अवधारणा के जरिए अधिकारों और नागरिकता के अंतर्विरोधी मुहावरे की जगह सांख्यकी के समरूपीकृत और सुव्यवस्थित मुहावरे को दी जा सकती है। इस तरह उस चीज का रास्ता खुल जाता है जिसे फूको राज्य की शासकीयता करार देते हैं। नारीवादी आलोचना साफ तौर पर दिखा चुकी है कि लोककल्याण के तर्क और उसी के लिहाज से आबादी के विभिन्न हिस्सों के इस्तेमाल का सामाजिक संविदा से कोई संबंध नहीं है। समतामूलक न्याय का आग्रह तो छोड़ ही दीजिए, इसमें संप्रभुता या निजी अधिकारों का प्रश्न भी नहीं उठता। लोककल्याण तो राज्य द्वारा टुकड़ों-टुकड़ों में दिया गया न्याय भर है जिसकी भूमिका स्वास्थ्य लाभ से आगे नहीं जा पाती। राज्य सामाजिक प्रगति के अपने विचारों के मुताबिक सामाजिक समूहों के नाम पर यह कार्रवाई करता है। जिस तरह शिक्षाशास्त्र सामाजिक समूहों को ज्ञान-राशि एकमुश्त थमाता है, उसी तरह लोककल्याण अपने क्षेत्र चुनकर उनसे कहता है कि ये रहे तुम्हारी समस्याओं के हल, और तुम्हारे सामने दो ही रास्ते हैं, इन्हें स्वीकार करो या फिर समस्याओं से खुद निबटो। दरअसल, लोककल्याण का पूरा उपकरण रिपब्लिकन आदर्श की प्राप्ति का एक ऐसा तरीका भी माना जा सकता है जो उसके मूल में निहित बगावती तनावों का सामना करने के लिए तैयार नहीं है। इसी बात को कुछ अलग तरीके से भी कहा जा सकता है कि नागरिक-कर्त्ता की शख्सियत के भीतर अनिश्चितता की शिकार पड़ी हुई अस्थिरता का अनुवाद बिना परिशिष्ट के ही करने की कोशिश का नाम लोककल्याण है। भले ही अनपेक्षित क्यों न हो, सरोजबेन के लिए यह कोशिश एक तरह का बोनस ही हो सकती थी। अगर इसके जरिए प्राप्त हल उनके प्रश्नकर्त्ता को किसी न किसी प्रकार समस्या के निदान की तरफ ले जा सकता था, तो जाहिर है कि वे इसका स्वागत ही करतीं।

इस मुकाम पर यह समझने की जरूरत भी है कि आधुनिक राज्य की परियोजना के साथ सरोजबेन एक तरह के फासले के साथ संवाद करती हैं। उनका यह संवाद सार्थक इसीलिए हो पाता है कि उन्हें दो पक्षों के बीच गहरी खाई न केवल स्वीकार है, बल्कि वे अपनी रचनाओं के जरिए उसकी पुष्टि और

विस्तार भी करती हैं। इसमें एक पक्ष काफी सीमित किस्म का है जिसके दायरे में प्रतीकात्मकता के साथ-साथ संस्कारवान नागरिक को रिहाइश देने वाली संस्थाओं की जमीन भी आती है। दूसरा पक्ष इस जमीन से परे मौजूद बेचैनी से खदबदाते इलाकों का है जहाँ पर न तो सेकुलर-सामाजिक संविदा की चलती है, न ही तर्क-बुद्धि की और न ही राज्य की। जाहिर है कि सरोजबेन एक ऐसी 'निजी संवेदनशीलता' की मालिक थीं जिसके कारण उन्हें राजमर्रा की जिंदगी की बाहरी घटनाएँ अपनी ओर कम खींचती थीं, और 'मानसिक प्रक्रियाएँ' ज्यादा आकर्षित करती थीं। वे उस रहस्यमय आवाजाही पर ज्यादा ध्यान देती थीं जो उन्होंने स्वयं अपने मानसिक अलगाव और आधुनिकीकरण में संलग्न राष्ट्र में बनते जा रहे हाशियों के बीच चालू किया था। वे यह खाई कायम रखने के लिए कटिबद्ध थीं। इसी के परिणामस्वरूप वे अपने कथा-साहित्य के जरिए साठ के दशक में भारतीय राज्य के सुदृढ़ीकरण का खास तरह का विश्लेषण कर पाईं। यह एक ऐसा विश्लेषण था जिसे करते समय वे इस प्रक्रिया का हिस्सा होते हुए भी उससे दूरी बनाए हुए रहीं और जिसने इस प्रक्रिया के छिपे हुए अविकसित पहलुओं पर असाधारण रूप से अर्थगर्भित रोशनी डाली। इस लेखक का रचनासंसार लोककल्याण और कथांकन के बीच एक निश्चित किस्म की संरचनागत सजातीयता घोषित करता है। एक-दूसरे से एकदम भिन्न रूपों में ये दोनों ही एक विकृत और खतरनाक अवशेष को संबोधित करते नजर आते हैं।

III

'दुष्चक्र' कहानी में एक बड़े शहर की एक किनारे वाली सड़क पर एक दर्जी की दूकान है जिस पर लिखा हैं 'एक्सपर्ट लेडीज़ ड्रेस मेकर'। दो तल्ले की यह दूकान कहानी की एक प्रमुख पात्र अवंती के स्कूल और उसके घर के बीच कहीं स्थित है। दूकान के निचले हिस्से में बिछी चटाई पर मास्टर टेलर अपने चेलों के साथ खुद काम करता है। वह नाप लेता है और कपड़े काटता है। उसके चेले तुरपाई करते हैं, गला बनाते हैं, काज-बटन करते हैं। ऊपर के तल्ले पर अनुभवी दर्जी मशीनों पर कपड़े सिलते हैं। इन कर्मचारियों का आपसी याराना, उनकी होड़ और 'जिंदगी का उबाऊपन हल्का' करने के लिए किया जाने वाला उनका हँसी-मजाक कपड़े सिलवाने आने वाली ग्राहकों की देह के आसपास घूमता है। दर्जी को अपना नाप देने के लिए स्त्रियाँ अपना पल्लू नीचे खिसका देती हैं जिसके कारण वे 'बेजान आईने पर पड़ने जैसी दर्जियों की बेरोकटोक निगाह के लिए खुद को उघाड़ देती हैं'। कहानी लगातार अपने दो मुख्य चरित्रों के

आसपास रहती है जो जाति-वर्ग की विभाजक दीवार के इधर-उधर स्थित हैं। इनमें एक है वीरजी जो कम उम्र से दूकान में सिलाई सीखने की शुरुआत करके ऊपर के तल्ले पर वयस्क दर्जियों के बीच काम करने के लिए पहुँचता है। पहले काम के रूप में उसे अवंती की स्कूल यूनिफार्म सिलने के लिए दी जाती है। अगले कई वर्षों में अवंती और उसके बीच संबंध विकसित होता है और अवंती उसे अपने खास दर्जी की तरह मानने लगती है। वीरजी देखता है कि अवंती किस तरह सुबह दूकान के सामने से स्कूल के लिए गुजरकर वापसी में रुक कर ड्रेस के सरक-फंदे, गले के आकार और अन्य तिरछी कटाई के बारे में हिदायतें देती है। साड़ी पहनने लायक उम्र होने पर अवंती साड़ियों के साथ के ब्लाउज बनवाती है और तब वीरजी के भीतर एक ऐसी उथल-पुथल मचती है जिसे समझना उसके बूते के बाहर की बात थी। वह उस लड़की के मोह में फँसता चला जाता है। वह उसके कपड़ों को सहलाता है, सिलते हुए उससे और उसके कपड़ों से बातें करता रहता है, कपड़ों और उसे दूसरों के स्पर्श से दूर रखने की वह हर तरह की कोशिश करता है, और उसके कपड़े बनाने के प्रत्येक पहलू पर अपनी महारत का हर कतरा उँडेल देना चाहता है। अवंती के प्रति वीरजी का पागलपन जैसे-जैसे नई गहराइयों को छूता है वैसे-वैसे दूकान को नए-नए ग्राहक मिलते चले जाते हैं, क्योंकि वीरजी उसके लिए नए-नए फैशनों की तलाश में जुटा रहता है। मास्टर टेलर उससे बहुत खुश है। वीरजी दो-दो पारियों में काम करता है, उसे विशेष तरह के कपड़े भी सिलने के लिए दिए जाते हैं और उसकी असाधारण कुशलता की तारीफ भी होती है।

कहानी की शुरुआत अवंती की शादी तय होने से होती है। खुशी में डूबी हुई अवंती अपने घर पर एक दर्जी बुलाकर पूरे दिन काम करवाना चाहती है। हर एक को यकीन है कि यह काम वीरजी को ही मिलेगा। पर, वीरजी दुविधाग्रस्त हो जाता है। दूसरे दर्जी वीरजी की तकलीफ हल्की करने के लिए उसे शादी के घर में अच्छे खाने, आमोद-प्रमोद और खूबसूरत औरतों का जिक्र करके छेड़ते हैं। आखिर में वह अवंती के घर जाने से इनकार कर देता है, हालाँकि उसे इस बात का बहुत दुख है कि अब यही काम दूकान में उसके प्रतिद्वंद्वी भीमजी को मिल जाएगा। सिलाई के लिए बचे हुए कुछ ब्लाउजों पर नजर डाल कर वह सोचता है कि 'उसके लिए वह आखिरी बार सिलेगा।' सरोजबेन जो नतीजा निकालती हैं वह पहली नजर में कुछ आश्चर्यजनक तुलना लग सकती है। वे लिखती हैं कि वीरजी को 'वैसी ही चिंता और सतर्कता की अनुभूति होती है जो गरीबी के शिकार घर में उस समय होती है जब बर्तन का तला दिखने लगता है और फिर उसे खुरचकर काम चलाने की नौबत आ जाती

है।' अपनी इस दुर्दशा से निकलने का वीरजी के सामने और कोई चारा नहीं है। वह टूट जाता है। कहानी का अंत किसी भी तरह से समस्या का हल नहीं है। यह उपसंहार अगर कुछ करता है तो कथायोजना गतिमान करने वाले रहस्य का कुछ विस्तार ही कर देता है। वीरजी अपनी मशीन बंद करके दूकान से चला जाता है। दूसरे दर्जी भी काम बंद कर देते हैं। लेकिन, यह असर केवल थोड़ी देर के लिए ही होता है। मशीनें फिर चलने लगती हैं। अलगे दिन दूकान में होने वाली काम की ध्वनियों में एक नई ध्वनि और शामिल हो जाती है। उधर, वीरजी एक नई दूकान खोलता है जिस पर लिखा है 'परफेक्शन जेंट्स टेलर्स'। इस तरह फैशन और दर्जियों की, हमारी राजधानी और उसकी आधुनिकता की छिपी हुई सेक्शुअलिटी की एक और कहानी की संभावनाएँ खुलती हैं।

पूरी कहानी पर विचार करने से पहले अवंती की शख्सियत पर एक निगाह डाली जा सकती है। पहले-पहल तो लगता है कि जैसे इस कहानी में इस स्त्री पात्र को कुछ कम जटिल तरीके से पेश किया गया है। दर्जी के अनुभव का जिस संवेदनशीलता के साथ संधान किया गया है, उसके मुकाबले जवानी में कदम रखकर अपनी सेक्शुअलिटी के प्रति सचेत होते हुए शादी लायक बनती हुई इस भरी-पूरी मध्यवर्गीय युवती का चित्रण परंपरागत का किस्म प्रतीत होता है। लेकिन, इसके बावजूद कुछ बातें हमारा ध्यान खींचती हैं। सरोजबेन का कथांकन किसी कीमत पर उस पितृसत्तात्मक प्रतीक योजना में फँसने के लिए तैयार नहीं है जिसके तहत बड़ी आसानी से वीरजी के दुख-दर्द की जिम्मेदारी अवंती की जाति-वर्ग उद्‍भूत हेकड़ी पर डाली जा सकती थी। अगर सरोजबेन ऐसा करतीं तो फिर यह कहानी एक मध्यवर्गीय स्त्री और मजदूर वर्ग के पुरुष के संबंधों में आकर्षण, दोहन और छल का एक साधारण वृत्तांत बनकर रह जाती। इतनी ही दिलचस्प बात यह है कि सरोजबेन ने वीरजी को अवंती के वस्त्रों को सहलाते हुए जरूर दिखाया है, पर वे इस संबंध का वह चित्रण करने से भी इनकार करती हैं जिसके तहत 'स्वतःस्फूर्त उदारतावादी नारीवाद' की शैली में उसकी देह के प्रति दर्जी की खुफिया दीवानगी में निहित अश्लीलता का निरूपण किया जा सकता था। इसके विपरीत कथांकन पाठकों को एक आलोचनात्मक तनाव की दुनिया में ले जाता है जो न केवल पितृसत्तात्मक नजरिया पेश करता है, बल्कि अवंती के अपने शहरी मध्यवर्गीय स्त्रीत्व को भी स्वाभाविक बना देता है। अवंती अपनी दुनिया के एक किनारे पर खड़ी है। उसकी कहानी के साथ-साथ दर्जी की कहानी भी चल रही है और उन दोनों के बीच सादृश्य की अनदेखी नहीं की जा सकती। जब अवंती स्कूल जाती है उस समय वीरजी दर्जी की दूकान में सिलाई सीख रहा है। फिर दोनों ही वयस्कों की दुनिया में प्रवेश करते हैं। वह

ऊपर के तल्ले में सिलाई मशीन चलाने लगता है, और अवंती शादी और घर-गृहस्थी में जाने के लिए तैयार होने लगती है। ऐसा लग सकता है कि उसकी इच्छाएँ पूरी होंगी, पर वीरजी के सपने धूल-धूसरित हो जाएँगे। लेकिन, कहानी की संरचना कुछ ऐसी है कि वह ऐसा कुछ साफ तौर पर कहते नजर नहीं आती। इसके विपरीत कहानी माँग करती है कि पाठक दो समांतर चलती हुई जिंदगियों के साथ-साथ चलें। कहानी पाठकों से यह सवाल पूछने की माँग भी करती है कि वस्त्रों और फैशन में अवंती के निवेश और वीरजी के निवेश के बीच फर्क क्या है? शायद कहानी यह पूछने की माँग भी करती है क्या इन दो पात्रों के संदर्भ में श्रम और सेक्शुअलिटी के बीच क्या कोई सादृश्य हो सकता है? या नहीं हो सकता?

तो फिर यहाँ दुष्चक्र किस बात का हुआ? एक दुष्चक्र तो कथायोजना के धरातल पर साफ तौर पर सक्रिय दिखता है। दोबारा काम शुरू करने पर वीरजी लैंगिक विभाजन के दूसरी तरफ चला जाता है। हो सकता है उसने सोचा हो कि इस तरह से वह अपनी समस्या हल कर लेगा। लेकिन संरचनाओं की समानार्थकता इस बात की कोई गारंटी नहीं देती कि पुरुषों के लिए कपड़े सिलते समय उसे श्रम, मोहाविष्टता और निराशा के वैसे ही खेल में फिर से नहीं फँसना पड़ेगा। दरअसल, यहाँ मुद्दा सेक्शुअलिटी का तो है ही, पर उसके साथ-साथ उससे एक आलोचनात्मक फासले का भी है। कहानी के अंत को एक और तरीके से पढ़ा जा सकता है : वहाँ हमें दिखाई पड़ सकता है कि वीरजी विद्रोह के क्षण से गुजर रहा है, वह हमें 'बेजान आईना' बनने से इनकार करते हुए दिखाई पड़ सकता है। उस क्षण वह एक बगावती नागरिक है, एक ऐसा नागरिक जो अधीनता ठुकराने और शत्रुतापूर्ण अंतर्विरोध का शत्रुता की तरह ही सामना करने के लिए तैयार है। वह अपनी कामना का दावा पेश करने के लिए काम बंद कर देता है। इस क्षण की प्रभावकारिता का एहसास किए बिना भी अन्य दर्जी उससे नहीं बच पाते। मशीनें रुक जाती हैं। एक मिनट का वह मौन कहानी के मुख्य सूत्रधार पात्र और पाठक को एक ही समुदाय में शामिलकर देने की संभावनाओं के तनाव से सम्पन्न है। लेकिन, इस क्षण के बाद कामकाज फिर शुरू हो जाता है, और अगले दिन वीरजी की मशीन की आवाज भी उसमें शामिल हो जाती है।

कथांकन की संरचना पर नजदीकी निगाह डालने वाले पाठ से एक और दिशा की तरफ इशारा मिलता है। हमें दिखता है कि इन कहानियों का कथानक एक अलग ही तरह के तर्क का उद्‍घाटन कर रहा है। यह तर्क समस्या-निदान कॉलमों में अपनाई गई उस विश्वासपूर्ण प्रत्यक्षता से अलग है जिसके तहत

प्रश्नकर्त्ताओं की समस्याओं के संस्थागत हल सुझाए जाते हैं। यह क्लासिक यथार्थवादी कथांकन के उस रवैये से भी भिन्न है जिसके अनुसार नागरिक-पाठक का प्राधिकार इस संसार के सत्य या स्वाभाविकता पर पूरी तरह हावी होता है। बजाय इन दोनों तरीकों के सरोजबेन एक तटस्थ, अदृश्य तीसरे व्यक्ति की आवाज में अपनी कथा पेश करती हैं। कथानक भूतकाल की वाक्यरचना में चलते हुए संपूर्ण और व्याख्यायित हो चुकी घटनाओं से गुजरता है। लेकिन, जैसे-जैसे यह कहानी स्वयं को यथार्थ बनाती है, या और अधिक सटीक रूप से कहें तो स्वयं का यथार्थ में अंकन करती है, उसे एक तनाव अपनी गिरफ्त में लेता जाता है। इसमें कथा कहने वाले की साख प्राधिकार की नहीं रहती। वह संस्थागत जिम्मेदारियाँ उठाने योग्य नहीं रहता। नतीजे के तौर पर एक ऐसा कथानक उभरता है जो यथार्थवादी होते हुए भी नहीं जानता कि गतिरोध से बचने के लिए कामना का वृत्तांत कैसे पेश किया जाए। एक ऐसी कथायोजना उभरती है जो गतिरोध का सामना करने पर फिर से उसका कुटिल चक्कर काटते हुए वापस उसी समस्या के दोहराव का अंदेशा पेश कर देती है। दरअसल, सरोज पाठक की ऐसी कई कहानियाँ हैं जो सलाह-स्तंभों के बरक्स खड़ी हुई हैं और उनका उपसंहार इस तरह के गतिरोध का सामना करने वाले मुकाम पर ही होता है। यहाँ वैकासिक और लोककल्याणकारी यथार्थवाद में केंद्रस्थ कार्यकारी प्राधिकार अपदस्थ हो जाता है, और पाठक एक ऐसी दिक्कततलब सेक्शुअलिटी के साथ संवाद स्थापित करने पर मजबूर होता है जिसकी व्याख्या आसान नहीं होती और न ही जिसका आख्यान अभी पूरी तरह लिखा जा चुका है। यह सेक्शुअलिटी स्थानिकता के लिहाज से कामना के उन मनोरोगों में निवास नहीं करती जो मातृमनोग्रंथि के दायरों में देखे जाते हैं। बजाय इसके यह सेक्शुअलिटी सार्वजनिक दायरों में सक्रिय आधुनिक भारत के इतिहास, नए सेवा उद्योग, उपभोक्तावाद की लैंगिक संरचनाओं, शहरी श्रम, वैवाहिक करारों और वर्ग-जाति अंतर्विरोधों में दिखाई पड़ती है। समझ का जो ढाँचा इससे निकलता है वह लोककल्याणवादी यथार्थवाद को उसकी हैसियत से गिरा देता है, और इस फैसलाकुन कदम के दौरान वह एक रहस्यमय समुदाय की रचना कर डालता है जिसमें सूत्रधार की भूमिका निभाने वाला राज्य से असंतुष्ट लेखक तो है ही, उसके साथ-साथ कामगर जाति का नागरिक और मध्यवर्गीय स्त्री भी जिसकी सदस्य है। इस समुदाय में वह स्त्री या पुरुष पाठक भी शामिल है जिसकी प्रतिक्रिया उसकी सामाजिक स्थिति पर काफी कुछ निर्भर है (सरोजबेन की कहानियों को 'अभिजनों' द्वारा और लोकप्रिय दायरे में जिस तरह ग्रहण किया गया उससे यह जाहिर हो जाता है)। किसी गलतफहमी की संभावना को खारिज

करने के लिए मैं यह कहना चाहती हूँ कि सरोज पाठक के साहित्य में हमें जो मिलता है वह नव-युग सरीखे यूटोपिया द्वारा प्रतिपादित प्रति-वर्चस्व का समुदाय नहीं है। इस कथा-साहित्य में क्षेत्रों का ऐसा संपूर्ण मानचित्र नहीं मिलता जिस नागरिक समाज के क्लासिकल रूपों के आयाम न देखे जा सकें। सरोजबेन की कहानियों में मिलने वाले नागरिक आज के उन नागरिकों के हमशक्ल नहीं हैं जिनकी भीड़ आजकल हमारे आसपास दिखती है। ये कहानियाँ तो एक आलोचनात्मक फासला दिखाती हैं जिसमें एक अलग तरह के समुदाय का अर्थ गर्भित है। वीरजी के विद्रोह में मिलने वाली नागरिक/समुदाय के जनविद्रोह की झलकियों और कथायोजना को घेरने वाले दुष्चक्र में हमें इसकी झलकियाँ मिल सकती हैं। ये कहानियाँ यथार्थवाद की उस नाकामी का उद्घाटन करती हैं जिनके कारण वह इन क्रियाओं से कोई वास्ता नहीं रख पाता।

सरोज पाठक का तकरीबन सारा कथा-साहित्य ऐसे लोगों से सरोकार रखता है जो इसी आधार पर सक्रिय हैं। इनमें ऐसे लोग भी शामिल हैं जो इयत्ता प्राप्त करने की कोशिश में लगातार विफल किए जाते रहते हैं (इसीलिए उन्हें पूर्ण नागरिकता नहीं मिल पाती)। ऐसे पात्र भी हैं जो खुद को 'पिंजराबंद' पाते हैं। कहानियों के कुछ पात्र 'स्तब्ध, संतप्त और आतंकित' हालत में असमानुपाती किस्म की तर्कपरकताओं के बीच आवाजाही करते रहते हैं। ये तर्कपरकताएँ उन पात्रों की इच्छा के खिलाफ नागरिक समाज की संस्थाओं (जिनमें अधिकार सम्पन्न करने की क्षमता है) से 'तलाकशुदा' होकर बुर्जुआ परिवार के साकार दायरों में प्रेत की तरह मँडराती रहती हैं। सरोजबेन की कहानियों के ऐसे पात्रों के वृत्तांत कहे नहीं जा सकते, उनकी कहानियाँ बँधे-बँधाए ढाँचों में फिट नहीं होतीं। इसीलिए वे पात्र : 'मैं किससे कहूँ? मैं कैसे समझाऊँ?' वाली स्थिति में हैं। मेरा ख्याल है कि सरोज पाठक की रचनाओं की उचित आलोचनात्मक मीमांसा न हो पाने के कई कारणों में से यह भी एक कारण है कि उनके कई पात्र मनोविश्लेषण या अपराधविज्ञान के आईने में देखे जा सकते हैं। उन्हें उन्मादी, दृश्यरतिक, वस्तुमोहग्रस्त, खंडित मनस्क, लाइलाज झूठे, अपचारी और उपद्रवी की श्रेणी में डाला जा सकता है; यद्यपि उनके कुछ पात्र ऐसे भी हैं (जैसे कि 'मनौती' की प्रमुख पात्र पूरबी) जिनमें ऐसे लक्षण नहीं दिखते।

IV

मैंने तेजस्विनी निरंजना के साथ एक अन्य रचना में उस गतिरोध का मानचित्र बनाने और विश्लेषण करने की कोशिश की है जिसका सामना भारतीय नारीवाद

कर रहा है। हम जानते हैं कि भारतीय नारीवाद को आज जाति, धार्मिक समुदाय और पूँजी के भूमंडलीकरण की परिघटनाएँ समझने की कोशिश करनी पड़ रही है। इस संबंध में हमारा तर्क यह है कि अस्सी के दशक और नब्बे के दशक की शुरुआत में उभरे राजनीतिक आंदोलनों के कारण उदारतावाद के आधार पर बनी राष्ट्रवादी सहमति सांसत में फँस गई है। अर्थात सेकुलरवाद, नियोजित विकास और कानून की हैसियत पर पुन: विचार करने की स्थिति पैदा हो गई है। शास्त्रीय तौर पर मानवतावादी कर्त्ता के आसपास गोलबंद होने वाली नागरिक और राजनीतिक अधिकारों की संविदा का आग्रह नारीवादी उभार के पीछे था, पर इन परिस्थितियों ने भारतीय नारीवाद को एक झटके के साथ एक ऐसे दायरे में पहुँचा दिया है जो इस शास्त्रीय भूगोल के समानुपाती न होते हुए परे चला जाता है।

मैं कहना यह चाहती हूँ कि सरोज पाठक साठ के दशक में भी अपनी कहानियों के माध्यम से ऐसे ही दायरों को अभिव्यक्त करने के लिए कथांकन की नई रणनीति खोज रही थीं। इसीलिए उनकी रचनाओं में हमारे युग के प्रति खामोशी मिलती है। डिलयूज़ियन अर्थों में 'सरोजबेन लेखन की मशीन' की तरह थीं जिनकी रचनाएँ तीन विधाओं में हैं जिन पर इस लेख में चर्चा की गई है। उनके रचना संसार में एक तरह का स्वरविच्छेद है। एक तरफ उनकी पत्रकारिता है जिसे वे राष्ट्रवादी-मानवतावादी नजरिए से एक प्रतिभासम्पन्न, जिम्मेदार और साहित्यिक इतिहास के लेखक-नागरिक की तरह करती हैं। इस रूप में वे उदारतावादी राज्य और वैकासिक आधुनिकता के हितों की पैरोकार हैं। दूसरी तरफ उनका कथा-साहित्य है जो उनके पाठकों को कुल मिलाकर एक अनजानी और बगावती जमीन पर धकेल देता है। यथार्थवाद के विमर्श (जो कोटिक्रम बनाता चलता है) और कहानी कहने के उसके स्थापित तौर-तरीकों को विस्थापित करते-करते (या उनसे कतराते-कतराते) सरोजबेन के कदम बिना किसी औपचारिक समारोह के एक ऐसी जमीन पर पड़ने लगते हैं जहाँ अभिव्यंजकता और संबोधन की भिन्न संहिताएँ कारगर हो सकती हैं। यह जमीन कथांकन के एक ऐसे स्पेस से ताल्लुक रखती है जहाँ समस्याओं की प्रस्तुति समस्याओं की तरह नहीं होती। इस स्पेस में समस्याएँ न तो नागरिक-पाठक-कार्यकारी प्राधिकार से सम्पन्न पात्र के लिए पेश की जाती हैं, न ही जनशिक्षा अथवा सरकार के मकसद के लिए। नतीजे के तौर पर नागरिक समाज की तर्कपरकताओं और सहमतियों के भीतर अस्पष्ट पड़े हुए विचारधारात्मक संबंधों को साफ तौर से देखा जा सकता है और उन पर विचार करने की माँग विचारणीय बनाई जा सकती है। आशीष राज्याध्यक्ष ने भूपेन खक्कर की पेंटिंग 'ए व्यू फ्राम दि टी शॉप' की एक व्याख्या पर टिप्पणी करते हुए इसी से संबंधित

एक विचलन की तरफ इशारा किया है। इससे पहले एक व्याख्या में इस पेंटिंग को आम आदमी की निगाह से सड़क के नजारे की तरह पेश किया गया था। राज्याध्यक्ष का कहना है कि यह आम आदमी वास्तव में अभिजन दर्शक का स्थानापन्न है। सत्तर के दशक में अन्य व्याख्याताओं के प्रयासों के साथ-साथ आशीष उस पेंटिंग को पढ़ने का अपना नजरिया पेश करते हैं। उनके मुताबिक यह पेंटिंग यथार्थवाद पर बनी सहमति को नकारते हुए खक्कर की 'अपनी समलैंगिकता की धीमी और कष्टदायक घोषणा' का उद्‌घाटन करती है। राज्याध्यक्ष अपनी थीसिस में कहते हैं कि 'दोनों नजारे हमें एक महत्त्वपूर्ण सबक देते हैं कि यथार्थवाद का सौंदर्यशास्त्र स्थापित करने के लिए अपनाया जाने वाला रास्ता समकालीनता की भाषा तैयार करने के लिए अपनाए जाने वाले रास्ते से अलग होता है।'[३१] मैं भी अपने इस लेख को समकालीनता की भाषा स्थापित करने के बृहत्तर प्रयास के अंग के रूप में देखती हूँ। मैं अपने इस लेख द्वारा यह भी चाहती हूँ कि कथांकन के तर्कों, विधाओं की रचना प्रक्रियाओं और लोकतंत्र के दायरों में प्राण फूँकने वाले विद्रोहों का झंडा उठाने वाले हमारे समय के विपर्यस्त व्यक्तियों पर भी रोशनी पड़े।[३२]

संदर्भ और टिप्पणियाँ

१. इन सभी कहानियों का अंग्रेजी में अनुवाद हो चुका है। देखें : शीरीन कुड्चेडकर (संपादन एवं अनुवाद), *सरोज पाठक : हूम केन आई टेल? हाऊ केन आई एक्सप्लेन? एंड अदर स्टोरीज़*, स्त्री, कलकत्ता, १९९८

२. देखें, आर. श्रीनिवासन की रचना जिसमें सिनेमा के होर्डिंग्स को विश्लेषण का विषय बनाया गया है, खास तौर से उस पहलू को जब मुंबई या चेन्नई से कोई वितरक स्थानीय स्तर पर होर्डिंग लगाने के लिए भेजता है और स्थानीय पेंटर अपना 'स्पर्श' देकर उसका अपनी चित्रभाषा में 'अनुवाद' कर देता है। यह लेख *पब्लिक कल्चर*, खंड ४.१, हेमंत, १९९१ में प्रकाशित हुआ था। आशीष राज्याध्यक्ष ने भी खिलौनों की मूर्तिकला में भारतीय राष्ट्रवाद के 'विषयवस्तु सबंधी' हलकों के आसपास बुनी गई प्रचलित रूढ़ छवियों पर विचार किया है। देखें, उनकी अप्रकाशित पांडुलिपि 'दि फोर लुक्स एंड दि इंडियन सिनेमा : ए व्यूअर्स व्यू', १९७७, पृष्ठ ११

३. सरोज पाठक 'सोफोक्लीज का मंचन करने के बजाय थेब्स का मानचित्र जैसा यानी प्रारब्ध के खिलाफ संघर्ष करने के बजाय विघ्न-बाधाओं की नक्शानवीसी' कर रही थीं। देखें, जी. डिल्यूज़ और एफ. गुआटेरी, *काफ्का : टुवर्ड्स ए माइनर लिट्रेचर*, अनुवाद : दाना पोलन, यूनिवर्सिटी ऑव मिनेसोटा प्रेस, मिनेपोलिस और लंदन, १९८६, पृष्ठ ३२

४. गीता कपूर, 'मिथिक मेटेरियल इन इंडियन सिनेमा', *जरनल ऑव आर्ट्स एंड*

आइडिया, १४/१५, १९८७, पृष्ठ ७५-१०८, पृष्ठ ८०

५. रवि वासुदेवन ने इस परिघटना के बारे में अलग तरह से चिंतन किया है। *अंदाज* फिल्म के एक दृश्य-क्रम का विश्लेषण करते हुए वे इस तरह की अभिव्यक्ति की दो किस्मों की शिनाख्त करते हैं : स्थिर प्रतिमा सरीखी प्रत्यक्षता के कुछ पल और झाँकी जैसी स्थिर संरचनाएँ जिनमें कथानक के पहलू भी होते हैं। वासुदेवन ने प्रत्यक्षता की दृश्य-अभिव्यक्ति के एक ऐसे रूप की तरह व्याख्या की है जो अपने 'देशज' होने के कारण आकर्षक लगती है। देखें 'शिफ्टिंग कोड्स, डिज़ॉल्विग आइडेंटिटीज़ : दि हिंदी सोशल फिल्म ऑव दि १९५० 'ज़ एज़ पाप्युलर कल्चर', *जरनल ऑव आर्ट्स एंड आइडिया,* १४/१५, १९९३, पृष्ठ ५१-८४

६. माधव प्रसाद, 'दि स्टेट एंड कल्चर : हिंदी सिनेमा इन दि पेसिल रिवोल्यूशन', अप्रकाशित पी-एच. डी प्रबंध, यूनिवर्सिटी ऑव पिट्सबर्ग, १९९४, पृष्ठ ३६-३७, शीघ्र प्रकाश्य, दिल्ली और ऑक्सफोर्ड। प्रसाद इस तरह टकटकी लगाकर देखने की प्रक्रिया की व्याख्या 'निरंकुश दृश्य' के रूप में करते हैं जिसमें बिम्ब 'देखने के लिए उपलब्ध कराया' जाता है, और जिसके जरिए प्रजा द्वारा अपने राजा के प्राधिकार को देखते हुए उसे पुष्ट करने की प्रक्रिया शामिल है। मुझे लगता है कि यह 'दर्शन करने की प्रक्रिया' हम साहित्यिक इतिहास में भी पाते हैं। इसका मतलब यह नहीं है कि इसके कारण प्रत्यक्षता की संभावनाएँ चुक जाती हैं। ब्रेश्ट के महाकाव्यात्मक नाटकों में भी इसका प्रयोग कथांकन के बुर्जुआ तौर-तरीकों को गड़बड़ाने के लिए किया गया है।

७. देखें, एत्येने बालिबार, 'सिटीज़न सब्जेक्ट', संकलित : ई. कडावा, पी. कोन्नोर और जे.एल. नेंसी (सं.), हू *कम्स आफ्टर दि सब्जेक्ट?,* रौटलेज, न्यूयार्क और लंदन, १९९७, पृष्ठ ३३-३५

८. निश्चित रूप से एक तरह से साहित्यिक शिक्षा का एक उद्देश्य राष्ट्रीय नागरिक की समेकित (कटी हुई नहीं) इयत्ता में इन अलग-अलग तरीके से संरचित कर्त्ताओं को मजबूती से जोड़ना भी था। मैंने अपनी रचना 'गवर्नमेंट, बाइंडिंग एंड अनबाइंडिंग' में इस सिलसिले की शिनाख्त करने की कोशिश की है। देखें, *जरनल ऑव इंग्लिश एंड फोरेन लेंग्वेजिज़,* विशेषांक, 'टीचिंग लिट्रेचर', अंक ७-८, १९९१; इसके अलावा देखें, सूज़ी थारू (सं.), *सब्जेक्ट टु चेंज,* ओरिएंट लोंगमेन, दिल्ली, १९९८

९. माधव प्रसाद, उपरोक्त, पृष्ठ ३७

१०. उपरोक्त, पृष्ठ ३८

११. बालिबार, उपरोक्त, पृष्ठ ३४

१२. उपरोक्त, पृष्ठ ३९

१३. उपरोक्त, पृष्ठ ४५

१४. ई. बालिबार, 'सब्जेक्शन एंड सब्जेक्टिवेशन', संकलित : कॉपजेक (सं.), *सपोजिंग दि सब्जेक्ट,* न्यूयार्क और लंदन, १९९३, पृष्ठ ७

१५. बालिबार, 'सिटीज़न सब्जेक्ट', उपरोक्त, पृष्ठ ३७

१६. बालिबार, 'सब्जेक्शन एंड सब्जेक्टिवेशन', उपरोक्त, पृष्ठ ७

१७. आशीष राज्याध्यक्ष लिखते हैं : 'भारत में यह दलील दी जा सकती है कि अगर यथार्थवाद पाठ द्वारा निरूपित अर्थों की व्याख्या के प्राधिकार से लैस नागरिक दर्शक को मूर्तिमान करता है तो मानना होगा कि ग्रामीण भारत के प्रतीकात्मक निरूपण के संदर्भ में यह प्राधिकार अभिजन दर्शकों के लिए अधिक स्वीकार्य होगा। ... संक्षेप में एक ऐसा यथार्थ जिसे यथार्थवाद द्वारा प्रदत्त सुधारवाद की जरूरत होती है ...।' देखें, 'रिविजिटिंग दि व्यू फ्राम दि टॉप', पांडुलिपि, पृष्ठ ४

१८. हालाँकि इस अभिजन की प्रकृति पर काफी बहस है : क्या यह अभिजन ट्रस्टियों जैसा है, या वह एक वैज्ञानिक ताकत है जो विकास और प्रगति की जिम्मेदारी निभा रहा है, क्या वह अवाँगार्द है, या वह राष्ट्रीय संस्कृति की मानवता सुनिश्चित करने का दायित्व उठाने वाला सेकुलर नागरिक है? इसी तर्क को और आगे बढ़ाकर यह भी कहा जा सकता है कि अलग-अलग तरह के राष्ट्रवादों के आधार में अलग-अलग तरह के राष्ट्रवादी यथार्थवाद होते हैं जिन्हें कथानक में नियोजित तरीके से एक जगह लाया जाता है ताकि नागरिकों की ही नहीं बल्कि प्रजा-जनों की व्यक्तियों और समुदायों के रूप में उपलब्धि की जा सके।

१९. फ्लेविया एग्नेस की नारीवाद, साम्प्रदायिकता और कानून विषयक रचना (*स्टेट, जेंडर, एंड दि रिटारिक ऑफ लॉ रिफार्म,* एस.एन.डी.टी., बंबई, १९९५) इस जाँच-पड़ताल के मर्म के काफी नजदीक बैठती है। प्रस्तावित समान नागरिक संहिता पर नब्बे के दशक में चली बहसों पर अन्वेषी लॉ कमेटी और अन्य की चर्चाओं के लिए देखें, रेखा पप्पू, 'रिथिंकिंग लीगल जस्टिस फॉर वुमॅन', *इकॉनॉमिक एंड पॉलिटिकल वीकली,* खंड ३२.९-१०, १९९७ और 'इज जेंडर जस्टिस ऑनली ए लीगल ईशू? दि पॉलिटिकल स्टेक्स इन यूसीसी डिबेट', *इकॉनॉमिक एंड पॉलिटिकल वीकली,* खंड ३२.९-१०, १९९७; इसके अलावा देखें विवेक धारेश्वर द्वारा सेकुलर इयत्ता और उसके हमशक्लों का विश्लेषण, *जरनल ऑव आर्ट्स एंड आइडिया,* २५/२६, १९९५, पृष्ठ ११५-२५ और *इकॉनॉमिक एंड पॉलिटिकल वीकली,* खंड ३०.३०, १९९५, पृष्ठ १०४-१२

२०. गीता कपूर, उपरोक्त; इसके अलावा देखें, 'दि कल्चरल क्रिएटिविटी इन दि फर्स्ट डिकेड : दि एक्जाम्पिल ऑफ सत्यजित राय', *जरनल ऑव आर्ट्स एंड आइडिया,* २३/२४, १९९५, पृष्ठ १७-५०

२१. मेरे इस लेख से इस दिलचस्प प्रश्न का उत्तर खोजने की प्रक्रिया भी शुरू हो सकती है कि जन-शिक्षा और रख-रखाव के राष्ट्रीय दायित्व पाठक जैसी वामपंथी रुझानों वाली महिलाओं पर क्यों डाले गए और उन्होंने भी इन्हें स्वत: क्यों स्वीकार किया। इस सवाल को और बेहतर ढंग से इस तरह भी रखा जा सकता है : वह क्या बात थी जिसके कारण ये महिलाएँ 'निर्वाचित' संगठक या ग्राम्शी की भाषा में राष्ट्रीय और आधुनिक की पैरोकारी करने वाली सावयवी बुद्धिजीवी बन गईं?

२२. सरोज पाठक, 'तुरुप का इक्का', *सिलेक्टिड स्टोरीज़।*

२३. जॉन टैग द्वारा रॉय स्ट्राइकर का उद्धरण, संकलित : विक्टर बर्गिन (सं.), *थिंकिंग फोटोग्राफी,* लंदन, १९८२, पृष्ठ १२६

२४. उपरोक्त, पृष्ठ १२६

२५. उपरोक्त, पृष्ठ १२६

२६. *अन्वेषी* के १९८८ में उद्घाटन के समय एक घोषणापत्र जैसे वक्तव्य में मैंने अस्पताल में दाखिल स्त्री मरीज की माँ जैसे व्यक्ति को सिद्धांतबद्ध करने का कार्यभार तय किया था। यह माँ अपने आधुनिक गाँव और आधुनिक अस्पताल के बीच आवाजाही करती है और इस तरह करो या मरो वाली स्थिति में दो असमानुपाती क्षेत्रों के बीच मध्यस्थता का बोझ उठाती है। आधुनिकता के अभिजन मध्यस्थ या अवाँगार्द के मुकाबिले यह स्त्री लोककल्याणकारी सरकार की कर्त्ता भी है और उसकी उपस्थिति सबालटर्न किस्म की भी है (खास तौर से इन अर्थों में कि कथानक के भीतर उसकी शाब्दिक उपस्थिति है ही नहीं, वह अदृश्य है)। देखें, सूज़ी थारू, 'इंट्रोड्यूसिंग अन्वेषी', *लोकायन बुलेटिन,* खंड ८.३, १९९०, पृष्ठ ५९-६३

२७. बर्गिन, उपरोक्त, पृष्ठ १२६

२८. उपरोक्त।

२९. शीरीन कुड्चेडकर द्वारा उद्धृत, 'इंट्रोडक्शन', *सरोज पाठक,* उपरोक्त।

३०. एजेंट के रूप में इयत्ता की ज्ञानमीमांसक असंभाव्यता की एक और जाँच-पड़ताल के लिए देखें मेरी रचना, 'दि इम्पॉसिबिल सब्जेक्ट : कास्ट एंड दि जेंडर्ड बॉडी', *इकॉनॉमिक एंड पॉलिटिकल वीकली,* खंड ३१.२२, १९९६, पृष्ठ १३११-३१५

३१. अप्रकाशित पांडुलिपि, पृष्ठ ४

३२. राजनीतिक सिद्धांत की दुनिया में यह अवधारणा कुछ इस तरीके से उठाई जा रही है कि उसका अर्थ संबंधी ताल्लुक यहाँ दिए गए तर्क से जुड़ जाता है। पार्थ चटर्जी ने हाल ही में गैर-पश्चिमी राष्ट्र-राज्यों में इसी तरह की गहरी खाई का जिक्र किया है जिसमें एक तरफ नागरिक समाज की सुविधाएँ भोगने वाला 'नागरिकों' का छोटा सा तबका होता है और दूसरी तरफ 'आबादी' होती है जिसे राज्य की नीतियाँ और कार्यक्रमों द्वारा अपना लक्ष्य बनाया जाता है। चटर्जी के मुताबिक वैकासिक राज्य जनसंख्या को लोककल्याण की निगाह से देखता है। इसी तरह वे कहते हैं : 'अगर राजनीति (पार्टियों, आंदोलनों, गैर-पार्टी राजनीतिक संरचनाओं के साथ मैं यहाँ लोकप्रिय सिनेमा को भी जोड़ना चाहूँगी) द्वारा राज्य से की जाने वाली लोकप्रिय माँगों को करने और दिशा देने की विधि को हमें कोई नाम देना हो, तो हमें उसे लोकतंत्र कहना चाहिए (पृष्ठ १६-१७)।' चटर्जी निष्कर्ष निकालते हैं कि हम आज 'संभवत: लोकतंत्र और आधुनिकता के बीच अर्थात नागरिक समाज और लोकतंत्र के बीच एक उदीयमान विरोध देख रहे हैं (पृष्ठ १७)।' हमें सरोज पाठक की पत्रकारिता और उनके कथा-साहित्य के बीच विभाजन पर नागरिक समाज/राजनीतिक समाज के विभाजन को लागू करने में काफी सतर्कता का परिचय देना चाहिए। इसी तरह दोनों के बीच सादृश्य भी लाभकारी हो सकता है। देखें, 'टू पोएट्स एंड डेथ : ऑन सिविल एंड पॉलिटिकल सोसाइटी इन दि नॉन क्रिश्चियन वर्ल्ड', *अन्वेषी* में व्याख्यान, हैदराबाद, अगस्त, १९९६; इसी का एक बदला हुआ रूप *इकॉनॉमिक एंड पॉलिटिकल वीकली,* खंड ३२.१, जनवरी १९९७ में प्रकाशित हुआ था। इस लेख में दिए गए उद्धरण व्याख्यान से लिए गए हैं।

प्रेम, विवाह, हिंसा और सामुदायिक वर्जनाएँ

५

दैहिक प्रेम और दैहिक हिंसा

वी. गीता

परिचय

इस निबंध में समझने की कोशिश की गई है कि घर-परिवार में स्त्रियों की पिटाई क्यों होती है। *स्नेहीदी* नामक संगठन की स्त्रियों के साथ किया गया काम इस परिघटना के बारे मेरी जानकारी का आधार है। यह संगठन उन स्त्रियों की मदद करता है जिनमें घरेलू हिंसा के बावजूद जीवन के अंश शेष रह गए हैं। मुझे लगता है कि परिवार और विवाह के दायरे में स्त्रियों के दैहिक उत्पीड़न का सेक्शुअलिटी से संबंध अपवादस्वरूप न होकर रोजमर्रा की जिंदगी के लिए लाक्षणिक हो गया है। मैं सेक्शुअलिटी के इसी पहलू को प्रश्नांकित करना चाहती हूँ ताकि पता चल सके कि स्त्रियों को दैहिक कष्ट पहुँचाने वाले पुरुष आखिर होते किस तरह के हैं।

स्नेहीदी के पास मदद माँगने आने वाली ज्यादातर स्त्रियाँ निम्न-मध्यवर्ग और मजदूर वर्ग की होती हैं। उनमें से कई का संबंध पिछड़ी और दलित जातियों से होता है। वे या तो घरों में काम करती हैं, रेढ़ी लगाती हैं, इमारती काम में लगी होती हैं, या फिर चेन्नई शहर के छोटे-मोटे धंधों और घरेलू उद्योगों में काम करती हैं। इनमें साक्षर स्त्रियों की संख्या बहुत कम है। इनका एक बहुत बड़ा हिस्सा घनी मजदूर बस्तियों और झुग्गियों में रहता है। मध्यवर्ग और ऊँची

जाति की स्त्रियाँ भी मदद माँगने के लिए आती हैं, पर कम संख्या में। ऐसी ज्यादातर स्त्रियाँ कम से कम हाई स्कूल तक पढ़ी-लिखी तो होती ही हैं। इनमें से कुछ सेवा क्षेत्र में नौकरियाँ भी कर रही होती हैं।

स्नेहीदी में इन स्त्रियों को दूसरों के साथ ही नहीं, बल्कि अपने साथ भी बातचीत करने की गुंजाइश मिलती है। उनके सामने मौका होता है कि प्रेम और विवाह के संबंध में अपने निर्णयों के बारे में सवाल उठा सकें, अपने गिरेबान में झाँक सकें, बहस कर सकें। अलग-अलग पृष्ठभूमि के बावजूद *स्नेहीदी* में कार्यरत हम सब स्त्रियाँ कामरेडशिप के सूत्र से बँधी हुई थीं। तमिलनाडु राज्य मुफ्त कानूनी-सहायता बोर्ड के साथ काम करते हुए हमारी तरफ से कई बार ऐसे सुझाव भी दिए जाते थे जिन्हें बोर्ड हमेशा मानने के लिए तैयार नहीं होता था। लेकिन, इस प्रक्रिया में हमने मश्विरे के लिए आने वाले पुरुषों और स्त्रियों को बोर्ड द्वारा दी जाने वाली सलाह का महत्त्व समझना सीखा। बोर्ड के सलाहकार स्त्रियों, और पुरुषों की, आपबीती सुनने के बाद उनकी समस्याओं को उनके बड़े परिवार, उनकी जाति और उनके धर्म की रोशनी में देखते थे। समस्याओं को समझने का यह तरीका उपयोगी और प्रासंगिक था। स्त्रियाँ, और पुरुष भी, जिन व्यवहारों और परस्पर उम्मीदों की रोशनी में घरेलू कलह की समझ बनाते हैं, उनके पीछे अक्सर जातिगत और सामुदायिक विशिष्टताओं की भूमिका होती है। एक तरह से देखा जाए तो हम एक ऐसे मध्यस्थ समूह के तौर पर काम कर रहे थे जो कानूनी संस्थाओं और नागरिक समाज के दोराहे पर खड़ा था। हमने बोर्ड के सलाहकारों और वकीलों के सामने अपनी चिंताओं और डरों का ब्योरा सुनाने वाली स्त्रियों के लिए सुझाए गए कानूनी विकल्पों और उनके नतीजों का रोजमर्रा की भाषा में अनुवाद करने की भूमिका निभाई।

लेकिन, हम महज अनुवादक या मध्यस्थ ही नहीं थे। स्त्रियों की आपबीती सुनने-सुनते स्वघोषित नारीवादियों के रूप में हमारी वहाँ मौजूदगी और जिम्मेदारी हमें उन कहानियों में उलझाने के लिए काफी थी। कभी-कभी ऐसा भी होता था कि किसी स्त्री की कहानी हमारी अपनी जीवनकथाओं से मेल खाने लगती थी, और हमें लगने लगता था कि एक स्त्री के रूप में हमारी और आपबीती सुनाने वाली की स्थानिकता एक ही है। हम सबके पास एक-एक ऐसी देह है जिसका अतिक्रमण किया जा सकता है, जिसे उसके अधिकारों से वंचित करके पुरुषों द्वारा नियंत्रित किया जा सकता है। एक खास तरह की हिंसा झेलने वाली स्त्री की दुर्बलताओं में हमें अपनी दुर्बलताएँ झलकती दिखाई देतीं, जिससे उन आपबीतियों के प्रति हमारी प्रतिबद्धता और बढ़ जाती। उन कहानियों की रचना में हम उन स्त्रियों का हाथ बँटातीं। श्रोता के रूप में हमारी वहाँ उपस्थिति

सुनाने वाली स्त्री के लिए अतीत के विस्मृत क्षणों की याद दिलाने में कुछ इस प्रकार मददगार होती कि जिंदगी के हालात के प्रति अपने गुस्से और क्षोभ की शिनाख्त करना उसके लिए आसान हो जाता।[१]

जाहिर है कि एक सहायता समूह के तौर पर हमारा काम केवल सुनने और दुख-दर्द से भरी कहानियाँ सुसंगत बनाने में मदद करने के अलावा कुछ और था। हमारा सरोकार केवल कष्ट भोगने वाली देह ही नहीं थी। हम उन संरचनाओं और संदर्भों से भी संवाद कर रहे थे जो न केवल स्त्री की जिंदगी को अपने दायरे में रखते हैं, बल्कि उसे अपनी मर्जी पर चलाते भी हैं। इनमें अदालतें, सूदखोर, जाति-पंचायतें, स्कूल, मजदूर संघ, स्त्रियों की सहेलियाँ, उनके सेवायोजक, पुरुषों की फैक्ट्रियाँ और शेड आदि शामिल हैं। हमारा काम इन दायरों में भी सक्रिय रहना भी था। हमारे लिए जरूरी था कि हम पीड़ित स्त्रियों के साथ-साथ दूसरों की शिकायतें भी सुनें। कुटी-पिटी औरतों के बच्चों को स्कूल में दाखिल कराएँ। उनके पतियों, संसुराल वालों और उसके सेवायोजक को उसे एक तयशुदा रकम नियमित रूप से देने के लिए मनाएँ ताकि वह कम से कम जिंदा तो रह सके।

यह जरूर है कि घरेलू हिंसा की शिकार स्त्रियों की तकलीफ समझने का हमारा नजरिया स्वयं के प्रति हमारी समझ और स्त्री देह की हमारी समान स्थिति की देन था, पर हमारा सहायता समूह सेक्शुअल उत्पीड़न की समस्या (और संभावित हल) समझने की कोशिश उसके संरचनागत घटकों के संदर्भ में करना चाहता था। समाज और संस्कृति के बड़े संदर्भों और संरचनाओं (जैसे समुदाय, जाति संगठन और बस्ती की अनौपचारिक जाति पंचायतें) से संवाद करते समय हमारे पास अपनी शिक्षा और प्रशिक्षण के साथ-साथ कानूनी व नागरिक संरचनाओं की अपनी जानकारी का लाभ होता था। जाहिर है कि अपनी आपबीती सुनाने वाली औरतों के पास ये योग्यताएँ नहीं हो सकती थीं। हमें अक्सर मारपीट करने वाले पतियों और उनके घरवालों को चेतावनियाँ और धमकियाँ देनी पड़ती थीं। कंपनियों और फैक्ट्रियों के कार्मिक प्रबंधकों को समझाना पड़ता था कि वे मारपीट करने वाले पति से आहत पत्नी को मासिक रखरखाव का भत्ता दिलाने की गारंटी करें। हम स्त्री पर पड़ने वाले सामुदायिक दबाव का विरोध करते थे ताकि उसकी समस्या का नागरिक या सेकुलर समाधान निकाला जा सके।

कहना न होगा कि स्त्री होने की गहरी मुश्तरका हमदिली के बावजूद मदद के लिए आने वाली उत्पीड़ित स्त्रियों और सहायता समूह के रूप में हमारे बीच कुछ बुनियादी अंतर भी थे। कहने का तात्पर्य यह है कि हमारे काम और हमारी

सक्रियता के दो पहलू थे। इनमें पहला था भेदभाव, उत्पीड़न और दैहिक कष्ट के बारे में हमारी और उत्पीड़ित स्त्रियों की राय एक होना। दूसरा पहलू वर्गगत और जातिगत संरचनाओं की देन था। घरेलू मारपीट के बारे में उन स्त्रियों और हमारे नजरिए की रचना पर अक्सर अपनी-अपनी वर्ग-दृष्टि का असर रहता था। हमें यह भी एहसास था कि अपने-अपने नजरियों की वर्गीय सीमाओं से परे जाना हमारे लिए आसान नहीं है। एक स्त्री संगठन में होने वाली आत्मीय बातचीत, अपने दोष स्वयं कबूलने की प्रक्रिया और अंतरंग माहौल के बावजूद ऐसा अस्थायी तौर पर ही हो पाता था। इस विवरण से जाहिर है कि सहायता समूह में हम सुनने और करने के बीच किसी मुकाम पर घरेलू हिंसा की प्रकृति से जुड़े प्रश्नों पर विचार कर रहे थे। हम सोच रहे थे कि क्या इसके पीछे पितृसत्ता की जटिल संरचनाएँ हैं और इसीलिए घरेलू हिंसा का असर औरत पर अलग-अलग ढंग से होता है? क्या हिंसा इस समस्या का अनिवार्य पहलू है? क्या हिंसा मर्दानगी का अनिवार्य पहलू है, एक ऐसी मर्दानगी का जिसका उद्धार नामुमकिन हो चुका है? क्या हिंसक हुए बिना मर्दानगी रह नहीं सकती? क्या ऐसी पौरुषपूर्ण हिंसा के समान व्याकरण की शिनाख्त की जा सकती है? क्या मर्दानगी हिंसक प्रदर्शन के बिना अपनी अभिव्यक्ति नहीं कर सकती? इनसे भी बड़ा सवाल हमारे सामने यह था कि प्रेम और कामना के साथ हिंसा का क्या संबंध है?

इन्हीं सवालों का जवाब तलाशने के लिए मैंने इस निबंध की शुरुआत *स्नेहीदी* में आने वाली स्त्रियों की कहानी से की है। इन कहानियों को याद करते हुए मैं कह सकती हूँ कि मार-पीट की शिकार औरत की कहानी न तो सहज होती है, और न ही वह सीधी रेखा में चलती है। कहानी के मुख्य पात्र यानी पति का नाम उसमें हमेशा गैरहाजिर रहता है। औरत उसे बचाना चाहती है। उसके 'अनाम' कृत्य अनाम ही बने रहते हैं। स्त्रियाँ आम तौर पर, और कुछ मामलों में तो खास तौर पर, अपनी देह पर लगी चोटों और पति द्वारा उनके कान में फुसफुसाए गए प्रेम के आश्वासनों के बीच फर्क नहीं कर पातीं। इसके अलावा, बहुत सी गरीब औरतों के लिए वैवाहिक प्रेम का अनुभव रोजी कमाने के दौरान झेले गए अमानवीयकरण जैसा ही होता है। गरीबों को बहुत थोड़ी कमाई में कई पेट भरने होते हैं। इन परिस्थितियों में निहायत बदमिजाज और हिंसक पति भी अंततः एक भूखी आत्मा की तरह ही होता है। उसकी दावेदारियाँ सिर्फ इसलिए नजरअंदाज करके दण्डित नहीं की जा सकतीं कि उसने पिछली रात को पत्नी की बुरी तरह धुनाई की थी। साथ ही इन कहानियों से यह भी साफ होता है कि ज्यादातर स्त्रियाँ (और उनके पति भी) अंतरंगता के पारंपरिक

पहलुओं के तहत जीवन गुजारते हैं। लगातार पास-पास रहने, रहने की जगह बहुत तंग होने और एकनिष्ठ परिवार पर जोर देने वाली सामाजिक संहिताओं के कारण यह अंतरंगता परवान चढ़ती है। सामाजिक आग्रहों से घिरी हुई और जिंदगी में अकेले पड़ जाने के डर से त्रस्त इस अंतरंगता में हिंसा विहीन ऐंद्रिकता के क्षण भी आते रहते हैं, जिनके कारण स्त्रियाँ अपने पतियों के प्रति वस्तुनिष्ठ नजरिया अपनाने में असमर्थ हो जाती हैं। यही कारण है कि पति के बारे में बात करना किसी स्त्री के लिए आसान नहीं होता। वे सास के बारे में, देवर के बारे में, अपने झक्की श्वसुर के बारे में और लंतरानियों में यकीन करने वाले पास-पड़ोस के बारे में बात करके ही रह जाती हैं। उनकी चर्चा में पति का आगमन जब होता भी है तो उन जिम्मेदारियों के संदर्भ में जिन्हें उठाया जाना चाहिए था या जिन्हें पूरा नहीं किया गया। पति के खिलाफ नाराजगी अधिकतर प्रच्छन्न रूप से ही व्यक्त की जाती है : 'आजकल हमारे बीच में बच्चा सोता है।'

जाहिर है कि दैहिक कष्ट की इन कहानियों में छिपे हुए पति को सामने लाना मेरी जिम्मेदारी थी। सवाल कई थे। यह काम कैसे किया जाए? क्या इसे पहले कभी किया गया है? मैं आखिर किसे और क्या सामने लाना चाहती हूँ? जवाब आसान नहीं थे। स्त्री को मिलने वाली तकलीफ की प्रकृति निर्धारित करने वाले संरचनागत और मनोवैज्ञानिक विभेदों के बारे में दिमाग साफ हो जाने के बावजूद मैं यह समझने-समझाने में असमर्थ थी कि उसे बार-बार दैहिक हिंसा का सामना क्यों करना पड़ता है? स्त्रियों के चाल-चलन पर शक करने की लाइलाज समस्या की जड़ क्या है?

इसके पीछे पुरुष की नीयत का पता लगाने के लिए मेरा काम यह कहने से चलने वाला नहीं था कि मर्द तो होते ही ऐसे हैं। मेरा तो ख्याल था कि पत्नी के ऊपर बरपाई जाने वाली यह हिंसा हमेशा ही एकदम इरादन की जाती है। इसकी पहल सचेत होती है। मुझे लग रहा था कि हिंसा का यह अनुभव दुःख, स्पर्श, प्रेम, भय, भूख और शर्म के संधि स्थल पर खड़ा हुआ है। न केवल यह अनुभव हिंसा के किसी विशेष कृत्य से निकलकर आता हुआ लगता था, बल्कि मेरे विचार से इसकी मौजूदगी रोजाना की जिंदगी और आदतन किए जाने वाले व्यवहार में भी झलक रही थी। हिंसा और मारपीट वैवाहिक प्रेम के अनिवार्य अंग की तरह दिखाई पड़ रहे थे। उनके आधार पर वैवाहिक बंधन की पहचान की जा सकती थी। मुझे लगा कि वैवाहिकता की जाँच उसकी इन्हीं अभिव्यक्तियों की रोशनी में की जानी चाहिए। और, इसी के साथ मुझे यह पता भी लगाना चाहिए कि क्या इन अभिव्यक्तियों को आम तौर से पुरुष सेक्शुअलिटी का अंग समझना चाहिए, या कहीं हम उन्हें बढ़ा-चढ़ा कर आँकने

की समस्या के शिकार तो नहीं हैं।

पद्धतिमूलक प्रश्न

इन सरोकारों में मेरी मदद कर सकने वाली विचारधारात्मक और राजनीतिक रचनाओं की तलाश करना आसान नहीं था। स्त्री के साथ घर में की जाने वाली मारपीट के बारे में मिलने वाली ज्यादातर भारतीय रचनाएँ कानूनी पहलुओं, अधिकारों और मामलों के निबटारों के बारे में हैं। *स्नेहीदी* समेत घरेलू हिंसा पर काम करने वाले संगठनों के लेखन में यह मानकर चला जाता है कि स्त्री की सेक्शुअलिटी के लिए उत्पीड़न का शिकार होना सामान्य बात है। इसे कौटुम्बिक, जातिगत, वर्गगत या समुदायगत संरचनाओं का नतीजा मान लिया जाता है। स्त्री उत्पीड़न विरोधी मंच, महिला केंद्र (मुंबई), सहेली (दिल्ली), विमोचना (बंगलूर) और लायर्स कलेक्टिव जैसी संस्थाओं द्वारा किए गए प्रकाशनों और *दि लायर्स* जैसी पत्रिकाओं में छपे लेख विस्तार से स्त्री उत्पीड़न के कई पहलुओं का वर्णन करते हैं। ये लेख पत्नी के साथ बलात्कार, मार-पीट और यौन-हिंसा की चर्चा करते हुए स्त्री संगठनों के लिए उपयोगी कानूनी संभावनाओं के बारे में बताते हैं। लेकिन, इनमें से बहुत कम लेखों में घरेलू मार-पीट के संदर्भ में सेक्शुअलिटी के प्रश्न से जूझने की कोशिश की गई है। इनकी तुलना में जब मैं अपना सेक्शुअलिटी संबंधी अध्ययन याद करती हूँ तो लगता है कि सत्तर और अस्सी के दशक में सामने आई उन पश्चिमी रचनाओं ने मुझे कितना प्रभावित किया था, जो नारीवाद की कथित एंग्लो-अमेरिकी 'दूसरी लहर' की देन थीं या उससे प्रभावित थीं।

यह नारीवादी लेखन मुख्यतः जरमेन ग्रीर, केट मिलेट, सूसन ब्राउनमिलर, आड्रीने रिच, आंद्रिया ड्वार्किन, मैरी डैली और कैथरीन मेककिनन का था। मेरी निगाह में यह लेखन इसलिए बेशकीमती है कि यह रोजमर्रा के यौन जीवन और व्यवहार में होने वाली यौन हिंसा के पीछे की नीयत का पता लगाने की कोशिश करता है। इसके अलावा यह लेखन पुरुष के व्यवहार, चिंतन और कार्रवाई को सार्वजनिक दायरे में लाने पर जोर देता है। यह लेखन मानता है कि पितृसत्ता एक जटिल और असमतल संरचना जरूर है जिसमें दोनों पक्षों, स्त्रियों और पुरुषों, की भागीदारी है; लेकिन पितृसत्ता एक ऐसी शै भी है जो हर स्तर पर स्त्री की देह के नित्य-प्रति और आदतन अतिक्रमण के हालात पैदा करती है।[२]

यौन हिंसा की सामाजिक गतिकी समझने में मुझे नस्ल, जाति और सेक्शुअलिटी पर हुई अफ्रीकी-अमेरिकी बहस से भी बहुत मदद मिली। इससे मुझे सेक्शुअलिटी का एक ऐसा सिद्धांत सूत्रबद्ध करने में सहायता मिली जो जेंडर

के पहलू के प्रति संवेदनशील रहते हुए नस्ल जैसी अन्य श्रेणियों को भी अपने दायरे में लेता है। इस सिद्धांत का अनुभवगत आधार और वैधता का स्रोत जेंडर ही है। इसकी आधार सामग्री अन्य स्त्रियों से होने वाले संवादपरक संपर्क से मिलती है। इस सिलसिले में मैं खास तौर से बेल हुक्स, कार्नेल वेस्ट की रचनाओं एवं माया एंग्लेयू, इस्माइल रीड, टोनी मोरीसन और जेम्स बाल्दविन के कथा-साहित्य का उल्लेख करना चाहूँगी। ये रचनाएँ बड़ी शिद्दत के साथ पितृसत्ता की संरचनाएँ प्रश्नांकित करती हैं, और साथ-साथ सेक्शुअलिटी, जेंडर, हिंसा, नस्ल और समुदाय पर चिंतन करते हुए अपने गिरेबान में झाँकने वाली रेडिकल आत्मालोचना की जटिल प्रक्रिया भी चलाती हैं।[३]

इन दोनों तरह के साहित्य का अध्ययन करने से मुझे मार-पीट की शिकार स्त्रियों की कहानियों और उनके जटिल भाषाई और सामाजिक संसार के लिए उनके आशय समझने में मदद मिली। इस अध्ययन के जरिए मैं निरंतर उन कहानियों और उन्हें सुनाने वाली स्त्रियों से जुड़ी रह सकी। बीच-बीच में उबा और थका देने वाले उस काम में लगे रहने की चुनौती का सामना कर सकी। दोनों तरह के लेखकों में आवेग और ऊर्जा थी। अपनी विषयवस्तु में बिना लिप्त हुए उसके साथ अंतरंग प्रतिबद्धता कायम रखना मेरी निगाह में अहम बात थी। अलग-अलग ढंग से इन रचनाकारों ने उन राजनीतिक दायरों की शिनाख्त की थी जो ठोस रूप से अपने भूगोल से जुड़े रहते हैं, न कि आजकल प्रचलित हाई-फाई सिद्धांतशास्त्र में उलझकर धार खो देते हैं। कहीं-कहीं तो यह उलझाव उसी पुरुषवादी विमर्श का ही शिकार हो जाता है जिसकी आलोचना करने वह चला था।

मर्दानगी की समझ : प्रेम और आंतक की भाषा

स्नेहीदी में सुनी स्त्रियों की आपबीती से मेरे सामने यह जरूर साफ हुआ कि पुरुष अपनी कार्रवाइयों और वक्तव्यों की मिली-जुली अभिव्यक्तियों के जरिए अपने परिवारगत, आर्थिक और सामाजिक दर्जे और सत्ता का निरूपण करना पसंद करते हैं। जाहिर है कि इनमें से कई कार्रवाइयों और वक्तव्यों का वास्ता प्रेम की अभिव्यक्ति से होता है, पर उनका संबंध नियंत्रण, अभिलाषा, चोट पहुँचाने, मजा लेने और पत्नी की देह पर मालिकाना हक रखने से भी है। पति अपनी पत्नी पर शुबहा करता है, पर साथ में वह उसके साथ यौनिक प्रेम में भी लिप्त है। वह खुद को अपनी बीवी का मालिक समझता है, और उसे पाने की अभिलाषा भी रखता है। प्राधिकार और स्नेह की अभिव्यक्तियाँ उसमें एक साथ होती हैं। इन मिले-जुले रवैयों के असर में की गई पति की कार्रवाइयों से एक

ऐसी भाषा जन्म लेती जिसमें प्रेम और आंतक एक साथ मौजूद होता है।

(अ) संशय और यौनिक प्रेम : एक द्वंद्वग्रस्त वैवाहिक जीवन के संदर्भ में पत्नी के चाल-चलन पर शुबहे के साथ-साथ उसके प्रति यौनिक प्रेम की अभिव्यक्तियों पर विचार करना दिलचस्प होगा। इन मामलों में यौनिक प्रेम अक्सर संशय के जरिए प्रदर्शित होता है। कई बार संशय की रचना थोड़ी फैंटेसी और थोड़े उकसावे से मिल-जुल कर होती है। यह एक खास तरह की ऐंद्रिकता है जिसमें पत्नी की देह जितनी ज्यादा अतिक्रमण करने योग्य होगी, पति उतनी ही उत्तेजना और यौन सुख की अनुभूति करेगा। अगर ऐसा नहीं है तो फिर यह समझना मुश्किल है कि पति अपनी पत्नी के चाल-चलन पर आम तौर पर शक क्यों करता है। हमारे आग्रह पर एक बार केंद्र की स्त्रियों ने बड़े उत्साह से पति द्वारा किए जाने वाले शुबहे का नाट्यरूपांतर करके दिखाया। एक दृश्य में पत्नी की यौननिष्ठा पर इसलिए शक किया जा रहा था कि वह रोज के मुकाबले कुछ जल्दी उठकर भोर से पहले ही बरामदा झाड़ रही है। पति यह मान कर चल रहा था कि वह सड़क के किनारे सुबह की झपकी ले रहे मर्दों को अपनी देह से लुभाने के लिए भोर के उस वक्त झाड़ू लगा रही है। सब्जी बेचने वाले से एक मिनट ज्यादा बात कर लेना, कभी खास किस्म के कुंडल पहन लेना या कई बार मायके जाना पति के दिमाग में शक के बीज बोने के लिए काफी होता है। अगर वह बेहतर शिक्षित है, बेहतर नौकरी करती है, अगर मायके से उसे कुछ ज्यादा ही स्नेह और मदद मिलती है, अगर उसके दोस्त हैं और वह मिलनसार और खुले दिल की है, तो यह सब पति के संशय के लिए निमंत्रण है। उसकी खूबियाँ और उसकी भरी-पूरी शख़्सियत पति को कमतरी के एहसास से भर देती है। उसकी खुली जुबान पति द्वारा निर्धारित शालीनता की कसौटियों पर खरी नहीं उतरती। दूसरों में अपने प्रति प्रेम पैदा करने की उसकी क्षमता पति में रोष पैदा करती है। पति शायद डर सा जाता है कि उसकी सतत कामनाओं का केंद्र बन चुकी स्त्री कहीं चली गई तो उसका क्या होगा? वह उसकी स्वाधीनता से डरता है कि शादी के दायरे से बाहर भी उसकी अपनी एक पहचान है। इस आधार पर वह अपनी बीवी को अवज्ञाकारी और जिद्दी मानकर उसकी पिटाई करता है, उसकी अनिच्छा के बावजूद उसे यौनक्रिया करने पर विवश करता है, उससे अपेक्षा करता है कि वह न किसी से मिले और न बात करे, न अपनी माँ से, न अपने दोस्तों से और न ही अपने पड़ोसियों से।[४] एक पति ने तो अपनी खुशमिजाज पत्नी पर देवर से ताल्लुकात का आरोप ही लगा दिया था। पत्नी की तमाम सफाइयों और दलीलों के बावजूद उसका दावा था कि बच्चों का बाप भी उसका छोटा भाई ही है।

पत्नी पर शुबहा करने के लिए कभी-कभी तो पति को न किसी कारण की जरूरत होती है, न किसी घटना की। चूँकि स्त्री की शख्सियत हर हालत में पुरुष के बाहर खड़ी हुई है इसलिए पत्नी अगर अपने बच्चों के लालन-पालन में और घर के काम-काज में मगन है, तो भी पति उस पर शुबहा करने लगता है।[५] उसे लगता है कि वह पत्नी पर पूरी तरह कब्जा कर पाने में असमर्थ है। उसका यौन अस्तित्व उसे परेशान करता है, उत्तेजित करता है। पत्नी की देह का कानूनी मालिक होने के नाते अपने विशेषाधिकार का दावा करते हुए वह उस पर आरोप लगाता है कि उसने अपनी देह का अतिक्रमण खुद करवाया है, खुद उसकी इजाजत दी है। पत्नी को दण्डित करने के लिए वह उसके लंबे बालों को काट सकता है, उसे ताले में बंद कर सकता है, और उसे अवमाननाकारी यौनक्रिया करने के लिए मजबूर कर सकता है। पति उस पर व्यभिचार का आरोप लगाकर उसकी 'इज्जत' पर सवालिया निशान लगा सकता है। एक नेक और अच्छी पत्नी और कर्तव्यनिष्ठ माँ के रूप में उसकी क्षमताओं पर उँगली उठाते हुए वह उसे उसके बच्चों से दूर कर सकता है। स्नेहीदी में अपनी यौननिष्ठा पर शक की आपबीती सुनाने आईं स्त्रियों के पतियों ने यही सब कुछ किया था। पत्नी के चालचलन के बारे में फैसला करने, उसकी देह को पवित्र या अपवित्र घोषित करने, विवाह के संदर्भ में उसके यौन अस्तित्व को वैध या अवैध करार देने के अपने अधिकार के जरिए पति अपनी पत्नी के यौन अस्तित्व के प्रति अपनी चिंताओं से निबटता है।

संशय और यौन-ईर्ष्या की शिकार स्त्री पति के इस रवैये के कारण अपराध बोध की शिकार हो जाती है। अपनी कामनाएँ नकारने की प्रवृत्ति पैदा हो जाने के कारण कभी-कभी वह खुद से नफरत तक करने लगती है। कभी-कभी पत्नी की कोशिश यह भी होती है कि वह वैवाहिक संबंधों के दायरे में पति के शक को शृंगारिक नजरिए से देखे। शक करने और उसे दैहिक चोट पहुँचाने की सत्ता पत्नी की निगाहों में पति की एकनिष्ठता की पुष्टि बन जाती है। वह मान लेती है कि उसका पति स्त्री के रूप में केवल उसी में दिलचस्पी रखता है। *स्नेहीदी* में एक स्त्री की ऐसी ही कहानी ने हमें हिलाकर रख दिया था। आज भी वह असाधारण आपबीती याद करके मन काँप जाता है। १८ वर्ष तक विवाहित जीवन गुजारने के बाद हमारे पास आने वाली इस स्त्री ने प्रत्येक रात संभोग के दौरान अपने पति की हिंसा को प्रेम समझकर स्वीकार किया था। हम कई दिन तक उसकी कहानी सुनते रहे, पर वह अपनी विवाहित जिंदगी को एक झूठ की संज्ञा देने के लिए तैयार नहीं हुई। कई हफ्तों तक चली बातचीत और चर्चा के बाद एक दिन हमें लगा कि अब शायद मौका मिलते ही पति पर उसका

यकीन टूट जाएगा। हुआ भी यही। उस स्त्री में से पति के खिलाफ नफरत और गुस्सा फूट निकला, जबकि कुछ दिन पहले तक वही पुरुष उसके लिए दूध का धुला हुआ था।[६]

संशय कभी चेतना के धरातल पर नहीं होता। वह पति द्वारा महसूस की जा रही कमतरी का नतीजा भी हो सकता है। ऊँचे-नीचे परिवारों के बीच हुए रिश्ते में संशय के बीज होते हैं। मसलन, अगर पत्नी का घर पैसे वाला है या उसकी जाति ऊँची है, तो उसे बार-बार प्रेम और वफादारी की कसौटी पर कसा जाता है। दूसरी तरफ, अगर पत्नी आर्थिक रूप से कमजोर या नीची जाति या गोत्र की है तो उसे उन उम्मीदों पर खरा उतरना पड़ता है जिसकी सीमाएँ मनमाने ढंग से बदलती रहती हैं। उसका कोई काम उन कसौटियों के मुताबिक नहीं हो पाता। उसका आचरण हमेशा संदेह के दायरे में रहता है।[७]

आपबीती सुनाने वाली स्त्रियों में एक ऐसी भी थी जिसके मायके के पास ससुराल के मुकाबले ज्यादा धन और जातिगत प्रतिष्ठा थी। इस कारण पति उससे नाराज तो रहता ही था, लालच में आ कर कभी-कभी पैसे की माँग भी करता था। वह पत्नी को मायके जाने से रोकता, और उसकें घर वालों को अपमानजनक लहजे में याद करता। शादी के बाद पत्नी का जातिगत दर्जा बदल जाने को लेकर वह उस पर छींटाकशी भी करता रहता। जाहिर है कि पत्नी के पास अपने 'खोए' हुए जातिगत दर्जे को दोबारा हासिल करने का कोई रास्ता नहीं था। लेकिन, उसने पति का मुकाबला करने के लिए अपनी विवाहपूर्व जातिगत और वर्गीय ताकत का इस्तेमाल करना जारी रखा। उसकी तरफ से भी पति और ससुराल वालों पर अक्सर नीच और अवांछित व्यवहार, अस्वच्छ आदतों और धनलोलुपता के इलजाम लगाए जाते रहते थे। लेकिन, इस तरह से न तो पति के भीतर पैठे कमतरी के एहसास में कोई कमी आई, और न ही उससे उपजने वाली हिंसा में। हाँ, अपने पति और उसके घरवालों के 'नीचपन' में पत्नी में एक तरह की जीत का एहसास जरूर हुआ। चूँकि उसकी निगाह में ऐसी ससुराल से बेहतर व्यवहार की उम्मीद बेकार थी, इसलिए उसने पति को छोड़ दिया। लेकिन, कुछ दूसरी पत्नियाँ भी होती हैं जिन्हें ऐसे मामलों में दुहैरा अपराधबोध सताता है। एक तरफ उन्हें लगता है कि उन्होंने अपनी 'जड़ों' से गद्दारी की है, और दूसरी तरफ वे उस प्रेम में भी नाकाम महसूस करती हैं जिसके कारण उन्होंने उन्हें वह गद्दारी करनी पड़ी थी। ऐसी औरतें पति को नहीं छोड़ पातीं और अपमान बर्दाश्त करती रहती हैं। डर और पीड़ा की मिली-जुली अनुभूति उन्हें नाकाफी होने के एहसास से त्रस्त रखती है। कुल मिलाकर मुद्दा यह है कि घरेलू उत्पीड़न के खिलाफ स्त्री की प्रतिक्रिया कोई भी हो, वह दैहिक

हिंसा के जोखिम से नहीं बच पाती। पति अपनी नीची जाति का बदला उसकी देह पर चोट पहुँचाकर लेता है। अगर स्त्री जातिगत आधार पर पति को ठुकरा भी देती है, तो भी उसकी देह पर उन अतिक्रमणों के बदसूरत निशान छूट ही जाते हैं।

दूसरी तरफ, नीची जाति और वर्ग की पत्नी तो पति के हाथों रोज अपमानित होने के लिए अभिशप्त है। उस पर अक्सर 'अशालीन' व्यवहार का आरोप लगाया जाता है। पति कहता है कि उसकी आदतें नीच और भद्दी हैं, यौन-व्यभिचार उसकी ज़ात में शामिल है। पति अपनी स्वाभाविक श्रेष्ठता और मैथुन-सामर्थ्य की डींगें हाँकते हुए कई-कई औरतों से शादी करने के दावे ठोकता रहता है। उस औरत के दाम्पत्य जीवन पर डर और खुद को नफरत की निगाह से देखने की प्रवृत्ति हावी रहती है। अपने लिए तय अच्छाइयों की कसौटियों पर उतरना उसके लिए चाह कर भी मुमकिन नहीं हो पाता। इसी तरह की औरतें दैहिक हिंसा को एकनिष्ठ प्रेम मान बैठती हैं। बहरहाल, इन तमाम पहलुओं के बावजूद ऐसे वाकये भी होते हैं जब स्त्रियाँ पलट कर लड़ती हैं, पति के व्यवहार को नकारात्मक ठहराते हुए अपनी स्वाधीनता और यौन स्वायत्तता का दावा करते हुए संबंध तोड़ देती हैं।

जिन संबंधों में कलह का कारण जाति के बजाय केवल आर्थिक विषमता होती है, उनका मामला कुछ अलग है। पुरुष को जब लगता है कि इस शादी से उसे कोई आर्थिक फायदा नहीं हुआ, तो वह दूसरे जरियों से यह फायदा उठाने के अपने अधिकार की पूर्ति करने की कोशिश करता है। वह पत्नी की संतानोत्पत्ति की क्षमता पर शक करता है। उसे 'पारिवारिक जीवन' गुजारने लायक नहीं मानता। ऐसी पत्नी की देह डॉक्टरों, पुजारियों और घर के अन्य बुजुर्गों की लगातार निगरानी की जकड़ में रहती है। (एक परिवार परामर्श केंद्र में हमने पति और श्वसुर के बीच पत्नी के मासिक चक्र के बारे में अरुचिकर चर्चा होते हुए देखी। श्वसुर का कहना था कि बहू की संतानोत्पत्ति की क्षमता पर उसे शक है, इसलिए वह उसके मासिक चक्र का पूरा रिकॉर्ड रखता है।) इस तरह के संबंधों में पत्नी की देह इसलिए 'दण्डित' की जाती है कि उसका 'रोग' के बारे में जानकारी क्यों नहीं मिल पा रही है। इस दैहिक यातना के पीछे मायके से पैसा न ला पाने का कारण भी छिपा होता है। ऐसी स्त्री एक विकृत और तकलीफदेह यौन हिंसा से गुजरती है। इसका तात्पर्य यह है कि यौन अस्तित्व के रूप में वह बेकार और भ्रष्ट होने के कारण प्रतिस्थापित करने योग्य है। दहेज संबंधी माँगों के निशान पत्नी की देह पर अनायास ही अंकित नहीं होते। उनके पीछे बाकायदा एक सोची-समझी डिजाइन होती है। यह निगाह

पत्नी की देह को एक वस्तु की तरह देखती है जो अगर उपयोगी साबित न हुई तो उसे बदला जा सकता है। दहेज हिंसा के प्रकरणों पर नजर डालने से साफ हो जाता है कि वह कितने योजनाबद्ध तरीके से अंजाम दी जाती है। दहेज निरोधक कानून की सीमाएँ कुछ ऐसी हैं कि उनके दायरे में स्त्री की देह का यह प्रश्न नहीं उठ पाता। चूँकि उत्पीड़ित स्त्री दहेज हिंसा की जटिल संरचनाएँ ठीक से नहीं समझ पाती, इसलिए यह प्रश्न उठाने में असमर्थ रहती है।[८]

जहाँ तक धनी घर की स्त्रियों का सवाल है, उन्हें देह के माध्यम से ही दाम्पत्य की कीमत चुकानी पड़ती है। वे मानकर चलती हैं कि कामनाओं का दमन करना उनका एक गुण है। इसकी अभिव्यक्ति विचित्र तरीकों से होती है। या तो वे यौनक्रिया के दौरान मासूमियत और निष्क्रियता दिखाती हुई पति की मर्दानगी की पुष्टि करती रहती हैं, या फिर वे कामनाओं की उपेक्षा करते हुए दाम्पत्य जीवन पर धन का तर्क हावी हो जाने देती हैं। इनमें कुछ स्त्रियाँ ऐसी भी होती हैं जो पति को नीची निगाह से देखते हुए केवल बच्चों के कारण ही दाम्पत्य से बँधा हुआ महसूस कर पाती हैं। उनका ध्यान पति के बजाय बच्चों पर टिक जाता है, और अक्सर नतीजे के तौर पर उनकी ममता में एक खतरनाक किस्म की ऐंद्रिकता आ जाती है। कामयाब और धनी स्त्रियाँ अक्सर अपने अकेलेपन को कोई नाम नहीं देना चाहतीं। ऐसी स्त्रियों के प्रेम प्रसंग उन्हें छल और शर्म के नाटक का अंग बना देते हैं।

पुरुष का संशय स्त्री की देह को लाजमी तौर पर दुर्बल तो बना ही देता है, निरंतर शुबहे के कारण वह उसे एक ऐसे स्पेस में भी बदल देता है जिस पर पितृसत्ता अपने प्रभुत्व की भीषण भाषा अंकित कर देती है। पत्नी पर शक की तलवार चलाकर पति पूरे दाम्पत्य जीवन में यौननिष्ठा और पारिवारिक मूल्यों का नाटक खेलता रहता है। उसे यह साबित करने में मदद मिलती है कि परिवार के प्रति वही नियमनिष्ठ है। इस तरह खुद को ऊँचे स्थान पर खड़ा करके पति अपनी पत्नी पर यौननिष्ठा की कसौटियों पर खरे उतरने की जिम्मेदारी मढ़ने में कामयाब हो जाता है। स्त्री पर हमेशा इलजाम लगता है कि वह इसमें कामयाब नहीं हो पा रही है। इस पूरी प्रक्रिया में पति स्वयं को यौनिक और नैतिक रूप से श्रेष्ठ मानने लगता है। उसकी निगाह में चूँकि स्त्री का लाइलाज गड़बड़ चालचलन ही घर की इज्जत पर धब्बा लगाने का जिम्मेदार है, इसलिए उसे खुद अपना असंयमित यौनाचरण और अपने विवाहेतर यौन संबंध अनैतिक नहीं लगते। यह सब करते हुए पुरुष परिवार की विचारधारा और अपने इस आग्रह पर डटा रहता है कि परिवार की संस्था कायम रखना स्त्री की ही जिम्मेदारी है। कई मामलों में पुरुष का यह रवैया पहलकदमी की इच्छुक स्त्री में अपराधबोध

पैदा कर देता है, और वह गरिमा के साथ कदम नहीं बढ़ा पाती। इस प्रक्रिया का विरोधाभास यह है कि इसके कारण पितृसत्तात्मक परिवार अपने ही हाथों अपने प्रकृतिप्रदत्त होने का दावा खारिज कर देता है। अगर पितृसत्तात्मक परिवार इतना ही प्रकृतिप्रदत्त है तो फिर उसे स्त्री-देह की निगरानी करने की जरूरत क्यों होनी चाहिए। स्त्री की देह का तात्त्विक अस्तित्व अपने होने के यथार्थ से पितृसत्तात्मक परिवार के सामने एक विरोधाभास खड़ा कर देता है जिससे उसकी वैधता का पर्दाफाश हो जाता है।[९]

(ब) देह का स्वामित्व और देह की अभिलाषा : स्त्री के अन्या होने के तथ्य से पति के भीतर डर और मनोविभ्रम का जन्म होता है। ये मन:स्थितियाँ अंतत: सत्ता की अभिव्यक्ति बन जाती हैं। स्त्री-देह और अस्तित्व को नियंत्रित और नामांकित करने की इसी सत्ता के गर्भ से मर्दानगी पैदा हुई है। यह सत्ता दाम्पत्य के संसार का अपनी शर्तों पर विन्यास करती है जिसके तहत आतंक प्रेम का, डर इरोस यानी काम का और आक्रामकता यौनानंद का पर्याय बन जाती है। स्त्रियों द्वारा इस परिभाषा की स्वीकारोक्ति बताती है कि मर्दानगी के ये मानक किस कदर स्वाभाविक मान लिए गए हैं।[१०]

विवाह के संदर्भ में पुरुष की कामना स्वयं को कैसे व्यक्त करती है? दरअसल, पत्नी से दिन या रात के किसी भी समय संभोग की माँग कर सकता है। आपबीती सुनाने वाली स्त्रियाँ इस पहलू के बारे में बहुत कम बोलती थीं, पर वे इतना जरूर कहती थीं कि मर्द लोग सेक्शुअल मर्यादा का न ध्यान रखते हैं, न रख सकते हैं। उनकी वासना न जगह देखती है, न समय। स्त्रियों को यह अफसोस भी था कि इतने बच्चे पैदा करने के बावजूद उनकी देह को चैन नहीं लेने दिया जाता। कई बार पुरुष द्वारा इच्छित यौनक्रिया कर पाने में नाकामी के कारण स्त्रियों को पिटाई झेलनी पड़ती है, क्योंकि उनकी थकी हुई देह को सेक्स में कोई दिलचस्पी नहीं होती। वे तो बच्चों के साथ सो जाना चाहती हैं। लेकिन, उनके पति इसे अपनी मैथुन-सामर्थ्य की बेइज्जती समझकर उसे सिद्ध करने के लिए हिंसक यौनक्रियाओं पर उतर आते हैं। आंद्रिया द्वार्किन के एक अवलोकन के आधार पर कहा जा सकता है कि स्त्री के लिए संभोग हमेशा हिंसा की छाया में होता है, जबकि अधिकतर पुरुषों के लिए दाम्पत्य जीवन संभोग के जरिए ही रूप, सुसंगति और महत्त्व प्राप्त करता है।

स्त्रियाँ यौन हिंसा को एक खास तरह की शिद्दत के साथ महसूस करती हैं क्योंकि संभोग के लिए उनके अनिच्छुक होने या कामेच्छा में कमी के परिणामस्वरूप पुरुष में उनके प्रति संशय और ईर्ष्या पैदा हो जाती है। बार-बार गर्भाधान की शिकार बहुत सी स्त्रियों को यह समस्या झेलनी पड़ती है। उनकी

समझ में नहीं आता कि वे गर्भनिरोधकों का इस्तेमाल कैसे करें। काफी दिनों तक अलग रहने के बाद अपने पति के पास लौटी एक स्त्री गर्भवती हो जाने के अंदेशे से इतनी परेशान थी कि उसने हमसे एक ऐसे 'सुरक्षित' और खुफिया किस्म के निरोधक की जानकारी देने की मिन्नत की जिसका इस्तेमाल करके वह अपने पति के साथ बच्चा ठहरने के डर के बिना संभोग कर सके और पति को पता भी न लगे। उस स्त्री की स्थिति विशेष रूप से मार्मिक थी क्योंकि उसमें पति के प्रति प्रेम और लगाव था। हो सकता है कि उसकी कामना केवल दैहिक रही हो। जो भी हो, न ही ऐसी स्थिति थी कि वह पति को अपने अंदेशों के बारे में बता पाती, और न ही पति उसकी बातों को गंभीरता से लेने की मानसिकता में था। उस स्त्री का कहना था कि किसी भी तरह के गर्भनिरोधक के इस्तेमाल का आग्रह करते ही उसका पति कहेगा कि अगर उसके ताल्लुकात किसी और मर्द से नहीं हैं तो फिर उसे चिंता करने की क्या जरूरत है? इस तरह की मिसालें बताती हैं कि पुरुष की कामना किस कदर एकतरफा होती है। वह केवल अपने बारे में, अपने संतोष के बारे में, अपनी पूर्ति के बारे में ही सोचती है। स्त्री की कामनाओं और जरूरतों के प्रति अनुभूतिशून्यता उसके लिए विधेयक होती है।[११]

पुरुष की कामना और उसके व्यक्त रूप व्यावहारिक जगत में कई तरह के प्रभावों से गुजरते हैं। एक तरफ परिवार और समुदाय होता है; दूसरी तरफ मर्दों का आपसी याराना, भाई-बांधव, सहयोगी और दोस्तों की दुनिया होती है। इन संस्थाओं और आयामों के प्रभाव में दीक्षित होकर पुरुष एक खास तरह की दैहिक चेतना ग्रहण करता है जिसका परिणाम उसकी कामना की विशेष रूपरेखा में निकलता है।

परिवार की संस्था पुरुष की मैथुन-सामर्थ्य के प्रति खास तौर से चिंतित रहती है। आखिरकार बिना संतानें पैदा किए न तो वंश आगे चल सकता है, और न ही परिवार की श्रमशक्ति में बढ़ोतरी हो सकती है। मर्दानगी पितृसत्तात्मक परिवार की संस्था से इतनी गुँथी हुई है कि उसके वजूद की अनिवार्य शर्त ही बन चुकी है। पिता अपने पुत्र के साथ एक साजिशी किस्म की मर्दों वाली अंतरंगता रखता है। माँ की फिक्र भरी निगाहें अपने बेटे के वजूद में गर्व महसूस करती हैं। यह एक ऐसा गर्व है जिसकी सांस्कृतिक अभिव्यक्ति माँ-बेटे के संबंध में उस समय दिखाई दे जाती है जब माता प्यार से अपने बच्चे का गुप्तांग चूमते हुए उसकी तारीफ करती है, बढ़-चढ़ कर बोलती है। बहन अपने भाई द्वारा दी जाने वाली सुरक्षा और उदारता पर निर्भर रहती है। इन तमाम बातों के प्रभाव में एक खास तरह का पौरुष पनपता है जिसके आधार में युवा पुरुष के पराक्रम

और मैथुन-सामर्थ्य की धारणाएँ होती हैं। अक्सर सब कुछ इस बात से तय होता है कि वह जबरदस्त संभोग कर सकता है या नहीं। इस संबंध में माँ-बेटे का संबंध भी द्रष्टव्य है। स्त्रीत्व के इस रूप में एक साथ पुत्र के प्रति लोभी के स्तर तक जाने वाली लालसा और स्वामित्वबोध होने के साथ-साथ आत्म-नकार के पहलू भी होते हैं। यह स्त्रीत्व एक तरफ मातृत्व के पवित्र विचार और शिशु के लालन-पालन की जरूरतों के दबाव में स्त्री की सेक्शुअलिटी से इनकार करता है; दूसरी तरफ यौनक्रिया को नीची निगाह से देखते हुए उसे अपराधबोध और भय का स्रोत बना देता है। यही कारण है कि *स्नेहीदी* में आने वाली स्त्रियों की आपबीती में उन माताओं की कहानियाँ भी थीं जो वैवाहिक जीवन के शुरुआती कठिन दौर में अपने बेटों और बहुओं को एक ही कमरे में सोने से रोकती थीं (एक मामले में तो माँ की जिद थी कि अगर बहू-बेटे एक कमरे में रहें तो दरवाजा खोले रखें)। स्त्रियों ने यह तक बताया कि उन्होंने अपने पतियों को माँ के साथ सोते देखा है। एक स्त्री के अनुसार उसकी सास उसके और पति के बीच सोती थी। कभी-कभी तो घर में एक ही बिस्तर होने के कारण माँ और बेटा उस पर सोते थे, और बहू को फर्श पर या फिर बरामदे में सोना पड़ता था। इन सभी कहानियों में बेटा माँ के फैसलों पर चलता और उसका आदेश मानता बताया गया था। ये मिसालें बताती हैं कि अपनी परिस्थितिजन्य संरचना के कारण पुरुष कामना न तो स्त्री का अन्या के रूप में आदर कर पाती है, न ही हमउम्र की भाँति उसे प्रेम और हमदिली की सौगात देने में कामयाब है।

दूसरे, भारतीय संदर्भों में पुरुष की अपनी सेक्शुअल अहमियत परिवार के साथ-साथ उसके सामुदायिक दर्जे और अस्मिता की मोहताज है। जाति प्रथा और ब्राह्मणवादी पितृसत्ता नीची जाति के पुरुषों का 'पुंसत्वहरण' करने के लिए श्रमिक के तौर पर उनके अधिकार ही नहीं छीनती, बल्कि उनकी स्त्रियों के काम करने के हक और उनके सेक्शुअल अधिकारों का हनन भी करती है। नतीजे के तौर पर संरचनागत और दैहिक रूप से स्थानच्युत पुरुषों की आक्रांत मर्दानगी यौन आक्रामकता और क्रोध की भाषा में व्यक्त होती है। यह रवैया आमतौर पर ऊँची जाति की स्त्रियों की सेक्शुअल 'इज्जत' को तो अपना शिकार बनाता ही है, अपनी बहिनों और पत्नियों पर भी कहर बरपाता है। इन स्त्रियों की कमाई अक्सर छीन ली जाती है। उनकी पिटाई आम बात है। मर्दों के गुस्से और हिंसा को उस समय और प्रोत्साहन मिलता है जब स्त्रियों की तरफ से भी समुदाय की एकता और अखंडता के नाम पर क्षोभ और पीड़ा की ये अभिव्यक्तियाँ वैध करार दे दी जाती हैं। जाति के दुर्दम्य तर्क की गिरफ्त में आकर कभी-कभी तो यह आक्रांत मर्दानगी अपने ही घर की स्त्रियों की देह पर आघात करते हुए भूल

जाती है कि पिटने वाली उसी की तरह जातिगत उत्पीड़न की शिकार है। एक दलित लड़की अंतरजातीय विवाह के भीषण नतीजे भोगने के बाद मायके लौटना चाहती थी, पर उसके भाइयों ने घर के दरवाजे उसके मुँह पर यह कहकर बंद कर दिए कि उसने जो किया उसका नतीजा उसे ही भोगना होगा। आखिरकार पति ने उसे मार ही डाला। लड़की की माँ ने यह कहकर बेटे का ही पक्ष लिया कि उन्होंने जो किया वह परिवार की इज्जत बचाने के लिए किया। पुरुष होने के अलावा उस लड़की के भाइयों को यह भी तो पता था कि जातिगत वर्जनाओं का अतिक्रमण करने का नतीजा क्या हो सकता है। चूँकि वे बिरादरी का कोप झेलने के लिए तैयार नहीं थे, इसलिए उन्होंने अपनी बहिन की वापसी स्वीकार नहीं की।

इसके उलट ऊँची जाति के पुरुषों को अपनी श्रेष्ठतर यौनशक्ति और 'अधिक स्वच्छ और अप्रदूषित बीज' का अहंकार होने के नाते नीची जाति की स्त्रियों की देह पर ईश्वरप्रदत्त दावेदारी करते देखा जा सकता है। अपनी इसी प्रवृत्ति के एक आयाम के रूप में वे अपनी स्त्रियों की 'इज्जत' सुरक्षित रखने के लिए काफी उत्सुक रहते हैं। इसके किसी भी संभावित उल्लंघन की दश्चिंताएँ नीची जाति के पुरुषों की देह पर हिंसक आघातों के रूप में निकलती हैं। ऊँची जाति की औरतें अपनी दुर्बलताओं का ख्याल काफी गहरे जज़्ब करने के बाद या तो नीची जाति के पुरुषों के प्रति हमलावर और अपमानजनक ढंग से पेश आती हैं, या फिर उनसे डरती रहती हैं। नतीजे के तौर पर नीची जाति की पुरुष ऐंद्रिकता का मिथकीकरण हो जाता है। वह एक तरफ गाली-गलौज का शिकार बनती है और दूसरी तरफ भय का स्रोत बन जाती है। इस प्रकार बनने वाली संस्कृति के सेक्शुअल आयामों की छाया में पुरुषों की यौन कामनाओं और अस्मिता के निर्देशांकों का निर्धारण होता है जिनके आधार पर वे अकेले या मिल-जुल कर कार्रवाइयों का निर्णय करते हैं। स्त्रियों की देह, भले ही वह ऊँची जाति की स्त्रियाँ ही क्यों न हों, सामुदायिक अस्मिता की प्रतीक बन जाती हैं, और साथ में स्वामित्वबोध और कामना का लक्ष्य भी बनी रहती हैं।

अंत में यह कहा जा सकता है कि पुरुषों को अपनी यौन मूल्यवत्ता का एहसास दूसरे पुरुषों के साथ अपने संबंधों के आधार पर होता है। वे अपनी संभोग संबंधी या अन्य मर्दाना शक्तियों की सनद के लिए दूसरे पुरुषों का मुँह जोहते हैं। इस संबंध में पुरुष मित्रमण्डली के बीच होने वाली आपसी छींटाकशी, दी जाने वाली चुनौतियों और लगने वाली बाजियों की भूमिका अनदेखी नहीं की जा सकती। पुरुषों में एक-दूसरे के प्रति एक ऐसा जज़्बा होता है जो अक्सर एक ही मूल का होने की भाषा में व्यक्त होता है। चाहे कार्यस्थल हो, खेल का

मैदान हो या वेश्याओं का इलाका हो, विभिन्न संदर्भों में पुरुष एक साथ सक्रिय रहना पसंद करते हैं। इस प्रक्रिया में उनके बीच एक ऐसी पुरुष अस्मिता पनप जाती है जिसे वे अपनी इयत्ता के लिए स्त्रियों से ताल्लुकातों के मुकाबले कहीं ज्यादा अहम समझते हैं। यही कारण है कि स्त्रियाँ अक्सर अपनी पिटाई के लिए पति की 'बुरी सोहबत' को जिम्मेदार ठहराती दिखती हैं। स्त्रियों द्वारा जबरन 'गुदा मैथुन' की शिकायत किए जाने के पीछे भी यही कारण प्रतीत होता है। इस प्रकार की पुरुष कार्रवाइयों में समलैंगिक ऐंद्रिकता की एक प्रच्छन्न धारा बहती देखी जा सकती है। स्त्रियाँ भी इसे इसी रूप में समझती हैं। लेकिन, शायद ही वे इसे कोई नाम दे पाती हों। आम तौर पर उनकी शिकायत यही रहती है कि उनका पति दोस्तों के साथ कुछ ज्यादा ही वक्त गुजारता है। हालाँकि इसे पुरुषों द्वारा घर के कामकाज में मदद न करने की प्रवृत्ति के खिलाफ की जाने वाली आम शिकायत के रूप में भी देखा जा सकता है, पर इसमें पति के दोस्तों के खिलाफ एक तरह की सेक्शुअल नाराजगी भी होती ही है।

जाहिर है कि पुरुष कामना चरित्रगत रूप से रैखिक और अपने संरचनाप्रदत्त उद्देश्यों से बँधी होती है। लेकिन, उसमें निहित स्वायत्तता और उसकी सौंदर्यमूलक विधेयकता के पहलुओं पर भी ध्यान देना जरूरी है। इसकी झलकियाँ हमारी संस्कृति में अक्सर मर्दों की सामाजिक और सेक्शुअल प्रदर्शनप्रियता में मिलती रहती हैं। अगर यह मान लिया जाए कि किसी प्रदर्शन के लिए एक देह और एक दायरे की जरूरत पड़ेगी, तो हमें देखना होगा कि पुरुषों के सेक्शुअल प्रदर्शन में कितनी गहराई तक झाँका जा सकता है।

मेरी जैसी कई स्त्रियों के लिए एक पुरुष के बेपरवाह होकर सार्वजनिक रूप से पेशाब करने का नजारा इसकी सबसे बड़ी मिसाल है। इससे अंदाजा लग सकता है कि स्पेस के साथ उसका क्या रिश्ता होता है। पुरुष किसी गहमा-गहमी भरे रास्ते के किनारे, लड़कियों के स्कूल की इमारत के बगल में, बस के मोड़ वाली किसी सड़क के किनारे, या किसी सार्वजनिक पार्क में पेशाब करता देखा जा सकता है। सेक्शुअल प्रदर्शनप्रियता की दूसरी मिसालें भी हैं। यह पूछा जा सकता है कि स्त्रियों या लड़कियों को अपने गुप्तांग दिखाने में पुरुषों को क्या सुख मिलता है? किसी भीड़ भरी बस या ट्रेन में लड़कियों और स्त्रियों के कानों में अश्लील बातें फुसफुसाने के पीछे अंतरंगता के कौन से विचार काम करते हैं? या स्त्रियों के नितंबों और वक्षों में चिकोटी काटने से उन्हें क्या मिलता है? ऐसा क्यों होता है कि किसी सार्वजनिक सभा में और मंच पर भी पुरुषों के हाथ अचेत रूप से ही सही अपने लिंगभाग की तरफ क्यों चले जाते हैं? (इसके उलट स्त्रियाँ साड़ी से अपने वक्ष और कस कर ढकने की कोशिश करती हैं।) ऐसा लगता है

कि जिस सार्वजनिक स्पेस पर वे बिंदास अंदाज में अपना मालिकाना हक जताते हैं, उसे परिभाषित करने का उनके पास एक ही तरीका हो। अपने शिश्न और उसके उठने-गिरने के अलावा वे किसी और तरीके से यह मालिकाना हक व्यक्त नहीं किया जा सकता। ऐसा लगता है कि पुरुष न केवल घर और संसार की भू-क्षेत्रीय सीमाओं का अंकन करते हैं, वरन् उस पर अक्षरश: और विचारधारात्मक रूप से अपनी शिश्न-सत्ता का ठप्पा भी लगा देते हैं। चेतना और देह के कटान बिंदु पर उकरे इस ठप्पे के चिह्न, उनका तात्त्विक और प्रतीकात्मक महत्त्व हर जगह और हर समय हिंसा के अंदेशे से पुष्ट होते रहते हैं। हिंसा की यह धमकी केवल नाम की ही नहीं होती। यौन कामना (और सत्ता) का यह प्रदर्शन एक ऐसी पुरुष सेक्शुअलिटी की तरफ ध्यान खींचता है जो अपने होने की चेतना से भी मुक्त होने के कारण 'प्राकृतिक' किस्म की स्थिति प्राप्त कर लेती है। यह सेक्शुअलिटी प्रच्छन्न रूप से शिश्न-प्रवेश की कार्रवाई को एक स्वाभाविक और अनिवार्य किस्म की यौन गतिविधि की तरह स्थापित करके उसे पुरुष होने की शर्त की तरह परिभाषित कर देती है।

इसी के परिणामस्वरूप पुरुष का अपनी देह के साथ रिश्ता स्पेस की पुरुष-समझ से जुड़ा होता है। अगर स्पेस शिश्न द्वारा निर्धारित रास्ते से परिभाषित है, तो उसी भाँति पुरुष की देह भी शिश्न में सिमटकर उसका पर्याय बन जाती है। दरअसल, अगर सावधानी से अध्ययन किया जाए तो दिखाई पड़ेगा कि किस तरह पुरुष की देह अक्सर स्वयं को साकार शिश्न के रूप में व्यक्त करती है। ताज्जुब नहीं कि अधिकतर पुरुषों के लिए स्त्री देह का वजूद केवल नितम्बों, छातियों और यौनि के रूप में होता है। वे इन अंगों को तत्त्वहीन अवतलों की तरह देखते हैं जिन्हें परपस्पर प्रतिस्थापित किया जा सकता है। पुरुषों की दुनिया न केवल स्त्री को निष्क्रिय मानकर चलता है, बल्कि बाहर की तरफ उठी हुई पुरुष की यौन अभिव्यक्ति की भाषा और बिम्ब-विधान की प्रतिष्ठा के जरिए उसकी पुष्टि भी कर दी जाती है। स्वयं स्त्रियाँ उसे पनपाने और मान्यता दिलवाने में सक्रिय भूमिका का निर्वाह करती हैं।

(स) प्राधिकार और लगाव : इन अवलोकनों से स्पष्ट है कि मर्दानगी अपने एक अंतर्निहित तर्क के हिसाब से चलती है· जिनका असर उसके ऐतिहासिक रूपों पर पड़ता है। मेरे ख्याल से यह तर्क उस समय सबसे ज्यादा प्रभावशाली ढंग से व्यक्त होता है जब मर्दानगी पुरुष (और पति रूप में) का प्राधिकार संलग्नता, आनंद और लगाव की भाषा में परिभाषित करती है। मुझे याद आता है कि एक पुरुष ने किस तरह दैन्य भाव से एक बार पूछा कि 'क्या मैं अपनी पत्नी को एक बार भी नहीं पीट सकता?' मुझे वह स्त्री भी याद है जो

बहस कर रही थी कि पति अपनी पत्नी की पिटाई तभी करता है जब वह कुछ 'गलत करती है'। प्राधिकार को स्त्री के प्रति लगाव मान लेने का नतीजा यह निकलता है कि पुरुष उसे बिंदास पीटते रहते हैं, और वह उस प्राधिकार के प्रति आज्ञाकारी और सहमत बनी रहती है।

पुरुषों के रोमांस करने के तरीके से यह बात स्पष्ट हो सकती है। फिल्मों और साप्ताहिक पत्रिकाओं में रोमांस के निरूपण के मुताबिक पुरुष रोमांस को एक तरह की भिड़ंत के रूप में लेते हैं। लड़कों के खेल की तरह पुरुषों के बीच यह आपसी प्रतियोगिता चलती रहती है। पत्नी हो या प्रेमिका, उसे एक ऐसे शिकार की तरह देखा जाता है जो शिकारी के लिए ट्राफी की तरह है। शादी के लिए तैयार हो जाने वाली स्त्री पुरुषों की नजर में उस शिकार की तरह है जिसे जाल में फँसने के बाद लाजमी तौर से समर्पण करना ही है। स्त्री की निष्क्रियता उसकी शृंगारिकता में बदल जाती है। उसकी देह जितनी निष्क्रिय होगी, मर्दानगी को उस पर श्रेष्ठता का दावा करने में उतना ही मजा आएगा। प्रेम उतना ही सत्ता-रूप में प्रदर्शित होगा। एक विश्वविद्यालय के प्रोफेसर ने अपनी एक होनहार छात्रा से शादी कर ली। कहने के लिए तो यह 'प्रेम-मिलन' था, पर वैवाहिक जीवन के पहले कुछ हफ्तों से ही साफ हो गया कि वे दोनों कई तरह से अलग थे। पति ने उसे बाल कटाने पर मजबूर कर दिया, जबकि उसके लंबे और खूबसूरत बाल उसकी सुंदरता थे जिन्हें वह प्यार से चोटी में गूँथा करती थी। उसने जोर दिया कि वह अपने होठों और चेहरे का मेकअप करे, जबकि वह जैसी थी वैसी ही दिखना चाहती थी। धीरे-धीरे, पति उसे वह बनाने में कामयाब हो गया जो वह नहीं थी। उस प्रक्रिया में अपने और अपने संसार के सूत्र उस स्त्री के हाथ से निकल गए। उसे विक्षिप्तता के दौरे पड़ने लगे। न होते हुए भी वह गर्भवती होने का दावा करने लगी। उसे अपने व्यक्तित्व से संबंधित पति की बहुत सी माँगें केवल इस नाम पर माननी पड़ीं कि वह उससे प्यार करता है। इसी के नतीजे के तौर पर वह खुद की निगाहों में पति के प्रेम की पुष्टि करने के लिए अपने गर्भवती होने का आग्रह करने लगी थी।

पति द्वारा अपनी सत्ता का शृंगारीकरण अक्सर विकृत रूप ग्रहण कर लेता है। इसी के तहत दाम्पत्य संबंध टूट जाने और पूरी तरह खत्म हो जाने के बावजूद दाम्पत्य संबंधी अधिकारों के उपभोग का दावा किया जाता है। पत्नी जब उसे छोड़ने का निर्णय ले लेती है, तो वह उसका पीछा करना शुरू कर देता है। वह सार्वजनिक स्थानों पर उसे घेरता है, खून के दस्तखतों वाले ख़त लिखता है, और उस पर पर-पुरुषगामी होने के आरोप लगाता है। इस तरह के आरोप अपनी प्रकृति में अश्लील होते हैं और आरोप लगाने वाला इनके जरिए दृश्यरतिक सुख

के जरिए अपनी विकृत यौन अनुभूतियाँ तृप्त करता है। एक युवा स्त्री शादी के कुछ साल बाद अपने पति को छोड़कर बच्चे के साथ चली आई। पति फौज में था। नौकरी पूरी करने के बाद उसने वापस आकर दाम्पत्य अधिकारों का दावा किया। स्त्री ने उसके साथ रहने से इनकार करके तलाक की अर्जी लगा दी। बदले में पुरुष ने न केवल उसके खिलाफ थाने में रपट कर दी कि उसके दूसरे मर्द से ताल्लुकात हैं, बल्कि काम से वापस आते समय उसे अगवा कर लिया। पुलिस के सहायक अधीक्षक ने उस स्त्री को झिड़की पिलाई कि वह अपने पत्नी होने के कर्तव्यों का पालन नहीं कर रही है, और उस कथित पति ने धमकी दी कि अगर वह उसके पास नहीं लौटी तो वह उसे परपुरुषगमन के आरोप में अदालत घसीट ले जाएगा। वह पुरुष जानता था कि स्त्री वापस नहीं आएगी, फिर भी वह उसे सताता रहा। शायद स्त्री की देह पर अपने अधिकारों के प्रदर्शन और उन अधिकारों से वंचित किए जाने के आरोपों के जरिए वह सत्ता का ही नहीं यौन सुख का एहसास भी कर रहा था।

ऐसे उदाहरण भी हैं कि स्त्रियाँ दाम्पत्य संबंध नहीं तोड़तीं, और अत्याचारी पतियों को बर्दाश्त करती रहती हैं। वे दाम्पत्य संबंध तोड़ने की हिम्मत नहीं जुटा पातीं। इसके पीछे केवल सामाजिक और आर्थिक रूप से अकेले रह जाने का ही डर नहीं होता, बल्कि इसका कारण उनकी देह और दिमाग पर हावी सत्ता होती है जिसे उन्होंने जज़्ब कर लिया होता है। वे मानती हैं कि उनकी अस्मिता, उनकी देह और उनका अस्तित्व उसी सत्ता का मोहताज है। एक औरत की जिंदगी में, उसकी चेतना में और उसके मनोभावों में प्रेम और त्याग, कामना और आत्म-दमन का वजूद एक साथ रहता है। विवाह खत्म करने का निर्णय करने के बावजूद कोई-कोई स्त्री ही प्रेम और अभिलाषा के जरिए अपने जीवन का पुनर्निर्माण करने के बारे में सोच पाती है। आपबीती सुनाने आई स्त्रियाँ अक्सर यह कहती पाई गईं कि वे *स्नेहीदी* में शामिल होकर 'समाज सेवा' करना चाहती हैं। वे मानकर चल रही थीं कि प्रेम और लगाव का उपभोग केवल एक प्राधिकार के तहत ही किया जा सकता है। वरना, लगाव की अभिव्यक्ति केवल निःस्वार्थ प्रेम में करना ही उन्हें ठीक लग रहा था। यहाँ तक कि शिक्षित और अपने पैरों पर खड़े होने के लिए तैयार युवा स्त्रियों के लिए भी यह कल्पना मुश्किल थी कि प्रेम का उनके जीवन में दोबारा प्रवेश हो सकता है। इस तरह के मामलों में आत्म-दमन उनकी गैर-विवाहित आत्मपरकता परिभाषित करने लगता है। पुरुष का भय, उनके साथ जो हुआ उसके प्रति मन की घृणा, थकान—ये सब बातें मिलकर उन्हें कामनाहीन जीवन की तरफ तो धकेलती ही हैं, प्रेम और कामना के विधिसम्मत रूपों में आस्था भी उनके इस तरह के चुनाव

के लिए विधेयक बन जाती है।

स्त्रियों के इस रवैये में कुछ वर्गगत फर्क भी होता है। ऐसा लगता है कि मजदूर वर्ग (और कामगर जातियों) की स्त्रियाँ प्रेम के मामले में 'एक बार हो गया, अब नहीं' के उसूल से कुछ कम बँधी पाई जाती हैं। ऐसी स्त्रियाँ ऐंद्रिकता की प्रासंगिकता, महत्त्व और प्रेम की संभावना अपेक्षाकृत आसानी से मान लेती हैं। कामगर जातियों की स्त्रियों द्वारा पति के प्राधिकार की अवज्ञा करने की संभावना ज्यादा रहती है। वे पति के क्रोध और हिंसा को लगाव और प्रेम की अभिव्यक्ति मानने के लिए इतनी आसानी से तैयार नहीं होतीं। वे अत्याचारी पति को अपेक्षाकृत जल्दी और अपनी पहलकदमी पर छोड़ सकती हैं। कहा जाता है कि नीची जाति और मजदूर वर्ग के पुरुष कम पितृसत्तात्मक होते हैं और ऐसे घरों में माहौल अधिक बराबरी वाला होता है। पर मामला इतना आसान नहीं होता। मजदूर वर्ग में प्रचलित मर्दानगी की धारणा में एक खास तरह की इयत्ता, शैली, सेक्शुअल सत्ता और पुरुषों का आपसी बिरादरी भाव छिपा होता है।[१२] श्रृंगारिकता संबंधी उनकी दृष्टि भी पुरुष के आनंद को प्राथमिकता देते हुए उसे अपनी शर्तों पर भोगना चाहती है। इन घरों में स्त्री की कामना (जिसे स्त्री की असंयमित संभोगेच्छा के रूप में देखा जाता है) के प्रति सहिष्णुता कुछ अधिक मिलती है, पर इसका मतलब यह नहीं निकाला जा सकता कि ऐसे पुरुष व्यक्ति के रूप में स्त्री का अधिक सम्मान करते होंगे।

मर्दानगी और श्रृंगारिकता का सिद्धांत

इस विश्लेषण से दाम्पत्य संबंधों की द्वंद्वग्रस्त प्रकृति स्पष्ट हो जाती है। वैवाहिक प्रेम का मतलब केवल यह नहीं है कि उसमें सेक्स हिंसक हो जाता है। दाम्पत्य के संदर्भ में सेक्शुअल प्रेम हिंसा का रूप ही धारण कर लेता है। संशय के जटिल भाष्य-विज्ञान से निकलने वाला और एकनिष्ठ पितृसत्तात्मक परिवार को प्राथमिकता देने वाली सामाजिक-आर्थिक व्यवस्था द्वारा रचित वैवाहिक प्रेम एक ऐसी इयत्ता पर आधारित होता है जो मर्दानगी का झंडा उठाए रहती है। परिणामस्वरूप मर्द होने की यह इयत्ता स्वयं को एक मानक के रूप में स्थापित कर लेती है जिस पर स्त्री की प्रत्येक अभिव्यक्ति का परीक्षण किया जाता है। इसी कसौटी पर कस कर तय किया जाता है कि सामाजिक और सांस्कृतिक रूप से किसी अभिव्यक्ति की अहमियत क्या है। मर्दानगी ने ऐंद्रिकता और श्रृंगारिकता को अपनी शर्तों पर परिभाषित कर डाला है। हम देख चुके हैं कि कामना और उसकी तृप्ति सत्ता और प्राधिकार के एक तर्क पर चलती है। उसकी इच्छा नियंत्रण और स्वामित्व से पूरी होती है।

ऐसी बात नहीं कि निष्क्रिय स्त्रियों के ऊपर मर्दाना ऐंद्रिकता और शृंगारिकता के मानकों को केवल थोपने के जरिए ही लागू किया जाता हो, हालाँकि स्त्री की अधीनता के पीछे मर्द इयत्ता की भूमिका में ताकत के इस्तेमाल की संभावना पूरी तरह से खारिज नहीं की जा सकती। चूँकि स्त्रियाँ स्वयं पीड़ित बनने के लिए सहमत हो जाती हैं, मर्दाना अहंकार को खुद पालती-पोसती हैं, हिंसा को सेक्शुअल प्रेम और दाम्पत्य संबंधी आस्था के स्थायी पहलू की तरह स्वीकार कर लेने के लिए खुद को तैयार कर लेती हैं, इसलिए ताकत का इस्तेमाल हर मामले में निर्णायक नहीं रह जाता। नारीवादियों के लिए इस मामले में सबसे अहम प्रश्न स्त्री की कामना से संबंधित है। दिक्कत यह है कि मर्दानगी अपने व्यवहार, चेतना और बनावट के स्तर पर इतनी जटिल और कुटिल है कि मर्द के ठप्पे के तहत शृंगारिकता को उलटने की सिफारिश भी नहीं की जा सकती। काम के एक ऐसे रूप को अहमियत देने की इच्छा जरूर की जा सकती है जिसकी प्रकृति अपेक्षाकृत कम रैखिक हो, जो बतौर अनुभव व्यवहार में स्त्री-ऐंद्रिकता और प्रेम लिए अधिक जिंदादिल और लचीला साबित हो, और जिसके जरिए स्त्रियाँ अपनी पारस्परिकता और आत्म-ज्ञान का अधिक साक्षात्कार कर पाएँ। लेकिन, काम का यह रूप भी शृंगारिकता को उसके मर्दाने संरचनागत तर्क से मुक्त नहीं कर पाएगा। दरअसल, स्थिति यह है कि स्त्री की कामना की बात करना ही अपने आप में एक मिथ्या चर्चा के समान है। स्त्री की कामना अभी तक अपने लिए एक नाम की तलाश कर रही है। यह दूसरी बात है कि अगर यह कामना खुद को समलैंगिक ऐंद्रिकता की एक किस्म मान ले तो फिर ऐसा करते ही वह खास तरह की जीवन-शैलियों, पाठ-चर्याओं और असंयमित ऐंद्रिकता की अवज्ञाकारी दावेदारियों में व्यस्त हो सकती है। लेकिन, समलैंगिक ऐंद्रिकता एक अपवाद ही है। एकनिष्ठ विवाह और इतरलैंगिकता की अनिवार्यताओं के खिलाफ विद्रोह करने वाली बहादुर स्त्रियों के लिए शृंगारिकता की निजी किस्में अपना महत्त्व रखती हैं, लेकिन परिवार, समुदाय और अर्थव्यवस्था के परस्पर जुड़े हुए दायरों को रूपांतरित करने के लिए विवश नहीं कर पातीं।

तो फिर सवाल उठता है कि हम क्या करें? मेरे ख्याल से ऐंद्रिकता और शृंगारिकता की इबारत फिर से लिखी जानी चाहिए। इरोस यानी काम को परिवार और दाम्पत्य के दायरे से बाहर निकालना होगा। इस अंतर्गुंफन को खत्म करके जाति और समुदाय के सीमांत प्रदेशों में इसे संवाद और लोकतंत्र की दुनिया में ले जाना होगा। राजनीति के दायरे में यह कार्रवाई करनी होगी, क्योंकि जाति, वर्ग, भाषा, आस्था और जातीयता की भाँति यह भी प्रतिरोध का एक क्षेत्र

है। अगर यौन उत्पीड़न से मुक्ति प्राप्त करनी है, अगर पीड़ा को आनंद मानने के आग्रह से छुटकारा पाना है और अगर अंतरंग संबंधों की दुनिया को भी स्वाधीनता, समता और गरिमा के विचारों के प्रति जवाबदेह बनाना है तो नाना प्रकार के ऐसे दायरों की रचना करनी होगी जिनमें ऐंद्रिकता को संवादपरक बनाया जा सके। अफ्रो-अमेरिकी जीवन के संदर्भ में बचाव-वृत्ति और प्रतिरोध की रणनीतियों पर चर्चा करते हुए जेम्स बाल्दविन के कथन के साथ यह चर्चा खत्म की जा सकती है : 'मेरे विचार से ऐंद्रिक होना जीवन की शक्ति के प्रति आदरभाव रखते हुए उसका उत्सव मनाना है। ऐंद्रिक होना रोटी खाने से लेकर प्रेम करने तक प्रत्येक काम में उपस्थित रहना है।'

संदर्भ और टिप्पणियाँ

१. सुनना एक राजनीतिक और ज्ञानमीमांसक कार्रवाई है। यह रेडिकल इसलिए है कि इसके जरिए अपनी बात पहले कभी न कह पाने वालों को अपनी आपबीती सुनाते हुए वाणी मिलती है। नारीवादी श्रोता अनिवार्यत: संवादपरक संदर्भ में स्त्री को अपनी कथा सुनाने की गुंजाइश देता है। एक कहानी के बीच में ही वहीं मौजूद दूसरी स्त्रियाँ भी अपनी आपबीती शुरू कर सकती हैं। राय देने में कोई कोताही नहीं की जाती। उसे ठुकरा भी दिया जाता है, उस पर बहस भी होती है। आने-जाने वालों, बच्चों और सुनाने वाली की थकान के कारण आपबीती बीच में भंग होकर फिर से शुरू की जाती है। हर बार कहानी शुरू करते समय स्त्री नए सिरे से अपनी जिंदगी की घटनाओं पर नजर डालती है और एक नई आत्मपरकता का पूर्वाभ्यास करती है। पहले दौर में ये कहानियाँ सामान्य किस्म की और पूर्व-निर्धारित तत्त्वों से ही बनी होती हैं।

फिल्मों की, विज्ञापनों की, पड़ोस की, गप्पों की, कानून की और सरकार की भाषा का इस्तेमाल कहानी को अपवादहीन बनाकर कुछ ऐसा कर देता है कि जैसे वह हर औरत की कहानी हो। आपबीती सुनाने के दूसरे दौर में एक तरफ आत्म-नकार सामने आता है, और दूसरी तरफ फैंटेसी। कभी स्त्री कहती है कि सब कुछ उसी की गलती का नतीजा है, और काश वह ऐसी न होकर वैसी होती। कभी वह कहती है कि पहले हम कितने खुश थे, एक-दूसरे का कितना ख्याल रखते थे। तीसरे दौर तक वह स्त्री *स्नेहीदी* को अपना घर मानने लगती है। तब उसका मुँह खुलता है और वह उन बातों को भी बताती है जो उसने अपनी माँ को भी नहीं बताई होती हैं। यही कारण है कि नारीवादी कार्यक्रमों में निजी साक्ष्य का बहुत महत्त्व है, और इसीलिए बहुभाषी अनुवाद, समूह चर्चा और जन-सुनवाइयाँ आयोजित की जाती हैं।

मनोविश्लेषण के संदर्भ में श्रवण को ज्ञानमीमांसा की तरह परिभाषित करने के लिए देखें, पीटर गे, *दि बुर्जुआ एक्सपीरिएंस : फ्रॉम विक्टोरिया टु फ्रॉयड,* खंड १, *दि एजुकेशन ऑव दि सेंसिज़,* ऑक्सफोर्ड यूनिवर्सिटी प्रेस, लंदन, १९८५, पृष्ठ

१६६; 'फ्रॉयड ... हमारे इतिहास के एक बहुत बड़े श्रोता थे। सपने, बीच-बीच में हुई चूकें, मुद्राएँ, लक्षण, खामोशियाँ उनके लिए यूँ ही मददगार साबित हो जाती थीं। लेकिन, एक बार शिनाख्त हो जाने के बाद वे उनके लिए पथप्रदर्शकों का काम करती थीं जिनके बताए हुए रास्ते पर चलते हुए वे मन के उन अँधेरे कोनों में पहुँच जाते थे जहाँ यौन कामनाओं का निवास था। फ्रॉयड ने चिकित्सकों और शोधकर्ताओं को मस्तिष्क से मिलने वाले संदेशों के गूढ़ार्थ खोलने की आजादी ही नहीं दी थी, उन्होंने उनके कंधों पर इस रूप में एक जिम्मेदारी भी डाली थी जिससे शृंगारिक अनुभवों को उनकी समग्र जटिलता में पहले से अधिक सम्पूर्णता के साथ समझने का ऐतिहासिक अवसर प्राप्त हुआ।'

२. नारीवाद की 'दूसरी लहर' से मेरा मतलब है : सूसन ब्राउन मिलर, *एगेंस्ट अवर विल : मेन, वुमॅन एंड रेप*, हारमंड्सवर्थ, पेंगुइन, १९७७; मेरी डैली, *गाइन-इकोलॉजी : दि मेटाफिजिक्स ऑव रेडिकल फेमिनिज्म*, लंदन, दि वोमेंस प्रेस, १९७९; आंद्रिया द्वारकिन, *वुमॅन हेटिंग*, ई.पी. डट्टन, न्यूयार्क, १९७४ और *पोर्नोग्राफी : मेन पज़ेसिंग वुमॅन*, दि वुमॅन प्रेस, लंदन, १९८१; जरमेन ग्रीर, *दि फीमेल यूनक*, मेकगिब्बन एंड की, लंदन, १९७०; केट मिलेट, *सेक्शुअल पॉलिटिक्स*, स्फेयर बुक्स, लंदन, १९७१

हालाँकि आजकल इस 'दूसरी लहर' को कई नजरियों से काफी आड़े हाथों लिया जाता है, पर मेरे लिए यह प्रासंगिक है। इन लेखिकाओं ने जिस शिद्दत और शैली के साथ प्रतिरोध किया उसका समकालीन नारीवादी सिद्धांत पर काफी असर पड़ा। देखें, डेल स्पेंडर (सं.), *मॉडर्न फेमिनिस्ट थियरिस्ट्स : रिइनवेंटिंग रिबेलियन*, दि वुमॅन प्रेस, लंदन, १९८३, पृष्ठ ३७२

इन नारीवादी लेखिकाओं की शैली कुछ इस तरह की थी जिससे चेतना के साथ शारीरिक यथार्थ का मिलन हो जाता था। अपनी शैली के कारण ये लेखिकाएँ अफ्रीकी-अमेरिकी विमर्श के नजदीक आ जाती हैं जिसने अपने आहत जीवन के तथ्यों को सामने लाने, बचे रहने व प्रतिरोध की संभावनाओं का संधान करने के लिए साक्ष्य की परंपरा की शुरुआत की। देखें, बेल हुक्स और कारनेल वेस्ट, *ब्रेकिंग ब्रेड : इंसरजेंट ब्लेक इंटलेक्चुअल लाइफ*, साउथ एंड प्रेस, बोस्टन, १९९१ और कारनल वेस्ट, *रेस मेटर्स*, साउथ एंड प्रेस, बोस्टन, १९९३

३. उपरोक्त।

४. एड्रीने रिच ने अपनी रचना 'कम्पल्सरी हेटरोसेक्शुअलिटी एंड लेस्बियन एक्सपीरिएंस' साइन्स, खंड ५.४, १९८० में कहा कि इतरलैंगिक मानकों के दबाव में स्त्री समलैंगिकता पृष्ठभूमि में धकेल दी गई है। इन मानकों को लागू करने में हिंसा का सहारा भी लिया जाता है। हमारी संस्कृति में भी स्त्रियों से अपनी भावात्मक ऊर्जा पूरी तरह पति और बच्चों में खपाने का आग्रह किया जाता है। इतरलैंगिकता और एकनिष्ठ विवाह उनके लिए एक अनिवार्य चयन बन जाते हैं।

५. नैंसी शोडरो (*दि रिप्रोडक्शन ऑव मदरिंग : साइकोएनालैसिस एंड दि सोशियोलॉजी ऑव जेंडर*, बर्कले, यूनिवर्सिटी ऑव कैलिफोर्निया प्रेस, १९७८) से शुरुआत करके कई नारीवादियों ने पुरुष की 'अन्यता' की चर्चा की है और मनोविश्लेषण की भाषा

का इस्तेमाल करते हुए मातृत्व और शिशु के लालन-पालन की गतिविधियों के जरिए अपने तर्कों की पुष्टि करने की कोशिश की है। डोरा रसेल और मेरी ओ'ब्राइन का कहना है कि प्रजनन का भौतिक यथार्थ दोनों लिंगों के बीच भेद कर देता है और स्त्री की चेतना अलग तरह की हो जाती है। देखें, डेल स्पेंसर, *मॉडर्न फेमिनिस्ट थियरिस्ट्स,* उपरोक्त, पृष्ठ ३६८-८०)।

६. यहाँ अहम सवाल यह है कि क्या वैवाहिक प्रेम शृंगारिकता की विकृति है, या दाम्पत्य जीवन के दायरे में शृंगारिकता का एक अलग तरह का रूप है। *कामसूत्र* पर लिखे गए कुमकुम रॉय के इस संग्रह में संकलित लेख से भी पता चलता है कि सत्ता, विशेष सुविधा और नियंत्रण पर टिकी दुनिया में शृंगारिकता प्राधिकार का ही एक हिस्सा और उसी की अभिव्यक्ति हो जाती है। मैंने जो उदाहरण दिया है उसके अनुसार विवाह में स्त्री की आनंदानुभूति अनिवार्यतः परपीड़ित-कामुकता का रूप ही होती है। मारपीट जब जान ले लेने के जोखिम तक पहुँच जाती है तो स्त्री को एहसास होता है कि वैवाहिक प्रेम दरअसल कितना बड़ा भ्रम था।

७. अमेरिका के नस्लवाद ग्रस्त समाज की भाँति भारत के जाति समाज में सेक्शुअलिटी की रचना में इज्जत का सवाल, उसके अतिक्रमण का प्रश्न और आक्रामकता के पहलू खास भूमिका अदा करते हैं। इस लिहाज से स्त्री एक तरह का सीमांत बन जाती है जिसका उल्लंघन हमेशा चिंता का कारण बना रहता है। संशय ऐंद्रिक अनुभूतियों का एक बुनियादी स्रोत बन जाता है।

८. तमिल सिनेमा में दाम्पत्य जीवन से सेक्शुअली असंतुष्ट ब्राह्मण स्त्री और शूद्र के बीच प्रेम का संधान किया गया है। *सावित्री* नामक फिल्म में एक वृद्ध पुरोहित के साथ विवाहित युवा ब्राह्मण स्त्री के अकेलेपन का चित्रण है। दरअसल, ऐसे प्रकरण जाति-समाज की सेक्शुअल दृश्यरत्यात्मकता को बढ़ावा देते हैं और इनसे ब्राह्मण स्त्रियों को केंद्र बनाकर की गई शाब्दिक पोर्नोग्राफी की गुंजाइश भी खुलती है। ऐसे प्रयासों से ऊँची जाति की स्त्रियों के मन में बसे हुए नीची जाति के पुरुष के प्रति डर और नफरत की भावना पर ही मुहर लगती है, और उस पुरुष द्वारा उस स्त्री की इज्जत लूटने की इच्छा और बलवती होती है। यही कारण है कि अंतरजातीय शादियों में यौनक्रिया की नवीनता खत्म हो जाने के बाद आपसी भय, नफरत और आत्म-घृणा के पहलू ही प्रमुख हो जाते हैं।

९. बीवी की मारपीट पर होने वाली राजनीतिक प्रतिक्रिया में दाम्पत्य के तहत सेक्शुअल अधिकारों पर पर्याप्त रूप से विचार नहीं किया गया है। नारीवादी वैवाहिक बलात्कार को अपराध मानने पर जोर देते रहे हैं। हाल ही में विभिन्न सेक्शुअल रुझानों वाले लोगों के अधिकारों और साथ-साथ रहने के बंदोबस्तों के बारे में आंदोलनकारी मुहिमें चलाई गई हैं। स्त्री संगम और मुंबई के फोरम अगेंस्ट ऑप्रेशन ऑव वुमॅन जैसे संगठनों के प्रयासों से एकनिष्ठ पितृसत्तात्मक परिवार की 'स्वाभाविकता' के विचार को चुनौती मिलनी शुरू हुई है।

१०. यहाँ मुद्दा ज्ञानमीमांसात्मक है कि स्त्री के ज्ञान और आनंद का उस संदर्भ में दर्जा क्या है जहाँ वह अपनी अधीनस्थ भूमिका को स्वाभाविक और आनंदप्रद मान लेती है।

स्त्री द्वारा अपनी अवमानना की स्वयं स्वीकृति एक बहुत मुश्किल सवाल है। देखें, कैथरीन मेककिनन, *फेमिनिज्म अनमोडीफाइड : डिस्कोर्स ऑन लाइफ एंड लॉ,* हार्वड यूनिवर्सिटी प्रेस, बोस्टन, १९८७, पृष्ठ ७

११. मातृत्व के संदर्भ में ऐंद्रिकता के प्रति स्त्री के नजरिए, गर्भावस्था और शिशु लालन-पालन की अवधि में अपनी देह के प्रति उनकी समझ पर विस्तार से और ऐतिहासिक संदर्भ में विचार करने की जरूरत है। देखें, पीटर गे, *दि बुर्जुआ एक्सपीरिएंस : फ्रॉम विक्टोरिया टु फ्रॉयड,* उपरोक्त, पृष्ठ २२९-३०

१२. मातृत्व, गरीबी और शैली के बारे में चर्चा के लिए देखें प्रभुदेवा पर मेरा लेख, 'टू हीरोज़ इन अवर टाइम्स', *सेमिनार,* अंक ४५२, पृष्ठ १४-१५

६

सेक्शुअलिटी और सांस्कृतिक संहिताएँ

प्रेम चौधरी

दहेज हत्याओं, बहू-दहन, बलात्कार और कौटुम्बिक व्यभिचार जैसे पारिवारिक दायरे के अपराधों पर सामाजिक और अकादमीय चर्चा अक्सर होती रहती है। लेकिन, सांस्कृतिक संहिताएँ भंग करके होने वाले अंतरजातीय और अंत:जातीय विवाहों के खिलाफ होने वाली हिंसा ने अभी तक हमारा ध्यान पर्याप्त रूप से आकर्षित नहीं किया है। घर से भाग कर की जाने वाली ऐसी शादियों के खिलाफ पिछले कुछ सालों में हिंसा की घटनाएँ बढ़ी हैं। लड़कों, और खासकर लड़कियों के ऊपर, परिवार के पुरुष सदस्यों का अत्याचार घर का भीतरी मसला मानकर दबा दिया जाता है। लेकिन, कुछ मामले तब भी बाहर आ कर व्यापक समुदाय, समाज और मीडिया के आकर्षण का केंद्र बन जाते हैं।

उत्तर भारत के ग्रामीण इलाकों में विवाह की संस्था से जाति, वर्ग और जेंडर के पहलू जुड़े हुए हैं।[१] आपसी शादियों के जरिए जाति-समूहों को ताकत, मान्यता और व्यापक समाज व राजनीति में रंग-रुतबा हासिल होता है। जातियों के इन परस्पर सूत्रों के भंग होने से परिवार, कुटुम्ब और अंतत: पूरे के पूरे जाति-समूह की प्रतिष्ठा पर चोट लगती है। संबंधित जाति और सेक्शुअल संहिताएँ कड़ाई से लागू करने की कोशिशों के पीछे यह एक प्रमुख कारण है। इन संहिताओं के केंद्र में स्त्री की सेक्शुअलिटी है जिस पर नियंत्रण अनिवार्य समझा

जाता है। हालाँकि इस मामले में ऊँची और नीची जातियों के मानक अलग-अलग होते हैं, पर संहिताओं के उल्लंघन की प्रतिक्रिया हमेशा हिंसक ही होती है।

संहिताओं को मिलने वाली चुनौतियाँ जाति के बाहर से भी आती हैं, और भीतर से भी। लोकतंत्रीकरण की प्रक्रिया और बढ़े हुए आर्थिक अवसरों के कारण नीची जातियों की दावेदारी मजबूत हुई है, जिसके कारण कई बार अंतरजातीय संबंधों के प्रकरण ऊँची जातियों के श्रेष्ठता दम्भ को चुनौती देते नजर आते हैं। जातियों के भीतर भी नई पीढ़ी की तरफ से विवाह संबंधी स्थापित मर्यादाओं के खिलाफ विद्रोह की घटनाएँ होती रहती हैं। ऐसे प्रत्येक अतिक्रमण का मुकाबला परंपरा, संस्कृति और इज्जत का सवाल उठाकर करने की कोशिश की जाती है। पहले जाति, वर्ग, जेंडर और वरिष्ठता की सत्ता का सहारा लिया जाता है, और फिर अंत में हिंसा का। जिन समुदायों को इन सांस्कृतिक संहिताओं पर जोर देने का जितना अधिक फायदा है, वे उतनी ही कड़ाई से उनके अनुपालन की जिद करते हैं। इसके बाद उत्तराधिकार में बेटी को मिलने वाली सम्पत्ति का मामला भी हिंसक प्रतिक्रियाओं का कारण बनता है। नए आर्थिक-सामाजिक हालात के प्रति विकासमान सामाजिक समूह कभी तो सांस्कृतिक संहिताओं की अवज्ञा करते हैं, और कभी उनके बारे में अड़ियल रवैया अख्तियार किया जाता है।

सांस्कृतिक संहिता, इज्जत और हिंसा का त्रिकोण मिलकर पूरे समुदाय का समर्थन हासिल करने में कामयाब रहता है। फिर जाति या ग्राम की पंचायत भी अतिक्रमण करने वाले जोड़े को दंडित करने की कार्रवाई चलाती है। सरकारी संस्थाएँ भी सामुदायिक और जातिगत नेतृत्व का साथ देती हैं। पितृसत्तात्मक व्यवस्था के कारण हिंसा बरपाने वालों को बच निकलने का मौका मिल जाता है। एक पूरा कुटिल चक्र बन जाता है जिसके तहत विचारधारात्मक आस्थाएँ और हिंसा की घटनाओं को वैधता मिलती है। सांस्कृतिक संहिताओं के उल्लंघन के प्रति असहिष्णुता बढ़ जाती है, और विद्रोह के किसी भी कदम के खिलाफ पहले से भी ज्यादा हिंसा होने लगती है।

हिंसक प्रतिक्रिया के कुछ मामले

ऐसी सर्वाधिक चर्चित घटनाएँ पश्चिमी उत्तर प्रदेश, हरियाणा और दिल्ली के देहाती इलाकों की हैं।[२] इनमें सबसे ज्यादा हिला देने वाली घटना मार्च, १९९१ में पश्चिमी उप्र के मेहराना में हुई थी। रोशनी नामक जाट लड़की ने एक जाटव लड़के के साथ उसके एक दोस्त की मदद से भागने का कसूर किया। तीनों को

पकड़ कर जाट पंचायत के आदेशानुसार रात भर यातनाएँ दी गईं, और सवेरे फाँसी पर लटका कर आग में फेंक दिया गया।[३] उनमें से दो उस वक्त पूरी तरह मरे नहीं थे। पूरा गाँव यह जघन्य कृत्य देखता रहा। एक महीने बाद उत्तरी दिल्ली के नरेला इलाके के खेंडकुल गाँव में एक जाट ने अपनी भतीजी पूनम को दिन दहाड़े गोली से उड़ा दिया क्योंकि उसके उसी गाँव के एक जाट युवक से 'अवैध' संबंध थे।[४] पिता और चाचा, दोनों का मानना था कि लड़की ने उनकी इज्जत मिट्टी में मिला दी, इसलिए उसे ठीक ही मार डाला गया। पिता ने पुलिस के सामने भी यही बयान दिया। अगस्त, १९९३ में मुजफ्फरनगर जिले (पश्चिम उप्र) के खंद्रावली गाँव में निचली जाति की एक लड़की को उसके पति सतीश के साथ घर से भाग कर शादी करने के कारण कुल्हाड़ी से काट डाला गया।[५] सतीश भी उसी जाति का था, पर वह बगल के गाँव में रहता था और उसका दूर का रिश्तेदार भी लगता था।[६] दोनों परिवार ईंटों के भट्ठे पर काम करते थे। वहीं दोनों के बीच प्रेम हुआ और दोनों ने भागने का फैसला कर लिया। तलाश करने पर दोनों में से कोई नहीं मिला, पर बाद में दोनों अपनी मर्जी से पाँच महीने बाद लौटे और चौपाल में लड़की के चाचा ने पूरे गाँव के सामने उनका सिर काट डाला। गाँव वालों का मानना था कि उन्होंने पहले तो समाज की अवज्ञा की, और फिर वापस आकर सामाजिक मान्यताओं के प्रति तिरस्कारपूर्ण रवैया दिखाया। नीची जाति के इस समुदाय में भागकर शादी करने कीं यह तीसरी घटना थी। बाकी दोनों जोड़ों का क्या हुआ, यह पता नहीं है। गाँव के सरपंच ओमपाल का कहना था कि इसके जरिए दूसरों को सबक मिलेगा। लड़की की दादी खुलकर कह रही थी कि सरिता ने उसका नाम मिट्टी में मिला दिया जिसके कारण वह किसी से आँख मिलाने काबिल नहीं रह गई है।

हरियाणा के नयागाँव में मार्च, १९७४ में आशा को उसी के घरवालों ने उसके प्रेमी मनोज के साथ क्रूरता से मार डाला।[७] आशा आबादी और पैसे के लिहाज से मजबूत सैनी जाति की सदस्य थी, और मनोज अहीर था जिसके बारे में सैनियों का मानना था कि वह सिर उठाकर चलता था। स्थानीय लोगों के अनुसार आशा ने अपना जीवन साथी स्वयं चुनने के अधिकार का दावा करते हुए घर वालों से कहा था कि वे बीच में टाँग न अड़ाएँ।

जून, १९९४ में हज़ारीबाग जिले के हेंडीगारा गाँव में नीची जाति के युवक महावीर प्रसाद को मालती से शादी करने के कारण पीट-पीटकर मार डाला गया। कुरमियों ने अपनी ही जाति की मालती को नंगा करके सरेआम पीटा।[८] गाँववालों ने संवाददाताओं के सामने स्वीकार किया कि मालती के पिता पूरन महतो की माली हालत अच्छी नहीं थी। उन्होंने अपनी बेटी के प्रेम प्रसंग पर कभी आपत्ति

नहीं की। पर कुरमियों का उन पर बिरादरी में ही शादी करने पर जबरदस्त दबाव था। लड़की ने इस दबाव का खुलकर विरोध किया और महावीर के साथ भाग गई। इस पर कुरमियों ने पंचायत बुलाई और दोनों परिवारों पर पाँच-पाँच हजार रुपए का जुर्माना लगाया। लेकिन, भागने वाले जोड़े के लिए जिस सजा की तजवीज की गई, वह काफी भयानक थी। जून, १९९५ में भागलपुर के विजय कुमार बिंद को ऊँची जाति की एक लड़की के साथ प्रेम करने के जुर्म में सार्वजनिक रूप से पीट-पीटकर मार डाला गया।[९] यहाँ भी बाकी कहानी वही है, और इस तरह की और भी न जाने कितनी मिसालें हैं। १९८५-९० के बीच में हरियाणा में फील्ड वर्क करते हुए दबी जुबान से ऐसी ही बहुत सी कहानियाँ मुझे सुनने को मिलीं। मैं इस लेख में ग्रामीण हरियाणा के बारे में अपनी जानकारियों को ही आधार बनाऊँगी।

हरियाणा में इस तरह के अपराधों को 'यौन अपराधों' की श्रेणी में डाल दिया जाता है। यह नहीं बताया जाता कि ये प्रेम प्रसंगों का नतीजा होते हैं[१०] जिनमें अधिकतर लड़की और लड़के को जान ही गँवानी पड़ती है। हरियाणा में भिवानी के खेड़ी गाँव में इससे कुछ भिन्न घटना घटी। नीची जाति के युवक के साथ भागने वाली लड़की को पकड़कर लाया गया। उसका चार महीने का गर्भ गिराया गया और उसकी शादी जबरन एक बूढ़े से कर दी गई। लड़की वयस्क थी। पर पुलिस और जिला प्रशासन के सामने की गुहार का कोई असर नहीं पड़ा। जाट बिरादरी उस लड़के के हश्र पर मुँह खोलने के लिए तैयार नहीं थी। शायद उन्होंने उसे ठिकाने लगा दिया था।

आम तौर से ये सभी अपराध खुले आम किए जाते हैं, पर पुलिस न तो चालान करती है, न ही अपराध दर्ज करती है और न ही गवाह जुटाने का यत्न किया जाता है। अदालतों में पहुँचने वाले कुछ मामले गवाहों की नामौजूदगी के कारण छूट जाते हैं। बहादुरगढ़ के थानेदार रिसाल सिंह का कथन द्रष्टव्य है। उनके अनुसार हरियाणा में ऐसे मामले बहुत होते हैं, पुलिस न उन पर ध्यान देतीहै, और न ही उन्हें दर्ज करती है।[११]

इज्जत का सवाल : निजी और सामुदायिक सरोकार

उत्तर भारत में पुलिस की सामाजिक संरचना पर ऊँची जातियों का बोलबाला है। जातिवादी होने के साथ-साथ पुलिस भ्रष्ट भी है। उसका अपराधीकरण भी हो चुका है। वह मानकर चलती है कि सामाजिक मसले कानून और अदालत द्वारा नहीं, बल्कि जाति के नेताओं और जाति पंचायतों द्वारा सुलझाए जाने चाहिए।[१२] पुलिस के इस रवैये से नीची जाति के लोग काफी घबराते हैं कि उनकी न रपट

लिखी जाएगी, और न ही कोई सुनवाई होगी। उन्हें ताकतवर ऊँची जाति की पंचायतों की अवज्ञा करने के बहुत बुरे नतीजे भोगने पड़ते हैं। बिरादरी के बुजुर्ग साफ कहते हैं कि पुलिस जो चाहे कर ले, हम तो मुजरिमों को अपने हिसाब से सजा देंगे ही देंगे।[१३] ग्रामीण समाज की राय भी इसी रवैये के पक्ष में है।[१४] दूसरे इलाकों के उसी जाति के नेता भी साथ देते हैं। मेहराना कांड के बारे में किसान नेता महेंद्र सिंह टिकैत का साफ कहना था कि कुछ भी गलत नहीं हुआ है। मैं होता तो मैं भी यही करता।[१५] बिरादरी वाले इन हत्याओं को जातिगत मान्यताओं का उल्लंघन करने के अपराध में दिया गया न्यायपूर्ण दंड मानते हैं।[१६]

जाति की इज्जत को सबसे ज्यादा खतरा स्त्रियों की तरफ से आता है। मेहराना मामले में एक स्थानीय जाट स्त्री का कहना था, 'वो छोकरी की शादी होणे वाली थी, पर राँड फिर भी जा के जाटव छोरों के लागी। जाटों की नाक कटा दी वाने।'[१७] समाजशास्त्री वीणा दास मानती हैं कि इज्जत की यह धारणा मानवीय भावनाओं और मूल्यों की कीमत पर पनपती है। यह धारणा जैविकी प्रदत्त प्राकृतिक रिश्तों की कुर्बानी माँगती है, ताकि नातेदारी आधारित समाज व्यवस्था से जुड़ी नैतिकता खुद को बेहतर साबित करके 'इज्जत' की सुरक्षा कर सके।[१८] यह रवैया मानकर चलता है कि कुर्बानी के जरिए निजी तौर पर व्यक्ति शुद्ध होकर 'निचली' से 'ऊँची' इयत्ता प्राप्त कर सकता है।

चूँकि जातिप्रथा के तहत इज्जत पर ऊँची जातियों की ही ठेकेदारी होती है, इसलिए नीची जातियाँ आम तौर से पूरे गाँव की इज्जत से जुड़कर ही खुद को सम्मानित अनुभव कर पाती हैं। नीची जातियों द्वारा ऊँची जातियों के फैसलों पर अपनी मुहर लगाने के फैसले के पीछे यही कारण है। मेहराना में जाटवों का जाट पंचायत के निर्णय के हक में होना भी इसकी एक मिसाल है। छोटी जाति के लोग अगर अलग से इज्जत की किसी अनुभूति पर दावा कर सकते हैं, तो वह है सांस्कृतिक संहिताओं का अपनी जाति के दायरे में अनुपालन कराना। मसलन, खंद्रावली गाँव में चौपाल पर जिस प्रेमी जोड़े के सिर काटे गए थे, उसके ऊपर कौटुम्बिक व्यभिचार संबंधी वर्जनाओं के उल्लंघन का आरोप था। खास बात यह है कि नीची या ऊँची जातियों के बीच परिवार के स्तर पर किसी वरिष्ठ पुरुष और कनिष्ठ स्त्री के बीच का रिश्ता इन मर्यादाओं की रोशनी में आपत्तिजनक नहीं माना जाता।[१९]

वर्जित रिश्ते और 'पारंपरिक मान्यताएँ'

केवल अंतरजातीय विवाहों के संदर्भ में ही नहीं, अंत:जाति विवाहों के संबंध में

इज्जत और हिंसा का यह मिला-जुला खेल चलता है। वर्जित गोत्र में विवाह करना इसी तरह का अपराध है। हर जाति-समूह में तीन या चार गोत्रों में तो शादी करने पर रोक होती ही है।[२०] अपने गोत्र में, अपनी माँ के गोत्र में, पिता की माँ के गोत्र में और माँ की माँ के गोत्र में विवाह करना उचित नहीं माना जाता। आखिरी पाबंदी अब ढीली होती जा रही है, पर चचाजात भाइयों और बहिनों के बीच विवाह पर पाबंदी अभी भी है। ब्रिटिश राजस्व प्रशासक जे.एम. डूई के अनुसार आम तौर से एक गाँव के सभी भू-स्वामी एक ही गोत्र के होते हैं और समान गोत्र और कबीले की लड़की के साथ संभोग करना कौटुम्बिक व्यभिचार माना जाता है।[२१] गाँवों में काल्पनिक नातेदारी रिश्तों के माध्यम से अनुभूत संबंधों की खास अहमियत होती है।[२२] उत्तर भारत में शादी-ब्याह के रिश्ते दूर-दराज इलाकों के साथ करना पसंद किया जाता है।[२३] मसलन, जाटों में ऐसे किसी गाँव से रिश्ता करने पर पाबंदी है जिसकी सीमा भी पैदाइश वाले गाँव से छूती हो,[२४] या जहाँ अपने गाँव की अन्य बिरादरी भी अच्छी संख्या में हो।[२५]

वैवाहिक पाबंदियों और कौटुम्बिक व्यभिचार की धारणा के बारे में पॉल हर्शमेन का कहना है :

> चूँकि आदर्श रूप में पुरुष किसी भी ऐसी स्त्री की इज्जत का रक्षक माना जाता है जो उससे वास्तविक या मुँहबोली 'बहन' के रिश्ते से जुड़ी हुई है, इसलिए उन दोनों के बीच यौन संबंध और विवाह वर्जित हैं। एक ही बिरादरी, एक ही स्थानीय गोत्र और एक ही गाँव के स्त्री-पुरुष भाई-बहिन होने के नैतिक संबंध में बँधे माने जाते हैं, इसलिए इन इकाइयों के किसी भी सदस्य के बीच यौन संबंध और विवाह प्रतिबंधित होता है।[२६]

इस प्रकार सांस्कृतिक रूप से कौटुम्बिक व्यभिचार संबंधी वर्जनाएँ केवल वास्तव एक ही पेट के जाये भाई-बहिन तक ही सीमित नहीं रहतीं, बल्कि उनका विस्तार जाति के बाहर जाकर पूरे गाँव तक हो जाता है। भाई का जिम्मा होता है बहिन की इज्जत की रक्षा करना। दबे-छिपे यौन संबंध चलते रहते हैं, पर उससे समाज प्रभावित नहीं होता। ऐसे रिश्तों की प्रकृति सीमित भी होती है, और उन्हें आम तौर पर नजरअंदाज किया जाता है। झगड़ा तब खड़ा होता है जब विवाह की नौबत आ जाती है। ऐसे संबंधों को मान्यता देने का मतलब होता है एक नजीर बना देना, जिसका भविष्य में भी पालन होने का अंदेशा रहता है।[२७] नैतिक मसले निजी दायरे में ही रहते हैं तो उनसे कोई दिक्कत नहीं होती, पर जब वे सार्वजनिक दायरे में आ जाते हैं तो इज्जत का सवाल खड़ा हो जाता है, और तब कड़ी कार्रवाई करनी पड़ती है।

वर्जित रिश्तों के खिलाफ हिंसक सामाजिक प्रतिक्रिया का नतीजा कभी-

कभी प्रेमियों की या लड़की की आत्महत्या में भी निकलता है।[२८] यह अलग बात है कि कुए में कूद कर की गई आत्महत्या वास्तव में हत्या भी हो सकती है, जिसे आत्महत्या का नाम दे कर सब चुप हो जाते हैं।

खंद्रावली में हिंसा के अंदेशे के बावजूद प्रेमियों का स्वयं गाँव वापस आने का प्रकरण गौर करने काबिल है। इसे लोगों के निजी नेटवर्क की रोशनी में समझा जा सकता है।[२९] यह नेटवर्क भागने वाले प्रेमियों की मदद भी करता है, और उनके साथ छल भी कर सकता है। सतीश और सरिता को गाँव वापस लाने में ऐसे ही नेटवर्क का हाथ था। आश्वासनों और धमकियों के मिले-जुले असर ने ही उन्हें गाँव वापसी के लिए मजबूर किया होगा, जहाँ उन्हें बिरादरी का क्रूर इंसाफ झेलना पड़ा। गाँव से सभी संबंध तोड़ देने वाले लोगों को गाँव वाले और बिरादरी वाले मरा हुआ मान लेते हैं।

जाति / समुदाय के दबाव : सामाजिक दर्जे से जुड़ी चिंताएँ

कुछ पाबंदियाँ अब कहीं-कहीं ढीली पड़ने लगी हैं। गाँव और गोत्र की वर्जनाएँ अगर टूटती हैं, तो कभी-कभी उन्हें नजरअंदाज कर दिया जाता है।[३०] इस लचीलेपन में वर्ग और सामाजिक दर्जे की भूमिका रहती है।[३१] इस तरह की घटनाएँ ज्यादातर शहरों में ही घटित हुई हैं जहाँ सामुदायिक दबाव कम होता है। पर शहरी माहौल में भी जाति / समुदाय की तरफ से वर्जनाओं को चुनौती जरूर दी जाती है, भले ही उन पर हिंसक प्रतिक्रिया होने की नौबत न आए।[३२] जहाँ तक गाँव का सवाल है, वर्जित रिश्तों पर कड़ाई से नजर रखी जाती है। हरियाणा के दो मामले इसके गवाह हैं।

नवंबर, १९९३ में भिवानी जिले के पेहतावस गाँव में जाटों के पूनिया और सांगवान गोत्रों के बीच हिंसा हुई। बख्तावर सिंह पूनिया ने अपने दो बेटों की शादी सांगवान गोत्र में की। १४ मार्च को चालीस गाँवों की एक खाप पंचायत ने इन शादियों को कौटुम्बिक व्यभिचार करार देकर खारिज कर दिया। फैसला मानने से इनकार करने पर बख्तावर सिंह के परिवार का हुक्का-पानी बंद कर दिया गया।

आम तौर पर सांगवान और पूनिया आपस में शादी कर सकते हैं, पर चर्चित गाँव की एक विशेष परंपरा के कारण इन शादियों को पाप माना गया। १८५० के दशक में गाँव के पहले वासी चौधरी चेतराम सांगवान ने ढोड राम पूनिया को बेटा मानकर गोद लिया था जिससे पूनिया बिरादरी का सांगवानों में विलय हो गया। दोनों गोत्र एक-दूसरे को भाई मानने लगे, पर एक भाई की स्थिति कमजोर रही। बाद में कुछ पूनिया लोग शहर चले गए और खेती छोड़कर शहरी व्यवसाय

करने लगे। बख्तावर सिंह पूनिया ने भी शहर में पुलिस इंस्पेक्टर की नौकरी कर ली। उनके दोनों बेटे महेंदर और राजेश भी शहर में ही पले-बढ़े। उन्होंने भी शहरी पेशे अपनाए। शहर में रहने के कारण बख्तावर परिवार जाति पंचायत के सीधे प्रकोप से बच गया, पर गाँव में रहने वाले और शादी में शिरकत करने वाले दूसरे पूनिया परिवारों को इसका फल चखना पड़ा। ऐसे १४ परिवारों को घर छोड़कर भागना पड़ा। उसके बाद भी उन पर लगातार हमले होते रहे। उनके घरों पर पत्थर बरसाए गए, और उन्हें कुछ-कुछ जला भी दिया गया। जब बख्तावर सिंह के पहले चचाजात भाई अस्सी वर्षीय पूनिया चौधरी ने सबके सामने सर्वखाप पंचायत से माफी माँगी, तब आठ महीने बाद ये परिवार वापस आ पाए। बख्तावर को कसम खानी पड़ी कि न वे और न ही उनके बेटे कभी गाँव में कदम रखेंगे। पूनिया लोगों को लाखों का नुकसान हुआ। प्रशासन और राजनेता चुपचाप देखते रहे, क्योंकि वे पंचायत के मामले में दखल नहीं देना चाहते थे।

मई, १९९५ में रोहतक के सलानी गाँव में भी ऐसा ही एक वाकया हुआ। बैरागी गोत्र के नरेश की शादी अप्रैल में जाति के भीतर ही पड़ोस के पटोडा गाँव में चाहर गोत्र की संतोष से हुई। दिक्कत यह हुई कि नरेश के गाँव में रहने वाले चाहर गोत्र के लोग रुपए-पैसे में मजबूत होने के कारण नरेश के बैरागी गोत्र से खुद को बेहतर मानते थे। वे नाराज हुए कि उनके गोत्र की लड़की को एक निचले दर्जे का व्यक्ति ब्याह लाया। नतीजे के तौर पर चाहर पंचायत बैठी और शादी को खारिज घोषित कर दिया गया। उन्होंने नरेश के पिता का यह सुझाव भी मानने से इनकार कर दिया कि नवदम्पति को गाँव छोड़ कर कहीं और बसने की इजाजत दे दी जाए। नरेश के पिता ने पंचायत के फैसले को सीधी चुनौती नहीं दी, और कहा कि वैवाहिक सहवास हो चुकने के कारण अब लड़की से और कोई शादी नहीं करेगा। पर पंचायत राजी नहीं हुई। पंचायत ने नरेश के पिता तूही राम और चाचा ओमल को एक-दूसरे का चेहरा काला करने के लिए मजबूर किया और दोनों पर २१-२१ सौ रुपए का जुर्माना ठोका गया। इन दोनों ने ही नरेश और संतोष का रिश्ता करवाने में मुख्य भूमिका निभाई थी। जब नरेश ने इस ज्यादती की जिला प्रशासन में शिकायत की तो उसके परिवार का हुक्का-पानी बंद कर दिया गया। पंचायत ने अपने हुक्म का पालन न करने वालों पर पाँच सौ रुपए का जुर्माना लगाने का आदेश दिया। बहरहाल, संतोष और नरेश को गाँव से भागना पड़ा। पता नहीं, अब वे कहाँ रह रहे हैं।

खेड़ाकुल और खंद्रावली के मामलों से जाहिर है कि हरियाणा की संबंधित स्थिति जटिल है। ऐसा लगता है कि जाटों के बीच नीची और ऊँची जाति की

दावेदारियाँ पारंपरिक न होकर आर्थिक और राजनीतिक मानकों द्वारा अधिक निर्धारित होती हैं। सामाजिक दर्जे और कुटुम्ब की समकक्षता के आग्रह राजपूतीकरण के चिह्न भी हो सकते हैं जिसमें एक ऊर्ध्वगामी सामाजिक समूह एक जाति के दायरे के भीतर ऊँचे दर्जे का दावा करने लगता है।[३३] इन दोनों प्रकरणों में ऊँचे दर्जे की दावेदारी की कोशिश भी है, और दूसरे समूहों द्वारा फेंकी गई चुनौतियों के मुकाबले अपने स्थापित दर्जे को बनाए रखने की कोशिशें भी दिखाई पड़ती हैं। इन स्थितियों में वैवाहिक रिश्तों की अहमियत बढ़ जाती है और समाज उन पर नजदीकी निगाह रखने लगता है।

जातिगत मान्यताओं का उल्लंघन : चुनौतियाँ

भाग कर किए जाने वाले अंतरजातीय विवाहों के खिलाफ सबसे ज्यादा हिंसक प्रतिक्रियाएँ होती हैं। इसके बावजूद गाँव के स्तर पर प्रेम प्रसंग अक्सर होते हैं और एक ही गाँव में शादी पर लगी वर्जनाओं का उल्लंघन हो जाता है। १९८२ के एक अध्ययन के अनुसार ग्रामीण हरियाणा में ९३.६ फीसदी लोग अंतरजातीय विवाह के खिलाफ थे।[३४] ऐसी शादियों को अस्थायी और अल्पजीवी मानकर लोगों का कहना था कि इनसे पैदा हुई संतानों के लिए पहचान का संकट बना रहता है, और 'खून की शुद्धता' भी खतरे में पड़ जाती है। लेकिन, दूसरी तरफ समाज की इस राय के विपरीत भागकर की जाने वाली शादियों की संख्या बढ़ती जा रही है जिससे इस सांस्कृतिक आग्रह को लगातार चुनौती मिलने लगी है। नौजवान भले ही सामाजिक व्यवहार के मानकों के अन्य पहलुओं को मान लें, पर भावनाओं और सेक्स के स्तर पर वे अपनी संतुष्टि के लिए वर्जनाओं का उल्लंघन करने से नहीं चूक रहे हैं।

इस पूरे क्षेत्र में ऊँची जाति की औरतों के नीची जाति के मर्दों के साथ भाग जाने की लोकगाथाएँ प्रचलित हैं। ऊँची जाति की औरतें खेतों में काम करती हैं, इसलिए माना जाता है कि वे इस तरह के प्रेम संबंधों में कभी भी फँस सकती हैं। स्त्रियों के गीतों में नीची जाति के पुरुषों के साथ यौन संबंधों का जिक्र रहता है। इन सब बातों से ऊँची जाति के पुरुष अपनी स्त्रियों की सेक्शुअलिटी का रुका हुआ बाँध टूट जाने और नीची जाति के पुरुषों के बेहतर मैथुन-सामर्थ्य के अंदेशों से चिंतित रहते हैं।

इन प्रकरणों के पीछे नीची जातियों को मिले नए अवसरों और लोकतंत्रीकरण की प्रक्रिया है। उत्तर भारत में कई जगहों पर ऊर्ध्वगामी नीची जातियों ने कई पहलकदमियाँ की हैं।[३५] मसलन, पश्चिमी उत्तर प्रदेश में जाटों और जाटवों के बीच आर्थिक प्रश्नों पर हिंसक मुठभेड़ें हो चुकी हैं।[३६] मेहराना

प्रकरण में नीची जाति से चल रही सत्ता और प्रभुत्व की होड़ में जीतने के लिए ही ऊँची जातियों ने अपनी बिरादरी की एक स्त्री को मोहरा बनाया। ऐसी घटनाएँ देश के अन्य हिस्सों में भी देखी जा सकती हैं।[३७] उत्तर भारत में नीची जातियाँ अक्सर या तो शहरों में रहती हैं, या शहरों की परिधियों पर। साथ ही उनके गाँव के साथ गहरे सूत्र भी होते हैं। इससे उन्हें गाँव के दबाव से आजादी भी मिलती है, साथ में उसके जोखिम भी सताते हैं। ऐसे हालात में वर्जनाओं का उल्लंघन भी होता है, और उसके हिंसक परिणामों का सामना भी करना पड़ता है।

नीची-ऊँची जातियों के बीच सत्ता का संघर्ष कोई नया नहीं है। अंग्रेजों के जमाने में भी हरियाणा में ऐसे टकराव हुआ करते थे।[३८] आजकल अखबारों में उत्तर भारत से आई इस तरह की खबरें सुर्खियों में छपती हैं।[३९] सत्ता और प्रभुत्व के लिए चल रही इस टक्कर में एक तरफ नीची जातियों का बढ़ा हुआ आत्मविश्वास सामने आता है, दूसरी तरफ हरित क्रांति के कारण सम्पन्न हुई ऊँची जातियों की जिद है जिसके तहत वे अपने दर्जे को कायम रखते हुए सिर उठाने वालों को सबक भी सिखाना चाहती हैं।[४०] नीची जातियों का बढ़ा हुआ मन ऊँची जाति की स्त्रियों को भगा ले जाने और शादी कर लेने में व्यक्त होता है। मेहराना हत्याकांड के बाद एक जाट स्त्री का यह कथन द्रष्टव्य है : *इन जाटवन ने तो हद ही कर दी। बदमाश तो वे थे ही, हमारी छोरियों पे भी हाथ मारन लागे।*[४१]

इसके उलट ऊँची जाति के पुरुषों द्वारा नीची जाति की स्त्रियों से बलात्कार और यौन शोषण की घटनाएँ भी बढ़ रही हैं।[४२] इस सिलसिले में फूलन देवी प्रकरण की चर्चा सारी दुनिया में हो चुकी है। माना जाता है कि नीची जाति की औरतें किसी भी तरह के यौन समागम से अपनी इज्जत और शुद्धता नहीं खो सकतीं, क्योंकि ये दोनों खूबियाँ उनमें होती ही नहीं।[४३] यह भी कहा जाता है कि नीची जाति की स्त्रियाँ ऊँची जाति के पुरुषों को खुद ही फँसाती हैं। ग्रामीण हरियाणा में अक्सर कहा जाता है : *यो तो होवें ही ऐसी, म्हारे लड़कों का क्या कसूर।*

नीची जातियाँ ज्यादातर खेतिहर मजदूरी करती हैं और अपनी स्त्रियों को ऊँची जातियों के यौनाक्रमण से बचाना उनके लिए मुश्किल होता है। उनकी इस कमजोरी का ताकतवर बिरादरियाँ खूब फायदा उठाती हैं। इसी का नतीजा यह हुआ है कि सभी समुदायों में जाति चेतना मजबूत हुई है। जातिगत आचरण संहिताओं के पालन पर बल दिया जाने लगा है। इस अनुपालन के आग्रह को जातियाँ प्रतिरक्षा और आक्रमण, दोनों मकसदों से इस्तेमाल करती हैं। बिहार में नक्सली गुटों ने निचली जातियों की स्त्रियों के यौन शोषण का प्रश्न उठाकर

खासी राजनीतिक गोलबंदी करने में कामयाबी हासिल की है।[४४] जाहिर है कि स्त्री की सेक्शुअलिटी, चाहे वह ऊँची जाति की हो या नीची जाति की, आधुनिक संदर्भ में एक नया संदर्भ ग्रहण कर चुकी है। इसके कारण अंतरजातीय विवाह के खिलाफ दबाव ढीला होने के बजाय बढ़ गया है।

सिकुड़ती संभावनाएँ : पहला विवाह / दूसरा विवाह

ऐसी बात नहीं कि अंग्रेजों के जमाने में अंतरजातीय विवाह कतई होते ही न हों। लेकिन, उनकी प्रकृति ज्यादातर द्वितीयक किस्म की होती थी। आर्थिक बदहाली के शिकार किसान मजबूरीवश नीची जाति की स्त्रियों से विवाह कर लेते थे।[४५] पंजाब के मशहूर लेखक और प्रशासक मैलकम लायल डार्लिंग ने लिखा है कि जाट तकरीबन किसी भी स्त्री से विवाह कर सकता था।[४६] ऐसे ज्यादातर विवाह चमार जातियों में होते थे। कहा यह जाता था कि स्त्री जाट ही है, और इस दावे को समझते-बूझते हुए मान भी लिया जाता था। कहावत यह थी कि *जाट एक समुंदर है और जो भी दरिया इस समुंदर में पड़ता है वो समुंदर की ही बन जाता है।*[४७] चमारन या चुहड़ी पत्नी के बच्चे माने तो जाट ही जाते थे, पर उनका *चुहड़ी के* या *चमारन के* कहकर मजाक भी उड़ाया जाता था।[४८] उप्र और हरियाणा की लोकगाथाओं में ब्राह्मणों द्वारा नीची जातियों की स्त्रियों से शादी करने का भी जिक्र मिलता है।[४९]

दरअसल, उत्तर भारत में ऐसी लोकगाथाओं की कमी नहीं है जिनमें नीची जातियों की स्त्रियाँ ऊँची किसान जातियों से ही नहीं, राजाओं और क्षत्रियों से भी विवाह करते हुए वर्णित हैं।[५०] एक कहानी में एक भंगन की शादी किसान से हो जाती है, पर वह किसानी (किसान की बीवी) के हाथ पे रोटी लेने की आदत नहीं छोड़ पाती। इसलिए वह घर के सभी आलों में रोटियाँ रखकर जोर से कहती : *किसानी, रोटी दियो।* इस चक्कर में सभी को उसकी नीची जाति पता लग जाती है, पर उसे अपना व्यवहार सुधारने की सलाह देकर परिवार में स्वीकार कर लिया जाता है।[५१]

मोटे तौर पर नीची जाति की पत्नियों को हरियाणा की किसान जातियाँ अपमानजनक निगाह से नहीं देखतीं। इस सिलसिले में एक लोकप्रिय कहावत भी है : *बीरन की काई जात।*[५२] लेकिन, इससे पत्नी के परिवार का सामाजिक दर्जा नहीं बढ़ता था। उसके माँ-बाप न केवल उसे शादी के लिए बेच देते थे, बल्कि फिर मायके से उसका रिश्ता हमेशा के लिए टूट जाता था। ऊँची जाति में शामिल होने के लिए यह कीमत चुकानी ही पड़ती थी।

जाति संहिता का उल्लंघन अगर पुरुष करे, तो इस तरह का दुहैरा व्यवहार

करने वाले सामाजिक समूह उसे नजरअंदाज करते रहे हैं। ऐसे मामलों में कहा जाता है : *रोटी तो बन जागी, नाम तो चल जागा, दोनों का गुजारा हो जागा।*[५३]

अंग्रेज अधिकारियों द्वारा दिए गए ब्योरों में इस तरह के विवाहों की पुष्टि की गई है, पर साथ में उन्हें अप्रतिष्ठाजनक भी ठहराया गया है।[५४] अंग्रेजों को चिंता इस बात की थी कि कथित रूप से श्रेष्ठ किसान जातियाँ इस तरह के विवाहों से खेती और फौज में काम आने वाली अपनी बेहतरीन देहयिष्ट खो देंगी यानी उनका जैविक क्षय हो जाएगा।[५५]

नीची जातियों की स्त्रियों से विवाह करने का यह रिवाज बहुत व्यापक तौर से कभी नहीं फैला। उन्नीसवीं सदी के उत्तरार्ध में तो अंतरजातीय *करेवा* (विधवा विवाह) के मामलों में इसे अदालती चुनौती भी मिली।[५६] १९०० में साहिब दित्ता बनाम मुसम्मत बेला नामक मुकद्दमे में मृत जाट पति के पुरुष उत्तराधिकारियों न उसकी ब्राह्मण पत्नी के अधिकार को इस बिना पर चुनौती दी कि जब ब्राह्मण विधवा के रूप में वह ब्राह्मण से शादी नहीं कर सकती, तो फिर जाट से कैसे कर सकती है।[५७] जाहिर था कि इस मामले में औपनिवेशिक पंजाब में प्रचलित रिवाजी कानून के खिलाफ हिंदू कानून का सहारा लेने की कोशिश की जा रही थी। अंग्रेज सरकार अपने कारणों से करेवा प्रथा लागू करना चाहती थी,[५८] इसलिए मुकद्दमे का फैसला जाटों में प्रचलित प्रथा के मुताबिक हुआ जो इस तरह के रिश्तों की इजाजत देती थी।

चमारों से संबंधित कई मुकद्दमों में भी ऐसा ही हुआ।[५९] यह माना गया कि चाहे चमार विधवा हो या ब्राह्मण, करेवा प्रथा के तहत वह किसान जातियों में विवाह कर सकती है।[६०] ऊँची और नीची जातियों के बीच का यह रिश्ते की अहमियत अपने-आप में साफ है। इस इलाके में प्रभुत्वशाली किसान जातियाँ ही सामाजिक मानक तय करती हैं। इनमें जाट मुख्य हैं। चूँकि यहाँ के ब्राह्मण भी पुरोहिती के बजाय खेती से जुड़े थे, इसलिए उन्हें अपनी उच्चतर कर्मकांडीय हैसियत त्यागनी पड़ी। जाटों के मुकाबले संख्या में और सामाजिक-आर्थिक दृष्टि से वे कमतर थे।[६१]

ब्रिटिश अदालतों का रुतबा बहुत ऊँचा था और उनके जरिए जाति पंचायतों के दायरे से परे अधिकारसम्पन्नता की प्रक्रिया चल सकती थी। आज़ जातिगत शुद्धता, रिवाज और परंपरा के नाम पर अंतरजातीय विवाहों को अवैध ठहराया जा रहा है। पंचायतें समाज पर एक संदिग्ध किस्म की परंपरा थोप रही हैं। ध्यान रहे कि करेवा के तहत हुई इन सभी शादियों के मामले पहले विवाह के नहीं थे। बाद में किसान जातियाँ नीची जाति की स्त्रियों से पहला विवाह भी करने लगीं, पर ऐसे अधिकांश रिश्ते कम आमदनी वाले समूहों में ही सीमित रहे। बाद

में भूस्वामी जातियाँ न केवल सम्पत्ति संबंधी कारणों से जातिगत शुद्धता के नाम पर इनसे इनकार करने लगीं, बल्कि ऊँचा सामाजिक दर्जा प्राप्त करने के चक्कर में भी उन्होंने ऐसा किया। हरियाणा में ऊँचा दर्जा और जातिगत शुद्धता मिलकर एक हो गए और अंतरजातीय शादियों पर पाबंदी पर सामाजिक मुहर लग गई।

आज के माहौल में ऊँची जातियों के पुरुषों और स्त्रियों पर दबाव रहता है कि वे जाति के भीतर ही रहें, हालाँकि पुरुषों पर यह दबाव कम है। १९९१ में हरियाणा में प्रति एक हजार पुरुषों पर ८७४ स्त्रियाँ थीं, यानी बहुत से पुरुष बिना स्त्री के रहने को मजबूर थे।[६२] जनगणना के आँकड़े बताते हैं कि हरियाणा के सभी जिलों में कभी विवाह न करने वाले पुरुषों का अनुपात विवाहित पुरुषों से अधिक था।[६३] इसके उलट विवाहित स्त्रियों की संख्या विवाहित पुरुषों से अधिक थी।[६४] इसके अलावा हरियाणा में आम तौर पर पुरुषों का अविवाहित जीवन भी अपेक्षाकृत लंबा होता है, यानी विवाह की उम्र देर में आती है।[६५] नतीजे के तौर पर सजातीय विवाह के आग्रह ने न केवल पुरुषों के विवाह की संभावनाओं को कम किया है, बल्कि निचली जाति की स्त्रियों के ऊँची जाति में विवाह की संभावनाएँ भी कम हो गई हैं। ऐसे रिश्तों से पैदा हुई संतानों का विवाह भी मुश्किल होता जा रहा है।[६६]

सत्ता और प्रभुत्व का दबाव : समाज को झुकाना

विवाहों पर लगी पाबंदियाँ अक्सर तोड़ी जाती रहती हैं, पर असहमति के स्वरों और बगावत की कार्रवाइयों को बिरादरी की नाराजगी झेलनी ही पड़ती है। हुक्का पानी बंद हो जाने का खतरा बना रहता है। गाँव में खुल कर कहा जाता है : *तू के बोले से, तेरी बेटी ने ऐसा किया।* यह कथन एक अपमानजनक कलंक की तरह चिपक जाता है। कभी-कभी भागने वाली लड़की के पूरे परिवार को गाँव छोड़ना पड़ता है, क्योंकि वह *मुँह को कालख लगा गई* मानी जाती है।

अगर माँ-बाप ऐसे रिश्तों को दण्डित नहीं करते, तो मेहराना की भाँति बिरादरी मामला अपने हाथ में ले लेती है। रोशनी की माँ के अनुसार पंचायत वाले बीच में आ गए और बोले कि लड़कीवालों को कुछ कहने का हक नहीं है। सजा के बारे में वे ही तय करेंगे। वे रोशनी को ले गए और फाँसी दे दी।[६७]

जाति पंचायतें अक्सर हस्तक्षेप करके अपने किस्म का इंसाफ थोपती रहती हैं, हालाँकि इनकी कार्यप्रणाली के बारे में ज्यादा कुछ पता नहीं है। उत्तर भारत के ग्रामीण इलाकों में उनका रुतबा अभी भी बना हुआ है।[६८] इन पंचायतों के बारे में छवि यह रही है कि वे शारीरिक क्षति पहुँचाने के बजाय इज्जत खराब करने वाली सजाओं की तजवीज करती थीं। इनमें जुर्माना लगाना, पूरे गाँव को

खाना खिलाना, सबके सामने जमीन में नाक रगड़वाना या किसी एक की या कई लोगों की पेशाब पीने या उसमें नाक डुबाने के लिए मजबूर करना शामिल होता रहा है।[६९]

जाति पंचायतों द्वारा सार्वजनिक रूप से निर्वस्त्र करने, मौत की सजा सुनाने और सबके सामने मार डालने जैसे प्रकरणों के पीछे शहरीकरण और उपभोक्तावाद की भूमिका भी है। हरियाणा में १९६१-८१ की अवधि में शहरों की संख्या ६१ से बढ़ कर ८१ हो गई है।[७०] शहरी आबादी बढ़ने का सूचकांक दोगुना हो गया। इसके बावजूद शहरी और देहाती के बीच फर्क धुँधला ही है। मसलन, हरियाणा के देहाती और अर्धशहरी इलाकों से रोज एक लाख लोग काम करने के लिए दिल्ली आते हैं। रोहतक, पलवल, गुड़गाँव और पानीपत से रोज सुबह ट्रेनें चलती हैं, और शाम को लौटती हैं। इनमें ठसाठस भरे कामगर लोग आते-जाते हैं। पुलिस और फौज में भी भर्ती लोगों के परिवार देहातों में ही रहते हैं।[७१] शहरीकरण के साथ उपभोक्तावादी संस्कृति भी जुड़ी है। इस संस्कृति से प्रभावित होकर देहाती इलाकों में 'जीप, बंदूक और रम की बोतल' के जरिए मर्द किस्म की योद्धा जाति का मिथक अपनी दावेदारी पेश करता है।[७२] विरोधाभास यह है कि उपभोक्ता संस्कृति के इस असर के बावजूद शहरी मूल्यों को देहाती समाज शक की निगाहों से देखता है और उसका असर सबसे ज्यादा स्त्रियों पर पड़ता है।[७३] मर्दानगी और प्रगतिकांक्षा के संदर्भ में शहरीकरण और उपभोक्तावाद वांछित है, पर 'पारंपरिक' सांस्कृतिक मानकों के संदर्भ में शहर को गिरावट का जिम्मेदार माना जाता है। यह अंतर्विरोध पहले तो निजी और पारिवारिक स्तर पर हिंसक विधियों से सुलझाने की कोशिशें होती हैं, और जब ऐसा नहीं हो पाता तो फिर बिरादरी के स्तर पर हिंसा होती है।

जाति पंचायतें कौटुम्बिक व्यभिचार संबंधी वर्जनाओं को छोड़कर १९५५ के हिंदू विवाह कानून द्वारा लगाई गई पाबंदियों को नहीं मानतीं।[७४] कौटुम्बिक व्यभिचार संबंधी वर्जनाओं का प्रयोग भी बड़े चुनिंदा ढंग से होता है।[७५] परिवार के भीतर और गोत्र के भीतर कौटुम्बिक व्यभिचार संबंधी वर्जना का खुला उल्लंघन भी सजा के काबिल नहीं माना जाता। इसी तरह यौनाचरण संबंधी संहिताएँ केवल ऊँची जाति की औरतों के संदर्भ में ही सख्ती से लागू की जाती हैं। नीची जाति की औरतों की इज्जत, भले ही बलात्कार के जरिए लूट ली गई हो, की फिक्र नहीं की जाती।

ऊँची जातियों के वरिष्ठ पुरुषों द्वारा अपनी ही जाति के कनिष्ठ युवा सदस्यों और स्त्रियों पर अपना दबदबा कायम करने में भी जाति पंचायतों की यह भूमिका काम आती है। पंचायतों के जरिए वे दूसरी बिरादरी की चुनौतियों

का मुकाबला भी करते हैं, और अपनी युवा पीढ़ी की तरफ से आने वाली भीतरी चुनौतियों का भी। नए कानूनों ने भी इन बुजुर्गों की सत्ता का क्षय किया है, जबकि अंग्रेजों ने उनका नेतृत्व बरकरार रखते हुए उसे मजबूत किया। अंग्रेजों के इंसाफ में रिवाजी कानूनों और प्राचीन ग्रंथों के लिए गुंजाइश थी जिनका अदालती मामलों में चुनिंदा इस्तेमाल किया जाता था। मसलन, अविवाहित लड़की के भाग कर शादी कर लेने को संरक्षक की 'सहमति' न होने के कारण कानून की मंजूरी नहीं मिलती थी।[७६] अंग्रेज चाहते थे कि अल्पवयस्क या वयस्क स्त्री हमेशा किसी न किसी पुरुष के संरक्षण में रहे। आज १८ साल की हो जाने के बाद स्त्री कानून अपनी मर्जी से चल सकती है। पर, जाति पंचायतें कानूनन वयस्क हो जाने के इस प्रावधान को नहीं मानतीं। स्त्री पर पुरुष का संरक्षण थोपने के लिए पंचायतें मौत की सजा तक देने से नहीं चूकतीं।

ऊँची जातियों के ब्राह्मणवादी समाज व्यवस्था में स्त्री पर कसी हुई इस लगाम का नजदीकी ताल्लुक उसकी सेक्शुअलिटी पर नियंत्रण से तो है ही, पितृवंश चलाने, जातिगत शुद्धता और जातिगत ऊँच-नीच कायम रखने से भी है।[७७] इसीलिए शादी के मामले में जातियों का मिलन और ऊँची जाति की स्त्री से नीची जाति के पुरुष की शादी को पंचायतें सख्ती से दंडित करती हैं। पंजाब-हरियाणा में यह ब्राह्मणवादी मॉडल इतना मजबूत नहीं है, और न ही जातिगत शुद्धता और ऊँच-नीच की धारणाएँ वैसी हैं।[७८] यहाँ जाति का दर्जा कायम रखने में सजातीय विवाह पर दिए जाने वाले जोर की भूमिका है। किसान जातियों के पुरुष भले ही जाति के नियम तोड़ते रहें, पर स्त्रियों को इसकी इजाजत नहीं है।

कहावत यह है कि *जाट की बेटी जाट को* जानी चाहिए। जाट की जगह और भी कोई जाति हो सकती है। वर्ग के हिसाब से इस नियम के अनुपालन में लचीलापन अपनाया जाता रहता है। कुल मिलाकर ऊँची जाति की स्त्रियाँ द्वितीयक विवाह के मामले में भी इस नियम को नहीं तोड़ सकतीं।

संख्या में ज्यादा पुरुष और कम स्त्रियाँ होने के कारण भी स्त्रियों पर सजातीय विवाह का दबाव बढ़ा है। मसलन, विधवा विवाह नियोग प्रथा में बदल गया है। इसके लिए जबरदस्ती तक की जाती है। हाल ही में इतना जरूर हुआ है कि अगर मृत पति के भाई और चचाजात भाई विधवा को रखने की हालत में नहीं हैं, तो उसे परिवार के बाहर, पर हालत में जाति के भीतर ही, शादी करने की इजाजत मिलने लगी है।[७९] नीची जातियों में तलाकशुदा या विधवा स्त्रियों के मामले में कुछ लचीलापन देखा गया है, पर पश्चिम उप्र में विधवाओं को बेच देने के प्रकरण भी सामने आए हैं।[८०] स्त्री की श्रम कर सकने और संतानोत्पत्ति की क्षमता का बड़ा महत्त्व है। नीची जातियों की स्त्री गर्भवती हो सकती है तो

दोबारा शादी से इनकार नहीं कर सकती।

स्त्री की सेक्शुअलिटी पर लगाम : निहित स्वार्थ

अगर कोई स्त्री अपना पति खुद चुनती है तो इसका मतलब यह माना जाता है कि वह अपनी सेक्शुअलिटी और सेक्शुअल पार्टनर चुनने में स्वाधीनता का दावा कर रही है। उसके साथ ही उसकी श्रम करने की क्षमता और संतानोत्पत्ति करने की क्षमता भी स्थानांतरित हो जाती है। ऐसी हर कोशिश, चाहे कितनी भी छोटी क्यों न हो, खतरनाक मानी जाती है। हालाँकि शादी करने में दहेज वगैरह के चक्कर में माता-पिता बड़े आर्थिक दबाव का सामना करते हैं, पर इस दिक्कत के बावजूद सजातीय रिश्ता कायम करना उनके सामाजिक दर्जे के लिहाज से बहुत जरूरी है।[८१] अगर कोई पुरुष शादी का फैसला अपने मन से करता है, तो भी बिरादरी की निगाह में वह परिवार व्यवस्था भंग करने का दोषी होता है।[८२] बुजुर्गों को लगता है कि उनका दबदबा भी गया, और बूढ़ी औरतों को लगता है कि बहू पर उनका रुतबा भी खतरे में पड़ा। इसीलिए वरिष्ठ स्त्रियाँ भी ऐसी हर कोशिश का विरोध करने में पुरुषों का साथ देती हैं।

आजादी के बाद स्त्रियों को पैतृक सम्पत्ति में मिले उत्तराधिकार के अधिकार के साथ सत्ता का यह खेल काफी हद तक जुड़ा हुआ है। १९५६ के हिंदू उत्तराधिकार अधिनियम के कारण हरियाणा में अब विधवाओं, बहिनों, बेटियों या माताओं को जमीन की मिल्कियत मिल सकती है।[८३] इस कानून ने परंपरा बदल डाली, और सदियों से पुरुषों द्वारा पुरुषों को ही जमीन की मिल्कियत दिए जाने का रिवाज भंग कर दिया। स्त्री द्वारा जाति से बाहर शादी करने के विरोध का यह एक बहुत बड़ा कारण बन चुका है। बात भले ही आधुनिकता बनाम परंपरा के द्वंद्व की भाषा में की जाती हो, पर उसके पीछे स्त्रियों को जमीन पाने से रोकने का इरादा तो रहता ही है। इस कानून के प्रगतिशील नतीजों से बचने के लिए ग्रामीण पितृसत्तात्मक समाज हर कोशिश कर रहा है।[८४] इसके लिए कई तरीके अपनाए जाते हैं। बहिनों से भाइयों के पक्ष में जमीन-जायदाद लिखवा ली जाती है, या फिर न्यूनतम दामों में उसे खरीद लिया जाता है। भाई-बहिन के प्रेम को बढ़ावा देने के लिए रक्षाबंधन के त्योहार को आजकल नए जोश के साथ मनाया जाने लगा है। अगर लड़की गाँव में ही शादी करती है, तो भाई-बहिन का यह रिश्ता टूटता है, क्योंकि गाँव में सभी एक-दूसरे से रिश्ते में बँधे हैं। दूसरी ओर ऐसी शादी से परिवार में एक ऐसे व्यक्ति का आगमन हो जाता है जो पत्नी के नाम पर घर की जमीन-जायदाद में दावेदारी कर सकता है।

भूमिहीन नीची जातियों में प्रचलित प्रथाओं के मुकाबले रखकर देखने पर इन प्रथाओं का महत्त्व और साफ हो जाता है। जमीन की मिल्कियत का दबाव न होने की सूरत में विवाहित बेटी का परिवार उसके मायके वाले गाँव में ही रहने लगता है, और इस तरह ग्रामीण हरियाणा और पश्चिमी उप्र की सीमा पर रहने वाली नीची जातियों में प्रचलित घर जमाई की प्रथा मजबूत होती है।[८] यह जरूर है कि गाँव और गोत्र में शादी न करने की वर्जनाएँ नीची जातियों में भी कड़ाई से लागू की जाती हैं। इन्हें भंग करना कौटुम्बिक व्यभिचार माना जाता है और हिंसक सजा की तजवीज की जाती है। कहना न होगा कि जाति और सेक्शुअल आचरण संहिताओं के पालन के मामले में ऊँची और नीची जातियों के बीच कई तरह की समानताएँ और भिन्नताएँ हैं जिन पर प्रकाश डालना इस लेख के दायरे से बाहर की बात है।

जाति प्रथा का आधार मजबूत भी हो रहा है, और उसे चुनौती भी मिल रही है। हालात बहुत जटिल हैं। सामाजिक संबंधों में वर्ग और जीवन-शैलियों के पहलुओं का महत्त्व बढ़ता जा रहा है। वर्ग और लैंगिक आयाम के कारण अंतरजातीय और अंत:जातीय विभेदों और विषमताओं को जन्म दिया है। जातियों के भीतरी और बाहरी दर्जे भी बदले हैं। यह विश्लेषण बताता है कि जाति प्रथा की मौजूदा स्थिति की जाँच-पड़ताल करने के लिए जाति, वर्ग और लैंगिक संबंधों के प्रश्नों पर गौर करना कितना जरूरी है।

संदर्भ और टिप्पणियाँ

१. स्टीव डर्न ने अपनी रचना *कल्चर इन एक्शन : फेमिली लाइफ, इमोशन, एंड मेल डोमिनेंस इन बनारस, इंडिया,* स्टेट यूनिवर्सिटी ऑव न्यूयार्क प्रेस, न्यूयार्क, १९९५ में ऐसे रिश्तों को प्रेम विवाह बनाम पारंपरिक विवाह के नजरिए से देखते हुए उन्हें निजी बनाम सामाजिक कार्रवाई के रूप में समझने की कोशिश की है। यह एक संकीर्ण नजरिया है जो रिश्तों में जाति और नातेदारी के प्रभाव पर ध्यान नहीं देता, जबकि इन्हीं वर्जनाओं के टूटने का परिणाम हिंसा में निकलता है।

२. मीडिया अपनी रपटों में ऊँची जातियों के नजरिए से दिए गए ब्योरों को प्राथमिकता देता है, क्योंकि राजनीति, प्रशासन और पुलिस पर ऊँची जातियों का ही बोलबाला है। लेकिन, इसके बावजूद नीची जातियों और स्त्रियों की बात किसी न किसी रूप में सामने आ ही जाती है।

३. इस प्रकरण की खबरों के लिए देखें १९९१ के अखबार : ७ मई और २९ सितंबर के *दि हिंदुस्तान टाइम्स* के पृष्ठ क्रमशः १ और ७; ११ अप्रैल और ३० मार्च के *दि टाइम्स ऑव इंडिया* के पृष्ठ क्रमशः ६ और ५; ३० अप्रैल के *इंडिया टुडे* के पृष्ठ १२२-२५; २०-२१ अप्रैल के *दि इलस्ट्रेटिड वीकली* के पृष्ठ १६-१९; १४-२०

अप्रैल के *संडे* का पृष्ठ १५

४. *दि टाइम्स ऑव इंडिया,* २१ और २२ अप्रैल १९९१, पृष्ठ १,३; *इंडियन एक्सप्रेस,* २१ अप्रैल १९९१, पृष्ठ १

५. *पायनियर,* ११ अगस्त १९९३, पृष्ठ १; *दि टाइम्स ऑव इंडिया,* २९ मार्च १९९४, पृष्ठ ४

६. कलाँ बड़े गाँव को और खुर्द छोटे गाँव को कहते हैं। छोटा गाँव बड़े गाँव के प्रमुख सम्पत्तिवान जाति समूह की सदस्य संख्या बढ़ जाने के कारण साथ ही में बसाया जाता है। नातेदारी से बँधे ये गाँव शादियों और पंचायतों के मौके पर साथ-साथ ही रहते हैं। कभी उनके नाम अलग-अलग होते हैं, और कभी एक ही नाम में कलाँ व खुर्द जोड़ दिए जाते हैं। देखें, डेंडिल इबेट्सन, *रिपोर्ट ऑन दि रिवीजन ऑव दि पानीपत तहसील एंड करनाल परगना ऑव करनाल डिस्ट्रिक्ट,* १८७२-१८८०, पायनियर प्रेस, इलाहाबाद, १८८३, पृष्ठ ७४

७. *इंडिया टुडे,* १५ अप्रैल १९९४, पृष्ठ ७८-७९; *दि टाइम्स ऑव इंडिया,* १२ अगस्त १९९४, पृष्ठ ७; *संडे,* २२-२८ अगस्त, १९९३, पृष्ठ ३८-३९

८. *दि टाइम्स ऑव इंडिया,* १४ जून १९९४, पृष्ठ ४

९. *दि टाइम्स ऑव इंडिया,* ३ जून, १९९५, पृष्ठ १

१०. महेंद्रगढ़ डिस्ट्रिक्ट गज़ेटियर, हरियाणा सरकार, चंडीगढ़, १९८८, पृष्ठ २३३

११. *दि टाइम्स ऑव इंडिया,* २९ मार्च १९९४, पृष्ठ ७

१२. *दि टाइम्स ऑव इंडिया,* २३ नवंबर १९९४, पृष्ठ ४

१३. *संडे ऑब्जर्वर,* २३ सितंबर-अक्टूबर १९९३, पृष्ठ १३

१४. *दि टाइम्स ऑव इंडिया,* २९ मार्च १९९४, पृष्ठ ७

१५. सितंबर १९९१ के *न्यूजट्रैक* में महेंदर सिंह टिकैत का साक्षात्कार।

१६. *पायनियर,* ११ अगस्त १९९३, पृष्ठ १; *दि टाइम्स ऑव इंडिया,* २९ मार्च १९९४, पृष्ठ ७

१७. *इलस्ट्रेटिड वीकली,* २०-२१, अप्रैल १९९१, पृष्ठ १७

१८. वीणा दास, 'मास्क्स एंड फेसिज : एन एसे ऑन पंजाबी किनशिप', पैट्रीशिया ओबरॉय (सं.), *फेमिली, किनशिप एंड मेरिज इन इंडिया,* ऑक्सफोर्ड यूनिवर्सिटी प्रेस, दिल्ली, १९९४, पृष्ठ १९८-२२४

१९. इसके विपरीत जैक गुडी के मुताबिक उत्तरी घाना में असमान दर्जे के लोगों के बीच हुए ऐसे रिश्तों के साथ अपेक्षाकृत समान दर्जों के मुकाबले ज्यादा कड़ाई से निबटा जाता है। देखें, गुडी की रचना, 'इंसेस्ट एंड एडल्ट्री', गुडी (सं.), *किनशिप,* पेंगुइन, मिडिलसेक्स, इंग्लैंड, १९९१, पृष्ठ ६४-८१

२०. उत्तर भारत में ऐसी ही मान्यताओं के लिए देखें, ऑस्कर लेविस, *विलेज लाइफ इन नार्दर्न इंडिया : स्टडीज इन ए दिल्ली विलेज,* विंटेज बुक्स, न्यूयार्क, १९५८, पृष्ठ १६०-६१; एम.एस. प्रधान, *दि पॉलिटिकल सिस्टम ऑव दि जाट्स ऑव नार्दर्न इंडिया,* ऑक्सफोर्ड यूनिवर्सिटी प्रेस, लंदन, १९९६, पृष्ठ ८९-९१

२१. जे.एम. डुई, *रेवज-इ-आम ऑव तहसील कैथल ऑव परगना इंद्री इन दि करनाल*

डिस्ट्रिक्ट, लाहौर, सिविल एंड मिलिट्री गज़ट, १८९२, पृष्ठ ७

२२. राजस्थान के अपने अध्ययन में हेलेन लैम्बर्ट ने दिखाया है कि स्त्रियों द्वारा अपने मायके के लोगों से इस तरह के काल्पनिक संबंध उनके ससुराल में उनकी कितनी मदद करते हैं। पुरुष भी अपनी बहिनों के ससुराल से इसी तरह के रिश्ते बनाकर राजनीतिक-आर्थिक मकसद पूरा करते रहे हैं। देखें हेलेन का लेख, 'कास्ट, जेंडर एंड लोकलिटी इन रूरल राजस्थान', सी.जे. फुलर (स.), *कास्ट टुडे,* ऑक्सफोर्ड यूनिवर्सिटी प्रेस, दिल्ली, १९९६, पृष्ठ ९३-१२३

२३. विस्तृत संदर्भों के लिए देखें, बीना अग्रवाल, *ए फील्ड ऑव वंस ओन : जेंडर एंड लैंड राइट्स इन साउथ एशिया,* केम्ब्रिज यूनिवर्सिटी प्रेस, केम्ब्रिज, १९९४, पृष्ठ ३३५-३६

२४. एस.पी. शर्मा, 'मैरिज एमंग दि जाट्स एंड दि ठाकुर्स ऑव नॉर्थ इंडिया : सम कंपरीजंस', *कंट्रीब्यूशंस टु इंडियन सोशियोलॉजी,* न्यू सीरीज, १९९३, खंड ७, पृष्ठ ८१-१०३

२५. लेविस, वही, पृष्ठ १३३-३४

२६. पॉल हर्शमेन, *पंजाबी किनशिप एंड मेरिज,* हिंदुस्तान पब्लिशिंग कार्पोरेशन, दिल्ली, १९८१, पृष्ठ १३३-३४

२७. गुडी, वही।

२८. ली मिंटर्न, *सीताज़ डॉटर : कमिंग आउट ऑव पर्दा,* ऑक्सफोर्ड यूनिवर्सिटी प्रेस, न्यूयार्क, १९९३, पृष्ठ २१२-१६

२९. एम.एन. श्रीनिवास, *विलेज, कास्ट, जेंडर एंड मेथड : एसेज इन इंडियन सोशल एंथ्रोपोलॉजी,* ऑक्सफोर्ड यूनिवर्सिटी प्रेस, दिल्ली, १९९६, पृष्ठ १३४-३५

३०. हरियाणा और दिल्ली के गाँवों में निजी तौर पर किए गए अवलोकन के आधार पर।

३१. मसलन, गुजरात के पाटीदारों में शादी के 'वृत्ताकार' मॉडल के लिए देखें, डेविड पोकोक, 'दि हायपरगेमी ऑव पाटीदार्स', ओबेरॉय (सं.), उपरोक्त, पृष्ठ ३३०-४०; हाल की कुछ मिसालों के लिए देखें, एड्रिथ मेयर, 'कास्ट इन इंडियन विलेज : चेंजिस एंड कंटीन्युटी', फुलर (सं.), उपरोक्त, पृष्ठ ३२-६४; लीला दुबे ने मुझे बताया है कि महाराष्ट्र में गोत्र के भीतर शादी करने की एक विधि खोज ली गई है जिसके तहत मामा विवाह योग्य लड़की को गोद ले कर उसका कन्यादान कर देता है।

३२. १९५८ में हरियाणा के एक बड़े राजनेता ने गोत्र संबंधी वर्जना का उल्लंघन करके अपनी बेटी की शादी की, जिसके कारण चुनाव में उसे सामाजिक आक्षेप का सामना करना पड़ा।

३३. जोनाथन पी. पैरी, *कास्ट एंड किनशिप इन कांगड़ा,* विकास, नई दिल्ली, १९७९, पृष्ठ १९५-२३१

३४. सरिता मेहता, 'सोशल मोबिलिटी इन रूरल हरियाणा', पी-एच.डी. थीसिस, हरियाणा एग्रीकल्चरल यूनिवर्सिटी, हिसार, १९८२, पृष्ठ १७५

३५. उत्तर प्रदेश के जाटवों ने खासी प्रगति की है। लैपों और लैपों ने दिखाया है कि मेरठ

के गरुपुर गाँव के जाटव सेकंडरी स्कूल डिप्लोमा के मामले में जाटों व अन्य जातियों से आगे हैं। आगरा के जाटवों और कानपुर के कोरियों के बारे में भी ऐसे ही रुझान मिलते हैं।

३६. पश्चिमी उप्र में जाट-जाटव टकराव के बारे में देखें, ओवेन एम. लिंच, 'राइटिंग एज रेशनल एक्शन', *इकॉनॉमिक एंड पॉलिटिकल वीकली,* खंड २९, नवंबर, पृष्ठ १९५१-५६; इस टकराव के अन्य ब्योरों के लिए देखें, *दि हिंदुस्तान टाइम्स,* २८ सितंबर १९८९ और २० जून १९९०

३७. समता संगठन की रपट, 'अपर कास्ट वायलेंस : स्टडी ऑव चुंदरू कारनेज', *इकॉनॉमिक एंड पॉलिटिकल वीकली,* ७ सितंबर १९९१, खंड २६.३६, नवंबर, पृष्ठ २०७९-८४; वसंत कन्नाबिरन और कल्पना कन्नाबिरन, 'कास्ट एंड जेंडर : अंडरस्टेंडिंग डायनामिक्स ऑव पावर एंड वायलेंस', *इकॉनॉमिक एंड पॉलिटिकल वीकली,* १४ सितंबर १९९१, खंड २६.३७, नवंबर, पृष्ठ २१३०-३३; के. बालगोपाल, 'पोस्ट चुंदरू एंड अदर चुंदरूज़', *इकॉनॉमिक एंड पॉलिटिकल वीकली,* १९ अक्टूबर १९९१, खंड २६.४२, नवंबर, पृष्ठ २३९९-४०५

३८. प्रेम चौधरी, *पंजाब पॉलिटिक्स : दि रोल ऑव सर छोटू राम,* विकास, दिल्ली, १९८४, पृष्ठ ६१-९९

३९. ४ मार्च १९९३ को मथुरा जिले के अंडुआ गाँव में जाटों ने दो जाटवों को जिंदा जला दिया, और चेतावनी दी कि अगर किसी भी आरोपी के खिलाफ कुछ किया गया तो हर गाँव में अंडुआ दोहराया जाएगा। इसी दौरान राजस्थान के भरतपुर जिले में जाटों की एक भीड़ ने १६ जाटवों को मार डाला। इस हत्याकांड को ४६ गाँवों की पंचायत ने ठीक ठहराया। देखें, *दि टाइम्स ऑव इंडिया,* 'जाट-जाटव राइवलरी इन अंडुआ विलेज ऑव मथुरा डिस्ट्रिक्ट एंड विलेज कुम्हेर इन वेस्टर्न यूपी', २५ जून १९९२, पृष्ठ १६; ५ मार्च १९९३, पृष्ठ ४; *संडे ऑब्जर्वर,* २६ सितंबर-२ अक्टूबर १९९३, पृष्ठ ४ भी देखें।

४०. हरियाणा के भू-स्वामियों में प्रचलित कहावत।

४१ *इलस्ट्रेटिड वीकली,* २०-२१, अप्रैल १९९१, पृष्ठ १७ में उद्धृत।

४२. २०-२१ अगस्त १९८८ को बांध गाँव के रामचंदर ने एक कहानी सुनाई कि अपने एक नौजवान कमीन (नीची जाति का खेत मजदूर) की हेकड़ी से परेशान होकर जब एक भू-स्वामी ने उसके पिता को आड़े हाथों लिया तो उसका जवाब था कि सरकार, यह आप में से ही है इसलिए इसका रवैया भी आप जैसा ही होगा। गाँवों में सभी लोग जानते हैं कि ऊँची जाति के भू-स्वामी नीची जाति की औरतों से अवैध बच्चे पैदा करते रहते हैं।

४३. राजस्थान में नीची जाति की भँवरी देवी के साथ २२ सितंबर १९९२ को हुए बलात्कार के मुकद्दमे में सफाई के वकील का कहना था कि ऊँची जाति के लोग बलात्कार कर ही नहीं सकते। कहने का मतलब यह था कि नीची जाति की औरत ऊँची जाति के गूजर या ब्राह्मण की तरफ से आए संभोग के प्रस्ताव से इनकार कर ही नहीं सकती। तीन साल बाद पाँचों आरोपियों को 'अधेड़ उम्र के मानिंद नागरिक' बता कर अदालत

ने छोड़ दिया।

४४. पीयूडीआर की रपट, *बिटर हारवेस्ट : दि रूट्स ऑव मेसाकर्स इन सेंट्रल बिहार,* दिल्ली, सेक्रेटरी, पीयूडीआर, अगस्त १९९२

४५. स्त्री और पुरुष के बीच संख्या-असंतुलन के लिए देखें, *सेंसस ऑव इंडिया, १९९१,* इंडिया सीरीज-१, पेपर १ ऑव १९९१, पृष्ठ ७६

४६. मैलकम लायल डार्लिंग, *पंजाब पीजेंट इन प्रोसपरिटी एंड डेट,* पहला संस्करण, १९२५, पुनर्मुद्रण, दिल्ली, साउथ एशिया बुक्स, १९७८, पृष्ठ ५१

४७. खेमलाल राठी के साथ निजी बातचीत, दिल्ली, २४ मई १९८३

४८. शमशेर सिंह के साथ निजी बातचीत, दिल्ली, २३ मई १९८६

४९. *विलियम क्रुक कलेक्शंस,* एमएस १२४, यह कहानी बहराइच जिले के एक अध्यापक ने दर्ज की; यह हरियाणा में भी प्रचलित है, खेमलाल राठी के साथ निजी बातचीत, दिल्ली, २४ मई १९८६

५०. *विलियम क्रुक कलेक्शंस,* एमएस १२४, यह कहानी नथिया चंदू ने सुनाई और अलीगढ़ जिले के रुदायर स्कूल के अध्यापक छजमल दास ने इसे दर्ज किया।

५१. २४ दिसंबर १९८७ को विद्यावती द्वारा सुनाई गई कहानी। यह कहानी १८८६ में भी रिकॉर्ड की गई थी। इसका शीर्षक था *आला दे निवाला,* एस.डब्ल्यू. फैलन, *ए डिक्शनरी ऑव हिंदुस्तानी प्रोवर्ब्स,* लजारुस एंड कं., बनारस, १८८६, पृष्ठ १९०

५२. जय नारायण वर्मा की रचना *हरियाणवी लोकोक्तियाँ : शास्त्रीय विश्लेषण,* आदर्श साहित्य प्रकाशन, १९७२, पृष्ठ १२० पर भी इसे देखा जा सकता है।

५३. शमशेर सिंह के साथ निजी बातचीत, दिल्ली, २३ मई १९८६

५४. *सेंसस ऑव इंडिया, पंजाब एंड डेलही,* १९११, खंड १७, रिपोर्ट, पृष्ठ ११६

५५. डार्लिंग, वही, पृष्ठ ५१

५६. करेवा विधवा विवाह का एक रूप है जो अब नियोग प्रथा तक सीमित रह गया है। चूँकि कोई स्त्री धार्मिक रूप से दो बार नहीं ब्याही जा सकती, इसलिए इस विवाह में पुरुष स्त्री के सिर पर रंगीन कोनों वाली एक सफेद चादर डाल कर उसे अपनी पत्नी बना लेता है। यह प्रथा सहवास के लिए सामाजिक सम्मति प्राप्त करने का तरीका है। कभी-कभी चादर की जगह चूड़ी या सोने की नथ पहनाकर भी यह रिश्ता होता है। इसके बाद गुड़ या और कोई मिठाई बाँटी जाती है। देखें, चौधरी, *दि वेल्ड वुमॅन,* वही, पृष्ठ ७४-८८

५७. *पंजाब रिकॉर्ड,* १९००, खंड XXXV, केस नं. ५०, पृष्ठ १८४-८६; खंड XLV, *मसुम्मत कौर बनाम स्वर्ण सिंह,* पृष्ठ २३२-३४; *चंदेर सिंह बनाम मुसम्मत मेला,* पृष्ठ ३३४-३८; *इंडियन लॉ रिपोर्ट,* लाहौर सीरीज, १९२९, खंड V, *सोहन सिंह बनाम काले सिंह,* पृष्ठ ३७२-८०

५८. देखें, प्रेम चौधरी, 'कंटेस्टिंग क्लेम्स एंड काउंटर क्लेम्स : क्वेश्चन ऑव दि इनहेरिटेंस *एंड सेक्शुअलिटी इन ए कोलोनियल स्टेट',* कंट्रीब्यूशन टु इंडियन सोशियोलॉजी (एनएस), जनवरी-दिसंबर, १९९५, खंड २९.१-२, पृष्ठ ६५-८२

५९. *पंजाब रिकॉर्ड,* १९००, खंड XLV, *मसुम्मत कौर बनाम स्वर्ण सिंह,* पृष्ठ २३२-

३४; १८९७, खंड XXXII, *चंदेर सिंह बनाम मुसम्मत मेला,* पृष्ठ ३३४-३८; *इंडियन लॉ रिपोर्ट,* लाहौर सीरीज, १९२९, खंड V, *सोहन सिंह बनाम काले सिंह,* पृष्ठ ३७२-८०

६०. एम. डुई, *रिवाज-ए-आम ऑव तहसील कैथल,* वही, पृष्ठ ४; करनाल जिले के जाट एक ऐसे प्रकरण के बारे में बताते हैं जिसमें एक जाट करेवा के जरिए ब्राह्मण स्त्री से विवाह करने के कारण बिरादरी से बाहर कर दिया गया था।

६१. इस क्षेत्र में ब्राह्मणों के सामाजिक दर्जे के लिए देखें, चौधरी, *दि वेल्ड वुमॅन,* वही, पृष्ठ ११०-११, २२५

६२. स्त्री-पुरुष अनुपात के लिए देखें, *सेंसस ऑव इंडिया, १९९१,* इंडिया सीरीज, पेपर १ ऑव १९९१, प्रोवीजनल पॉप्युलेशन टेबिल्स, नई दिल्ली, रजिस्ट्रार-जनरल एंड सेंसस कमिश्नर, भारत, १९९१, पृष्ठ ७१

६३. हरियाणा में कभी विवाह न करने वाले पुरुषों और स्त्रियों के १९८१ के आँकड़ों के लिए देखें, *सेंसस ऑव हरियाणा १९८१,* सोशल एंड कल्चरल टेबिल्स, पार्ट IV-A, पृष्ठ ४६-४७

६४. *सेंसस ऑव हरियाणा १९८१,* सीरीज ६, पार्ट XI, पृष्ठ ५२-५३

६५. पुरुषों का विवाह योग्य उम्र २५-२८, स्त्रियों की १०-२४, उपरोक्त।

६६. हरियाणा के ग्रामों में सभी लोग आम तौर पर यही भावना व्यक्त करते हैं।

६७. *इलस्ट्रेटिड वीकली,* २०-२१, अप्रैल १९९१, पृष्ठ १७

६८. हर्शमेन के अनुसार पंजाब में बिरादरी और जाति की पंचायतों का प्राधिकार खत्म हो चुका है। पहले अदालतों और पंचाटों की तरह काम करती थीं। हरियाणा और उप्र में परिस्थिति अलग है। देखें, हर्शमेन, *पंजाबी किनशिप,* वही, ३५-३६

६९. वसुधा धगमवार, 'मीनिंग ऑव लिंच जस्टिस', *मेनस्ट्रीम,* २५ सितंबर, १९९३, पृष्ठ ५, ३५

७०. शहरों और उनकी बढ़ती हुई आबादी के लिए देखें, *सेंसस ऑव हरियाणा १९८१,* सोशल एंड कल्चरल टेबिल्स, पार्ट II-A और II-B, जनरल पॉप्युलेशन टेबिल्स एंड प्राइमरी सेंसस एब्सट्रेक्ट, पृष्ठ २६, २८

७१. पुलिस और फौज के लोगों को शहरों में परिवार रखने में बहुत दिक्कतें आती हैं। एडजुकेंट जनरल लेफ्टीनेंट जनरल बी.टी. पंडित के अनुसार फौज में निचले पदों के केवल १४ लोगों को घर मिलता है। देखें, इंटरव्यू, सेना मुख्यालय, नई दिल्ली, १ अप्रैल १९९१

७२. इस परिघटना के एक दिलचस्प समकालीन अवलोकन के लिए देखें, डी.आर. चौधरी, *इंडियन एक्सप्रेस,* नई दिल्ली, मेगज़ीन सेक्शन, ३० मई १९८२, पृष्ठ ५

७३. हरियाणा में ग्रामीण और शहरी परिवेश के बीच विचारधारात्मक दीवार के लिए देखें, रिचर्ड लैम्बर्ट, 'दि इम्पैक्ट ऑव अरबन सोसाइटी अपॉन विलेज लाइफ', संकलित : रॉय टर्नर (सं.), इंजियाज़ अरबन फ्यूचर, ऑक्सफोर्ड यूनिवर्सिटी प्रेस, दिल्ली, १९६२, पृष्ठ ११७-४०

७४. दो हिंदुओं के बीच सगोत्र विवाह की अनुमति देने वाला *दि हिंदू मेरिजिज़*

डिसेबिलिटीज़ रिमूवल एक्ट १९४६ में पारित हुआ। इसके बाद अंतरजातीय विवाह की अनुमति देने वाला *दि हिंदू मेरिज वेलिडिटी एक्ट,* १९४९ पारित किया गया। १९५५ में *दि हिंदू मेरिज एक्ट* (नं. XXIV, १९५५) पारित हुआ। इसमें दोनों कानूनों की बातें शामिल थीं और विवाह, अलगाव व तलाक के लिए ज्यादा आजादी थी। देखें, सुंदरलाल टी. देसाई, *मुल्ला प्रिंसिपल्स ऑव हिंदू लॉ,* एन.एम. त्रिपाठी प्रा. लि., १९६६, पृष्ठ ४६८-६९, ६१६-७५१

७५. सामान्यत: उत्तर भारत में माँ, पिता की माँ, पिता की बहिन और बहिन की बेटी, बहिन, बहिन की बेटी, भाई की बेटी, माँ के भाई की बेटी, पत्नी के भाई की बेटी, बेटी और पुत्र वधू के साथ संभोग करने की मनाही है। इन रिश्तों के बाहर कोई भी सेक्शुअल ढीलापन सहन कर लिया जाता है। पुत्र वधू के मामले में इस वर्जना के उल्लंघन के प्रकरण अंग्रेजों के जमाने में देखे गए हैं। देखें, चौधरी, *वेल्ड वुमॅन,* वही, ८४-८६, ११८

७६. सी.ए.एच. टाउनसेंड, *कस्टमरी लॉ ऑव हिसार डिस्ट्रिक्ट (सिरसा तहसील को छोड़ कर),* खंड XXXV, लाहौर, पंजाब गवर्नमेंट प्रेस, १९११, पृष्ठ १२-२१

७७. ब्राह्मणवादी पितृसत्ता के लिए देखें, उमा चक्रवर्ती, 'कंसेप्चुअलाइजिंग ब्राह्मणीकल पेट्रियार्की इन अर्ली इंडिया : फीमेल सेक्शुअलिटी, सर्वीलेंस एंड दि स्टेट इन दि १८थ सेंचुरी महाराष्ट्र', *कंट्रीब्यूशंस इन इंडियन सोशियोलॉजी,* न्यू सीरीज, जनवरी-दिसंबर १९९५, खंड २९.१-२, पृष्ठ ३-२२

७८. पाद टिप्पणी ४७

७९. इसके लिए भी ससुराल की सहमति चाहिए। रोहतक के असौधा गाँव में आशा नामक एक १९ साल की लड़की विधवा हो गई। ससुराल वाले उम्र में बहुत बड़े जेठ के साथ उसका करेवा करवाना चाहते थे। जेठ के पहले से पत्नी और तीन बच्चे थे। पर लड़की और उसके पिता नहीं माने। उन्होंने रिश्ता कहीं और तय किया। लेकिन ससुराल वालों ने ऐन मौके पर शादी का समारोह जबरन रुकवा दिया और पंचायत की बात भी नहीं मानी। आशा को विधवा ही बना रहना पड़ा। यह वाकया असौधा टोर्डन गाँव के धीर सिंह ने ९-१० अगस्त १९९० को सुनाया।

८०. पौलिन कोलेंडा, *रीजनल डिफरेंसिज़ इन दि फेमिली स्ट्रक्चर इन इंडिया,* रावत पब्लिकेशंस, जयपुर, १९८७, पृष्ठ १८९-३५४

८१. देखें, लीला दुबे, 'कास्ट एंड वुमॅन', संकलित : एम.एन. श्रीनिवास (सं.), *कास्ट : इट्स ट्वेंटियथ सेंचुरी अवतार,* वाइकिंग पेंगुइन, नई दिल्ली, १९९६, पृष्ठ १-२७

८२. ऐसे ही अवलोकन के लिए देखें, डेर्न, *कल्चर इन एक्शन,* वही , पृष्ठ ८०-४७

८३. देखें, *हिंदू सक्सेशन एक्ट,* नं.XXX, १९५६, सुंदरलाल, वही।

८४. चौधरी, वेल्ड वुमॅन, वही, पृष्ठ ३०८-७३

८५. देखें, उपरोक्त, पृष्ठ ३४२; कोलेंडा, वही, पृष्ठ ३०६-०६

फिल्म, टीवी, अश्लीलता और सेक्शुअल शहर

७

स्त्री समलैंगिकता की आग उर्फ 'फायर' प्रसंग

परिचय / मैरी ई. जॉन और तेजस्विनी निरंजना

कनाडा में रहने वाली फिल्मकार दीपा मेहता की फिल्म 'फायर' शुरू में बिना किसी विरोध के ही भारत में रिलीज हुई। इससे पहले यह फिल्म पश्चिमी बाजारों और अन्य जगहों पर प्रदर्शित हो चुकी थी। फिल्म को मिले अंतर्राष्ट्रीय पुरस्कारों के बावजूद समीक्षकों की प्रतिक्रिया मिली-जुली ही रही। इसे कुछ फिल्मोत्सवों में भी दिखाया गया, और कुछ स्त्री संगठनों ने इसके निजी वीडियो शो भी किए। १९९८ में सरकारी सेंसर बोर्ड ने जब इसे बिना किसी कटौती के प्रमाणपत्र दे दिया, तो लोगों को कुछ आश्चर्य भी हुआ कि बोर्ड ने अश्लीलता की श्रेणी का प्रयोग करते हुए 'आपत्तिजनक दृश्यों' को नहीं काटा। सेंसर ने केवल एक ही माँग की कि फिल्म के हिंदी संस्करण में देवरानी के पात्र का नाम बदल कर 'नीता' कर दिया जाए, जबकि मूल अंग्रेजी संस्करण में उसका नाम 'सीता' था। जाहिर है कि सेंसर रामायण की सीता के नाम से इस पात्र के नाम का मिलान करके किसी को विवाद पैदा करने का मौका नहीं देना चाहता था।

लेकिन, प्रदर्शन के कुछ हफ्ते बाद ही शिव सेना और उसकी स्त्री शाखा महिला अघाड़ी ने उस पर हमले शुरू कर दिए। मुंबई और दिल्ली में 'फायर' दिखाने वाले सिनेमाघरों को निशाना बनाया जाने लगा। उस समय शिव सेना का

केंद्र में सत्तारूढ़ भारतीय जनता पार्टी के साथ गठजोड़ चल रहा था। हालाँकि दोनों ही पार्टियाँ दक्षिणपंथी हिंदू उग्रराष्ट्रवादी विचारधारा की पैरोकार हैं, पर उस समय उनके गठजोड़ की स्थिति बहुत सहज नहीं थी। शिव सेना की माँग थी कि फिल्म प्रतिबंधित की जाए, क्योंकि वह अश्लील है, उसमें स्त्री-समलैंगिकता (लेस्बियनिज्म) है, और उसमें एक चीनी द्वारा एक भारतीय से बदसलूकी का पाँच मिनट लंबा दृश्य भी शामिल है। शिव सेना के नेता बाल ठाकरे ने सार्वजनिक रूप से बयान दिया कि अगर फिल्म में राधा और सीता/नीता के नाम बदल कर सायरा और शबाना कर दिए जाएँ तो उन्हें कोई एतराज नहीं होगा। जाहिर है कि ठाकरे इस जरिए फिल्म में राधा की भूमिका करने वाली और अपनी वामपंथी राजनीति के लिए चर्चित शबाना आज़मी एवं फिल्म के प्रदर्शन का सार्वजनिक समर्थन करने वाले दिलीप कुमार की पत्नी सायरा बानो को निशाना बनाना चाहते थे।

हमलों के कारण मुंबई और दिल्ली के सिनेमाघरों से वितरकों ने फिल्म 'अपनी इच्छा से' हटा ली। केंद्रीय सूचना और प्रसारण मंत्री ने सेंसर बोर्ड को आदेश दिया कि फिल्म की दोबारा समीक्षा की जाए। लेकिन, देश के बाकी हिस्सों में इस विवाद के कारण दर्शकों की फिल्म में दिलचस्पी बढ़ गई। कई जगहों पर टिकट ब्लेक में बिकने लगे। इसमें दक्षिण के राज्य और उत्तर के भाजपा शासित राज्य भी शामिल थे। दूसरी तरफ, शिव सेना के इस रवैये के खिलाफ विरोध प्रदर्शनों, प्रेस बयानों और सुप्रीम कोर्ट में याचिकाओं का सिलसिला शुरू हो गया। नारीवादी और समलैंगिक समूहों ने फिल्म की तरफदारी में लेखन किया। उसके पक्ष में कई सम्पादकीय भी लिखे गए। फिल्मकार दीपा मेहता के विचार भी खूब छपे और टीवी पर प्रसारित हुए।

इस पूरे घटनाक्रम के दौरान, यानी फिल्म पर हुए हमलों से लेकर दिल्ली में सेंसर बोर्ड द्वारा दोबारा अनुमति दिए जाने के बाद फिल्म के प्रदर्शन तक, 'फायर' और उससे संबंधित विवाद पर कई नजरियों से रोशनी डाली गई। यहाँ इसी लेखन के कुछ अंश प्रस्तुत किए गए हैं। इन्हें पढ़ने पर पाठकों को लगेगा कि तकरीबन सभी टिप्पणीकारों ने अलग-अलग तरीकों से फिल्म के बारे में लिखते हुए और उसके परे जाकर आधुनिक भारतीय स्त्री को अपना विषय बनाया है। एक तरफ तो इस विवाद में उन्नीसवीं सदी की उन्हीं दावेदारियों की अनुगूँज सुनाई पड़ती है जिनके तहत 'स्त्री' का 'भारतीय संस्कृति' से अभिन्न संबंध बताया जाता है; दूसरी तरफ कई टिप्पणियाँ साफ तौर पर कहती नजर आती हैं कि लेस्बियनिज्म के कारण भारतीय स्त्रीत्व की ही नहीं, बल्कि भारतीय नारीवाद की विरासत भी प्रश्नांकित हो गई है। यह लेखन कई दूसरे सवाल भी

उठाता है, मसलन, 'भारत' का 'पश्चिम' से और अपने 'अतीत' से क्या संबंध है, और क्या होना चाहिए। यह लेखन संस्कृति को सेक्शुअलिटी के आईने में और वर्ग, जाति और धर्म के नजरिए से देखने की कोशिश करता है। खास बात यह है कि 'फायर' पर चली चर्चा ने केवल हिंदू दक्षिणपंथियों और उनकी सांस्कृतिक दावेदारियों को ही आड़े हाथों नहीं लिया, बल्कि स्त्री आंदोलन के विभिन्न हिस्सों के बीच एक तीखी बहस भी पैदा की।

I

आग लगा दो इस घर को! / कैरल उपध्या

... ... दिल्ली और मुंबई में फिल्म के प्रदर्शन के खिलाफ शिव सेना द्वारा चलाई गई विक्षिप्ततापूर्ण मुहिम और लेस्बियनिज्म को भारतीय परंपरा के खिलाफ करार देने से जाहिर हो गया है कि संघ परिवार की नजर में भारतीय संस्कृति का मतलब स्त्री की सेक्शुअलिटी पर पुरुष के नियंत्रण के अलावा कुछ नहीं है। 'फायर' भारतीयता की इसी बनावट को चुनौती देती है। उसके दो महिला पात्र संबंधों का एक ऐसा रूप अपनाना पसंद करती हैं जो पितृसत्तात्मक नियंत्रण के इस रूप को खारिज कर देता है। इससे पुरुष अहं को भी चोट लगती है, क्योंकि मर्द यह मानकर चलता है कि स्त्री की कामना का केंद्र केवल वही हो सकता है। ऐसी ही प्रतिक्रिया अमेरिका में स्त्री सेक्शुअलिटी पर जारी हाइट रिपोर्ट पर हुई थी। सत्तर के दशक में प्रकाशित यह रपट स्त्रियों को काफी पसंद आई थी, क्योंकि उसमें पहली बार स्त्री की सेक्शुअलिटी का यथार्थ वर्णन किया गया था। लेकिन, पुरुष इसे पढ़कर खासे नाराज हो गए थे, क्योंकि रपट में स्त्री की कामना तुष्ट करने के लिए पुरुष का होना अनिवार्य मानने से इनकार कर दिया गया था।

समझने की बात यह है कि संघ परिवार भारतीय परंपरा के बारे में जो बातें कह रहा है, वह उसकी अपनी ईजाद नहीं है। यह विमर्श उसने शिक्षित मध्यवर्ग में प्रचलित संस्कृति संबंधी समझ से प्राप्त किया है, और मध्यवर्ग को ये बातें उपनिवेशवाद द्वारा संस्थागत किए गए ब्राह्मणवादी आचरणों और मूल्यों से मिली हैं। नतीजे के तौर पर भारतीय परिवार, भारतीय मूल्यों और भारतीय संस्कृति के रूपकों ने मिलकर शहरी मध्यवर्ग को पसंद आने वाली भारतीय अस्मिता की रचना की है। इसी की झलक हमें सम्पन्न अनिवासी भारतीयों में मिलती है। हालाँकि यह विमर्श भारतीय संस्कृति और मूल्यों को हमेशा पश्चिम के बरक्स रखकर देखता है, पर अगर किसी से पूछा जाए कि दोनों के बीच क्या फर्क है, तो वे स्त्री की सेक्शुअलिटी पर नियंत्रण, विवाह से पहले स्त्री के

अक्षत-यौनि होने, परिवार की मर्जी से विवाह करने, पतिव्रत धर्म निभाने, आदि बातों से आगे नहीं जा पाते (खास बात यह है कि पुरुष के यौनाचरण के बारे में कोई चर्चा नहीं होती)। लोग मान कर चलते हैं कि स्त्रियों पर लगाई गई इन पाबंदियों के कारण भारतीय समाज और परिवार एकजुट और स्थिर है, जबकि पश्चिमी समाज और परिवार यौन स्वच्छंदता के कारण बिखर गया है। भारत में रहने वाले एक विदेशी के तौर पर कई बार यह तुलनात्मक विमर्श मुझे ट्रेनों में यात्रा करते समय अजनबियों के मुँह से सुनना पड़ा है, और इसी के कारण मुझे यकीन हो गया है कि भारतीय मध्यवर्ग के लिए सेक्शुअलिटी के मायने क्या हैं। अनिवासियों ने भारतीय संस्कृति की इसी छवि को बढ़ावा दिया है। ये लोग पश्चिमी जीवन-शैली का प्रत्येक लाभ उठाते हैं, पर अपनी बेटियों पर कड़ी नजर रखने के साथ-साथ भारत में अपने बेटों के लिए अक्षत-यौनि बहुओं की तलाश करते हैं। इस तरह भारतीय संस्कृति की रक्षा भी होती रहती है, और जीवन के अन्य क्षेत्रों में पश्चिमी संस्कृति का लाभ भी उठाया जाता रहता है।

आज वक्त आ गया है कि हम संघ परिवार द्वारा समर्थित भारतीयता की इस अवधारणा का जम कर विरोध करें। स्त्रियों के संगठनों और अन्य प्रगतिशील संगठनों ने अगर अपनी पहलकदमी ले कर इस जिम्मेदारी को न उठाया तो संघ परिवार भारतीय संस्कृति को कुछ इस तरह परिभाषित कर देगा कि फिर उसकी शर्तों के दायरे के बाहर उसका प्रतिवाद करना मुश्किल हो जाएगा।

संघ परिवार का प्रतिवाद करने के लिए पहला मुद्दा तो यह उठाया जा सकता है कि सेक्शुअलिटी और स्त्री की पवित्रता का ब्राह्मणवादी विचार ऐतिहासिक रूप से समाज के मुट्ठी भर लोगों के बीच ही सीमित रहा है। समाज के विभिन्न तबकों में यौनाचरण के मानक अलग-अलग रहे हैं। कन्या दान और दहेज जैसी प्रथाएँ गैर-ब्राह्मण जातियों और गैर-हिंदू समुदायों में उन्नीसवीं सदी से पहले प्रचलित नहीं थीं। संस्कृतीकरण की इसी प्रक्रिया के कारण स्त्रियों को घर के बाहर काम पर भेजना बंद किया गया और विधवाओं के विवाह पर पाबंदी लगाई गई। समाज में एक खास तरह के समर्थन आधार से जुड़े होने के कारण संघ परिवार ने विवाह और पितृसत्तात्मक संयुक्त परिवार के उच्च-वर्णीय ढाँचे को आदर्श मान लिया और उसके साथ विक्टोरियायी यौन शुद्धतावाद का घालमेल करके भारतीय संस्कृति का मॉडल बना डाला। इस प्रकार यह तर्क दिया जा सकता है कि अभारतीय या पश्चिमोन्मुख हुए बिना गैर-ब्राह्मण मूल्य अपनाकर नारी के मुक्ति संघर्ष को आगे बढ़ाया जा सकता है।

... ... दूसरे, स्त्री सेक्शुअलिटी को केंद्र में रखकर बहस चलाने से भी नारी अधिकारों का मुद्दा उठाया जा सकता है। नारीवादी और मानवशास्त्री सिद्धांत के

अनुसार स्त्री सेक्शुअलिटी पर नियंत्रण पितृसत्ता का मुख्य घटक है। पश्चिम में नारीवादी आंदोलन ने स्त्री और पुरुष दोनों के लिए अधिक सेक्शुअल आजादी की माँग करने वाली यौन क्रांति के साथ खुद को जोड़कर पितृसत्ता के इसी पहलू पर चोट की है। इसी संघर्ष के नतीजे के तौर पर आम तौर पर पश्चिम में (ईसाई दक्षिणपंथियों को छोड़कर) मान लिया गया है कि हर व्यक्ति को अपनी सेक्शुअलिटी अपने हिसाब से परिभाषित करने का अधिकार है, और हर व्यक्ति प्रभुत्व के बजाय समता और पारस्परिकता के आधार पर अपना रिश्ता चुनने का अधिकार भी रखता है। वहाँ नारीवादी आंदोलन के कारण परिवार की संस्था में बहुत तब्दीलियाँ आई हैं, और उसकी बनावट एक हद तक लोकतांत्रिक हुई है। अब पारिवारिक रिश्तों में परंपरा के बजाय सहमति को आधार मानकर न केवल स्त्रियों के, बल्कि बच्चों के अधिकारों का भी ध्यान रखा जाने लगा है। पश्चिम में लैंगिक समता का आंदोलन सेक्शुअल आजादी के आंदोलन से जुड़ा हुआ है। सेक्शुअल आजादी का मतलब है कि किसी भी प्रकार थोपे गए सेक्स को ठुकराना, और अपने मन के साथी के साथ सेक्शुअल अभिव्यक्ति का अधिकार होना।

भारत के स्त्री संगठनों ने मोटे तौर पर इस मुद्दे पर चुप्पी अख्तियार कर रखी है। इसका एक कारण तो यह है कि वे पश्चिमी तौर-तरीकों की नकल करने के आरोप से बचना चाहते हैं, और दूसरी तरफ वे कुछ ऐसे मसलों में भी फँसे रहे हैं जो उनकी निगाह में अधिक अहम हैं। ध्यान देने की बात यह है कि स्त्री सेक्शुअलिटी पर नियंत्रण इन मुद्दों के भी केंद्र में है। फिर चाहे वह सवाल घरेलू हिंसा का हो, पति द्वारा पत्नी की यौन शुचिता पर शक का हो, बलात्कार का हो, सड़कों पर होने वाली छेड़छाड़ और कार्यस्थल पर होने वाले यौन शोषण का हो। स्त्री का सम्पत्ति संबंधी अधिकार भी सेक्शुअलिटी से जुड़ा हुआ है। पितृसत्तात्मक नातेदारी व्यवस्था गारंटी करती है कि स्त्री की सेक्शुअलिटी और प्रजनन की क्षमताएँ पिता के हाथ से सीधी पति के हाथ में ही जाएँ। स्त्री की पवित्रता का विचार जातिप्रथा बनाए रखने से भी संबंधित है। अपनी मर्जी से शादी करने वाले जोड़ों की क्रूरतापूर्ण हत्याओं के प्रकरण इसके सबूत हैं।

'फायर' फिल्म का हिंसक विरोध इसीलिए हुआ है कि इसके दोनों मुख्य पात्र स्त्री की सेक्शुअलिटी पर पुरुष-नियंत्रण को चुनौती देते हैं। यह चुनौती परिवार, जाति और वर्ग की सत्ता को हिला देती है, जबकि संघ परिवार इसी सत्ता को अक्षुण्ण रखना चाहता है। (*इकॉनॉमिक एंड पॉलिटिकल वीकली,* १८ दिसंबर, १९९८)

II

प्रति-छवि की राजनीति : हिंदुत्व और भारतीय संस्कृति / मैरी ई. जॉन और तेजस्विनी निरंजना

अगर हम नारीवाद और सेक्शुअलिटी की समझ विकसित करना चाहते हैं तो दीपा मेहता की फिल्म पर आलोचनात्मक निगाह डालना जरूरी है। शिव सेना द्वारा फिल्म पर किए गए हमले का जितना विरोध किया जाए उतना कम है, पर इसका मतलब यह नहीं है कि हम नारीवादी नजरिए से फिल्म समीक्षा की जिम्मेदारी त्याग दें। यह फिल्म पितृसत्ता की आलोचना करते हुए अच्छी और बुरी औरत की जो छवियाँ परोसती है, उनसे परे जाकर हमें उस नारीवादी इयत्ता की जाँच करनी चाहिए जिसकी इस फिल्म में शिनाख्त की गई है।

'फायर' कहती है कि पितृसत्ता की बुनियाद स्त्री की सेक्शुअलिटी के नकार पर टिकी है। चूँकि उसकी कोशिश स्त्री की अधीनता का कोई एक मूल कारण खोज निकालने की है, इसलिए वह स्त्री के जीवन के अन्य दमित पहलुओं पर रोशनी डालने में नाकाम रहती है। इसमें कोई शक नहीं कि स्त्री की सेक्शुअलिटी पर नियंत्रण करना पितृसत्ता का एक विचारधारात्मक आधार है, पर इस आग्रह पर अक्षरशः जोर देने के चक्कर में यह फिल्म उसी विचारधारा में कैद हो जाती है जिसके खिलाफ संघर्ष करने वह चली थी। वह स्त्री की मुक्ति के लिए सेक्शुअल चुनाव का आग्रह न केवल अनिवार्य, बल्कि पर्याप्त बना देती है। इस तरह होता यह है कि पहले तो फिल्म स्त्री-सेक्शुअलिटी पर पितृसत्ता के नियंत्रण की परिघटना विशुद्ध नकार में सीमित कर देती है, मानो पितृसत्ता के तहत सेक्शुअलिटी का उत्पादन और प्रवर्धन न किया जाता हो; और इसके बाद पूरी की पूरी स्त्री-मुक्ति का मतलब केवल सेक्शुअल चुनाव ही रह जाता है।

राधा और सीता (बाद में नीता) को हिंदू संयुक्त परिवार के कारागार में दिखाने वाली इस फिल्म के मुताबिक पितृसत्ता की निगाह में स्त्री सिर्फ देह है। दूसरी तरफ फिल्म में पितृसत्ता को भारतीय सभ्यता और संस्कृति का पर्याय बना दिया गया है। कुछ साल पहले दीपा मेहता ने टीवी पर प्रसारित एक इंटरव्यू में कहा था कि फिल्म भूमंडलीकरण के कारण परंपरा की संरचनाओं में आ रहे खुलेपन के बारे में है। इस कथन का मतलब यह हुआ कि परंपरा सेक्शुअलिटी का दमन करती है इसलिए उसे बाहरी ताकतों द्वारा उसके परिवर्तन के लिए दबाव डाला जाना चाहिए। सेक्शुअलिटी के विजातीय रूपों से परंपरा की रक्षा करने के लिए तत्पर हिंदुत्ववादी एजेंडा इसी नजरिए के बरक्स खड़ा है। इस नजरिए का औपनिवेशिक उद्‌गम अब छिपा हुआ नहीं रह गया है।

कहना न होगा कि सीता और नीता के बीच लेस्बियन रिश्ते के चित्रण के

कारण यह फिल्म स्त्री दर्शकों के बीच चर्चित हुई। लेकिन, दीपा मेहता अपने सभी साक्षात्कारों में इस बात से चिंतित नजर आती हैं कि फिल्म पर लेस्बियन ठप्पा न लगा दिया जाए। रीगल सिनेमा के बाहर लेस्बियन कार्यकर्ताओं के प्रदर्शन पर उनकी टिप्पणी होती है कि किसी संगठन को फिल्म हाईजैक नहीं करने दी जाएगी। वे कहती हैं कि लेस्बियनिज्म तो इसमें केवल प्रसंगवश है। फिल्म तो दरअसल अकेलेपन के बारे में है, क्योंकि भारत में बहुत सी स्त्रियाँ अकेलेपन की शिकार रहती हैं। फिल्म में सीता की भूमिका करके अंतर्राष्ट्रीय पुरस्कार जीतने वाली शबाना आज़मी का भी यही कहना है कि समलैंगिक प्रेम का चित्रण तो फिल्म द्वारा उठाया गया केवल एक मुद्दा है। जहाँ तक बृहत्तर मुद्दे का सवाल है, फिल्म तो हमदिली के बारे में है। दीपा मेहता के अनुसार फिल्म सहिष्णुता और करुणा के बारे में है जो हिंदू संस्कृति की विशेषता है। क्या यहाँ दीपा मेहता हिंदुत्ववादी विमर्श में साझेदारी करती हुई नजर नहीं आतीं जो दावा करता है कि हिंदू परंपरा सहिष्णुता की सर्वोच्च पैरोकार है?

फिल्म का कथानक और उसके प्रसंग सीता और नीता के नकारात्मक वैवाहिक यौन जीवन का चित्रण करते हुए समलैंगिकता तक पहुँचते हैं। इससे समलैंगिक संबंधों की वही रूढ़ छवि पुष्ट होती है कि असामान्य सेक्शुअल जीवन गुजारने वाले लोग ही ऐसे रिश्ते बना लेते हैं। मध्य प्रदेश में दो महिला पुलिसकर्मियों द्वारा आपस में विवाह कर लेने का प्रसंग का तात्पर्य भी ऐसा ही निकलता था कि क्रूर समाज द्वारा दिए गए दुखों के कारण उन्हें यह रिश्ता बनाना पड़ा। 'फायर' की हीरोइनें भी पुरुषों के अभाव में एक-दूसरे से जुड़ती हैं। दोनों ही उदाहरणों में समलैंगिक प्रसंग एक सकारात्मक आवश्यकता की तरह नहीं उभरता।

दिक्कत यह है कि पितृसत्ता के चित्रण में 'फायर' की जो समस्याएँ हैं, वैसी ही दिक्कतें कुछ नारीवादियों ने भी प्रदर्शित की हैं। कैरल उपध्या की टिप्पणी इसका एक प्रमाण है। अगर उनकी बात मान ली जाए तो यह भी मानना पड़ेगा कि पश्चिम में हर एक को अपनी सेक्शुअलिटी स्वयं परिभाषित करने का अधिकार मिल गया है और हर कोई अपना रिश्ता खुद चुन सकता है, इसलिए सिर्फ ईसाई दक्षिणपंथियों को छोड़कर पितृसत्ता और उसके प्रभुत्व का वहाँ सफाया हो गया है। यानी पश्चिम ने सेक्शुअलिटी का मुद्दा सुलझा लिया है, और भारतीय नारीवादी अपनी गलत प्राथमिकताओं में फँसे पड़े हैं। यह विचार और कुछ नहीं, बल्कि हिंदू दक्षिणपंथियों के नजरिए की ही प्रति-छवि है।

.... फिल्म के सभी चरित्र किसी न किसी रूप में सेक्शुअलीकृत और यौनिक दृष्टि से सक्रिय हैं। केवल बिस्तर से लगी हुई, लकवाग्रस्त, बूढ़ी, विधवा

और बोलने में अक्षम माँ ही एक अपवाद है। वह घर में हो रहे सेक्शुअलिटी के प्रदर्शन को नफरत और गुस्से से देखती और सुनती है। फिल्म में नीता के पति की चीनी प्रेमिका विवाह करने से इनकार कर देती है, क्योंकि एक तरफ तो वह संयुक्त भारतीय परिवार में घुटना नहीं चाहती, और दूसरी तरफ उसकी सेक्शुअल स्वाधीनता भारत की राजधानी में भी अपना कोई भविष्य नहीं देखती। वह तो सिंगापुर यानी पूर्वी एशिया के अधिक मुक्त आधुनिक स्पेस में जाना चाहती है। जेठानी और देवरानी का रिश्ता जैसे-जैसे विकसित होता है, उनके पतियों से उनका टकराव भी बढ़ता है। फिल्म के नाटकीय क्लाइमेक्स में बरसते पानी में राधा निजामुद्दीन दरगाह में नीता से मिलती है। इस समय तक 'अग्नि परीक्षा' हो चुकी है। सीता, सती और दहेज-दहन की छवियाँ उकेरी जा चुकी हैं। इस तरह दीपा मेहता की फिल्म हिंदू धर्म और संस्कृति द्वारा भारतीय नारी के विनाश की पश्चिमी रूढ़ छवि का निरूपण करती है। दूसरी तरफ यह फिल्म अग्नि को दोनों स्त्रियों के जोड़े की शुद्धता और नेकी का प्रतीक बना देती है। संयुक्त परिवार एक खल-स्पेस के रूप में उभरता है। जैसे कि पितृसत्ता का निवास केवल उसी में हो, और समकालीन समाज के निजी-सार्वजनिक और निजी दायरे (साथ में पारंपरिक और आधुनिक दायरे भी) उसके प्रभाव से अछूते हों।

'फायर' स्त्री की एजेंसी का चित्रण खास तरह से करती है। राधा घर के नौकर को अश्लील फिल्म देखते हुए हस्तमैथुन करते पकड़ लेती है। घृणा से भर कर वह उस नौकर को घर से निकालने की माँग करती है। यहाँ सेक्शुअल अभिव्यक्ति पर राधा की प्रतिक्रिया अपनी सास की प्रतिक्रिया जैसी ही है। यानी फिल्म की हीरोइनें अपने सेक्शुअल चुनाव के आधार पर एक नई जिंदगी रचने के लिए तैयार हैं, पर नौकर की सेक्शुअल अभिव्यक्ति उनकी निगाह में कलंकित है। यह नारीवादी इयत्ता ऊँची जाति की है, मध्यवर्गीय है। फिल्म में इसकी परिभाषा नौकर की इयत्ता के बरक्स हुई है जिसकी जातिगत और वर्गीय श्रेणी कमतर किस्म की है।

फिल्म पर शिव सेना के हमले का विरोध करने वालों के जातिगत और वर्गीय पूर्वग्रह भी उनकी भाषा के कारण स्पष्ट हो जाते हैं। मसलन, इन लोगों ने शिव सैनिकों को 'लम्पट' और 'विक्षिप्त' बताया है। महिला अघाड़ी की कार्यकर्ताओं को पुरुष शिव सैनिकों का 'मोहरा', 'बहकाने वाली हिंसा की स्वैच्छिक वाहक', मूर्ख और अज्ञानी करार दिया गया है। जाहिर है कि महिला शिव सैनिकों का समर्थन नहीं किया जा सकता, पर ध्यान देने की बात यह है कि नारीवादी विमर्श में किस तरह स्त्री 'मुक्ति' की धारणा दमित 'भारतीय नारी' के मुकाबले खड़ी हुई है, और किस तरह से नारीवादी मान लेते हैं कि नारी का

यह दमन ही हिंसक और उत्पाती अभिव्यक्तियों में फूट पड़ता है। अगर नारीवादी विमर्श के इन सहज द्विभाजनों को प्रश्नांकित किया जाए तो नारीवादी मानस की आलोचनात्मक जाँच-पड़ताल की जा सकती है।

... एक फिल्म के तौर पर 'फायर' का इस दलील के आधार पर भी समर्थन किया जा रहा है कि वह अश्लील नहीं है, कलात्मक है। यानी वह पोर्नोग्राफी, सौंदर्य प्रतियोगिताओं या बाजारू हिंदी सिनेमा से भिन्न है।

देखने की बात यह है कि स्त्री आंदोलन का जो हिस्सा अश्लीलता के खिलाफ जम कर बोलता है, उसी की निगाह में सेक्शुअलिटी मुख्यत: स्त्री और पुरुष समलैंगिकों की समस्या भर है। लेस्बियन नारीवादियों ने बार-बार कहा है कि इस तरह का रवैया इतरलैंगिकता को एक स्वाभाविक चुनाव की छवि दे कर समलैंगिकता को हाशिये पर धकेल देता है। यह जरूर है कि दीपा मेहता की फिल्म समकालीन संस्कृति के दायरों में इतरलैंगिकता की चौधराहट पर प्रकाश डालती है, पर साथ ही उसकी बगावती संभवानाएँ उस समय बेअसर हो जाती हैं जब फिल्म आम तौर पर यह संदेश देती नजर आती है कि अगर पुरुष अपनी पत्नियों की सेक्शुअल जरूरतों को नकारेंगे तो वे लेस्बियन हो जाएँगी।

'फायर' विवाद पर ज्यादातर टिप्पणीकारों ने इस लहजे में अपनी बात कही है कि जैसे हिंदू दक्षिणपंथी और शिव सेना पितृसत्ता और सेक्शुअल सहिष्णुता के अकेले ठेकेदार हों। कुछ साल पहले ही आंध्र प्रदेश में वामपंथी लेखकों ने नारीवादी तेलुगू कवियों की यह कहकर भर्त्सना की थी कि वे 'नीली' कविताएँ लिख रही हैं। अक्टूबर, १९९६ में कलकत्ता में हुई मार्क्सवादी कम्युनिस्ट पार्टी की १६वीं कांग्रेस में अखिल भारतीय जनवादी महिला एसोसिएशन की महासचिव ने केंद्रीय कमेटी की सदस्यता से अपना नाम वापस ले लिया था ताकि पार्टी के भीतर जमी बैठी पितृसत्तात्मक संरचनाओं की तरफ ध्यान खींचा जा सके।

महिला अघाड़ी की कार्यकर्ताओं पर यह इल्जाम लगाना आसान है कि उन्हें भारतीय संस्कृति में स्त्री समलैंगिकता की प्रामाणिक परंपराओं की जानकारी नहीं है, पर ध्यान इस बात पर दिया जाना चाहिए कि इस बारे में नारीवादी रवैया क्या है। पिछले दस-पंद्रह साल से समलैंगिकता के मुद्दे सार्वजनिक जीवन में सामने आने लगे हैं, पर इस प्रक्रिया में स्त्री आंदोलन और अन्य लोकतांत्रिक संगठनों की भूमिका न के बराबर है। इतरलैंगिक नारीवादी महिलाएँ निजी और प्रोफेशनल जीवन में समलैंगिक स्त्रियों की मुश्किलों से वाकिफ नहीं हैं। न ही वे अपने कदम टिकाए रखने के लिए लेस्बियनों द्वारा अपनाई जाने वाली पेचीदा रणनीतियों के प्रति जागरूक दिखाई देती हैं।

कहना न होगा कि 'फायर' विवाद ने स्त्री समलैंगिकता के दावों को सार्वजनिक जीवन में चर्चा का विषय बना दिया है। दिल्ली के स्कूली बच्चे इसे 'स्त्रियों के बीच शादी' के रूप में देखते हैं। जादवपुर विश्वविद्यालय में हुए महिला अध्ययन रिफ्रेशर कोर्स में भाग लेने वाली अध्यापिकाओं की तरफ से माँग हो चुकी है कि कोर्स के शुरू में ही समलैंगिकता पर चर्चा होनी चाहिए। समलैंगिकों की तरफ से कोशिश की जा रही है कि दीपा मेहता की फिल्म को समलैंगिक संबंधों के आईने में देखा जाए। दिल्ली में गठित 'कैम्पेन फॉर लेस्बियन राइट्स' सेक्शुअल चुनाव के आधार पर होने वाले किसी भी अधिकार वंचन को बुनियादी मानवाधिकार मुद्दे की तरह परिभाषित कर रहा है। जाहिर है कि 'फायर' ने समलैंगिकों को गोलबंदी का एक मौका दे दिया है और सेक्शुअलिटी के हाशियाकृत संघर्षों के लिए गुंजाइशें मुहैया हुई हैं। लेकिन, इसका मतलब यह नहीं है कि इस फिल्म की समस्याग्रस्त राजनीति नजरअंदाज कर दी जाए, और इससे जुड़ी नारीवाद की प्रचलित धारणाओं की जाँच-पड़ताल का मौका गँवा दिया जाए। हमने इस फिल्म को जिस कोण से देखा है उसके अनुसार नारीवादी इयत्ता में छिपे हुए वर्ग-जाति और समुदाय के पहलू स्पष्ट होते हैं। यह देखना नारीवादी आंदोलन का दायित्व है कि कहीं उसकी राजनीति हिंदू दक्षिणपंथियों और कुछ उदारतावादी / वामपंथी पहलकदमियों की प्रति-छवि बनने के खतरे से तो ग्रस्त नहीं हो गई है। (*इकॉनॉमिक एंड पॉलिटिकल वीकली,* ६-१३ मार्च, १९९९)

III

'फायर' की सांस्कृतिक राजनीति / रत्ना कपूर

मैरी जॉन और तेजस्विनी निरंजना की निगाह से देखें तो मुझे लगता है कि दीपा मेहता की फिल्म सेक्शुअल स्वाधीनता को नारी मुक्ति का अंतिम लक्ष्य समझने वाले रेडिकल नारीवादी नजरिए के नजदीक पहुँचती है। इसमें कोई शक नहीं कि 'फायर' को इस तरह पढ़ा जा सकता है, पर कई कारणों से मैं इससे सहमत नहीं हूँ। दरअसल, फिल्म के केंद्र में पितृसत्ता एक मुद्दे के तौर पर है ही नहीं। पितृसत्ता तो एक ऐसा विचार है जो अपनी अनैतिहासिक सार्वभौमिकता के कारण ही नारीवादियों द्वारा आड़े हाथों लिया जा चुका है। महज इस विचार के आधार पर स्त्री-जीवन के सांस्कृतिक और ऐतिहासिक संदर्भों पर प्रकाश नहीं पड़ता। लेकिन, मैरी और तेजस्विनी बिना किसी बहस के एक अवधारणा के तौर पर पितृसत्ता की वैधता स्वीकार कर लेती हैं।

मेरी निगाह में फिल्म एक विशिष्ट सांस्कृतिक संदर्भ में स्थित है, और वह संदर्भ है एक मध्यवर्गीय हिंदू संयुक्त परिवार का। इस लिहाज से यह फिल्म स्त्री उत्पीड़न की सार्वभौम हकीकतों को खास तौर से सामने लाने का कोई दावा नहीं करती। मुझे तो इस बात से भी कुछ दिक्कत है कि इस फिल्म में एक साथ कई मुद्दों से निबटने की कोशिश की गई है, जैसे परिवार, सेक्शुअलिटी, संस्कृति, परंपरा, सहमति, कर्तव्य, धर्मशास्त्र, इतिहास आदि। मेरे ख्याल से फिल्म सेक्शुअल चुनाव के बारे में कोई स्पष्ट वक्तव्य नहीं देती और अस्पष्ट रूप से खत्म हो जाती है। फिल्म एक संयुक्त परिवार में पनपे लेस्बियन रिश्ते के सुखों और दुखों की चर्चा जरूर करती है, पर ऐसी कोई घोषणा नहीं करती कि अगर सभी स्त्रियाँ लेस्बियन हो जाएँ तो नारी मुक्ति हासिल हो जाएगी।

फिल्म को नारीवादी राजनीति के आईने में देखने के बजाय हिंदू दक्षिणपंथियों की मौजूदगी के माहौल में सेक्शुअल और सांस्कृतिक मानकों के बारे में उसके वक्तव्य को समझने की कोशिश करनी चाहिए। फिल्म सेक्शुअल अतिक्रमण से लेकर आध्यात्मिक मुक्ति तक के कई मुद्दों को छूती है। उसे हिंदू संस्कृति के भीतर और इर्द-गिर्द छिड़ी हुई कानूनी दायरे की सांस्कृतिक लड़ाइयों के संदर्भ में समझना होगा। हमें यह नहीं भूलना चाहिए कि भले ही अभिव्यक्ति की स्वतंत्रता के सवाल पर हिंदू दक्षिणपंथ को चुप कराया दिया गया हो, पर सांस्कृतिक मुठभेड़ों की जमीन पर वह आज भी एक अहम खिलाड़ी बना हुआ है, और अक्सर उसी की गतिविधियों से नतीजे तय होते हैं।

'फायर' के जरिए पर्दे पर मुद्दतों बाद स्त्री के यौनानंद का निरूपण हुआ है। हम न जाने कब से इंतजार कर रहे थे कि हिंदी सिनेमा कम से कम एक बार तो कोई स्वस्थ सेक्शुअल रिश्ता दिखाया जाए। मेरा सवाल यह है कि मैरी और तेजस्विनी की आलोचना इसी निरूपण को चुनौती देने से क्यों शुरू होती है? क्या इसलिए कि दिखाया गया रिश्ता लेस्बियन किस्म का है?

हिंदू दक्षिणपंथी भारतीय संस्कृति को बाहरी प्रभावों से प्रदूषित होने से बचाना चाहते हैं, और दीपा मेहता की निगाह में ये बाहरी प्रभाव मुक्तिकारी संभावनाएँ रखते हैं। इन दोनों धारणाओं से परे जाकर मेरा विचार है कि भले ही समीक्षकों ने इसके लिए 'फायर' को श्रेय न दिया हो, फिल्म में हिंदू संस्कृति का निरूपण कहीं जटिल ढंग से हुआ है।

... जहाँ तक वैवाहिक संबंधों में स्त्री के यौन उत्पीड़न का सवाल है, मुझे लगता है कि सीता के चरित्र पर मैरी और तेजस्विनी ने पर्याप्त ध्यान नहीं दिया है। उसकी शख्सियत और सोच में ऐसे पहलू हैं जो जतिन के साथ उसके तजरुबे से परे जाते हैं। जब राधा उसे तसल्ली देते हुए कहती है कि उसके और जतिन

के बीच सब कुछ ठीक हो जाएगा, तो सीता साफ तौर पर जवाब देती है कि उसकी समस्या तो कुछ और है। इसी मुकाम पर वह राधा के होठ पहली बार चूमती है। हालाँकि ज्यादातर समीक्षकों के अनुसार फिल्म का संदेश यही है कि विफल वैवाहिक रिश्तों के कारण स्त्रियाँ लेस्बियन बन जाती हैं, पर मेरे ख्याल से यह फिल्म का सही पाठ नहीं है। फिल्म ऐसा कोई स्पष्ट संदेश नहीं देती। राधा और सीता के रिश्ते में केवल मजबूरी के पहलू नहीं हैं।

... मैं इस तर्क से भी सहमत नहीं हूँ कि फिल्म घर के नौकर मुण्डु की सेक्शुअल अभिव्यक्ति को कलंकित रूप में पेश करती है। वास्तव में होता यह है कि मुण्डु और जतिन दोनों दण्डित होकर अपना आध्यात्मिक इलाज करने के लिए मजबूर होते हैं। बाद में दोनों को टीवी पर रामायण का एक बदरंग वीडियो देखते चित्रित किया गया है। मुण्डु को सजा इसलिए नहीं मिलती कि वह लकवाग्रस्त माँ और टीवी के सामने हस्तमैथुन करते हुए पकड़ा गया था, बल्कि इसलिए कि वह अशोक के सामने देवरानी-जिठानी का प्रेम प्रसंग खोल देता है। फ़िल्म में उसे मालकिनों के यौन-दुराचरण का पर्दाफाश करने के दुस्साहस की सजा मिलते दिखाया गया है, न कि अपनी यौन अभिव्यक्ति की।

... मैरी और निरंजना फिल्म के उप-कथानकों की अहमियत पर भी ध्यान नहीं देतीं। ये ध्यान देने योग्य उप-कथानक हैं : मुण्डु और उसकी फैंटेसी, सीता द्वारा पुरुष की पोशाक पहनकर नाचना, अग्निपरीक्षा वाला दृश्य और भोजन संबंधी प्रसंग। ये प्रकरण उन द्विभाजनों को चुनौती देते हैं जिनके तहत फिल्म की आलोचना की गई है। ये द्विभाजन हैं : सेक्शुअल चुनाव बनाम लैंगिक उत्पीड़न, उत्पीड़ित अंतरंगी बनाम उत्पीड़क बहिरंगी, स्थावर भारतीय संस्कृति बनाम पश्चिम की रूपांतरकारी और मुक्त संस्कृति।

... दरअसल होना यह चाहिए कि हमें दीपा मेहता की फिल्म पर की गई विभिन्न टीका-टिप्पणियों को गहराई से प्रश्नांकित करने का प्रयास करना चाहिए। इनमें हिंदू दक्षिणपंथियों की टिप्पणियों से लेकर कथित नागरिक अधिकारवादियों, नारीवादियों और समलैंगिक समूहों की टिप्पणियाँ भी शामिल हैं। मैं तो मैरी और निरंजना से भी आगे जाकर फिल्म के पक्ष में आंदोलित होने वाली लेस्बियन कार्यकर्ताओं से भी पूछना पसंद करूँगी कि उन्हें सेक्शुअल हाशिए पर पड़े अन्य समूहों के समर्थन में खड़े होते हुए क्यों नहीं देखा जाता? जहाँ तक मुक्त अभिव्यक्ति का सवाल है, इन कार्यकर्ताओं से सवाल पूछा जाना चाहिए कि वे पाबंदी की माँग का सामना कर रहे अन्य फिल्मी गीतों या फिल्मों के पक्ष में क्यों आवाज नहीं उठातीं? मैरी ने जो बात नारीवादियों के लिए कही है, मैं उसी को लेस्बियनों के बारे में भी कहूँगी कि मुक्त अभिव्यक्ति को

प्रोत्साहन देने के बजाय उनकी भूमिका अक्सर उसमें सक्रिय बाधा डालने की रही है।

IV

'फायर' की लेस्बियन आलोचना / वी.एस.

कहने के लिए 'फायर' एक लेस्बियन फिल्म है, लेकिन फिल्मकार ने इस बारे में काफी चालाकी से काम लिया है। पहले उन्होंने अपनी फिल्म बेचने के लिए पश्चिम के गे और लेस्बियन माध्यमों का दोहन किया और इस आधार पर अपनी तारीफ करा ली कि वह इतरलैंगिक-पितृसत्तात्मक उत्पीड़न के खिलाफ स्त्री के विद्रोह का प्रगतिशील चित्रण करती है। लेकिन, भारत में दीपा मेहता ने फिल्म की लेस्बियन विषयवस्तु को पूरी तरह से ठुकरा दिया। उन्होंने प्रेस के सामने दावा किया कि वे खुद इतरलैंगिक हैं, और अगर खुद उनकी लड़की लेस्बियन हो गई तो उन्हें जबरदस्त ठेस लगेगी।

निर्देशक का यह पाखंड और इतरलैंगिकता की शरण में चले जाने का यह रवैया भारतीय समलैंगिकों को छलने में पूरी तरह से नाकाम रहा है। हमें इस बात का एहसास है कि हमें विषयवस्तु बनाकर हमारा जम कर दोहन किया गया है। इस फिल्म को देखते हुए मुझे जो अनुभूति हुई, उसके आधार पर एक संक्षिप्त टिप्पणी करते हुए मैं कहना चाहती हूँ कि कई तरह से यह फिल्म समलैंगिकता की उस भीति की तरह ही समस्याग्रस्त है जिसके तहत शिव सेना ने फिल्म के प्रदर्शन का विरोध किया है।

देखते समय जैसे-जैसे फिल्म आगे बढ़ी, दृश्य-दर-दृश्य फिल्म के कथानक से मेरी दूरी बढ़ती गई। फिल्म की केंद्रीय चरित्र देवरानी-जेठानी हैं जो गैर-लेस्बियन किस्म की लेस्बियन दिखाई गई हैं। मुझे लगा कि फिल्म की निर्देशक अपने किरदारों को सताने वाली मुख्य दुविधा से कटी हुई हैं। एक ऐसे घर में अंतरंग सेक्शुअल रिश्तों का परवान चढ़ना अपने-आप में बहुत बड़ी समस्या होती है जहाँ बहुत लोग रहते हों, जहाँ कोई प्राइवेसी और स्वायत्तता न हो। इसके कारण पैदा होने वाली कुंठा और तनाव का संधान करने की फिल्म में कोई कोशिश नहीं की गई है। भारतीय सामाजिक स्थितियों के तहत समलैंगिकों को अक्सर इस समस्या का सामना करना पड़ता है। अपने प्रेमी के साथ सेक्शुअल अंतरंगता के क्षण गुजारने के लिए उन्हें स्पेस ही नहीं मिलता, जिसके कारण मानसिक स्तर पर वे तकलीफ के दौर से गुजरते हैं। इसके अलावा, 'फायर' उस अपराध बोध की पड़ताल करने का भी कोई प्रयास नहीं

करती, जो विकृत और वर्जित करार दिए जाने वाले यौनाचरण के साथ आम तौर पर जुड़ा होता है। फिल्म में सदमे, भय, गुस्से, शर्म, द्वैध, वाक्छल जैसी कई भावनाओं की भी पड़ताल नहीं की है जिनका समलैंगिकों को अक्सर सामना करना पड़ता है।

'फायर' रुपहले पर्दे पर देवरानी-जेठानी के जिस प्रेमी जोड़े को दिखाती है, वह प्रेम और यौनानंद से वंचित विवाह में फँसा हुआ है। फिल्म के इन केंद्रीय पात्रों का समलैंगिकों द्वारा इयत्ता के स्तर पर किए जाने वाले रोजमर्रा के संघर्ष से कोई ताल्लुक नहीं है। वे इन समस्याओं से जूझती हुई नहीं दिखाई पड़तीं कि आखिर लेस्बियन इयत्ता, गे इयत्ता, ट्रांसजेंडर या ट्रांससेक्शुअल इयत्ता है क्या, और हमारे राजनीतिक-सामाजिक वजूद में इस इयत्ता का स्थान क्या है। देवरानी-जेठानी तो बस खूबसूरत दिखने में मगन हैं, छत पर साड़ियाँ सुखा रही हैं और मध्यवर्गीय घर का सजाबजा वातायन भीतर-बाहर छाया हुआ है। दीपा मेहता ने पूरी कोशिश की है कि उनकी नायिकाएँ लेस्बियन होने के सामाजिक यथार्थ से, उसकी तकलीफों और उसके सुखों से, एक प्रगीतात्मक दूरी कायम रखें। एक छोटा सा यौन दृश्य पानी मिले दूध से ज्यादा असर नहीं डाल पाता। वैसे, निर्देशक ने दोनों प्रेमियों को अलग-अलग ही रखा है। वे अपने प्रति बेपरवाह पतियों से भी दूर हैं। यहाँ तक कि जब हालात द्वारा मुहैया कराए गए सारे सुरक्षा कवच टूट जाते हैं, सारे भ्रम भंग हो जाते हैं, और यह सब अचानक हिंसक रूप से घटित होता है, उस समय भी ये दोनों पात्र एक स्थायी इयत्ता की पीड़ादायी दावेदारी के दौर से नहीं गुजरते।

निर्देशक अप्रामाणिकता के साथ पूरी तरह प्रतिबद्ध लगती हैं। उनका यह रवैया उस समय और स्पष्ट हो जाता है जब वे 'अन्यीकरण' की युक्ति का इस्तेमाल करती हैं। फिल्म का प्रारंभ और अंत ताजमहल (इतरलैंगिक प्रेम का विख्यात स्मारक) और निज़ामुद्दीन औलिया की सूफी दरगाह (हताश और वंचित लोगों के साथ-साथ कवियों और दुखी बादशाहों की शरणस्थली) के दृश्यों से होती है। उन्होंने कथाक्रम पर टिप्पणी के लिए रामायण के कुछ अंशों के पैरोडीनुमा निरूपण का भी पूरी फिल्म में इस्तेमाल किया है। इसके अलावा फिल्म में ब्लेकमेल और हस्तमैथुन करने वाले नौकर का वर्गीय अन्यीकरण है। विकलांगता के जरिए बूढ़ी और असहाय माँ का अन्यीकरण किया गया है। ज्यादतियों के जरिए क्रूर छोटा भाई और ब्रह्मचर्य का गाँधीवादी प्रयोग अपनी पत्नी पर थोपने वाला बड़ा भाई भी अन्यीकरण का शिकार बना दिया गया है। देवरानी-जिठानी तो हैं ही गैर-लेस्बियन किस्म की लेस्बियन।

पूरी फिल्म द्वि-आयामी विकृतियों की झाँकी जैसी लगती है जिसमें पूर्णरूप

से विकसित और मनोवैज्ञानिक रूप से कायल कर लेने वाले चरित्र हैं ही नहीं। समलैंगिक हकीकतों की स्वाभाविकता, उनकी संतुलित अभिव्यक्ति, उनकी बारीक तर्कपरकता, उनका संवेदनशील वर्णन कहीं दिखता ही नहीं। अधिकारवंचित अल्पसंख्यकों के रूप में समलैंगिक लोग निर्देशक के लिए कोई मायने नहीं रखते। वे तो सिर्फ उनकी विषयवस्तु से फायदा उठाने की फिराक में हैं। एक लेस्बियन दर्शक के रूप में यह फिल्म मुझे फर्जी लगती है, इसकी सौंदर्यमूलकता और इसका व्यंग्य मेरी दृष्टि में सायास है। इसे लेस्बियन विषयवस्तु पर आधारित बताना पूरी तरह से अनुचित है। *(कैम्पेन फॉर लेस्बियन राइट्स)*

V

आत्महीनता की राजनीति / मधु किश्वर

अगर दीपा मेहता ने अपनी विषयवस्तु के फिल्मांकन में सिनेमाई सृजनात्मकता का सहारा लिया होता तो उनकी कृति कम दिक्कततलब साबित होती। वैसे भी उन्होंने 'फायर' का जिस तरह प्रचार किया है, उससे लगता है कि उनकी दिलचस्पी फिल्म के सौंदर्यशास्त्रीय मूल्यांकन में है ही नहीं। १९९६ के टोरंटो फिल्म महोत्सव में प्रदर्शित होने से लेकर नियोजित रूप से छापे गए साक्षात्कारों तक उनका कहना यही है कि फिल्म को पर्दे पर हुए उसके केंद्रीय चरित्रों के जीवन के चित्रण की रोशनी में न देखकर भारतीय संस्कृति के कारण स्त्रियों के साथ होने वाली बदसलूकी के खिलाफ राजनीतिक वक्तव्य के रूप में देखा जाना चाहिए।

... कुछ मौकों पर उन्होंने यह भी कहा है कि हिंदू संस्कृति के बारे में होने के कारण ही उन्होंने जानबूझकर फिल्म में भगवा रंग की प्रमुखता रखी है। चूँकि भारतीय मिथकों में राधा और सीता सताई हुई स्त्रियों के रूप में उभरती हैं इसलिए पात्रों को उनका नाम दिया गया है। फिर, दो देवियों को हमबिस्तर होते देखकर कुछ लोगों का भड़कना लाजमी है। यौन दमन की शिकार पत्नियों द्वारा अपने पतियों को त्याग कर लेस्बियन प्रेमी बन जाने से समाज को झटका लगना ही था। प्रचार मुहिम के दौरान दीपा मेहता बराबर कहती रहीं कि उनकी फिल्म के कारण भारतीय दर्शक और सेंसर बोर्ड तो मुश्किल में फँसने ही थे, क्योंकि उसमें भारतीय सांस्कृतिक और धार्मिक परंपराओं के उत्पीड़नकारी पहलुओं और भारतीय पारिवारिक जीवन के दुखों का चित्रण किया गया है।

दीपा मेहता यहीं नहीं रुकीं। उन्होंने फिल्म के शीर्षक 'फायर' के साथ

एक उपशीर्षक भी जोड़ दिया : 'ट्रायल बाई फायर', ताकि उसका संबंध रामायण में सीता की अग्निपरीक्षा के प्रसंग से जुड़ सके। यह साबित करने के लिए कि भारतीय परंपरा कितनी नुकसानदेह है, उन्होंने आखिर में बड़े फूहड़ और नकली तरीके से राधा की अग्निपरीक्षा भी दिखा दी ताकि यह साबित किया जा सके कि उनकी हीरोइन अपने नए लेस्बियन प्रेम की कसौटी पर कितनी खरी उतरती है।

... दीपा मेहता के लिहाज से रामायण की रचना के केवल दो ही मकसद हो सकते हैं : पहला, स्त्रियों में गुलाम मानसिकता इस हद तक पनप सके कि वे यातनाओं के परिणामस्वरूप मृत्यु तक का स्वेच्छा से वरण करने के लिए तैयार हो जाएँ। दूसरा, पुरुषों को स्त्रियों के साथ ज्यादा से ज्यादा क्रूर और संवेदनहीन व्यवहार करने के लिए प्रेरित किया जा सके। स्त्रियों को अपमानित करने और जला कर मार डालने में भी पुरुषों को हिचक न हो क्योंकि यह शानदार परंपरा भगवान राम ने ही तो डाली थी।

दीपा मेहता के अनुसार वे राधा के पति अशोक के जरिए महात्मा गाँधी के सेक्शुअल-नैतिक पाखंड की भी पोल खोलना चाहती हैं। राधा के संतानोत्पत्ति में नाकाम हो जाने के बाद अशोक अपने गुरु के प्रभाव में ब्रह्मचर्य का संकल्प लेता है ताकि मोक्ष प्राप्त कर सके। इस प्रकरण के जरिए दीपा मेहता को गाँधी द्वारा किए गए ब्रह्मचर्य के प्रयोगों का बेहूदा कार्टून खींचने का मौका मिल जाता है। वे मोक्ष के दार्शनिक पहलुओं का भी मजाक उड़ाती हैं।

... भारतीय संस्कृति के इस अपमान से आहत होने के लिए शिव सैनिक होना जरूरी नहीं है। फिर भी ज्यादातर लोग दीपा मेहता के भड़कावे में आने के लिए तैयार नहीं हुए। मैं भी इसे आत्म-घृणा की शिकार एक हिंदू और भारतीय की आत्महीनता मानकर नजरअंदाज करना चाहती थी। अंग्रेजी शिक्षित भारतीय अभिजनों में ऐसे लोग आम तौर पर मिलते हैं। हालाँकि कुछ लोगों ने गलती से फिल्म को नई जमीन तोड़ने का श्रेय दे दिया है, पर जितने लोगों से मैं मिली हूँ और फिल्म के बारे में चर्चा की है, उनका ख्याल था कि यह फिल्म शेखीखोरी की शिकार तो है ही, विचारोत्तेजक भी नहीं है। समाचार माध्यमों में छपी समीक्षाएँ आम तौर पर फिल्म के पक्ष में झुकी हुई हैं, और उनका रवैया रक्षात्मक और 'राजनीतिक रूप से सही' किस्म का लगता है। सेंसर बोर्ड ने भी इसे बिना किसी कटौती के पास कर दिया है।

क्या इसे भारत की सांस्कृतिक परिपक्वता की निशानी समझा जाना चाहिए? पश्चिमी यूरोप और अमेरिका में समलैंगिक सामाजिक बहिष्कार के शिकार होते रहे हैं। उनके साथ हिंसक सुलूक होता रहा है। ऑस्कर वाइल्ड जैसे

लेखकों को अपने यौन रुझान के कारण अपराधी की भाँति सताया गया। उन्हें जेल तक में डाला गया। खुद को राजनीतिक ताकत और वोट बैंक के रूप में संगठित करने के लिए समलैंगिकों को कई दशक लगे। इसी के बाद उनकी अस्मिता पश्चिमी समाजों में थोड़ी-बहुत गुंजाइश प्राप्त कर पाई। इसके विपरीत भारतीय समाज में समलैंगिकों को सताने का कोई इतिहास नहीं है।... भारत में समलैंगिकता को मानवीय सेक्शुअलिटी की कई अभिव्यक्तियों में से एक समझा जाता रहा है।... दो शताब्दियों के पश्चिमी प्रभाव के बावजूद भारत होमोफोबिया या समलैंगिक-भीति की जकड़ में नहीं फँसा है। शादी करने का सामाजिक दबाव रहता है, पर इसका मतलब यह नहीं है कि समान लिंग के व्यक्ति के साथ यौनिक रिश्ता बनाने की संभावनाएँ समाप्त हो गई हों। द्वि-यौनिकता (बाई-सेक्शुअलिटी) के लिए गुंजाइश बनी रहती है।

मैं बहुत से समलैंगिक स्त्री-पुरुषों को जानती हूँ। उनमें से कई रंग-रुतबे वाले हैं, पर उनके यौन रुझान के कारण न तो उन्हें नौकरियों से निकाला गया और न ही उनका सार्वजनिक उपहास किया गया है। पुलिस वाले विक्टोरियन कानूनों का फायदा उठाकर गे लोगों से क्रूज़िंग के समय (अपना यौन-साथी तलाश करते समय) रिश्वत जरूर ऐंठते हैं, पर जब से समलैंगिकों ने खुद को खुल कर गोलबंद करना शुरू किया है, कुछ इक्का-दुक्का हमलों को छोड़कर उनके खिलाफ कोई सार्वजनिक हिंसा की घटना नहीं हुई है। पिछले दिनों जब दो पुलिसवालियों को सार्वजिनक रूप से समलैंगिक शादी करने के लिए मुअत्तल कर दिया गया तो पूरा राष्ट्रीय प्रेस उनके अधिकार के पक्ष में खड़ा हो गया। इसी तरह 'फायर' देखने वालों ने भी लेस्बियन संबंध दिखाने के मुद्दे पर किसी तरह के सदमे का इजहार नहीं किया। कुछ मुट्ठी भर सैनिकों ने बंबई और दिल्ली में फिल्म के प्रदर्शन में रुकावट जरूर डाली, और राष्ट्रीय-अंतर्राष्ट्रीय हंगामा हो गया। लेकिन, ज्यादातर दर्शकों ने, प्रभावशाली सार्वजनिक हस्तियों (फिल्म को नापसंद करने वाले मेरे जैसे लोगों समेत) ने फिल्म दिखाए जाने के अधिकार का दृढ़तापूर्वक समर्थन किया। मुश्किल यह है कि फिल्म के बचाव में किए गए प्रयासों की तरफ ज्यादा ध्यान नहीं गया, पर कुछ मवालियों की हरकतें सुर्खियाँ बन गईं। क्यों? क्योंकि उदार और सहिष्णु व्यवहार की संरचनाएँ भारत के पश्चिमवासियों और दीपा मेहता जैसे पश्चिमीकृत भारतीयों द्वारा विकसित की गई रूढ़ छवियों में फिट नहीं बैठतीं।

... यौन-क्रिया करने के बाद सीता अपनी देवरानी राधा से कहती है कि हम लोग जो एक-दूसरे के लिए हैं, उसे जताने के लिए हमारी भाषा में कोई शब्द ही नहीं है। चूँकि दीपा मेहता को लेस्बियन शब्द का पर्यायवाची भारतीय

भाषाओं में नहीं मिला, तो वे इस नतीजे पर पहुँच गईं कि भारतीय संस्कृति के पास इस 'नई' और 'रेडिकल' परिघटना की समझ बनाने के लिए सामग्री ही नहीं है जिसके तहत दो औरतें एक-दूसरे के साथ दैहिक प्रेम करती हुई यौनसंतुष्टि प्राप्त करती हैं। इसलिए दीपा मेहता को 'विद्रोह की यह पटकथा' अंग्रेजी में लिखने की जरूरत पड़ी। उनका कहना है कि उन्होंने अपनी पटकथा का अनुवाद कराना चाहा, पर उन्हें कोई अनुवाद ठीक नहीं लगा। मसलन, वे कहती हैं कि 'दि कंसेप्ट ऑव ड्यूटी इज़ ओवररेटिड' और 'दि स्वामीजीज़ टेस्टीकल्स हेव ग्रोन टू बिग फॉर हिज लोइन क्लोथ' जैसे वाक्यों का अनुवाद तो हो ही नहीं पाया।

सवाल यह है कि क्या सीता की अग्निपरीक्षा और उनका वनवास भारतीय लैंगिक परंपरा का प्रधान पहलू है? क्या शिव-पार्वती की जोड़ी भारतीय मिथकों की सबसे लोकप्रिय, सफल दाम्पत्य और परस्पर यौन-संतुष्टि की प्रतीक नहीं है? भारतीय स्त्रियाँ राम जैसा पति पाने के लिए शायद ही कामना करती हों, बल्कि आम तौर पर शिव जैसा पति पाने की कामना ही की जाती है। भारतीय परंपरा में स्वैच्छिक ब्रह्मचर्य के जरिए मोक्ष प्राप्ति की कोशिश तो की ही जाती है, पर दूसरी तरफ यौन सम्मिलन के जरिए आध्यात्मिक लक्ष्यों की सिद्धि की परिष्कृत परंपराएँ भी हैं। इस बात को बहुत दिन नहीं हुए हैं, जब पश्चिम भारतीय संस्कृति के इसी पहलू को पतनशील और अनैतिक मानता था। कैसा विरोधाभास है कि आज पश्चिम में लिखे-पढ़े अभिजन वहाँ की यौन उन्मुक्तता का आयात करके भारत को यौन-दमन से मुक्ति दिलाना चाहते हैं।

... सच्चाई यह है कि किसी भारतीय परिवार में यदि राधा और सीता की तर्ज पर दो स्त्रियों में रिश्ता बन जाए और यदि वे उसका सार्वजनिक प्रदर्शन न करती फिरें तो उस पर कोई आपत्ति नहीं करता। मुझे साधारण पारंपरिक परिवारों में ऐसे कई रिश्तों के बारे में जानकारी है। भारतीय समाज में आम तौर से स्त्रियाँ और पुरुष अलग-अलग दायरों में रहते हैं। इस परिस्थिति में स्त्रियों को एक-दूसरे के साथ समय गुजारने का ज्यादा मौका मिलता है। एक ही बिस्तर पर साथ-साथ सोती हुई स्त्रियाँ, उनका एक-दूसरे को बाँहों में भरना, बालों में तेल लगाना या दैहिक स्नेह के अन्य पहलू सामान्य रूप से देखे जा सकते हैं। यहाँ तक कि पुरुष और स्त्री के बीच ऐसे प्रेम प्रदर्शन के मुकाबले उसे प्रोत्साहित ही किया जाता है। लेकिन, इसका मतलब यह भी नहीं कि स्त्रियों के बीच इस तरह के स्नेह प्रदर्शन को हम लेस्बियन प्रेम का उफान करार देने लगें।

... राधा-सीता के रिश्ते को लेस्बियन श्रेणी में फिट करके दीपा मेहता ने भारतीय स्त्रियों का बड़ा अहित किया है। फिल्म के जरिए आंदोलनकारी

राजनीतिक वक्तव्य देने के आग्रह के कारण वे दर्शकों की कल्पनाशीलता के लिए कुछ बाकी छोड़ने के लिए तैयार नहीं दिखतीं। बेहतर यह होता कि वे इस संबंध को धुँधलकों के दायरों में चित्रित करतीं। ठीक उसी तरह जैसे कभी उनकी अपनी माँ का अपनी देवरानी से विवाह के शुरुआती दिनों में भावनात्मक सम्बल देने वाला संबंध रहा होगा। 'फायर' से पैदा हुए विवाद के कारण अब बहुत सी भारतीय स्त्रियाँ इस तरह के संबंधों को लेस्बियनिज्म के आईने में देखकर डर जाएँगी कि कहीं उन पर भी यह बिल्ला चस्पाँ न कर दिया जाए।

... 'दमित' भारतीय स्त्री की रूढ़ छवि के डंडे से भारतीय संस्कृति को पीटने का इतिहास दो सौ साल से ज्यादा पुराना नहीं है। औपनिवेशिक शासक और ईसाई मिशनरी बाल विवाह, पर्दा और विधवा विवाह पर पाबंदी आदि के नाम पर भारतीय समाज को असभ्य ठहराते रहे हैं। जबकि, अंग्रेजों की जनगणना स्वयं बताती है कि बाल विवाह का प्रचलन और विधवा विवाह पर पाबंदी से ऊँची जातियों के कुछ हिस्सों को छोड़कर दस फीसदी से ज्यादा भारतीय जातियाँ और समुदाय प्रभावित नहीं हैं। बाकी समाज संबंध विच्छेद और स्त्रियों के पुनर्विवाह की आसान प्रथाओं के आधार पर ही चल रहा था। हालत यह थी कि भारतीयों को अंग्रेजों की तरफ से हर हालत में निंदा का सामना करना पड़ता था। मसलन, उत्तर भारतीय ब्राह्मणों की भर्त्सना अगर स्त्रियों के यौन दमन के लिए की जाती थी, तो दूसरे समुदायों की इसलिए कि उनका यौन आचरण अधिक खुला हुआ है। दक्षिण भारतीय मातृसत्तात्मक समाज की स्त्रियों की निंदा इसलिए की जाती थी कि वे अनैतिक और स्वच्छंद संभोग में विश्वास करती हैं। कारण यह था कि ये स्त्रियाँ बिना किसी कर्मकांड या किसी धार्मिक अनुमति के अपना पति बदल लेती थीं।

... दीपा मेहता जैसे लोगों की भूमिका ठीक वैसी ही है जो सदियों तक विदेशी आक्रांता निभाते रहे हैं। इन्हीं आक्रमणों के कारण भारतीय मानस न जाने कब से कमतरी के एहसास के तले कुचला हुआ महसूस करता रहा है। जरूरत इन घावों को भरने की है, न कि उन्हें कोंचने की। आत्महीनता के शिकार लोग न केवल दूसरों के लिए, बल्कि अपने लिए भी खतरनाक होते हैं। आत्महीनता की आग से न केवल शिव सेना खेल रही है, बल्कि दीपा मेहता भी यही कर रही हैं। दोनों की राजनीति हिंदुओं में कमतरी के एहसास पर आधारित है। *(मानुषी, अंक १०९, १९९८)*

VI

अरे, ये तो लेस्बियन हैं! / एस. एल.

आठ दिसंबर की सुबह जब देश के कई भागों में लाखों-लाख पाठकों ने अपनी दहलीज से अखबार उठाया तो जो शब्द देखकर वे चौंक गए वह था : लेस्बियन। पहले पन्ने पर, तीसरे पन्ने पर, संपादकीय में, संपादक के नाम पत्र स्तंभ में यह शब्द न जाने कितने लोगों ने पढ़ा होगा। मेरे सहयोगियों ने, मेरे माता-पिता ने, मेरे पड़ोसियों ने, मेरे मकान मालिक ने, मेरे दूध वाले ने, मेरी देवरानी ने। डर, शर्म, पूर्वग्रह, गोपनीयता और फुसफुसाहट में लिपटा हुआ यह शब्द आठ दिसंबर के बाद भी बार-बार अखबारों के कालमों में उभरता रहा।

मीडिया पर कुछ दिनों के लिए लेस्बियन शब्द छा गया। हर व्यक्ति ने उस पर अपने विचार व्यक्त किए। इन्हीं में से एक थे स्वपन दासगुप्ता, *इंडिया टुडे* के डिप्टी एडीटर। उन्होंने अपनी समलैंगिकता-भीति का खुल कर इजहार किया और कहा कि जो लोग लेस्बियनिज्म को भारतीय परंपरा का हिस्सा बता रहे हैं उन्हें पता होना चाहिए कि यह तो भारतीय दंड संहिता में दर्ज चोरी, धोखाधड़ी और कत्ल सरीखा अपराध ही है। जाहिर है कि दासगुप्ता को यह तो पता ही होगा कि यह दंड संहिता अंग्रेजों की बनाई हुई है।

सात दिसंबर को रीगल सिनेमा के सामने हुए प्रदर्शन में अस्सी पोस्टर और बैनर थे, पर केवल एक पोस्टर, एक बैनर और कुछ डरी हुई पर बहादुर स्त्रियों के कारण यह तमाम हलचल मची। किसी ने अपने होने का दावा भर किया और इस कदर हंगामा हो गया।

हम सदियों से एक सामाजिक समझौते का पालन कर रहे थे कि अपने वजूद का किसी को पता नहीं चलने देंगे। न अपने बॉस को, न अपने पड़ोसियों को, न अपने परिवार को, न अपने मकान मालिक को। मौन ही हमारा कवच था। लेस्बियन होने का उत्सव मनाना तो दूर की बात थी, हम अपने प्रेम, अपने आनंद और अपने भग्न-हृदय को भी छुपाते रहे। लेकिन, यह मौन हम पर थोपा गया था। इससे हमारा सशक्तीकरण नहीं हो सकता था।

... सात दिसंबर को हमने यह सामाजिक समझौता तोड़ दिया। चमकते कैमरों के सामने और मोमबत्तियों की रोशनी के बीच ऐसा करना निजी स्तर पर बहुत बड़ा जोखिम उठाना था। अभिव्यक्ति की स्वतंत्रता की पैरोकारी के लिए जमा हुए कई ग्रुपों और व्यक्तियों ने हमारी इस शांतिपूर्ण लोकतांत्रिक अभिव्यक्ति को नापसंद किया। हमारी इस दृश्यमानता की कड़ी आलोचना की गई। कहा गया कि आखिर हमारी जुर्रत कैसे हुई कि हम 'फायर' को लेस्बियनिज्म से जुड़ा हुआ बताएँ, जबकि फिल्मकार खुद ही इससे इनकार कर

रही हैं। हमने वह मौन भंग करने की हिम्मत कैसे की!

हमने सुना है कि किसी ने लेस्बियनिज्म को छूत का रोग भी कहा है। कुछ नारीवादी साथी तो हमें गुमराह करार देने की हद तक चले गए। उनका कहना था कि हमने एक लेस्बियन जैसी श्रेणी से जुड़ने की जुर्रत की, जबकि यह शब्द न तो भारतीय है, और न ही इसकी भारत के संदर्भ में कोई प्रासंगिकता है। लोकतांत्रिक अधिकारों पर चर्चा के समय कहा गया कि इसे तो भारत में आयात हुए केवल पचास साल हुए हैं।

डेलही टाइम्स ने कुछ दिन बाद शिव सेना के नेता जयभगवान गोयल का इंटरव्यू छापा जिन्होंने रीगल सिनेमा पर हल्ला बोलने की योजना बनाई थी। गोयल ने साफ कहा कि उन्होंने फिल्म के प्रदर्शन के खिलाफ हिंसक विरोध इसलिए किया क्योंकि फिल्म में लेस्बियनिज्म का चित्रण किया गया था।

... हमले के विरोध में प्रदर्शन के लिए प्रेस रिलीज तैयार करना बहुत कठिन साबित हुआ। हम प्रदर्शन दो दिनों में बाँटकर करना चाहते थे, पर न हमारे पास संसाधन थे, और न पैसे का इंतजाम था। दूसरी दिक्कत यह थी कि प्रदर्शन करने के लिए तो हम सब तैयार थे, पर समस्या यह थी कि प्रेस के लिए हम अपना वक्तव्य कैसे जारी करें। इस सवाल पर हमारे बीच मतभेद थे। प्रेस वक्तव्य में लेस्बियन शब्द के इस्तेमाल पर कुछ लोगों को आपत्ति थी। आग्रह यह था कि इसके बजाय स्त्रियों के बीच संबंध का जिक्र किया जाए। इसी तरह सेक्शुअलिटी शब्द के इस्तेमाल पर भी आपत्ति थी। यह भी कहा गया कि आम लोग ऐसे शब्द सुनने के लिए तैयार नहीं हैं। जाहिर है कि इन लोगों की निगाह में सेक्शुअल अल्पसंख्यकों के लिए आजादी और अभिव्यक्ति की स्वतंत्रता जैसे शब्द नहीं होते।

यही दलील कहती है कि लेस्बियन तो एक अदृश्य अल्पसंख्यक हैं, तो उनके बारे में चर्चा क्यों की जाए। फिल्मकार, ऊपर से अनिवासी भारतीय, तो और भी छोटे अल्पसंख्यक समूह हैं। पर, उनकी खातिर प्रदर्शन करने के लिए हर कोई तैयार था। आखिर, लेस्बियन / गे अधिकारों के पक्ष में खड़े होने के लिए किसी को अपनी इतरलैंगिक सेक्शुअलिटी की घोषणा करने की जरूरत क्यों होनी चाहिए? दीपा मेहता के पक्ष में प्रदर्शन करने के लिए तो कोई नहीं कहता कि वह फिल्ममेकर नहीं है, फिर भी उनकी रचनात्मक स्वतंत्रता का पक्ष ले रहा है।

वंचितों के हक के लिए लड़ने वाले कई प्रगतिशील समूह हैं, जो लेस्बियनिज्म को निजी चुनाव का नाम देते हैं। यह भी एक होमोफोबिया ही है, जो उदारवाद के पर्दे में छिपा रहता है। इससे संघर्ष करना बहुत मुश्किल है।

प्रदर्शन के लिए गोलबंदी करते समय इन्हीं सब कारणों से कैम्पेन फॉर लेस्बियन राइट्स जैसे एक छोटे से, मुखर और गैर-फंडिड समूह की बुनियाद पड़ी। एक तर्क सामने आया कि अगर लोकतांत्रिक अधिकारों के लिए होने वाले किसी प्रदर्शन में लेस्बियनिज्म का साफ तौर पर जिक्र नहीं होगा तो हम उसमें भागीदारी नहीं करेंगे। मुझे देखकर ताज्जुब हुआ कि दो पुरुष यह बात बोल रहे हैं।... मैंने सोचा कि स्त्रियाँ यह बात क्यों नहीं बोल रही हैं?

बहरहाल, एक बात तो इससे जाहिर हुई ही कि अगर हम यह मुद्दा उठाएँगे, तो हमें समर्थक भी मिलेंगे। कहीं न कहीं से यह एहसास हमें होने लगा है कि अपने वजूद के बारे में बोलने का क्षण अब आ चुका है। *(कैम्पेन फॉर लेस्बियन राइट्स)*

८

सेक्स / सेक्शुअलिटी और भारतीय नारीवाद की दुविधा

सोहिनी घोष

उपग्रहीय प्रसारण के जरिए दिखाए जाने वाले टेलीविजन चैनलों के कारण टीवी पर सरकार की इजारेदारी खत्म हो गई है। प्रसारण के 'उदारीकरण' के कारण दर्शक बड़े पैमाने पर भारतीय के साथ-साथ अंतर्राष्ट्रीय कार्यक्रम देख पा रहे हैं। मीडिया के इस बदले हुए परिदृश्य ने बृहत्तर सामाजिक-आर्थिक और राजनीतिक परिवर्तनों के साथ-साथ नई चिंताओं को भी जन्म दिया है। शहरी मानस पर टीवी अपनी दृश्यमानता, भौगोलिक और मनोवैज्ञानिक उपस्थिति के कारण एक ऐसी शै के रूप में छा गया है जिसे अशुभ और नियंत्रण से परे समझा जाता है। मान्यता यह बनती जा रही है कि टीवी के कारण समाज 'पथभ्रष्ट' होता है और भारतीय 'परंपरा और संस्कृति' पर बुरा असर पड़ता है। इन्हीं कारणों से टीवी पर कड़ाई से निगाह रखने वाले सेंसर और कड़े कानूनों की माँगें हवा में हैं। इस लेख में संबंधित घटनाक्रम और बहस के दो प्रतिभागियों की भूमिका का विश्लेषण किया गया है। ये हैं हिंदू दक्षिणपंथी और सेकुलर स्त्री आंदोलन। दोनों अलग-अलग नजरिए और एजंडे के आधार पर सेटेलाइट टीवी

के विरोध में खड़े हैं।

हिंदू दक्षिणपंथ यानी संघ परिवार के संगठनों का कहना है कि उपग्रहीय टीवी पश्चिमी संस्कृति में निहित स्वच्छंद यौनाचरण प्रोत्साहित करता है जिसके कारण भारतीय संस्कृति के मूल्य जोखिम में पड़ गए हैं। सेकुलर स्त्री आंदोलन ने लोकप्रिय संस्कृति में स्त्रियों के निरूपण में लैंगिक भेदभाव और स्त्री विरोधी पहलुओं का विरोध किया है। उसने पारंपरिक सांस्कृतिक और पारिवारिक मूल्यों के तहत स्त्री-अधीनस्थता की आलोचना प्रस्तुत की है। हिंदू दक्षिणपंथ और सेकुलर महिला आंदोलन में यही फर्क है। दक्षिणपंथी स्त्री हिंदुओं के मिथकीय अतीत और स्त्री की पारंपरिक भूमिका की रोशनी में स्त्री के अधिकारों की चर्चा करते हैं। इसी लिहाज से उनका रवैया नारीवाद को भी पारिवारिक मूल्यों के खिलाफ चित्रित करने का रहता है। दिलचस्प बात यह है कि इस महत्त्वपूर्ण अंतर के बावजूद दोनों पक्षों का निशाना एक ही है। दोनों ही एक जैसे सेंसर की माँग करते हुए 'उचित पाबंदियों', 'नियंत्रण' और 'विनियमन' की भाषा बोल रहे हैं।

हकीकत यह है कि इन शब्दों और धारणाओं की परिभाषा साफ नहीं है। मसलन, एक टिप्पणीकार सेंसर को अवांछनीय पर विनियमन को उचित बताता है। अगर टीवी चैनल खुद को नियंत्रित करने के लिए तैयार नहीं होते, तो इस टिप्पणीकार की माँग है कि सरकार को कानून बनाना चाहिए और एक याचिका अदालत स्थापित की जानी चाहिए जिसमें अगर किसी शिकायत पर चैनल दोषी पाया जाए तो उसका लाइसेंस रद्द कर दिया जाना चाहिए। यह समझना मुश्किल है कि टिप्पणीकार की इस तजवीज और सेंसरशिप में क्या बुनियादी फर्क है। 'उचित पाबंदियों' की पैरोक़ारी करने वाली नारीवादियों को यह अफसोस भी है कि राज्य अपनी जिम्मेदारियों से कदम पीछे खींचता जा रहा है।

जाहिर है कि सेंसरशिप के पक्ष में व्यक्त किए जाने वाले इन विचारों से वे लोग सहमत नहीं हो सकते जो सरकारी सेंसरशिप द्वारा थोपी गई चुप्पी के शिकार रह चुके हैं। सरकार के फौरी हितों के खिलाफ किसी भी बात को खामोश क़रा देने के मामले में आकाशवाणी, फिल्म डिवीजन और दूरदर्शन का एक इतिहास रहा है। १९९३ में सूत्रीकृत किए गए सेंट्रल बोर्ड ऑव फिल्म सर्टिफिकेशन के निर्देशों की गाज अंततः सामाजिक, राजनीतिक और सेक्शुअल अल्पसंख्यकों की जुबान पर ताला डालने के रूप में ही निकलती है।

प्रस्तुत अध्ययन सेकुलर स्त्री आंदोलन के पक्ष में और सेंसर करने की किसी भी कोशिश के खिलाफ खड़ा है। इसकी मान्यता है कि आपत्तिजनक अभिव्यक्ति और निरूपण का इलाज रोकथाम न होकर निरूपण और अभिव्यक्ति

के और भी अधिक अवसर देने में निहित है। इसके साथ ही यह अध्ययन चिह्नित करता है कि हिंदू दक्षिणपंथियों और स्त्री संगठनों की बातें कहाँ एक-दूसरे को काटती हैं, और कहाँ परस्पर मिलती हैं? प्रतिरोध की भाषा क्या है और दोनों प्रतिरोधों के बीच क्या कोई महत्त्वपूर्ण अंतर है? अगर है तो वह किस किस्म का है?

दोनों पक्षों की मुख्य आपत्ति स्त्री की देह के सेक्शुअल निरूपणों को ले कर है। विरोधभास यह है कि सेक्स और सेक्शुअलिटी के सवाल ने शहरी मध्यवर्ग में एक नैतिक संत्रास पैदा किया है, पर वही मध्यवर्ग अल्पसंख्यकों के खिलाफ नफरत फैलाने की कोशिशों से किसी नैतिक बेचैनी का शिकार नहीं होता। दरअसल, पिछली सदी में अक्सर सेक्शुअलिटी से संबंधित मुद्दों ने नैतिक संत्रास को जन्म दिया है। विशेषकर उन समाजों में जिन्हें अपनी बुनियादी सामाजिक चिंताओं की झुँझलाहट कुछ प्रतीकों पर निकालने में आसानी लगती है।

सेटेलाइट टीवी के कारण एक बड़ा परिवर्तन तो यह हुआ है कि लोकप्रिय या बाजारू सिनेमा मध्यवर्गीय घरों की बैठकों में पहुँच गया है। नारीवादियों और स्त्री आंदोलन की कार्यकर्ताओं की निगाह में इस सिनेमा की भूमिका स्त्रियों और अल्पसंख्यकों की रूढ़ छवि दिखाने के कारण संदिग्ध रही है। रूढ़ छवि केंद्रित फिल्मांकन के दो पहलू होते हैं। एक तरफ तो उसके जरिए पूर्वग्रहों का पर्दाफाश हो जाता है और सामाजिक नियंत्रण के आयाम स्पष्ट हो जाते हैं, और दूसरी तरफ जटिल निरूपणों की जगह पूर्वस्थापित श्रेणियाँ ले लेती हैं। अच्छी बात यह है कि अलग-अलग तरह की स्त्रियाँ सिनेमाई छवियों को अलग-अलग ढंग से देखती हैं। किसी स्त्री के लिए कोई छवि अगर सशक्तीकरण की वाहक है, तो दूसरी स्त्री के लिए वही छवि आलोच्य या उपेक्षणीय भी हो सकती है। हमें यह भी ध्यान में रखना होगा कि वर्ग, जाति, क्षेत्र, धर्म, भाषा, जातीयता, आयु, सेक्शुअल प्राथमिकता आदि ने मिलकर जेंडर को अस्मिता का एकमात्र निर्धारक नहीं रहने दिया है। नारीवादी फिल्म अध्ययनों और क्वियर सिद्धांत ने यह भी बताया है कि किसी छवि से दर्शक का तादात्म्य या उसके साथ उसका एकात्मीकरण केवल 'अस्मिता की राजनीति' के आधार पर ही नहीं होता, बल्कि कई तरह की अचेत प्रक्रियाएँ भी उसमें अपनी भूमिका निभाती हैं। मसलन, कामनाएँ, चिंताएँ, सुखानुभूतियाँ और आकांक्षाएँ।

'अश्लीलता' के इर्द-गिर्द पहला बड़ा विवाद 'बुरी' खलनायिका और 'नेक' नायिका के बीच विभाजन रेखा धुँधली होने से हुआ। इसकी शुरुआत

खलनायक फिल्म के गाने 'चोली के पीछे क्या है' से हुई। बंबई में शिव सेना और संघ परिवार के संगठनों ने इस गाने के खिलाफ हल्ला बोला। दिल्ली हाई कोर्ट में याचिका दायर करके इस 'अश्लील, सार्वजनिक नैतिकता और भद्रता के खिलाफ' गीत को फिल्म से निकालने और उसके ऑडियो कैसेट बिक्री पर पाबंदी लगाने की माँग की गई। याचिका निचली अदालत से खारिज होने के बाद हाई कोर्ट में भी खारिज हुई। हाई कोर्ट ने कहा कि फिल्म देखने के लिए दर्शकों पर कोई दबाव नहीं डाला जाता। यह तो उनके चयन और पसंद पर निर्भर है। यह मानना महज कपोल-कल्पना है कि गीत से स्त्रियों की छेड़-छाड़ बढ़ेगी। अदालत ने यह भी कहा कि फिल्मी दुनिया में हुए 'हालिया विकास' के मुताबिक कथित अश्लीलता समाज के लिए स्वीकार्य है। खास बात यह है कि याचिकाकर्ता चोली वाले गीत के पुरुष-अभिनीत संस्करण को सेंसर करने की माँग नहीं कर रहे थे जिसकी परिणति नायिका के ऊपर मुख्य पुरुष पात्र की हिंसा से होती है। उनकी दिलचस्पी केवल स्त्री-अभिनीत उस संस्करण पर पाबंदी लगवाने में थी जिसमें स्त्री पात्र सेक्शुअलिटी से सम्पन्न दिखाए गए थे।

चोली वाले गीत के बाद *खुद्दार* फिल्म के गीत 'सेक्सी, सेक्सी, मुझे लोग बोलें', *दुलारा* के गीत 'मेरी पेंट भी सेक्सी' और *राजा बाबू* के गीत 'सरकाय लेउ खटिया जाड़ा लगे' पर हंगामा हुआ। सेंसर ने दुलारा के निर्देशक से कहा कि वे 'सेक्सी' को 'फेंसी' में बदल दें। आकाशवाणी ने इस गाने पर पाबंदी लगा दी। फिर भी गाना लोकप्रियता की सीढ़ियाँ चढ़ता रहा। *खुद्दार* का गाना 'बेबी, बेबी, बेबी' करके फिर से रिकॉर्ड किया गया, पर सभी निजी टीवी चैनल उसका 'सेक्सी' संस्करण ही प्रसारित करते रहे। फिल्मी गीतों में अश्लीलता के खिलाफ विरोध व्यक्त करने वाले संगठन थे : राष्ट्रीय मानवाधिकार आयोग, सेंटर फॉर मीडिया स्टडीज़, राष्ट्रीय महिला आयोग, संसद की स्थायी समिति और सेंसर बोर्ड। मराठी पत्र *महानगर* के अनुराग चतुर्वेदी ने लिखा कि अगर इस रवैये को रोका न गया तो कामसूत्र की भाषा में लिखे जाने वाले गीतों की झड़ी लग जाएगी और छिनरेबाज इन्हीं गीतों को सड़कों पर गाते फिरेंगे। उन्हें रोकना मुश्किल हो जाएगा। मानवाधिकार आयोग के मुख्य आयुक्त न्यायमूर्ति रंगनाथ मिश्रा ने इन गीतों को 'मानवाधिकारों का सबसे बड़ा अतिक्रमण' करार दिया। अश्लीलता के सवाल पर यह बेचैनी उस समय और बढ़ गई जब मीडिया एडवोकेसी ग्रुप ने अपनी रपट 'पीपुल्स पर्सेप्शन : ऑब्सेनिटी एंड वायलेंस ऑन दि स्माल स्क्रीन' प्रकाशित की। रपट का कहना था कि 'कम कमाने वाले पुरुषों' पर ऐसे फिल्म गीतों का सबसे नकारात्मक असर पड़ने का अंदेशा है। यह रपट मान कर चल रही थी कि मीडिया दर्शकों के सामने जो भी परोसता है, लोग

उसे अपने तार्किक मस्तिष्क का बिना इस्तेमाल किए वैसा का वैसा ही ग्रहण कर लेते हैं। अखबारों ने इस रपट के बारे में जिस तरह छापा, उससे इस बेचैनी को और हवा मिली। उन्होंने डर व्यक्त किया कि कमसिन लड़कियाँ उसी तरह के वस्त्रों और मूल्यों की नकल करने लगेंगी जो स्क्रीन पर दिखाए जाते हैं। संसद में हंगामा हुआ और सूचना व प्रसारण मंत्रालय ने सेंसर-निर्देशिका में संशोधन की सिफारिश की। इस तरह अश्लीलता की परिभाषा में कई और बातें जोड़ दी गईं।

पर मामला यहीं नहीं रुका। इसके बाद अंजलि कपूर वाला प्रकरण हुआ, फूलन देवी के जीवन पर बनी शेखर कपूर की फिल्म *बेंडिट क्वीन* का विवाद सामने आया। प्रमोद नवलकर के नेतृत्व में शिव सेना ने महाराष्ट्र में संस्कृति-रक्षा के लिए अश्लीलता के खिलाफ सफाई अभियान चलाया। मधु सप्रे और मिलिंद सोमन द्वारा टफ जूतों के विज्ञापन के लिए खिंचाए गए चित्र पर आपत्तियाँ की गईं। महेश भट्ट द्वारा पोर्नोग्राफी देखने के अधिकार की वकालत पर स्त्री आंदोलन की प्रमुख सदस्यों ने भट्ट को सरकारी पदों से हटाने की माँग की। इन स्त्रियों का कहना था कि हिंसा, पोर्नोग्राफी और वेश्यावृत्ति का संबंध साबित हो चुका है, पोर्नोग्राफी इनसानी जिस्म का वस्तुकरण करके उसे भ्रष्ट करती है, और स्त्रियों की गरिमा को गिराने वाले आचरणों पर 'उचित पाबंदियाँ' लगाई जानी चाहिए। उन्होंने माँग की कि इलेक्ट्रॉनिक मीडिया में अश्लीलता रोकने के लिए एक आचरण संहिता बनाई जानी चाहिए। चंडीगढ़ की एक कंपनी द्वारा की गई *प्लस-२१* नामक वयस्क चैनल शुरू करने की घोषणा के खिलाफ महिला आयोग ने याचिका दायर की। आयोग के वकील को यकीन था कि यह चैनल अश्लील और अभद्र ही होगा। मेट्रोपोलिटन मजिस्ट्रेट प्रेम कुमार ने बिना सेंसर सर्टीफिकेट के सभी सीरियलों, विज्ञापनों और फिल्मों के दूरदर्शन प्रसारण पर पाबंदी लगा दी ताकि 'चिरंतन भारतीय संस्कृति' को खतरे से बचाया जा सके। बाद में हाई कोर्ट ने यह आदेश स्थगित किया। १९९६ में तेरह दिन की भाजपा सरकार में ही सुषमा स्वराज ने सूचना मंत्री के रूप में दूरदर्शन की महिला समाचार वाचिकाओं को आड़े हाथों ले लिया कि वे अर्ध-पारदर्शी कपड़े पहनती हैं। स्वराज ने संगीत की लहरों के साथ स्त्री की स्कर्ट उठते हुए दिखाने वाले एक विज्ञापन पर पाबंदी लगा दी। उन्होंने यौन शिक्षा पर होने वाला एक रेडियो प्रसारण भी रोक दिया जो उनके ख्याल से 'व्यभिचार' प्रोत्साहित करने वाला था। जनवरी, १९९७ में बजरंग दल ने चित्रकार हुसैन की प्रदर्शिनी पर हल्ला बोला क्योंकि उन्होंने सरस्वती को 'नग्न' चित्रित किया था। १९९८ में मोहनजोदड़ो से ली गई एक नृत्य करती हुई आकृति के चित्र पर आपत्ति की गई

जो दिल्ली पर्यटन विभाग ने इस्तेमाल करने की जुर्रत की थी। मई, १९९७ में पूजा भट्ट के 'मॉफ्र्ड' चित्र के *स्टारडस्ट* पत्रिका के आवरण पर मुद्रण से एक नया मुद्दा सामने आया जिससे इंटरनेट प्रौद्योगिकी बहस के केंद्र में आ गई। खास बात यह है कि इंटरनेट से डाउनलोड किए गए जिस चित्र को 'न्यूड' कहा जा रहा था, उसमें पूजा भट्ट बिकनी पहने दिखाई गई थीं। यह प्रकरण बताता था कि नग्नता और अश्लीलता किस प्रकार नज़र और समझ का खेल है।

अंजलि कपूर और फूलन देवी से संबंधित विवाद नारीवादी सेक्शुअल राजनीति के लिहाज से महत्त्वपूर्ण हैं, क्योंकि इन दोनों महिलाओं ने स्वयं अपने निरूपणों की सक्रिय व्याख्या करने-करवाने की भूमिका अदा की है। दोनों को स्त्री संगठनों का समर्थन भी प्राप्त हुआ है।

नवंबर, १९९४ के इंडिया टुडे में जैसे ही ३४ वर्षीय अंजलि कपूर को दो तस्वीरें (एक में वकील का चोगा पहने हुए थीं, और दूसरे में फैंटेसी पत्रिका के आवरण पर प्रकाशित उनकी अर्धनग्न तस्वीर का चित्र था) छपीं, दिल्ली बार एसोसिएशन ने उन पर पेशेवराना दुराचरण का आरोप लगाकर उनका वकालत का लाइसेंस खारिज करने की धमकी दे डाली। महिला वकीलों और नारीवादियों ने अंजलि का पक्ष लिया और कहा कि उनके साथ पुरुष वकीलों द्वारा लैंगिक भेदभाव किया जा रहा है। मीडिया ने भी इस मामले में कपूर के हक में लिखा।

लेकिन, कपूर के निंदक वीर सिंघवी ने उनके बहाने नारीवादियों को आड़े हाथों लेते हुए कहा कि पोर्नोग्राफी और स्त्री देह के वस्तुकरण का विरोध करने वाली नारीवादियों का यह रवैया अंतर्विरोधी है। एक अन्य टिप्पणी में एक नारीवादी ने लिखा कि अंजलि कपूर का समर्थन करके नारीवादी अभिव्यक्ति की स्वतंत्रता के नाम पर पोर्नोग्राफी का समर्थन करने वालों के पाले में खड़ी दिखाई दे रही हैं। हालाँकि हम लोग सौंदर्य प्रतियोगिताओं और बाजार द्वारा गढ़ी जाती हुई नई स्त्री का विरोध करती हैं, पर एक स्त्री की प्राइवेसी का समर्थन करने के चक्कर में हमने उस स्त्री द्वारा खुद को बिकाऊ जिंस बनाने की तरफदारी कर डाली है।

बेंडिट क्वीन फिल्म के खिलाफ स्वयं फूलन देवी ने लेखिका अरुंधती राय और नारीवादी वकील इंदिरा जयसिंह की मदद से हाई कोर्ट में याचिका दायर की कि उनकी सेक्शुअल प्राइवेसी का अतिक्रमण करने के लिए इस फिल्म पर प्रतिबंध लगया जाना चाहिए। सेंसर बोर्ड ने फिल्म में दस कटौतियों की माँग की, जिनमें फूलन के सामूहिक बलात्कार का चित्रण के साथ-साथ अपने प्रेमी

विक्रम के साथ उसका सहमति आधारित सहवास का दृश्य भी शामिल था। जाहिर है कि इस मामले में सेंसर ने बलात्कार और सहमति आधारित यौनक्रिया को एक ही तराजू पर तौल दिया था। फूलन देवी की याचिका में भी बलात्कार, नग्नता और यौन क्रिया को आपस में इस तरह मिला दिया गया था कि जैसे हिंसा के दायरे से बाहर यौन क्रिया की कोई गुंजाइश ही न हो। याचिका एक अमेरिकी अदालत के फैसले का हवाला देते हुए कहती थी कि प्राइवेसी का अधिकार तो अधिकारों के कानून, राजनीतिक दलों और यहाँ तक कि स्कूल प्रणाली से भी पुराना है। इसमें महाभारत का यह उद्धरण भी इस्तेमाल किया गया कि सेक्स और भोजन एकांत में ही करने योग्य होता है, और यह कि बुद्धिमान लोगों को स्त्री ही नहीं पुरुष की नग्नता के भी दर्शन करने से परहेज करना चाहिए। अरुंधती राय ने तो जीवित व्यक्ति पर फिल्म बनाने की नैतिकता पर ही सवाल उठाया। राय का तर्क था कि कोई भी औरत खुद पर हुए बलात्कार को स्क्रीन पर दोबारा घटित होते हुए देखना पसंद नहीं करेगी। इस तरह के चित्रण में तो निर्देशक जितना कुशल होगा, स्त्री उतनी ही अवमानित होगी।

फूलन देवी की याचिका के साथ दिक्कत यह थी कि महाभारत के जरिए प्राचीनता का हवालां देने वाला नजरिया दरअसल हिंदू दक्षिणपंथियों के अनुकूल था। संघ परिवारियों का हिंदुत्व भी प्राचीनता और सुनहरे अतीत के मोह से अपना तर्क प्राप्त करता है। यह दृष्टिकोण सेक्स और सेक्शुअलिटी के सभी मसलों को सार्वजनिक दायरे से निकाल कर सिर्फ प्राइवेट दायरे तक सीमित कर देने के हिंदुत्ववादी आग्रह से मेल खाता है।

अरुंधती राय की दलील इस सूत्रीकरण पर आधारित है कि सभी स्त्रियाँ बलात्कार (चाहे वास्तविक हो, या फिर निरूपित) के प्रति लाजमी तौर पर एक ही तरह की अनुक्रिया करती हैं। दर्शकों और उनकी ग्रहणशीलता के बारे में किए गए अध्ययन ऐसे सपाट दावों को गलत ठहराते हैं। खुद फूलन देवी ने भी इसे अंततः गलत साबित किया और चैनल फोर से चार हजार पाउंड लेकर मुकद्दमा वापस ले लिया। इसके बाद वे फिल्म पर थोपे गए सेंसर के खिलाफ निर्देशक शेखर कपूर के साथ सार्वजनिक मंच पर आईं। फिर उन्होंने यही फिल्म जालौन में अपने चुनाव अभियान के दौरान अपने मतदाताओं को खुद दिखाई। उन्होंने कहा कि 'मुझे कुएँ वाले दृश्य समेत कम से कम चार दृश्यों पर आपत्ति थी, पर मैंने उन्हें काटने की जिद नहीं की क्योंकि फिल्म कम से कम फूलन को मिले दुख का चित्रण करके लोगों के हृदय को तो आंदोलित करती है।'

फिल्म पर हुई सार्वजनिक बहस से भी साफ हो गया कि लोग उसे एक ही निगाह से नहीं देख रहे हैं। फिल्म में बार-बार आने वाले बलात्कार के दृश्य

खुद मेरी निगाह में भी उत्पीड़नकारी और शक्तिहीन बनाने वाले थे। पर, गाँव में फूलन को नंगा घुमाने वाले दृश्य समेत फिल्म के कई प्रसंग मुझे जज़्बाती रूप से छू भी गए। बहरहाल, मेरी राय जो भी हो, उसे सभी स्त्रियों की प्रतिनिधि राय नहीं माना जा सकता।

निरूपण एक जटिल मसला है। एक व्यक्ति के लिए जो चीज श्रृंगारिक है, वह दूसरे के लिए पोर्नोग्राफिक हो सकती है। खुद अरुंधती राय के उपन्यास पर अश्लीलता के इल्जाम लगे हैं क्योंकि उन्होंने एक सीरियाई क्रिश्चियन स्त्री को एक नीची जाति के व्यक्ति के साथ यौन क्रिया करते हुए चित्रित किया है। याचिकाकर्ता का दावा है कि उपन्यास का यह प्रसंग अश्लील है और यौन अराजकता का गुणगान करता है। जाहिर है कि इस आरोप से सभी लोग सहमत नहीं हो सकते। दरअसल, पहल और स्वेच्छा से यौन क्रिया करने वाली स्त्री एक प्रति-चरित्र है जिसके जरिए कई तरह के विवादास्पद निरूपणों से संघर्ष किया जा सकता है। यह प्रकरण सहमति आधारित यौन क्रिया और जबरन थोपी गई यौन क्रिया को एक ही पलड़े में तौलने के खतरे की तरफ भी इशारा करता है। इसी तरह कला और पोर्नोग्राफी के दो सिरों की शिनाख्त करना तो आसान है, पर यह तय करना बहुत मुश्किल है कि एक श्रेणी का अंत और दूसरी की शुरुआत कहाँ से होती है। दोनों श्रेणियाँ कहाँ परस्परव्यापी हैं, यह मसला आत्मपरकता और विवेक का है। मेरे ख्याल से इसीलिए नारीवादियों को बहस पर जोर देना चाहिए, न कि सेंसर पर।

नारीवादी और हिंदू दक्षिणपंथी विमर्श में सबसे खतरनाक साझेदारी का नजारा १९९६ में बंगलूर में हुई विश्व सुंदरी प्रतियोगिता के समय उभरा। इस आयोजन का विरोध करने में नारीवादियों ने बहुत बड़ी संख्या में हिस्सा लिया था।

सौंदर्य प्रतियोगिताएँ नारीवाद के लिए बहुत बड़ी समस्या हैं। एक तरफ तो अपने लिंगभेदी और इतरलैंगिक पूर्वग्रहों के कारण ये प्रतियोगिताएँ स्त्री के पारंपरिक निरूपण का विरोध नहीं करतीं, पर दूसरी ओर इनका असर स्त्रियों के लिए सिर्फ उत्पीड़नकारी ही नहीं होता। इन प्रतियोगिताओं के जरिए स्त्री की देह प्राइवेट दायरे से निकलकर सार्वजनिक दायरे में आती है। अन्य सांस्कृतिक प्रकरणों की तरह यह प्रकरण भी स्थावर और अपरिवर्तनीय नहीं होता। इन प्रकरणों की भी कुछ बगावती भूमिका हो सकती है। इस लिहाज से सौंदर्य प्रतियोगिताएँ भविष्य की गुंजाइशों की तरफ इशारा करती हैं. जहाँ जेंडर और सेक्शुअलिटी के वैकल्पिक विचारों का विकास हो सकता है।

कहना न होगा कि बंगलूर की प्रतियोगिता में कोई बगावती पहलू नहीं था, पर इसके खिलाफ आयोजित जबरदस्त विरोध प्रदर्शन से नारीवाद कई नसीहतें ले सकता है। नारीवादियों के साथ इस आयोजन का विरोध करने वालों में किसानों के संगठन, संघ परिवार के संगठन, हिंदू और मुसलमान कट्टरपंथियों के संगठन और वामपंथी स्त्री संगठन भी शामिल थे। जान देने-लेने और आग लगा देने जैसी हिंसक धमकियाँ भी दी जा रही थीं। अदालत में याचिकाएँ भी दायर की गईं।

राष्ट्रीय महिला आयोग समेत नारीवादी स्त्रियों का आरोप था कि सौंदर्य प्रतियोगिता का आयोजन अभिजनों और अमीरों का कार्यक्रम और गलत प्राथमिकताओं का नतीजा है। लेकिन, सवाल यह है कि क्या यही आरोप आयोजन विरोधी नारीवादियों पर चस्पाँ नहीं किया जा सकता? क्या वे केवल एक घटना को ही बहुत ज्यादा अहमियत देने के दोषी नहीं थे, जबकि भारत में औरतों को कहीं ज्यादा गंभीर समस्याओं का सामना करना पड़ रहा था? नारीवादी नर्तकी मल्लिका साराभाई द्वारा आयोजन में अपनी कला का प्रदर्शन करने के फ़ैसले पर भी टीका-टिप्पणियाँ हो रही थीं। मल्लिका का कहना था कि कर्नाटक के कुछ मंदिरों में पूजा और भक्ति के नाम पर निर्वस्त्र स्त्रियों का प्रदर्शन होता है। अगर कोई स्त्री कार्यकर्ता इस प्रथा को बंद करवाने के लिए आत्म-दाह करना चाहे तो मैं उसके पैर तक छूने के लिए तैयार हूँ। बंगलूर के विमोचना संगठन ने भारत की 'असली हीरोइनों को केंद्र में रखकर एक प्रति-आयोजन किया। इसमें 'मिस दहेज उत्पीड़ित' का खिताब भी शामिल था। दिल्ली के ११ स्त्री संगठनों ने आँकड़े दिए कि हर ४७ मिनट में एक स्त्री से बलात्कार होता है, हर ४४ मिनट में एक स्त्री का अपहरण होता है और हर रोज १७ औरतें दहेज की बलि चढ़ा दी जाती हैं। दिल्ली के वामपंथी छात्र संघ ने कार्टून छापा जिसमें विजेताओं के मंच पर पहला स्थान खाली दिखाया गया था और उस पर लिखा था 'मिस स्त्री शिशु-हत्या'। यहाँ यह सवाल पूछा जाना स्वाभाविक ही है कि क्या नारीवाद के पास पेश करने के लिए स्त्री की यही छवि है जिसमें वह निरंतर दबी हुई, कुचली हुई और सताई हुई दिखती है? स्त्री के आनंद और कामनाओं को पीछे धकेलकर सिर्फ 'राजनीतिक रूप से सही' उसके शोषित और उत्पीड़ित आयामों को आगे करने से नारीवाद की तरफ ज्यादा लोग आकर्षित नहीं हो सकते। एक नारीवादी ने इस प्रवृत्ति पर व्यंग्य से टिप्पणी भी की थी कि मौका मिले तो मैं केवल उत्पीड़न में लिपटी हुई मिस दहेज उत्पीड़न के बजाय कमरबंद, कलगी और नोटों से भरे पर्स से लैस मिस इंडिया बनना पसंद करूँगी।

स्त्री संगठनों की निगाह में सौंदर्य प्रतियोगिता की भागीदार लड़कियाँ बहकी हुई और अपने ही शोषण में हिस्सेदार थीं। उन्हें प्रतियोगिता का सचेत प्रतिभागी मानने के बजाय पितृसत्ता और बड़ी पूँजी के जाल में फँसा हुआ माना जा रहा था। जाहिर है कि ये संगठन जिन्हें बचाना चाहते थे, उन्हें अपने बचाए जाने की कोई जरूरत ही महसूस नहीं हो रही थी। उनका दावा तो यह था कि वे स्वेच्छा से भाग ले रही हैं। इस तरह नारीवादियों ने बड़े अजीब तरीके से उनकी 'न' को 'हाँ' मान लिया था। खास बात यह थी कि आयोजन के विरोध में शामिल किसी भी नारीवादी संगठन ने हिंदू दक्षिणपंथियों की आलोचना में एक भी बयान जारी नहीं किया। न ही वे प्रतियोगिता में भाग ले रही स्त्रियों की सुरक्षा के बारे में चिंतित दिखाई दीं, जबकि उनके खिलाफ लगातार शारीरिक हिंसा की धमकियाँ दी जा रही थीं।

इसमें कोई शक नहीं कि सेकुलर स्त्रियों और हिंदू दक्षिणपंथियों के नजरिए में फर्क है। लेकिन, दिक्कत यह है कि प्रतिरोध के विमर्श में 'अश्लीलता', 'अभद्रता' और 'पोर्नोग्राफी' जैसे शब्द इस तरह इस्तेमाल किए जाते हैं जैसे कि वे पर्यायवाची हों। 'पोर्नोग्राफी' शब्द का इस्तेमाल महेश भट्ट वाले प्रकरण को छोड़कर पोर्नोग्राफी नामक विधा के लिए शायद ही किया गया हो। 'पोर्नोग्राफी' को सेक्स से जुड़ी हुई हर अभिव्यक्ति का पर्याय बना दिया गया है, चाहे वह सहमति आधारित यौन क्रिया का निरूपण ही क्यों न हो। नारीवादी संभवत: यह मान कर चलते हैं कि 'पोर्नोग्राफी' से स्त्री विरोधी हिंसा को बढ़ावा मिलता है। असलियत यह है कि पश्चिम में इस मान्यता की नारीवादी विद्वानों और मीडिया संबंधी विद्वानों द्वारा काफी जाँच-पड़ताल की गई है। नतीजे के तौर पर इस मान्यता को प्रमाणित करने वाले तथ्य नहीं मिले हैं। हिंसा रोकने और उसके कारणों को समझने के लिए बने अमेरिकी नैशनल रिसर्च कौंसिल के दल का कहना है कि 'पोर्नोग्राफी' और यौन अपराधों के बीच तथ्यगत संबंधों के लिहाज से रिश्ता बहुत कमजोर है। नारीवादी विद्वानों ने इस पहलू पर ढेरों किताबें लिख डाली हैं। दलील यह निकलकर आई है कि जिंदगी में पोर्नोग्राफी कभी न देखने वाले लोग तो बलात्कार करते पाए गए हैं, पर नियमित रूप से देखने वाले बहुत से लोगों का इस अपराध से कोई नाता नहीं रहा है।

ऐसी बात नहीं कि मीडिया में होने वाले निरूपणों का कोई असर नहीं पड़ता। लेकिन, वह असर प्रत्यक्ष, रैखिक, एकात्मक, सार्वभौम, परम और पूर्व-निर्धारित नहीं होता। पूरी संभावना रहती है कि निरूपण का कथ्य व्यक्ति और

समाज पर पड़ने वाले उसके प्रभाव में निर्णायक भूमिका निभाता ही न हो। लोग उसका अर्थ अपने अलग-अलग सामाजिक-सांस्कृतिक संदर्भ में ग्रहण करते हैं।

इसी तरह से नारीवादियों द्वारा 'वस्तुकरण', 'निम्नीकरण' और 'जिंसीकरण' जैसे शब्दों का भी पर्यायवाचियों की तरह इस्तेमाल करते हैं। यह भी एक समस्या है। अगर जिंसीकरण का मतलब माल बेचने के लिए स्त्री की देह का बेजा इस्तेमाल है, तो यह सवाल पूछा जाना लाजमी हो जाता है क्या घरेलू सामान बेचने वाली साड़ीधारी मॉडल नारीवादियों की निगाह में आपत्तिजनक नहीं होनी चाहिए? उनकी निगाह में स्त्रियों का गैर-पारंपरिक निरूपण ही क्यों आपत्तिजनक है (चाहे वह चोली गीत हो, अंजलि कपूर की तस्वीर हो, बेंडिट क्वीन का यौन-क्रिया वाला दृश्य हो या टफ जूते वाला विज्ञापन हो)? मुझे तो स्त्री को स्थायी रूप से रसोई घर में कैद करके रखने वाले विज्ञापन अधिक दिक्कततलब लगते हैं, लेकिन नारीवादी हल्कों में इस पर कोई हंगामा नहीं होता। क्या मुनाफे के लिए कॉस्मेटिक बेचना वाशिंग मशीन बेचने के मुकाबले अधिक गंभीर निम्नीकरण है? नारीवादियों को समझने की कोशिश करनी चाहिए कि तेजी से जिंसीकृत होती हुई दुनिया में स्त्री का जिंसीकरण अन्य चीजों के जिंसीकरण से अलग क्यों है? मसलन, खिलाड़ी भी तो अपनी देह का जिंसीकरण करके हर तरह की चीज बेचते हैं। दिल के सर्जन भी तो अपने जीवन-रक्षक कौशल का जिंसीकरण करते हैं। कलाकृतियों से होने वाले मुनाफे और चित्रकारों को मिलने वाली लाखों-करोड़ों की कीमत पर जिंसीकरण का आरोप कभी नहीं लगाया जाता। एक सवाल यह भी है कि आखिरकार कोई स्त्री कब वस्तुकरण और निम्नीकरण का शिकार होती है, और यह कौन तय करेगा कि उसका वस्तुकरण और निम्नीकरण हुआ है? छवियों द्वारा किए जाने वाले निरूपण को अपनी आपत्तियों का केंद्र बनाने वालों का तर्क है कि इनके कारण भले ही नुकसान न हो, पर ये छवियाँ ही अपने-आप में निम्नीकरण हैं। पता नहीं हिंदू दक्षिणपंथियों की दलील से यह कथित नारीवादी दलील किन अर्थों में अलग है।

स्थिति यह है अलग-अलग प्रस्थान बिंदुओं से चलने के बावजूद नारीवादी और हिंदू दक्षिणपंथी स्त्री की शुद्धता के परंपरानिष्ठ विचार पर टिके हुए हैं। दोनों ही नेक लड़की / बुरी लड़की के दुहैरे सेक्शुअल मानदंडों के हामी हैं। उनके विमर्श में लैंगिक भेदभाव और कामना एवं जबरदस्ती और सहमति का घालमेल कर दिया जाता है। सेक्स से जुड़े सभी तरह के निरूपणों पर एतराज किया जाता है। सेक्शुअल प्रकरणों को खुले तौर पर दिखाने और लैंगिक भेदभाव

में फर्क नहीं किया जाता। उनकी नैतिक मान्यताएँ उस समय आहत होती हैं जब नायिका थोड़ी देर के लिए ही सही पर खलनायिका के वेष में चोली के पीछे वाला नृत्य करती है। जब अंजलि कपूर की दोनों तरह की तस्वीरें एक साथ बरक्स छपती हैं। मिलिंद सोमन की निंदा इसलिए होती है कि उन्होंने अपनी होने वाली पत्नी के साथ निर्वस्त्र मॉडलिंग की और इस तरह उसका निम्नीकरण किया। नारीवादी तो यहाँ तक चले जाते हैं कि बुरी लड़की के साथ चाहे जो किया जाए, पर अच्छी लड़की को इस चक्कर से दूर रखा जाना चाहिए। इसका उदाहरण तब मिला जब हुसैन के सरस्वती वाले चित्र पर विवाद हुआ। एक नारीवादी ने टिप्पणी की कि हुसैन चाहें तो माधुरी दीक्षित के साथ खिलवाड़ करते रहें, पर उन्हें सरस्वती से दूर रहना चाहिए।

जाहिर है कि अश्लीलता, अभद्रता, पोर्नोग्राफी, जिंसीकरण और निम्नीकरण जैसे शब्दों और अभिव्यक्तियों की व्याख्या पर कोई आम सहमति अभी तक नहीं बन पाई है। ऐसी हालत में यह कैसे तय किया जा सकता है कि स्त्री का दृश्य, श्रव्य और मुद्रित माध्यमों में किस तरह निरूपण किया जाए? राज्य के हस्तक्षेप के पैरोकारों को समझ लेना चाहिए कि वे राज्य के हाथों में यह तय करने का अधिकार दे रहे हैं कि सेंसर करने लायक सामग्री क्या है। जब भाजपा सत्ता में आएगी तो वही तय करेगी कि स्त्रियों का निरूपण कैसे होना चाहिए। इतिहास बताता है कि अश्लीलता के नाम पर महान चित्रकारों और शिल्पकारों की कृतियाँ, विख्यात फोटोग्राफरों के फोटो और नारीवादी कलाकारों की रचनाएँ ही नहीं, बल्कि परिवार के फोटोग्राफ, स्त्रियों द्वारा स्त्रियों के लिए रची गई शृंगारिक रचनाएँ, राजनीतिक टिप्पणी करने वाले गैर-सेक्शुअल कार्टून, स्वास्थ्य, प्रजनन, गर्भनिरोध संबंधी जानकारियाँ, स्त्री की अधीनस्थता की आलोचना, यौन शिक्षा से संबंधित जानकारी और सेक्शुअल अल्पसंख्यकों द्वारा तैयार की गई सामग्री भी सेंसर की जाती रही है। अभिव्यक्ति की स्वतंत्रता के अधिकार का नारीवादियों ने लैंगिक भेदभाव, स्त्रियों को हीन मानने और हिंसा के खिलाफ हथियार की तरह इस्तेमाल किया है। विडम्बना यह है कि आज स्त्रियों के अधिकारों के नाम पर ही इस स्वतंत्रता में कटौती की माँग पेश की जा रही है।

सेक्स, सेक्शुअलिटी और सेंसरशिप के त्रिकोण में नारीवादियों की मुख्य समस्या यह है कि वे सेक्स और सेक्सिज़्म (लैंगिक भेदभाव / स्त्रियों को हीन मानना) को एक साथ निशाना बनाने में लगी हुई हैं। सेक्स और सेक्शुअलिटी से जुड़ी हर बात उन्हें बुरी लगती है, क्योंकि सेक्स ही उनकी निगाह में बुरी चीज है। वे सेक्शुअल प्रकरणों को खुलकर निरूपित करने और सेक्सिज़्म को

एक ही चीज मानकर चल रही हैं। यह रवैया नारीवादी हितों के लिए नुकसानदेह है।

नारीवादियों को चाहिए कि वे स्त्रियों के लिए और अधिक सेक्शुअल अभिव्यक्ति की गुंजाइश की माँग करें। सहमति आधारित ऐसी शृंगारिकता की रचना करने के प्रयास किए जाने चाहिए जिसमें स्त्रियाँ स्वेच्छा और सक्रियता से भाग लेती हुई दिखें। उपग्रहीय चैनलों और फिल्मों द्वारा प्रक्षेपित छवियाँ और कथानक न तो पूरी तरह प्रगतिशील हैं, न ही पूरी तरह प्रतिगामी। लेकिन, यह जरूर है कि उनके कारण नई गुंजाइशें खुली हैं। भले ही वे अस्थायी और क्षणभंगुर किस्म की हों, पर उनके जरिए स्त्रियों को अपने आनंद, कामनाओं और स्वैरकल्पनाओं को वाणी देने का मौका मिला है। नारीवादियों को चाहिए कि वे इन छवियों और कथानकों की आलोचना के साथ-साथ उनकी सराहना के पहलुओं को भी सामने लाएँ।

१

फुटपाथ पर कामसूत्र
दिल्ली में कामनाओं का भूगोल बतर्ज मीडिया

अभय कुमार दुबे

हम शुरू से ही साफ कर देना चाहते हैं कि हम कोई 'पारिवारिक पत्रिका' नहीं निकाल रहे हैं। अगर आप किसी की बेटी, पत्नी या सास हैं और अगर गलती से आपने हमारी पत्रिका खरीद ली है, तो बेहतर होगा कि आप उसे अपने मर्द को पढ़ने के लिए दे दें ...

—पचास साल पहले 'प्लेबॉय' के पहले अंक में प्रकाशित ह्यू हेफनर की टिप्पणी जिसे पायनियर, दिल्ली के परिशिष्ट 'वीवासिटी' ने जुलाई २००३ में छापा

अगर मुझे एक पोर्न मैगजीन मिले तो उसे पढ़ने में मुझे कोई हिचक नहीं होगी। मैं इस बारे में खुल कर स्वीकारती हूँ, जबकि दूसरे लोग यही काम बंद कमरों में करते हैं।

—सुपर हिट म्यूजिक वीडियो 'डीजे डॉल' की नायिका शेफाली जरीवाला 'डेहली टाइम्स', ३ मई २००३

हालाँकि लोगों की राय के लिए हमारे दरवाजे हमेशा खुले रहते हैं और दरअसल हम पाठकों की तरफ से की जाने वाली आलोचनाएँ प्रोत्साहित भी करते हैं, लेकिन यह स्पष्ट करना जरूरी है कि 'मोर सेक्स प्लीज, वी आर इंडियन' जैसा आइटम छापने के पीछे हमारा इरादा आज की पीढ़ी को

उसके माता-पिताओं के मूल्यों की शिक्षा देना नहीं था। हमारी कोशिश तो केवल तथ्यों को सामने लाने की थी। उन तथ्यों के जरिये हम माता-पिताओं को बताना चाहते थे कि आज की पीढ़ी क्या सोचती है और क्या महसूस करती है।

—संपादक, डेहलीटाइम्स@इंडियाटाइम्स.कॉम

('डेहली टाइम्स' के २९ मई २००३ के अंक में कामसूत्र सेक्स सर्वे पर पाठकों की प्रतिक्रिया के जवाब में प्रकाशित)

क्या आप डॉ. मोजो को जानते हैं, या आपकी कभी लव-गुरु से मुलाकात हुई है? दरअसल, एक का पता है दिल्ली की जमीन, तो दूसरे का पता है दिल्ली का आसमान। एक दिन में, अगर चाहें तो सुबह-सुबह ही मिल सकता है, तो दूसरा रात में उस समय मिलता है जब घड़ी के दोनों हाथ एक-दूसरे से गले मिलने वाले होते हैं।[१] डॉ. मोजो अलग-अलग नामों से महानगर के अखबारों और पत्रिकाओं के पन्नों पर सप्ताह में कई बार दिखायी पड़ते हैं, और लव-गुरु कभी औरत तो कभी मर्द की आवाज में एफएम रेडियो के चैनलों पर छाये रहते हैं। काम दोनों का एक ही है। वही, जो सदियों पहले भारतीय इतिहास के प्राचीन काल में आचार्य वात्स्यायन का हुआ करता था। वात्स्यायन ने यौन क्रिया का एक मैनुअल तैयार किया था जिसे हम *कामसूत्र* के नाम से जानते हैं। वात्स्यायन की नायिकाएँ और उनके द्वारा दिया जा सकने वाला यौन प्रशिक्षण संभवत: उस युग के अभिजनों को ही सुलभ था, जबकि उनके उत्तर-आधुनिक प्रतिनिधियों डॉ. मोजो और लव-गुरु ने वही यौन प्रशिक्षण आम लोगों को उपलब्ध कराना शुरू कर दिया है। मुख-मैथुन से जुड़ी उलझनों, संभोग की विभिन्न तकनीकों और कौटुम्बिक-व्यभिचार (इंसेस्ट) की समस्याओं का वैज्ञानिक शब्दावली में निराकरण करने वाले ये विशेषज्ञ-सलाहकार वैसे तो अनाम और अनाकार हैं, लेकिन कभी-कभी इनके वास्तविक नाम भी होते हैं। इन्हें कभी डॉ. प्रकाश कोठारी कहा जाता है, जो बताते हैं कि माहवारी के समय संभोग करना कितना सुखद और सुरक्षित हो सकता है; और कभी इनका नाम डॉ. संजय चुग हो सकता है जो स्तंभन शक्ति बढ़ाने के लिए शिश्न-व्यायाम की तकनीकों का सिलसिलेवार वर्णन करते हैं।

वात्स्यायन का दुर्भाग्य यह था कि वे अपने पूर्वगामी यौन-विशेषज्ञों की पुरुष-केंद्रीयता का उल्लंघन करते हुए *कामसूत्र* में स्त्री-यौनिकता का सिद्धांत प्रतिपादित करने के कसूरवार थे। इसलिए उन्हें सारे जीवन पुरुष-यौनिकता को प्रमुख मानने वाले उन सिद्धांतकारों का कोपभाजन बनना पड़ा जो स्त्री में

कामेच्छा का केंद्र देखने के लिए तैयार नहीं थे। वात्स्यायन के युग की ज्ञान-राजनीति ने यह सुनिश्चित करने की पूरी चेष्टा की कि स्त्री-यौनिकता को मान्यता देने वाला उनका ग्रंथ पुस्तकालय की अलमारियों में ही पड़ा धूल खाता रहे।[२] डॉ. मोजो और लव-गुरु सौभाग्य से ऐसे जमाने में पैदा हुए हैं जब स्त्री की कामेच्छा अपनी दावेदारियों से विक्टोरियायी यौन शुद्धतावाद के अंतिम गढ़ों को भी हिलाये दे रही है। वास्त्यायन के प्रतिनिधियों द्वारा तकरीबन रोज जारी किये जा रहे सेक्स-मेनुअलों के बीच कहीं दिल्ली के कनाट प्लेस के पीछे एक दिलचस्प किस्म की छत पर विभिन्न आयुवर्गों की महिलाएँ स्त्री की यौन-क्षुधा के मुद्दे पर जम कर कई घंटों तक विचार-विमर्श करती हैं। उनके मनों में शंकाएँ रहती हैं, किसी साम्यवादी समाज के धुले-पुँछे आदर्श की परिकल्पना बार-बार उन्हें अपनी देह से बाहर ले जाती है, लेकिन जमाने की माँग उन्हें बार-बार देह के केंद्र में आने के लिए विवश करती है। भले ही फिलहाल वे डॉ. मोजो की पाठिकाएँ और लव-गुरु की श्रोता न हों, लेकिन उनकी बहस को सुनकर साफ लगता है कि जमाना बदल रहा है और खास बात यह है कि यह बदलाव उनसे बाहर और अनजान नहीं, बल्कि उनके भीतर और उनकी जानकारी में हो रहा है।[३] यही है वह समय जिसे सेक्शुअलिटी का इतिहास लिखते हुए फूको ने पूर्व के संदर्भ में 'आर्स इरोटिका' करार दिया था, और जिसे एंथनी गिडेंस ने 'ट्रांसफार्मेशन ऑव इंटीमेसी' की संज्ञा दी है। फूको और गिडेंस अपना विमर्श ज्यादातर पश्चिमी संदर्भों तक ही सीमित रखते हैं, लेकिन नई उत्तर-आधुनिक भारतीय यौन चेतना में इस विमर्श की आहटें पढ़ी जा सकती हैं। वैसे भी भूमंडलीकृत होती हुई दुनिया में केवल पूर्व की यौनिकता ही नहीं, बल्कि समूची यौनिकता को ही समझने के लिए वात्स्यायन और फूको को मिलाकर पढ़ना जरूरी हो गया है।[४]

जाहिर है कि दिल्लीवालों की कामनाओं का भूगोल बदल रहा है। उनकी कामनाएँ कभी आर्थिक और सामाजिक प्रगति के मानकों से ही परिभाषित होती थीं, लेकिन आज उनके केंद्र में उनकी देह का सुख आ चुका है। आज ये कामनाएँ आधुनिकता और बाजार की फैक्ट्री में रची जा रही हैं। मुश्किल यह है कि हमारे पास किसी सेक्सुअल सर्वे ऑव इंडिया की सेवाएँ उपलब्ध नहीं हैं, वरना उसके जरिये हमें दिल्ली के सेक्सुअल भूगोल का पता चल सकता था। अमेरिका के लिए इस तरह के सेक्सुअल सर्वे की भूमिका चालीस और पचास के दशक में अल्फ्रेड किंसी और उनके साथियों ने निभाई थी। अमेरिकी पुरुषों और महिलाओं के यौन व्यवहार के बारे में प्रकाशित किंसी रिपोर्ट के बाद सत्तर के दशक में हाइट रिपोर्ट ने स्त्रियों के यौन व्यवहार के बारे में विशेष जानकारी

देकर अमेरिकी सेक्शुअलिटी का खाका काफी-कुछ पूरा कर दिया था। १९७९ में किंसी इंस्टीट्यूट ने ही एलन बैल और मार्टिन वीनबर्ग द्वारा लिखित अमेरिकी समलैंगिकता का दस साल लंबा अध्ययन प्रकाशित किया। इसने दावा किया कि समलैंगिक व्यक्ति इतरलैंगिक व्यक्ति से कई मामलों में बेहतर होता है। इसके आधार पर समलैंगिकता की राजनीति को सामाजिक तर्क मिले और आधुनिकीकरण की प्रक्रिया के तहत सेक्सुअल एटलस की संभावनाएँ बनने लगीं। पचास और साठ के दशक में केवल 'प्लेबॉय' जैसी सॉफ्टपोर्न पत्रिकाएँ ही सेक्शुअलिटी की दुनिया में हस्तक्षेप करती थीं, पर सत्तर के दशक में सामान्य अमेरिकी मीडिया ने सेक्शुअलिटी के सभी आयामों के लोकप्रिय निरूपण की भूमिका निभानी शुरू की। वह सेक्शुअलिटी संबंधी शोध में भाग लेने लगा और सर्वेक्षणों के परिणामों को मीडिया के जरिये आम लोगों तक पहुँचाया जाने लगा। इस तरह मीडिया सेक्शुअलिटी की विविध व्याख्याओं का वाहक बन गया। अस्सी और नब्बे के दशक में हुए सेक्स सर्वेक्षणों को सेक्स के लिहाज से काफी खुल चुके मीडिया के जरिये पाठकों को परोसा गया। मीडिया ने खुद भी सेक्स सर्वेक्षण कराने शुरू किये और शौकिया सेक्स विशेषज्ञों की एक पूरी फसल पैदा कर डाली। अखबारों और पत्रिकाओं के कालम यौन क्रिया की तकनीक सिखाने के मैनुअल बन गये। सेक्शुअलिटी की सेल लग गई जिसमें फर्जी हो या वैध, दोनों तरह की सेक्स रिसर्च यौन क्रांति की वैधता के लिए इस्तेमाल की जाने लगी।[५]

लेकिन, अमेरिका की तरह दिल्ली के पास किंसी जैसे किसी इंस्टीट्यूट की सेवाएँ कभी नहीं रहीं। अस्सी के दशक के खात्मे तक इस शहर की देह पर सर्वेक्षण आधारित समाजशास्त्र के जरिये मीडिया ने किसी सेक्सुअल इबारत के लिखने की शुरुआत भी नहीं की थी। आजादी मिलने के कम से कम चालीस साल तक सेक्शुअलिटी के नाम पर उसके पास सभी दूसरी जगहों या सभी दूसरे शहरों की तरह सेक्स एक्ट के कुछ केंद्र ही थे। परिवार की चौहद्दी में बना माता-पिता का बेडरूम था जिसे सेक्स एक्ट के एकमात्र स्थायी और वैध केंद्र के रूप में देखा जा सकता था। यौन क्रिया के कुछ अवैध केंद्र भी थे जिनमें परिवार की ही तरह तकरीबन अनंत काल से चली आ रही उतनी ही स्थायी किस्म की संस्था चकला घर प्रमुख थी। दिल्ली के संदर्भ में इसे हम जी.बी. रोड के नाम से जानते हैं। इधर-उधर बिखरा हुआ काल गर्ल्स का एक धंधा था जिसने अक्सर गिरफ्तार हो जाने वाले कमलजीत नाम के एक दलाल की शख्सियत को एक तरह की कुत्सित आभा से भर दिया था। इसके अलावा सात परतों के नीचे दफ़्न कौटुम्बिक व्यभिचार (इंसेस्ट) था। विवाहेतर संबंधों की अवैध दास्तानें थीं

जिनका जिक्र वैध तरीके से करने पर पाबंदी थी। हस्तमैथुन की शाश्वत क्रिया थी जिसके कारण धरती पर गिर रहे वीर्य के एक-एक कतरे से मर्दाना ताकत के क्षय का चीत्कार निकलता रहता था। खानदानी शफाखाने के हकीम साहब थे जिनकी रामबाण दवाओं के विज्ञापनों से दिल्ली के पेशाबघरों की दीवारें सजी रहती थीं। मध्यवर्गीय भद्र समाज में थोड़े से दागी किस्म के समलैंगिक भी थे जिनके 'एक्टिव' या 'पैसिव' होने की खुसफुसाहट सामाजिक गॉसिप का स्थायी अंग थी। कुल मिलाकर यह एक ऐसी सेक्सुअलिटी थी जो पूरे देश में कहीं भी पायी जा सकती थी, खासकर किसी भी शहरी समाज में इसके अंश मिल सकते थे। इस सेक्शुअलिटी पर आधुनिक शहरी जीवन के आदिम रूपों की छाया थी। इसे उन वक्तों की छाप कहा जा सकता था जब पूँजीवाद की संस्कृति भारतीय शहरों में उत्पादन के दावों के साथ नमूदार हुई थी और भारतीय पूँजीवाद मितव्ययिता के पब्लिक सेक्टरी दौर से गुजर रहा था। राष्ट्रीय बचत का मुहावरा अर्थव्यवस्था के केंद्र में था, और यौन जीवन के केंद्र में वीर्य को बचा कर रखने का आग्रह छाया हुआ था। शहरी मध्यवर्ग को तरह-तरह की विचारधाराओं से दुनियावी मोक्ष की उम्मीद थी। यौन ऊर्जा का प्रचलित मतलब मर्दानगी ही होता था जिसे यूजेनिक्स जैसे सूत्रीकरणों के जरिये राष्ट्र-निर्माण की महापरियोजना में लगाने की तजवीजें उस समय तक पुरानी नहीं पड़ी थीं।[६] कंडोम परिवार नियोजन के मुहावरे से बाहर नहीं निकल पाया था। ब्रह्मचर्य और देशभक्ति के निजी रिश्तों की प्रामाणिकता को 'नॉनवेज लतीफों' ने भंग नहीं किया था। वेश्याओं ने खुद को 'सेक्स वर्कर' के रूप में पेश करना शुरू नहीं किया था।

उस जमाने में फैशन या तो फिल्मी एक्टरों की ठेकेदारी था, या फिर उसे ऊपरी तबके के लोगों की अदाबाजी का नाम दिया जाता था। प्रेमी-प्रेमिका दो अलग-अलग कंपार्टमेंटों में रहते हुए प्रेमपत्र लिखते रहने के लिए अभिशप्त थे और तीस हजारी कोर्ट के सिविल मैरिज कोर्ट से बाहर निकलते ही रोमांस के छीजने की प्रक्रिया शुरू हो जाती थी। कानूनी घोषित हो जाने के बाद भी गर्भपात की घटना रुसवाई का कारण बन सकती थी। चरम आनंद के लिए छटपटाती उन्नत उरोजों वाली काल्पनिक नायिकाओं को तृप्त करने वाले विकराल शिश्नों की भीषण स्तंभनशक्ति के दर्शन केवल मस्तराम द्वारा रचित हिंदी के क्लासिक पोर्न उपन्यासों में ही हो सकते थे। जाहिर है कि इस सेक्शुअलिटी की भूमिका समाज के लिए किसी भी तरह विधेयक नहीं थी। इसके आईने में समाज परिवर्तन की शक्ल देखना नामुमकिन था। यह सेक्शुअलिटी इंसान की शख्सियत को परिभाषित करने वाले उस 'सार तत्त्व' का रूप नहीं ले पायी थी जो हर व्यक्ति के लिए विलक्षण होता है। यह तो ज्यादा से ज्यादा आनुषंगिक भूमिका

ही निभा सकती थी, क्योंकि हर हालत में इसके तहत आयोजित होने वाला सेक्स एक्ट विवाह की पवित्र संस्था द्वारा स्थापित प्रजनन के कर्तव्य की सीमाओं में बँधा हुआ था।

दिल्ली को उसकी विशिष्ट सेक्शुअलिटी मिलनी तब शुरू हुई जब भारतीय पूँजीवाद का विकास एक खास चरण में पहुँचा। यौन क्रांति के संदर्भ में दुनिया भर का तजरुबा बताता है कि फ्री मार्केट और फ्री सेक्स काफी कुछ अन्योन्याश्रित प्रत्यय हैं। सेक्स एक दैहिक हकीकत है। लेकिन, सेक्शुअलिटी देह पर केंद्रित होते हुए भी देह के दायरे में कैद नहीं होती। इतिहास और संस्कृति के औजार उसे बनाते हैं। आधुनिकीकरण एक खास मुकाम पर पहुँच कर ऐसे हालात तैयार करता है जिनमें अभी तक खामोश रही सेक्शुअलिटी हजार जुबानों से बोलने लगती है। इंसान अपने वैयक्तीयन (इनडिविडुएशन) के बिना आधुनिक नहीं होता और इंसान की सेक्शुअलिटी कामनाओं के जरिये वैयक्तीयन को आत्मगत आधार देती है। आधुनिकीकरण, पूँजीकरण, जिंसीकरण और बाजार यौन क्रिया और प्रजनन को एक अनिवार्य रिश्ते में बँधा नहीं रहने देते। संतानोत्पत्ति से रिश्ता टूटते ही सेक्स देह के आनंद का प्रबल स्रोत बनकर उभरता है। यौन संबंधों की एकनिष्ठता सात जन्मों का साथ नहीं रह जाती और जीवन निजी रिश्तों की अलग-अलग कहानियों में बँटा हुआ उपन्यास हो जाता है। यौन दमन पर बहस छिड़ जाती है। वीर्य संरक्षण पर टिकी हुई मर्दानगी को आत्मरति (मास्टरबेशन) चुनौती देने लगती है। देह व्यापार पर आरोपित हजारों साल पुरानी अनैतिकता को वेश्याओं का यह नारा पलट देता है कि उन्हें 'सेक्स वर्कर' समझा जाना चाहिए। औरत की ऐंद्रिकता का विधान ही नये सिरे से बनता है। वह समझने लगती है कि पति के सामने पेश किये जाने के अलावा भी उसकी देह के कई उपयोग हो सकते हैं। वह देखती है कि पहली बार '(सेक्स) गॉडेस' के तौर पर म्यूजिक चैनलों पर होने वाले उसकी देह के छायानुवाद में वैशाली की नगरवधू की तरह अपमान के तत्त्व नहीं हैं। आर्थिक मजबूरियों के बिना भी स्वैच्छिक चुनाव से देह व्यापार में उतरने वाली रूपजीवाओं का प्रतिशत बढ़ने लगता है। इस माहौल में स्त्री जैसे ही यौन संतुष्टि की दावेदारी करती है, पितृसत्ता की चौधराहट गड़बड़ाने लगती है। दृश्यरति (वॉयरिज्म या पोर्नोग्राफी) का ऊपर से नीचे तक और दायें से बायें तक प्रसार हो जाता है। छोटा परिवार अधिक यौनानंद की गुंजाइशों के साथ उभरता है। 'कामसूत्र' जैसे कंडोम ब्रांड चरम आनंद और सुरक्षित सहवास के दावे के साथ बाजार में उतरते हैं। कंडोम पर इतरलैंगिक इजारेदारी खत्म हो जाती है और हेटरोसेक्शुअलिटी का मुँह होमोसेक्शुअलिटी चिढ़ाने लगती है। रोमानी प्रेम का चरम उत्कर्ष अपनी खुदी

को मिटा देने वाले हेटरोसेक्सुअल उत्कट प्रेम में न होकर अपनी-अपनी इयत्ता बरकरार रखने की शर्त वाले उस प्रेम में होता है जो हेटरो भी हो सकता है और होमो भी। सेक्स एक्ट अपनी विविधताओं के साथ गोपनीयता से बाहर निकलकर 'पब्लिक सेक्स' का रूप ले लेता है। निजी जीवन की जमीन पर पकने वाली कामनाओं की फसल इंसान को अपनी सेक्सुअल पहचान का उत्सव मनाने के लिए उकसाती है। इस पहचान के जरिये न जाने कितनी उत्तर-आधुनिक बगावतें होने लगती हैं। यह केवल सेक्सुअल वैयक्तीयन ही है जिसमें परिवार की प्राक्-आधुनिक संस्था को बुनियादी तौर पर बदलने की क्षमता होती है।

निजी पूँजी, बाजार, गैरधार्मिक शिक्षा, संचार और परिवहन के नये साधन, आदि भी सेक्सुअल पहचान और उसके आधार पर होने वाले वैयक्तीयन पर गहरा असर डालते हैं। ये उसे नया मुहावरा, नया प्रोत्साहन और नया स्पेस देते हैं। आधुनिकीकरण के ये सभी पहलू शहरी जमीन पर ही पनपते हैं, इसलिए सेक्शुअलिटी शहरों में ही सूत्रबद्ध होती है और वहीं खुद को व्यक्त करती है। वैयक्तीयन का सिलसिला शहरी जीवन की जमीन पर चलता है। शहरी जीवन में आप बेहद खुला जीवन जीते हुए भी निजी तौर पर एक खास तरह की गोपनीयता कायम रख सकते हैं, यहाँ तक कि आपकी एक सीक्रेट लाइफ भी हो सकती है। कोई चाहे तो एक सामूहिक गोपनीयता का दायरा भी कायम कर सकता है। 'स्ट्रेट' यानी हेटरोसेक्सुअल लोग समझते हैं कि शहर उनका है, पर वह खुफिया तौर पर अनदेखे-अनजाने 'क्वियर' यानी होमोसेक्सुअल लोगों का भी होता है।

सेक्शुअलिटी का 'कमिंग आउट' संदेश देता है कि शहर के पार्कों, बस स्टापों, टॉयलेटों, पबों, रेस्त्राओं, मल्टीप्लेक्सों, रात के अड्डों और ऐसे ही न जाने कितने स्पेसों के तात्पर्य और इस्तेमाल एक नहीं बल्कि दो हो चुके हैं। ठीक उसी तरह जैसे कभी फ्रायड ने बीसवीं सदी की शुरुआत में हमें बताया था कि इंसान की देह का हर अंग एक नहीं, दो काम करता है। एक काम कुदरती और दूसरा सेक्सुअल। फ्रायड की यह बात शहरी स्पेसों पर भी लागू होती है। सेक्शुअलिटी के 'कमिंग आउट' में नये समुदायों के उदय की गुंजाइश रहती है। इस तरह आधुनिकीकरण के तहत शहर के भीतर पनपते नये शहर की शिनाख्त सेक्सुअलिटी की नई अभिव्यक्तियों के आईने में होती है। सेक्शुअलिटी के नये रूप नये शहर का सुराग देते हैं।

देह और दैहिक आनंद की केंद्रीयता के कारण प्रेम, मित्रता, भाईचारे और रक्त संबंधों की शक्ल कुछ से कुछ हो जाती है। एक जबर्दस्त बहस छिड़ जाती है जिसमें पूरा मास मीडिया, बुद्धिजीवी हल्के, सरकार, राजनीतिक पार्टियाँ,

धर्माचार्य, मानवाधिकारों के समर्थक, तरह-तरह के नैतिकतावादी और मूर्तिभंजक साफ तौर पर पक्ष-विपक्ष में खड़े नजर आते हैं। साहित्य में, खासकर कथा साहित्य में सेक्स एक्ट की राजनीति मुखर हो जाती है। सार्वजनिक जीवन में सेक्स स्कैंडलों का लंबा सिलसिला शुरू हो जाता है। एक तरफ यौन क्रांति का झंडा बुलंद होता है, और दूसरी तरफ मुकाबले में सेलिबेसी (ब्रह्मचर्य) का भजन होने लगता है। सेक्शुअलिटी पर होने वाली बहस के कारण बनने वाले समीकरणों की शक्ल अलग होती है। राजनीतिक विमर्श हैरत से देखता है कि उसे शहरी जीवन के उन तजरुबों पर भी राय देनी है जो अब तक सार्वजनिक चर्चा के योग्य नहीं माने जाते थे। राजनीतिक लोकतंत्र, आर्थिक लोकतंत्र, सामाजिक लोकतंत्र और लैंगिक लोकतंत्र से अलग सेक्सुअल लोकतंत्र और सेक्सुअल नागरिकता के विचार से वह भौचक्का रह जाता है। इस मामले में हर विचारधारा के उदारतावादी और रेडिकल पैरोकार अक्सर पूरी तरह अनुदार और प्रतिगामी साबित की जा सकने वाली बातें करते नजर आते हैं। विरोधाभास यह होता है कि सेक्सुअल लोकतंत्र के सवाल पर ब्राह्मणों और दलितों के प्रवक्ताओं की राय एक हो सकती है। जब अंतर्राष्ट्रीय मंचों पर सेक्सुअल रुझान को मानवाधिकारों में गिनने की बहस होती है तो आपसी झगड़े भुला कर भारत की सरकार पाकिस्तान की सरकार के पीछे चलती दिखाई देती है। जेंडर डैमोक्रेसी वालों को घोर दक्षिणपंथियों, अनुदारपंथियों और धर्माचार्यों की भाषा बोलते हुए देखा जा सकता है। वर्किंग क्लास में काम करने वाला कम्युनिस्ट पार्टी का पूर्णकालिक कार्यकर्ता और राष्ट्रीय स्वयंसेवक संघ का जीवनदानी प्रचारक बिल्कुल एक जैसी बातें कहते हुए नजर आ सकता है। शहर की सेक्शुअलिटी जब अपनी हजार जुबानों में बोलती है तो मार्क्सवाद, गाँधीवाद, सांस्कृतिक राष्ट्रवाद और यहाँ तक कि आधुनिकतावादी तक उसके सवालों का जवाब नहीं दे पाते। सेक्शुअलिटी के मुद्दे को सबसे पहले प्रचलित करने वाला नारीवाद भी खुद को इस माहौल का स्वाभाविक अंग नहीं समझ पाता। सेक्सुअल मुद्दे इन विचारधाराओं को ऊपर से नीचे और दायें से बायें पूरी तरह से विभाजित कर देते हैं।

नब्बे के दशक की शुरुआत में नरसिंह राव और मनमोहन सिंह एंड कंपनी ने एडम स्मिथ के इनविज़िबिल हैंड को जैसे ही खुली छूट दी, 'मैडम स्मिथ के विज़िबिल हैंड' यानी सेक्स ने अपनी करामात दिखानी शुरू कर दी। इसमें पहल की दो पत्रिकाओं ने। पहली थी बंबई से प्रकाशित होने वाली *डेबोनायर* जो शायद उस समय तक भारत की 'प्लेबॉय' शैली की एकमात्र मैगज़ीन थी। इस पत्रिका ने अपने पाठकों के बीच १९९१ में एक सर्वे कराया जो अंग्रेजी पढ़े-

लिखे शहरी मर्दों के यौन व्यवहार की एक झलक पेश करता था। सर्वे के नतीजों को दो समाज वैज्ञानिकों मीरा सवारा और सी.आर. श्रीधर से विश्लेषित कराया गया। इसके बाद सेक्स सर्वेक्षणों का सिलसिला शुरू हो गया।

इसके फौरन बाद सेवी नामक महिला पत्रिका ने अंग्रेजी पढ़ी-लिखी शहरी स्त्रियों के यौन व्यवहार पर सर्वे किया जिसके नतीजों का विश्लेषण करने के लिए एक बार फिर इन्हीं दोनों विद्वानों की सेवाएँ ली गईं। १९८३ में एड्स का रोग प्रकाश में आया और १९८६ में भारत में पहले एड्स रोगी की शिनाख्त हुई। सारी दुनिया इस लाइलाज महारोग से आक्रांत थी। इस रोग के फैलने के कई कारणों में दो प्रमुख कारण असुरक्षित हेटरोसेक्सुअल (इतरलैंगिक) संभोग और असुरक्षित होमोसेक्सुअल (समलैंगिक) संभोग थे। एड्स के डर ने विश्व संस्थाओं को देह व्यापार के दायरों और होमोसेक्सुअल दायरों की जाँच करने का कार्यक्रम दिया। तीसरी दुनिया के देशों में सेक्शुअलिटी के विमर्श की शुरुआत करने और उसके जरिये सेक्शुअलिटी को जुबान देने का श्रेय एक तरह से इस महारोग को भीं जाता है। *डेबोनायर* और *सेवी* के सेक्स सर्वेक्षणों के बाद तरह-तरह के सर्वेक्षणों का सिलसिला शुरू हो गया। सरकारी विभाग, गैर-सरकारी संगठन और मीडिया के संस्थान पिछले चौदह साल में बार-बार तरह-तरह के सर्वेक्षण करके यह पता लगाने का प्रयास करते दिखे कि देश के शहरों की सेक्शुअलिटी का सूचकांक क्या है और खासकर दिल्ली की सेक्शुअलिटी का सूचकांक क्या है। १९९० से १९९५ के बीच किये गये इन सर्वेक्षणों में दिल्ली मुंबई से पीछे दिखी, पर सन् २००० के बाद हुए सर्वेक्षणों में वह देश के पहले नंबर के सेक्सुअल सिटी की तरह उभरी।[७]

नजरिये के लिहाज से इन सर्वेक्षणों की सीमाएँ अपने-आप में स्पष्ट हैं। उनमें से कोई केवल शारीरिक सहवास की विधियों और कोई सिर्फ यौनशिक्षा के नजरिये से किया गया है, किसी पर प्रजनन संबंधी स्वास्थ्य का नजरिया हावी है तो कोई सिर्फ एड्स विरोधी अभियान का ही नतीजा है। आमतौर पर ये सर्वेक्षण सेक्स संबंधी प्रश्नों को औरत और मर्द के बीच के ऊँच-नीच के सत्ता संबंधों की रोशनी में सूत्रबद्ध नहीं करते। इन सर्वेक्षणों पर लैंगिक तटस्थता के भूमंडलीय बाजारी आग्रह हावी रहते हैं। मसलन, तकरीबन सभी सेक्स सर्वेक्षणों का यह प्रिय सवाल होता है कि 'पिछले महीने आपने कितनी बार यौन क्रिया की', लेकिन कुछ उल्लेखनीय अपवादों को छोड़कर इसके साथ ये सवाल नहीं पूछे जाते कि यौन क्रिया में किसने पहल की, परिस्थितियाँ क्या थीं, क्या दोनों पार्टनरों में से किसी ने कभी यौन क्रिया का प्रस्ताव ठुकराया भी, क्या इसके बावजूद यौन क्रिया हुई, कुल मिलाकर यौन क्रिया पर सहमति बनी या नहीं,

अगर सहमति बनी तो यौन क्रिया के साथ किस तरह की बाध्यताएँ जुड़ी हुई थीं, क्या हिंसा या घरेलू कलह के खुले या छिपे अंदेशे भी उसके साथ जुड़े हुए थे, आदि। जाहिर है कि इन सर्वेक्षणों की पद्धति और मंशा पर काफी आपत्तियों की गुंजाइश है, पर इसके बावजूद उनसे विभिन्न अंतर्दृष्टियाँ मिलती हैं। इनसे इतना संदेश तो मिलता ही है कि अगर कोई पूछताछ करने और बात करने के लिए तैयार हो तो पढ़े-लिखे शहरियों में से कई अपनी सेक्शुअलिटी व्यक्त करना चाहेंगे। ये सर्वेक्षण बताते हैं कि शहर के वासी अंधेरे और बंद शयन कक्षों में खामोशी से संभोग करते-करते ऊब चुके हैं। वे प्रयोग के मूड में हैं और आज़मा कर देखना चाहते हैं कि आचार्य वात्स्यायन ने जिन चौंसठ कलाओं और चौरासी आसनों का जिक्र किया है, उनकी व्यावहारिक निष्पत्तियाँ क्या हैं। हालाँकि नेशनल फेमिली प्लानिंग एसोसियेशन जैसी संस्थाओं ने भी शहरी युवकों-युवतियों की सेक्शुअलिटी का सर्वे करके इस प्रक्रिया में अपना योगदान किया, पर समाचार माध्यमों ने इसमें प्रमुख भूमिका निभायी। नब्बे के दशक में ही वर्ल्ड वाइड वेब (डब्ल्यू डब्ल्यू डब्ल्यू) जैसी परिघटना सामने आयी और इंटरनेट ने सेक्शुअलिटी की दुनिया को राष्ट्रीय सरकारों के सेंसर की सीमाओं से बाहर कर दिया। इंटरनेट के कारण सर्वे करना आसान हो गया। २००३ में हुआ 'कामसूत्र क्रॉस-टैब सेक्स सर्वे' तीन डॉट कॉम पोर्टलों ने ही मिलकर किया था। त्रिआयामी संचार क्रांति (सेलुलर फोन, इंटरनेट और उपग्रही चैनल) के साथ ही सेक्शुअलिटी के हजार जुबानों से बोलने के हालात बन गये।

इन परिस्थितियों ने दिल्ली में दैहिक कामनाओं का भूगोल मुखर कर दिया। यह दिल्ली में ही सबसे ज्यादा क्यों हुआ, इसकी वजह दिल्ली की तवायफों, उनके ग्राहकों, दिल्ली के समलैंगिकों और दिल्ली के हिजड़ों के सार्वदेशिक (कॉस्मोपालिटन) चरित्र में ही नहीं है, बल्कि इस हकीकत में भी है कि दिल्ली की तकरीबन आधी आबादी 'फ्लोटिंग' है। इसे हम उखड़े हुए लोगों का शहर कह सकते हैं। इस मामले में दिल्ली मुंबई, कोलकाता, बंगलूर और चेन्नई जैसे महानगरों से बहुत आगे है। नब्बे के दशक की शुरुआत में दिल्ली की ऐसी आबादी करीब ४२ फीसदी थी जो केवल चौदह साल में बढ़कर पचास फीसदी हो गई। तेजी से विकसित होती हुई सार्वदेशिकता के कारण दिल्ली की आबादी को एक छोटे भारत की संज्ञा दी जा सकती है। आईटी प्रोफेशन से लेकर अर्थव्यवस्था के तीसरे क्षेत्र, जिसे हम सर्विस सेक्टर कहते हैं, ने फैशन और विज्ञापन उद्योग के साथ मिलकर इस उखड़ी हुई आबादी के सेक्सुअल अभिजन का निर्माण किया है। उखड़े हुए लोग सेक्सुअल एडवेंचर की संभावनाओं से लैस होते हैं, क्योंकि भूगोल-परिवर्तन उनकी कामनाओं पर उन नैतिकताओं और

वर्जनाओं की जकड़ ढीला कर देता है जो उन्होंने अपने जन्म स्थान पर परिवार और कुटुंब की छाया में हुए लालन-पालन के दौरान आत्मसात की थीं।

दिल्ली के रेडलाइट एरिया जीबी रोड के ८२ चकलाघरों में धंधा करने वाली करीब तीन हजार तवायफों में ज्यादातर आंध्र प्रदेश, कर्नाटक, तामिलनाडु, उत्तर प्रदेश, राजस्थान, पंजाब, गुजरात और यहाँ तक कि नेपाल की हैं। इन तवायफों में से कई दिल्ली में एक सीक्रेट लाइफ गुजारती हैं। वे साल में एक बार अपने बच्चों और परिवार के साथ रहने जाती हैं। वे लोग उनके चकलाघर वाले जीवन को नहीं जानते। इसी तरह कनाट प्लेस के सेंट्रल पार्क में या अशोक होटल के पास नेहरू पार्क में या फिर धौला कुआँ के बस स्टैंड पर या फिर लाल किले से कश्मीरी गेट के बीच रोज शाम को सैक्स पार्टनरों की तलाश करते हजारों समलैंगिकों और हिजड़ों के बीच किसी एक क्षेत्र की इजारेदारी नहीं मिलेगी। समलैंगिकता के प्रवक्ताओं का दावा है कि दिल्ली देश की 'गे राजधानी' बन चुकी है। सिर्फ दिल्ली में बिकने वाले अखबारों में प्रकाशित हेटरोसेक्सुअल डेटिंग कालमों में भी दिल्ली की इस बेहद तेजी से बढ़ती हुई सेक्सुअल सार्वदेशिकता का नमूना मिल सकता है। इंटरनेट पर सेक्शुअलिटी के हिसाब से अलग-अलग चैट रूम प्रचलित हैं। उनमें घुसपैठ करने पर पता लगता है कि दिल्ली की सेक्शुअलिटी कितनी सर्वभारतीय किस्म की है।

सार्वदेशिकता और उखड़ी हुई आबादी के साथ-साथ बीसवीं सदी के आखिरी दस सालों में दिल्ली को अपने आधुनिक इतिहास में पहली बार पाँच नये स्पेस मिले जिनके कारण अंतरंग रिश्तों में तब्दीली आने की गुंजाइश खुली। पहला स्पेस ऑटोमोबाइल क्रांति ने मुहैया कराया जो अस्सी के दशक के मध्य में शुरू हुई थी और नब्बे के दशक में चरम पर पहुँची। दूसरा स्पेस सेलुलर फोन ने दिया। तीसरा स्पेस ऑडियो-विजुअल क्रांति और इंटरनेट के जरिये मिला। चौथा स्पेस डिस्कोथीक और पब संस्कृति के साथ-साथ नये उत्तर-आधुनिक कहवाघरों और मल्टीप्लेक्सों ने तैयार किया। और, पाँचवाँ स्पेस बाजार और उपभोक्ता क्रांति ने दिया।

कार ने मोबाइल प्राइवेसी दी और दैहिक प्रेम की संभावनाओं को भौतिक रूप से गतिशील बना दिया। सेलफोन का स्पेस तो शुद्ध मोबाइल साबित हुआ। उसके कारण रोमांटिक लव की काफी मुश्किल घटना चुटकी बजाने जितनी सरल हो गई। इंटरनेट ने पहली बार इस समस्या का समाधान पेश किया कि वर्चुअल रियलिटी और रियलिटी में क्या अंतर है। फिलासफी और लव के इलाके में यह बहस अनंत काल से चल रही थी। इंटरनेट ने वर्चुअल रियलिटी को रियलिटी के समकक्ष ला बैठाया। प्रेम वर्चुअल होते हुए भी वर्चुअल नहीं

रह गया। जिस साइबर कैफे में मेल चेक करने के लिए जाया जाता है, उसी कैफे में इंटरनेट पर पोर्न सर्फिंग होने लगी। ध्यान रहे कि इंटरनेट एक ऐसा स्पेस भी है जहाँ दृश्य पोर्नोग्राफी भारतीय चरित्रों के साथ मौजूद है। जब बीसवीं सदी खत्म हुई थी तो भारत इंटरनेट पोर्न के एक बड़े केंद्र के रूप में उभर चुका था। करीब १८,००० पूरी तरह से भारतीय पोर्न साइटें बन चुकी थीं और उनके सेम्पल नेटिज़ंस को मुफ्त में उपलब्ध थे। इन तमाम पोर्न साइटों के सर्वर विदेशों में हैं। प्रौद्योगिकीय विकास ने इंटरनेट पोर्न को डाउनलोड करके सीडी और डीवीडी में उतारकर बाजार में बेचना बेहद आसान कर दिया।

सेलफोन, एसएमएस और ई-मेल ने सीक्रेट लाइफ को प्रेमपत्रों की दुनिया से निकालकर कहीं ज्यादा बड़ी रफ्तार और बारंबारता प्रदान की। ऑडियो-विजुअल क्रांति ने पोर्नोग्राफी के जरिये सेक्स एक्ट को मनी शॉट, मीट शॉट और बीवर शॉट की तकनीकों से दिखाया। स्वयं सेक्स करते हुए इस कार्रवाई को इस प्रकार देखना असंभव था। सेक्स एक्ट की वास्तविक और फर्जी संभावनाओं का अनंत उद्घाटन हुआ। कहवाघरों और मल्टीप्लेक्सों ने शहर के अंधेरे कोनों को रोशन कर दिया। दिल्ली के मध्यवर्ग को पहली बार बाकायदा एक नाइट लाइफ मिली। पश्चिमी तर्ज के नाचघरों में मद्यपान करते हुए जोड़ों के सामूहिक नृत्य ने शारीरिक स्पर्श और अंतरंगता के सर्वथा नये अनुभव का सृजन किया। तरह-तरह की थीम पार्टियों का फैशन धनाढ्यों के दायरे से निकलकर जल्दी ही मध्यवर्ग में प्रचलित हो गया।

पश्चिम में मची यौन उथल-पुथल में उपभोक्ता क्रांति की महत्त्वपूर्ण भूमिका मानी जाती है। दिल्ली में इस समय उपभोक्ता क्रांति भी चरम पर है। धन की 'स्पेंडिंग' और वीर्य की 'स्पेंडिंग' एक-दूसरे के पर्यायवाची हो गये हैं। शॉपिंग के जरिये कामनाओं की आर्गाज़्मिक पूर्ति का दावा किया जाता है और यौन संदर्भों में इस्तेमाल की जाने वाली शब्दावली उपभोक्ता गतिविधियों में जम कर इस्तेमाल की जा रही है। विज्ञापन जगत ने घोषित कर दिया है कि सेक्स माल बेचने के सर्वाधिक आकर्षक माध्यमों में से एक है। इस तरह दिल्ली देश के एक ऐसे महानगर के रूप में उभरा जिसकी न केवल पचास फीसदी आबादी फ्लोटिंग थी, बल्कि जिसमें सबसे ज्यादा कारें थीं। जहाँ सबसे ज्यादा लोग सेलफोन इस्तेमाल कर रहे थे। जहाँ सबसे ज्यादा मल्टीप्लेक्स और नये कहवाघर थे। दिल्ली के बाशिंदे खरीद-फरोख्त पर देश में सबसे ज्यादा खर्च कर रहे थे। यह कोई संयोग ही नहीं है कि पश्चिम में यौन क्रांति की अवधि वही है जब वहाँ पहली बार मोटरचालित वाहनों की क्रांति हुई थी। वहाँ केवल एक नया मोबाइल स्पेस यौन क्रांति की चिनगारी सुलगाने के लिए काफी था। दिल्ली में

तो ऐसे पाँच-पाँच स्पेस हैं जिन्हें इस शहर ने देश के किसी भी अन्य क्षेत्र की अपेक्षा सबसे ज्यादा उत्सुकता के साथ अपनाया है।

I

अंजलि कपूर से शेफाली जरीवाला तक : सेक्शुअलिटी का इतिहास बतर्ज मीडिया

नब्बे का दशक दिल्ली के लिए नई अर्थ नीति का ही नहीं नई सेक्शुअलिटी का दशक भी समझा जाना चाहिए। फरवरी १९९५ कोई बहुत पुरानी तारीख नहीं है। लेकिन, मीडिया की निगाहों से देखें तो वक्त की वर्चुअल रफ्तार के कारण दिल्ली की सेक्शुअलिटी के पिछले दस-बारह साल के इतिहास में यह तारीख दशकों पुरानी बर्फ में जमी हुई लगेगी। इसी महीने एक शनिवार को बार काउंसिल ऑव इंडिया ने काफी उत्तेजक वाद-विवाद के बाद फैसला किया कि वह अपनी एक महिला सदस्य के खिलाफ कार्रवाई करेगा। एडवोकेट अंजलि कपूर ने वकील के रूप में अपने पेशे से संबंधित कोई आपत्तिजनक काम नहीं किया था। उन पर तो आरोप यह था कि उन्होंने एक पोर्नोग्राफिक पत्रिका में अपनी देह-दर्शना तस्वीरें छपवाकर वकीलों की शान में बट्टा लगा दिया है। बार काउंसिल ने जैसे ही यह निर्णय लिया, नारी अधिकारों के लिए संघर्षरत महिला संगठनों में बहस शुरू हो गई कि क्या किसी महिला को अपनी देह के इच्छानुसार इस्तेमाल का अधिकार नहीं मिलना चाहिए? महिला संगठन एक तरफ तो अंजलि कपूर के इस अधिकार के पक्ष में खड़े थे, और दूसरी तरफ कुछ महिलाओं ने दिल्ली हाई कोर्ट में पोर्नोग्राफिक पत्रिकाओं के प्रकाशन पर रोक लगाने के लिए याचिका भी दायर कर रखी थी। बहस में सीधे-सीधे दो पक्ष थे : एक तरफ ऋतु मेनन जैसे नारीवादियों की आवाज थी जिसका दावा था कि औरतों को पोर्नोग्राफिक सामग्री पढ़ने में कोई दिलचस्पी नहीं होती; दूसरी तरफ वोमेंस पॉलिटिकल वाच की अध्यक्ष वीणा नैयर जैसी हस्तियाँ थीं जिनकी मान्यता थी कि 'औरत का भी मर्द की ही तरह एक सेक्सुअल वजूद होता है। निश्चित रूप से पोर्नोग्राफिक पत्रिकाओं का एक महिला पाठक वर्ग भी है'। इस बहस में महिला दक्षता समिति की विनय भारद्वाज की राय भी उल्लेखनीय थी। वे अंजलि कपूर के अधिकार की पैरोकारी करते हुए भी कह रही थीं कि उनकी अपनी किशोर वय की पुत्री के लिए ऐसी कोई औरत न तो अनुकरणीय आदर्श हो सकती है और न ही होगी। अंजलि कपूर का क्या हुआ, यह किसी को आज तक पता नहीं है। सुरक्षित रूप से माना जा सकता है कि वे दिल्ली की किसी

मध्यवर्गीय कॉलोनी में एक अनाम जिंदगी बिता रही होंगी। उस समय किसी पत्रकार या किसी इथनोग्राफर ने उनसे यह पूछने की जहमत नहीं उठायी कि आखिर वकालत जैसे पेशे से जुड़े होने के बाद भी उन्होंने न्यूड मॉडल बनना क्यों स्वीकार किया था। क्या वे अपनी सेक्शुअलिटी व्यक्त करने के लिए बेचैन थीं, या किसी दबाव, धोखे या आर्थिक प्रलोभन के वशीभूत होकर उन्होंने अपनी देह का ऐसा इस्तेमाल होने दिया?[८]

बहरहाल, अंजलि कपूर और सेक्शुअलिटी पर भारतीय नारीवाद की दुविधा को फरवरी १९९५ में ही छोड़कर वक्त आगे निकल गया। सन् २००३ में दो मई को इंजीनियरिंग की बीस वर्षीय छात्रा शेफाली जरीवाला ने जैसे इसी सवाल का जवाब दिया हो, 'यह इक्कीसवीं सदी है। आखिर लोगों को पोर्न मैगजीन पढ़ने से क्यों हिचकना चाहिए?' ये वही शेफाली जरीवाला थीं जो 'डीजे डॉल' नामक सुपरहिट म्यूजिक वीडियो की शुरुआत में ही एक पब में अपने बॉय फ्रेंड का इंतजार करते हुए एक पोर्न पत्रिका पढ़ते नजर आती हैं, और अपने प्रेमी के नाराज होने के बावजूद आखिर तक उसे नहीं फेंकती। वे उसे मनाने के लिए '*काँटा लगा*' की तर्ज पर कामोद्दीपक नृत्य करते हुए उस पत्रिका को जलाने की एक्टिंग भी करती हैं, पर जब म्यूजिक वीडियो खत्म होता है तो कैमरा दर्शकों को दिखाता है कि उनकी कमर में प्रेमी की बाँह है पर पीछे बेल्ट में वही अधजली पोर्न पत्रिका खुरसी हुई है। डीजे डॉल एक ऐसा म्यूजिक वीडियो है जो सुबह से शाम तक कम से कम पाँच बार टीवी के किसी न किसी चैनल पर पूरे साल दिखाया जाता रहा। इसके ऑडियो को पूरे उत्तर भारत के चौराहों और विवाह समारोहों में लगातार बजते हुए सुना जा सकता था। अंजलि कपूर के न्यूड्स सिर्फ इतना साबित कर पाये थे कि शहर में सेक्सुअल अभिव्यक्ति का जोखिम उठा कर बीच बहस में आने के बावजूद इंसान अनाम रहकर जिंदगी गुजार सकता है, पर पोर्नोग्राफी पढ़ती हुई शेफाली को मीडिया और मार्केट ने नई पीढ़ी के लिए एक नए तरह की नायिका का दर्जा दे दिया। '*काँटा लगा*' एक ऐसे क्षण के रूप में उभरा जिसे इतिहास में दर्ज कराने के लिए न तो किसी पत्रकार की जरूरत थी और न ही किसी इथनोग्राफर की। शहरी सेक्शुअलिटी को इसके जरिये एक नई परिभाषा मिली। प्राइवेट पब्लिक हो गया। पोर्नोग्राफी से निकलने वाली दृश्यरति (वॉयरिज्म), मद्यपान और समूह नृत्य के देह-केंद्रीय पहलू (प्रदर्शनप्रियता), सेक्स की ताकत, उसकी बेचैनी और शहरी स्पेस की ऐंद्रिकता एक साथ साकार हो गई।

दिल्ली का मीडिया यहीं नहीं रुका। उसने आधुनिक दुनिया की सबसे पहली, सबसे कामयाब और सबसे मशहूर सेक्स मैगज़ीन की गोल्डन जुबली

समारोहपूर्वक मनायी। 'प्लेबॉय' का इतिहास जानने के लिए किसी को खुशवंत सिंह के पास जाने की जरूरत नहीं पड़ी। करीब बीस साल पहले खुशवंत देश के उन कुछ एक लोगों में से एक थे जो 'प्लेबॉय' के अंक बाकायदा घोषित रूप से आयात करते थे। हवाई अड्डे पर अश्लीलता के आरोप में पत्रिका जब्त हो जाने पर उनकी कलम इसे अपने लोकतांत्रिक अधिकारों का हनन करार देती थी। मीडिया की दुनिया में माना जाता था कि सरदारजी के पास 'प्लेबॉय' के सभी गर्मा-गरम अंक सिलसिलेवार होंगे। लेकिन, उनके निजी अभिलेखागार में जाने की जहमत उठाये बिना दिल्ली वालों को जुलाई २००३ के मध्य में 'प्लेबॉय' का तकरीबन पूरा इतिहास पता चल गया। दिल्ली के अपने मीडिया के जरिये उन्हें पत्रिका के प्रकाशक-मालिक ह्यू हेफनर और उनकी अर्धनग्न प्लेमेट सुंदरियों की रंगीन तस्वीरें भी देखने को मिल गईं।

१९५३ की जुलाई में 'प्लेबॉय' का पहला अंक प्रकाशित हुआ था। हेफनर का दावा था कि उनकी पत्रिका सेक्स क्रांति के संदर्भ में जो भूमिका निभाने जा रही है, उसका महत्त्व अल्फ्रेड किंसी द्वारा किये गये अमेरिकी पुरुषों के यौन व्यवहार की विख्यात अध्ययन रपट से जरा सा ही कम है। हम जानते हैं कि हेफनर ने अपना वायदा पूरा करने में कोई कसर नहीं छोड़ी। लेकिन, 'प्लेबॉय' की पचासवीं जयंती मनाने वाला दिल्ली का अपना मीडिया भी पाठकों से एक खास तरह का वायदा कर रहा था जिसका भूगोल हेफनर के वायदे से कहीं ज्यादा लंबा-चौड़ा और गहरा था। दिल्ली के मीडिया ने न केवल ह्यू हेफनर की भूमिका निभायी, बल्कि उसने अल्फ्रेड किंसी का काम भी किया। उसने सेक्स, सेक्शुअलिटी, रोमांस, विवाह और बदलते हुए रिश्तों में गहरी दिलचस्पी दिखायी। 'टाइम्स ऑव इंडिया' के 'डेलही टाइम्स', 'हिंदुस्तान टाइम्स' के 'एचटी सिटी', 'पॉयनियर' के 'वीवासिटी', 'नवभारत टाइम्स' के 'हैलो दिल्ली', 'दैनिक हिंदुस्तान' के 'हिंदुस्तान सिटी' और 'दि एशियन एज' के महानगरीय परिशिष्ट 'दि डेलही एज' जैसे अखबारों ने तरह-तरह के यौन सर्वेक्षण आयोजित किये, प्रतिष्ठित सेक्स विशेषज्ञों और मनोचिकित्सकों को आमंत्रित किया किया ताकि पाठकगण अपनी यौन समस्याओं पर उनकी राय ले सकें। अपने रंगारंग पृष्ठों में यौन क्रांति का संदेश दे कर और खुद को इस क्रांति का वाहक और औजार बनाकर पेश करते हुए इस मीडिया ने *डेबोनायर* और *सेवी* जैसी बंबइया पत्रिकाओं को पीछे छोड़ दिया। इंटरनेट के साथ मिलकर ये अखबार धरती से आसमान तक दिल्ली की सेक्शुअलिटी ध्वनित करने लगे। इन अखबारों में संबसे आगे था 'डेलही टाइम्स' जिसके कालमों में तो समूचा शहर प्राक्क्रीड़ा करता हुआ दिख रहा था। अगर यह यौन क्रांति नहीं थी, तो उसकी

तैयारी जरूर थी।

अंजलि कपूर प्रकरण की तरह डीजे डॉल और इस मीडिया पर भी अश्लीलता के आरोप लगे और आज भी लग रहे हैं, लेकिन जाहिर है कि १९९५ की तरह कोई किसी के खिलाफ कार्रवाई करने की हैसियत में नहीं रह गया है। नैतिकता की राजनीति पूरी तरह बदल चुकी है। यह मीडिया फ्री मार्केट को फ्री सेक्स के रूप में परिभाषित कर चुका है। औरत और मर्द की देह को कामोत्तेजक और सुलभ मुद्राओं में पेश करके इसने अपनी प्रसार संख्या खासी बढ़ा ली है। देह व्यापार के नये रूप उसके लिए विज्ञापन से होने वाली आमदनी के स्रोत बन चुके हैं। मीडिया शहर के भूगोल को नये सिरे से रच रहा है। भूमंडलीकरण के तहत होने वाली संचार क्रांति और बाजारीकरण के कारण दिल्ली को कई नये तरह के स्पेस मिल गये हैं जिनके आधार पर एक नई सेक्सुअल दिल्ली के मानचित्र की रेखाएँ खींची जा रही हैं। इस नई सेक्सुअल दिल्ली में हस्तमैथुन, समलैंगिकता, सामूहिक यौनक्रिया, पोर्नोग्राफी का प्रसार, देह-व्यापार, प्रेम के नये रूपों, पॉप साइकोलॉजी, रोजाना की जिंदगी के सेक्सुअलाइजेशन और यौन प्रतीकों की भाषा के साथ उपभोक्तवाद के अंतर्गुंफन का बोलबाला है।

II
नई सेक्शुअलिटी : नया भूगोल

नई सेक्शुअलिटी का भूगोल वह नहीं है जो राष्ट्रीय राजधानी क्षेत्र के सरकारी मानचित्र में साफ-सुथरे ढंग से दिखाया गया है। इस भूगोल की सीमाएँ ठोस सूत्रीकरण से परे एक तरह के आत्मगत द्वैध में उकेरी जा रही हैं। इन सीमाओं के बीच कामनाओं का ऐंद्रिक संसार है जो सेक्शुअलिटी के पुराने रूपों को अस्थिर कर रहा है। यह एक ऐसा भूगोल है जिसके कई सीमांत हैं।

मसलन, शहर की घनी मध्यवर्गीय बस्तियों में ऐसे कई अड्डे हैं जिन्हें लोग केवल हस्तमैथुन के लिए इस्तेमाल करते हैं। एक खास समय पर उन्हें सामूहिक रूप से हस्तमैथुन करते हुए देखा जा सकता है। लाजपत नगर की अमर कॉलोनी का नाला एक ऐसे ही अड्डे के रूप में मीडिया में चर्चित हुआ है। अखबार में छपे और इंटरनेट पर जारी किये गये हस्तमैथुन के इस अड्डे के वर्णन से दिल्ली की नई सेक्शुअलिटी के कुछ आयाम सामने आते हैं :

> राँची से दिल्ली में तकरीबन साल भर पहले पढ़ने के लिए आयी रोमिला सहोता नामक छात्रा ने यह झकझोर देने वाला वाकया सुनाया, 'मैं अपने साथ रहने वाली लड़कियों के साथ कमरे की दहलीज पर बैठी थी कि अचानक हमने

जमीन पर एक छाया हिलते हुए देखी। नजर उठायी तो हमारे होश उड़ गये। हमने देखा कि वह व्यक्ति सीधे हमारी आँखों के सामने हस्तमैथुन कर रहा है। मैं बता नहीं सकती कि हमने उस क्षण किस कदर डर और घृणा महसूस की। स्वाभाविक था कि हम वहाँ से मुँह छिपा कर भाग जातीं। इसके अलावा उस समय और कुछ क्या किया जा सकता था।'

... 'मामला यहीं खत्म नहीं हुआ। हस्तमैथुन करने वाला वह अकेला आदमी नहीं था। दर्जनों लोग यही करते थे। नाले के पास प्रत्येक दिन हमने दो-तीन लोग यही करते देखे।' ... रोमिला अमर कॉलोनी में रहती है जो अपने पुराने फर्नीचर मार्केट के लिए जाना जाता है। दिल्ली में हर साल करीब दो लाख छात्र उच्च शिक्षा और नौकरियों के लिए आते हैं। इनमें से आधी लड़कियाँ होती हैं। अमर कॉलोनी के बहुत से घर उन्हें वाजिब किराये पर पेइंग गेस्ट बना लेते हैं। हजारों लड़कियाँ यहाँ रहती हैं। इस हस्तमैथुन की घटना की लड़कियों ने पुलिस में एफ़आईआर भी दर्ज करायी। पुलिस ने कार्रवाई करने का वायदा भी किया, पर कोई खास नतीजा नहीं निकला। ... यह इलाका मुख्य सड़क से दूर है। यहाँ ऐसे कई इलाके हैं जहाँ खुफिया हरकतें की जा सकती हैं। कई आवारागर्द अमर कॉलोनी के गंदे नाले में रोजाना पहुँचते हैं।[९]

सवाल यह है कि खुलेआम हस्तमैथुन करने वाले ये लोग कौन हो सकते थे। ये इमारती काम में लगे हुए मजदूर हो सकते थे या फिर कालेजों के छात्र हो सकते थे। एक जानकारी के अनुसार दिल्ली के करीब दस लाख रिक्शेवालों में से आठ लाख रिक्शेवाले ऐसे हैं जो या तो अकेले रहते हैं या फिर उनकी शादी नहीं हुई है। वजीरपुर इंडस्ट्रियल एरिया जैसे क्षेत्रों में रहने वाले ज्यादातर मजदूर अकेले रहते हैं। इनमें से कई लोग जी.बी. रोड की तवायफों के पास महीने में एक या दो बार जाते हैं। लेकिन, हस्तमैथुन करके अपनी यौन आवश्यकताओं को पूरा करना इनके लिए आसान है।[१०] होस्टल में रहने वाले युवा छात्रों के बीच एक-दूसरे के सामने सामूहिक हस्तमैथुन की परिघटना कोई नई नहीं है। लेकिन, सार्वजनिक रूप से हस्तमैथुन की घटना और किसी एक स्थान का उसके लिए विशेषरूप से उपयोग करना निश्चित रूप से नई बात है। हस्तमैथुन यौन व्यवहार का हमेशा से अंग रहा है। लेकिन, नई सेक्शुअलिटी तरह-तरह के सेक्स सर्वेक्षणों के जरिये साबित करती है कि वह कोई रोग या बुरी आदत नहीं है, बल्कि एक सामान्य और स्वाभाविक यौन आचरण है। *डेबोनायर* के सेक्स सर्वे ने चौंका देने वाली जानकारी दी थी कि तीस फीसदी से ज्यादा शहरी पुरुष ऐसे हैं जो अपनी पत्नियों से नियमित संभोग करने के बावजूद नियमित रूप से हस्तमैथुन भी करते हैं, क्योंकि उन्हें हस्तमैथुन वाला यौनानंद स्त्री के साथ संभोग में नहीं प्राप्त होता।

दिल्ली "पुरुष समलैंगिकों की राजधानी' बन चुकी है। बंबई पीछे छूट

चुका है। शाम सात बजे नेहरू पार्क, सेंट्रल पार्क, चिराग दिल्ली का जहाँपनाह फोरेस्ट, धौला कुआँ का बस स्टैंड और गार्डन, इंडिया गेट का लॉन, अंतर्राज्यीय बस अड्डा, दिल्ली के हर इलाके में फैले हुए मसाज पार्लर और पाँच सितारा होटलों के हैल्थ क्लबों पर समलैंगिक तकरीबन कब्जा सा कर लेते हैं। यहाँ सेक्स पार्टनरों की तलाश में आधी रात तक 'क्रूजिंग' होती है। समलैंगिकता के इन सीमांतों पर हजारों हिजड़े और कोठी (स्त्रैण हाव-भाव रखने वाले पुरुष) देह व्यापार का बाजार गर्म रखते हैं। इस बाजार में अर्थपूर्ण कामोत्तेजक इशारे, एक निगाह या एक स्पर्श भर से संबंध बनते हैं और किसी पेड़, चट्टान या किसी झाड़ी के पीछे 'रिलीज' होते ही संबंध खत्म हो जाता है। यह एक नया सेक्स बाजार है जो पूरी तरह 'अनरेगुलेटिड' है यानी जो अभी तक्क किसी रैकेट या दलालों के गिरोह की गिरफ्त में नहीं आया है। इसमें रिक्शेवालों और कूड़ा बीनने वाले अपने पसीने से गँधाते जिस्म लेकर ही नहीं, अधिकारी वर्ग और कारपोरेट क्लास के लोग भी अपनी परफ्यूम्ड देह के साथ उतरते हैं। इन समलैंगिकों की यौन भाषा न हिंदी, न अंग्रेजी। वे जिस कूट भाषा का इस्तेमाल करते हैं उसे फारसी कहते हैं। यह ग़ालिब वाली फारसी नहीं है। इसके तहत गुदा मैथुन कराने वाला 'कोठी' और करने वाला 'गिरिया' कहलाता है। शिश्न को 'लिकुम' और शिश्न-प्रवेश को 'धरवाना' कहते हैं। धारा ३७७ के कारण गैरकानूनी करार दी गई समलैंगिकों की इस दुनिया में पुलिसवाले को 'डुंगर' के नाम से बुलाया जाता है। दिल्ली के समलैंगिक मुखमैथुन को 'कोमेर', देह के पृष्ठभाग को 'बोतल', नितंबों को 'बिट्टु', चूचक को 'धरकी', सिगरेट को 'धुमकी', धन को 'थिपुर', चाय को 'भपकी' और खतने वाले व्यक्ति को 'चिल्कू' कहा जाता है। समलैंगिकों की फारसी यहीं खत्म नहीं हो जाती। उसमें और भी बहुत से शब्द हैं जो 'क्रूजिंग' करते हुए इस्तेमाल किये जाते हैं जिससे इस दुनिया की सीक्रेसी कायम रहती है।[११]

नई सेक्शुअलिटी पर दिल्ली के समलैंगिकों के प्रभाव को कम करके नहीं आँका जा सकता क्योंकि दिल्ली की एक गे वेब साइट द्वारा लगाये गये एक तखमीने के अनुसार राजधानी की पुरुष आबादी का कम से कम चार-पाँच फीसदी हिस्सा समलैंगिक यौन व्यवहार के साथ किसी न किसी प्रकार जुड़ा हुआ है। इस अनधिकृत समाज के ज्यादातर सदस्य विवाहित और बाल-बच्चों वाले हैं, पर उनकी बाईसेक्सुअल कामनाएँ उन्हें नियमित रूप से 'क्रूजिंग' के लिए धकेलती रहती हैं। दिल्ली के फार्म हाउसों और कुछ विशेष रूप से चिह्नित बार-रेस्त्राओं में नियमित रूप से गे पार्टियों की धूम रहती है। मिसाल के तौर पर सात जून, २००३ को अंधेरिया मोड़ से तकरीबन पौने दो किमी. आगे रॉयल

गार्डन में हुई एक गे रेन डांस पार्टी देखी जा सकती है। दस बजे रात से शुरू हुई इस पार्टी में शामिल होने की फीस ३५० रुपये प्रति व्यक्ति थी और हर गे भागीदार को अपनी दारू साथ लाने के लिए कहा गया था। इसी तरह चाणक्य सिनेमा के पास 'पेग्स एंड पिंट्स' नामक बार में अक्सर मंगलवार को रात नौ बजे से दो बजे तक गे नाइट्स आयोजित की जाती हैं। साउथ एक्सटेंशन का एक नया रेस्त्राँ 'लिज़ार्ड कोर्ट' अपनी गे पार्टियों के लिए चर्चित हो चुका है।

दिल्ली की वैकल्पिक यौनिकताओं का नजारा हिजड़ों और स्त्री समलैंगिकों की गतिविधियों के बिना पूरा नहीं हो सकता। पुरुष समलैंगिकों के मुकाबले ये दोनों दायरे हद दर्जे की गोपनीयता के आवरण से ढँके रहते हैं। लेकिन धीरे-धीरे इनके बाहर आने की प्रक्रिया भी चल रही है। तीस हजारी कोर्ट के बाहर हिजड़ों के एक नायक की गोली मार कर हत्या ने मीडिया का ध्यान उनकी सीक्रेट सोसाइटी की तरफ मोड़ दिया है और उनकी गतिविधियों के बारे में राजधानी का समाज दिलचस्पी लेने लगा है।[१२] पिछले दो साल से राजधानी के थियेटर सर्किल में हिजड़ों की जिंदगी पर किये जाने वाले नाटक 'जानेमन' की जबरदस्त धूम रही है। इसका हर शो फुल हाउस जाता रहा है। वैकल्पिक यौनिकता पर काम कर रहे संगठनों का एक मोर्चा 'प्रिज़्म' स्त्री समलैंगिकों का अध्ययन करने की योजना पर काम कर रहा है। उसने करीब ढाई-तीन सौ ऐसी स्त्रियाँ तलाश कर ली हैं जिनसे बातचीत करके वह लेस्बियन यौन व्यवहार का आख्यान तैयार करेगा।

नई सेक्शुअलिटी ने दिल्ली को देह व्यापार के कुछ ऐसे नये रूप प्रदान किये हैं जो अपने-आप में इस सेक्शुअलिटी के नयेपन का प्रमाण हैं। पहले देह व्यापार के सिर्फ दो रूप प्रचलित थे : चकला घर और कालगर्ल रैकेट। पिछले दस-बारह सालों में मसाज पार्लरों, एस्कोर्ट सर्विसों, फ्रेंडशिप क्लबों और नकदी या उपहारों के बदले यौन समागम के लिए प्रस्तुत लोगों के निजी अनौपचारिक दायरों के रूप में देह व्यापार की शक्ल पूरी तरह बदल गई है। फ्रेंडशिप क्लब की परिघटना तो ऐसी है जिसे पुराने किस्म के देह व्यापार की श्रेणी में नहीं रखा जा सकता। इसके प्रचलन ने तो हाल ही में शुरू हुए फोन सेक्स को फैशन से बाहर कर दिया है। फोन सेक्स ने ही पहली बार अखबारों के जरिये विज्ञापन करके सेक्स के आधुनिक जिंसीकरण का नमूना पेश किया था। फ्रेंडशिप क्लबों ने इसे चरम पर पहुँचा दिया है। हालत यह है जो अखबार फ्रेंडशिप क्लबों की परिघटना को देह व्यापार के रूप में परिभाषित करने के लिए पूरे पृष्ठ की खबर छापता है, वही अखबार उन क्लबों के विज्ञापनों के जरिये भारी-भरकम राजस्व भी कमाता है। केवल पश्चिमी दिल्ली में ही १६५ फ्रेंडशिप क्लब हैं। पूरी दिल्ली

में इनकी संख्या का तखमीना अभी तक नहीं लगाया जा सका है।[१३]

दिल्ली की एड्स नियंत्रण सोसाइटी द्वारा २००३ में कराये गये एक सर्वेक्षण के अनुसार दिल्ली में घोषित रूप से देह व्यापार में लिप्त वेश्याओं की संख्या ३५,०६२ है। देह व्यापार में लगे पुरुष समलैंगिकों की संख्या इस सर्वेक्षण ने ७,५३२ आँकी है। इसी तरह सेक्स के धंधे से रोजी कमाने वाले हिजड़ों की संख्या ७,३१७ है। दिल्ली में ३५,४४२ आवारा बच्चे हैं जिनका कोई स्थानीय अभिभावक नहीं है और २०५ जगहों पर ये बच्चे पैसे के बदले खुद को सेक्स एक्ट के लिए उपलब्ध कराते हैं। दिल्ली में रोज करीब ३५,००० ट्रक ड्राइवर आते हैं जिनके बारे में माना जा सकता है कि उनका यौन जीवन बेहद अनियंत्रित होता है। चार महीनों और ४५,००० लोगों से बातचीत के बाद पूरा हुआ यह सर्वेक्षण बताता है कि देह व्यापार में लगे इन लोगों की गतिविधियाँ राष्ट्रीय राजधानी क्षेत्र में दूर-दूर तक फैल गई हैं। रोहिणी, बवाना, मदनगीर, त्रिलोकपुरी, नांगलोई और पांडव नगर तक सर्वेक्षण ने ऐसे २७६ स्थानों की शिनाख्त की जहाँ देह का सौदा नियमित रूप से होता है। पुरुष समलैंगिक ११७ जगहों पर सक्रिय पाये गये इनमें नेहरू पार्क या सेंट्रल पार्क जैसी जगहों के अलावा दिल्ली विश्वविद्यालय, पटपड़ गंज, मयूर विहार, आनंद पर्वत और पंजाबी बाग जैसे इलाके भी शामिल हैं।

पिछले दस साल में दिल्ली में पोर्नोग्राफी का अभूतपूर्व प्रसार हुआ है। आमतौर पर विजुअल पोर्नोग्राफी के बाजार पर पश्चिमी पोर्न फिल्मों का आधिपत्य है। भारतीय पोर्न फिल्में न के बराबर हैं, जो हैं भी उनकी क्वालिटी बहुत गिरी हुई है और वे पश्चिमी पोर्न को चुनौती दे पाने की स्थिति में नहीं हैं। अंग्रेजी की प्रिंट पोर्नोग्राफी भी ज्यादातर विदेशी किताबों की नकल है या उसका रिप्रिंट है। पोर्नोग्राफी में विशुद्ध भारतीय योगदान देखना हो तो हिंदी की प्रिंट पोर्नोग्राफी पर नजर डालनी चाहिए। दिल्ली में यह बाजार बिना कोई खास गोपनीयता अपनाये हुए खूब फल-फूल रहा है। १९८१ की शुरुआत में पोर्नोग्राफी के विक्रय अड्डे या तो पुरानी दिल्ली में दरीबाकलाँ और चाँदनी चौक के फुटपाथ होते थे या फिर आईएसबीटी में दीवारों के सहारे जमीन पर लगी हुई पीली पन्नी चढ़ी हुई किताबों के रूप में सेक्सी किताबें बिकती थीं। युवाओं और छात्रों के बीच में हिंदी पोर्नोग्राफी की दो किताबें क्लासिक का दर्जा पा चुकी थीं। एक थी 'भाँग की पकौड़ी' और दूसरी थी 'स्वर्ग की नसैनी'। ढाई-ढाई सौ पेज की ये किताबें उपन्यास की शक्ल में लिखी गई थीं। 'भाँग की पकौड़ी' की कथावस्तु इनसेस्ट की घटनाओं के आसपास बुनी गई थी। 'स्वर्ग की नसैनी' एक ऐसे आवारागर्द आशिक की कहानी थी जो अपनी भयंकर यौन

शक्ति और विकराल शिश्न के दम पर सारे जमाने में घूम-घूम कर दैहिक संतुष्टि के लिए छटपटाती औरतों को तुष्ट करता घूमता है। विक्टोरियन प्यूरिटनिज्म के मध्यवर्गीय माहौल के मुकाबले इन अंडरग्राउंड कथानकों में कोई अपराधबोध नहीं था। इन पोर्न उपन्यासों की शब्द योजना पर बोलचाल और गॉसिप की यौन शब्दावली हावी थी। इनके लेखक थे कोई मस्तराम। यह एक फर्जी नाम था जो आज तक जारी है। लेकिन आचार्य मस्तराम का यह कामसूत्र अब बदल गया है। इसकी भाषा संस्कृतनिष्ठ हो गई है। इसमें सेक्स एक्ट की घटनाओं को एक समस्यापूर्ति के रूप में पेश किया जाता है। इसका मुख्य मोड कन्फेशन है। इससे पता चलता है कि सेक्शुअलिटी का पश्चिमी डिस्कोर्स लोकप्रिय स्तर पर कहाँ तक घर कर चुका है। दूसरे, हिंदी की यह मस्तराम छाप पोर्नोग्राफी सेक्सुअल आइडेंटिटी के विषय में भी चिंतित नजर आती है। उसमें समलैंगिक और बाइसेक्सुअल सेक्स एक्ट आम तौर से मिलने लगा है। दिल्ली के अर्धशहरी बाजार पर हिंदी की इसी प्रिंट पोर्नोग्राफी का कब्जा है। एक किताब दस रुपये की बिकती है। इसके अलावा दरियागंज, सदर बाजार, नई और पुरानी दिल्ली के रेलवे स्टेशन, सभी मल्टीप्लेक्सों में फुटपाथ पर पल्प साहित्य बेचने वाली दूकानों से प्रिंट पोर्नोग्राफी आसानी से खरीदी जा सकती है। नब्बे के दशक में इलाहाबाद से विकी भार्गव द्वारा प्रकाशित *फैंटेसी* नामक सॉफ्ट पोर्न पत्रिका का दिल्ली के फुटपाथी बाजार पर हमला हुआ था। उसकी कामयाबी देखकर अचानक कई सॉफ्ट पोर्न पत्रिकाएँ निकलने लगी थीं। यह पत्रिका आज भी बिकती है और मुंबई से निकलने वाली *डेबोनायर* के भी ग्राहक हैं। लेकिन अब पहले जैसी बात नहीं रही, क्योंकि पहले केवल ये दोनों पत्रिकाएँ ही यौन पत्रकारिता की जरूरतें पूरी करती थीं। आज यह जरूरत *कोस्मो* जैसी लाइफ स्टाइल पत्रिकाओं समेत सामान्य मीडिया पूरी कर रहा है। कनाट प्लेस के प्रतिष्ठित बुक स्टोर्स के शो केसों में सेक्स संबंधी पुस्तकों के एक साथ पंद्रह-पंद्रह टाइटिल लगे देखे जा सकते हैं। प्रकाशकों का मानना है कि कुल मिलाकर यौन संबंधी साहित्य की बिक्री में जबरदस्त उछाल आया है। बाजार में कई तरह के 'कामसूत्र' आ चुके हैं। सभी का दावा है कि वे ही आचार्य वात्स्यायन द्वारा रचे गये असली 'कामसूत्र' हैं। इनमें एक अंग्रेजी का 'फोटोग्राफिक कामसूत्र' है जिसकी कीमत पाँच सौ रुपये से भी ज्यादा है। संस्कृत से हिंदी में किन्हीं आचार्यजी का अनुवाद किया गया दो सौ रुपये का 'कामसूत्र' भी है। एक किन्हीं गुप्ताजी द्वारा प्रस्तुत 'कामसूत्र' भी है जो दिल्ली के अर्धशहरी इलाकों के फुटपाथ पर दस रुपये की दर से बिक रहा है। गुप्ताजी ने इस किताब के आखिर में वात्स्यायन के साथ मार्क्स और एडलर के नाम से कुछ काम संबंधी विचार

भी जोड़ दिये हैं।

सर्वेक्षणों और मीडिया में छपी खबरों के जरिये तैयार किये गये दिल्ली के सेक्सुअल भूगोल के मानचित्र पर एक शक हमेशा किया जा सकता है कि यह कितना प्रामाणिक है। दरअसल, इसकी प्रामाणिकता की डिग्री उतनी ही है जितनी किसी आत्मगत तथ्य में आवेशित की जा सकती है। इस नक्शानवीसी के पीछे तीन समीकरण काम करते हुए लग रहे हैं। पहला समीकरण सेक्स, सेक्शुअलिटी, सिटी और आधुनिकीकरण का है जो इस नई सेक्शुअलिटी को भारतीय पूँजीवाद के विकास के ताजे चरण से जोड़ता है। दूसरा समीकरण परिवार, प्रेम और रिश्तों की नई संरचना दर्शा रहा है। और, तीसरा समीकरण एक खास तरह की सेक्सुअल इंजीनियरिंग की तरफ इशारा कर रहा है जिसमें निकट भविष्य की सेक्सुअल पॉलिटिक्स के डिम्बाणु हैं। जैसे-जैसे ये समीकरण ठोस होंगे, दिल्ली का सेक्सुअल भूगोल भी प्रामाणिक होता चला जाएगा।

III
पहला समीकरण / सेक्स, सेक्शुअलिटी, सिटी और आधुनिकीकरण

इफ इट मेक्स यू हैपी / इट कांट बी दैट बैड
इफ इट मेक्स यू हैपी / देन वाई दि हेल आर यू सैड
—शेरिल क्रो द्वारा गाया हुआ गीत

मई २००३ के पच्चीसवें दिन रविवार की फ़ुर्सत में 'टाइम्स ऑव इंडिया' ने संपादकीय पृष्ठ पर एक बहस छेड़ी जिसका शीर्षक था, 'सेक्सप्लिसिट इंडिया : आर वी फाइनली ओपनिंग अप'। इसमें विनय कामत और निकहत काज़मी ने हिस्सा लिया। दोनों ही टाइम्स ग्रुप के घरेलू लेखक थे। दोनों में यौन क्रांति की वांछनीयता पर कोई मतभेद नहीं था। झगड़ा केवल यह था कि क्या वास्तव में सेक्स रिवोल्यूशन हो रही है या नहीं; और अगर हो रही है तो उसका विस्तार और गहराई कितनी है। कामत खुश थे कि आर्थिक सुधारों के प्रभाव में मौजूदा पीढ़ियाँ भी सुधार के रास्ते पर चल निकली हैं। विवाह की संस्था में पारदर्शिता का समावेश हो गया है यानी लोग मानने लगे हैं कि विवाहेतर संबंध तो स्वाभाविक ही हैं। कामत ने सेक्स से संबंधित खुलेपन को भूमंडलीकरण की प्रक्रिया से जोड़ा और ऐलान किया कि लव इज फ्रीअर दैन मार्केट। कामत के मुकाबले बहस कर रही निकहत काज़मी को इस बात से इंकार नहीं था कि यौन

स्वच्छंदता काफी बढ़ गई है पर उन्हें दुख इस बात का था कि समाज ने अभी इसे स्वाभाविक मानना शुरू नहीं किया है। उन्होंने चुनौती दी कि आज भी सड़क पर खुले आम कोई किसी का चुंबन नहीं ले सकता, बिना विवाह किये साथ-साथ रहने वाले गोपनीयता को ही श्रेयस्कर मानते हैं और सेक्स का मुख्य स्थल अभी तक बुझी हुई रोशनियों वाला शयन कक्ष ही है। कामत बनाम काज़मी की इस बहस के ठीक नीचे प्रतिष्ठित स्तंभ लेखिका बाची करकरिया ने मई के महीने में ही 'डेलही टाइम्स' में छपे कामसूत्र सेक्स सर्वे के नतीजों को किसी ओलंपिक प्रतियोगिता की भाषा में विश्लेषित किया था यानी किसने किसको पछाड़ दिया है, कौन टॉप सीड था और कौन कितने नंबर ले पाया। जाहिर है कि इस बहस में कोई रहस्य नहीं था। टाइम्स ग्रुप से बाहर के किसी व्यक्ति की राय शायद इसलिए नहीं ली गई थी कि वह कामसूत्र सेक्स सर्वे के आँकड़ों से कुछ अवांछित नतीजे निकाल सकता था। वैसे यह सेक्स सर्वे कराने वाली तीन डॉट कॉम कंपनियों में एक इंडियाटाइम्स.कॉम थी जिसके मालिक वही हैं जिनके हाथों में टाइम्स ग्रुप की बागडोर है।

मीडिया साफतौर पर बता रहा है कि शहर की सेक्शुअलिटी का मतलब है आधुनिक जीवन के सभी दायरों का सेक्सुलाइजेशन। इसके तहत हर तजरुबे, हर परिस्थिति, यहाँ तक कि मौसम में होने वाले परिवर्तनों, अर्थव्यवस्था और रोजगार की संरचनाओं में होने वाली तब्दीलियों, शहर की आबादी में होने वाले बदलावों, मनोरंजन के साधनों, रहन-सहन के तौर-तरीकों, पहनने-ओढ़ने के फैशनों, रिश्तों के विभिन्न रूपों, समाज में होने वाली हर तरह की घटना को सेक्सुअल कसौटियों पर कसा जाने लगता है। इस मामले में दिल्ली का मीडिया भारतीय पत्रकारिता की सभी पिछली परंपराओं को लाँघता हुआ दिखता है। वह न केवल शहरी सेक्शुअलिटी की घटनाओं को तत्परता से पकड़ने के लिए सेक्स बीट पर रिपोर्टर तैनात करता है, बल्कि वह सेक्स से संबंधित खबरों को गढ़ता भी है। मसलन, मौसम में आने वाली तब्दीलियों के आधार पर ऐसी कयासबाजी की जाती है कि पारा अगर तेजी से चढ़ रहा है तो क्या बेडरूम का सीन भी गर्म होगा या फिर दिल्ली में मानसून आ गया है तो क्या मनोरम हवा संभोग करने को विशेष प्रोत्साहन नहीं देगी। दिल्ली की सर्दियाँ भी इन खबरों के लेखकों को यौन क्रिया का मौसमी तर्क गढ़ने का अवसर दे देती हैं। इसी तरह अंतर्राष्ट्रीय खेल प्रतियोगिताओं के बहुप्रतीक्षित मुकाबलों की पूर्वसंध्या पर भी यह मीडिया अटकलें लगाता है कि भारत की जीत-हार की बैडरूम में कामोत्तेजना के सीन पर क्या प्रतिक्रिया होगी। अर्धनग्न देशी-विदेशी सुंदरियों के चित्रों से भरे मीडिया के ये पृष्ठ अपनी रपटों में मद्यपान को श्रेष्ठता और अभिजन व्यवहार की विशेष

अभिव्यक्ति के रूप में दिखाते हैं। समूह नृत्य और थीम पार्टियों के फैशन को विशेषरूप से प्रोत्साहित करने वाले चित्रों और खबरों को छाप कर यह मीडिया देह के प्रदर्शन और देह के आपसी संपर्क से पैदा होने वाली ऐंद्रिक अनुभूतियों को वैधता प्रदान करता है।

यौन क्रांति पर मीडिया में चल रही इस बहस को अगर पूँजीवाद विरोधी विचारधाराओं का असर मंद पड़ जाने के संदर्भ में देखा जाये तो ऐसा लग सकता है कि कुछ खास परिस्थितियों में शहरी मध्यवर्ग सेक्स एक्ट को अपने जीवन की सार्थकता, अपने आनंद का उत्कर्ष और अपने अनुभव की प्रामाणिकता के रूप में देखने लगता है। अस्सी के दशक के आस-पास कामनाओं के सामाजिक महत्त्व पर चर्चा करते हुए ई. व्हाइट ने कुछ ऐसी ही परिस्थिति की व्याख्या इस प्रकार की थी :

> ... जब धर्म, देशभक्ति और परिवार जैसे सामाजिक मूल्य ध्वस्त हो जाते हैं तो सेक्स को आगे बढ़कर जिम्मेदारी उठानी पड़ती है। वह हमारे लोकोत्तर अनुभवों का अकेला जरिया बनकर उभरता है। वह हमारे लिए प्रामाणिकता की अकेली कसौटी बन जाता है। कई चरम आनंदों को एक साथ भोगने की ललक अपने शिखर को छू लेती है ...कामकला में त्रुटिहीनता और मर्मज्ञता की माँग होने लगती है। लोगों को यकीन हो जाता है कि संपूर्ण यौन अनुकूलता में ही सच्ची अंतरंगता छिपी हुई है। आग्रहपूर्वक कहा जा सकता है कि केवल सेक्स का अनुभव ही रोमांचकारी हो सकता है, केवल उसी के जरिये प्रेम हासिल किया जा सकता है और केवल सेक्स के आधार पर ही पता लगाया और दिखाया जा सकता है कि कौन किस लायक है ...

दिल्ली के मीडिया में सेक्स एक्ट की केंद्रीयता और संभोग की क्रियात्मक विविधताओं पर दिये जा रहे जोर को शायद इस कथन की रोशनी में ज्यादा अच्छी तरह समझा जा सकता है। सेक्स विशेषज्ञ संजय चुग से अपनी यौन समस्याओं का समाधान पूछने वाले पाठकों में कई ऐसे हैं जो अपने पार्टनर को पूरा आनंद दिये हुए ही स्खलित हो जाते हैं। चुग के पास ऐसे पाठकों के लिए 'शिश्न-व्यायाम' का लंबा सुझाव है जिसे वे आयुर्विज्ञान की शब्दावली में बड़ी सफाई से वर्णित करते हैं। एक दूसरे यौन सलाहकार अशोक जैनर इसी तरह के चिंतित पाठक को मास्टर एंड जॉनसन द्वारा प्रवर्तित तकनीक इस्तेमाल करने की सलाह देते हैं। संभवत: स्थानाभाव के कारण 'नवभारत टाइम्स' के 'हलो दिल्ली' परिशिष्ट में लिखने वाला यह विशेषज्ञ इस तकनीक का ब्योरा नहीं दे पाता, लेकिन कम से कम उसका जवाब प्रश्नकर्ता के दिमाग में साफ कर देता है कि आधुनिक सेक्सोलॅजी के पास उसकी समस्या का कोई न कोई समाधान

है जरूर। वह चाहे तो विशेषज्ञ के पास निजी तौर से जा कर तकनीक सीख सकता है। 'वीवासिटी' के कालमों में चुंबन लेने की विभिन्न विधियों का पूरा मैनुअल छप चुका है। कॉस्मो जैसी 'लाइफ स्टाइल' पत्रिकाएँ तो संभोग में चरम आनंद प्राप्त करने वाली तकनीकों का तुलनात्मक अध्ययन प्रकाशित करने में वात्स्यायन के कामसूत्र से भी आगे जा चुकी हैं। यौन तकनीक का यह विमर्श मीडिया में बिखरा पड़ा है और अन्य सामग्री के साथ तकरीबन मुफ्त में उपलब्ध है। यौन तकनीकों पर ऐसी सार्वजनिक चर्चा भारत के इतिहास में पहले कभी नहीं देखी गई। मीडिया एक नया कामसूत्र लिख रहा है।

IV
दूसरा समीकरण : परिवार, प्रेम और रिश्ते

> गैर-पश्चिमी संस्कृतियों में ... प्रयोग और अनुभव द्वारा कामकला की शिक्षा पर आमतौर पर स्त्रियों की इजारेदारी होती थी। उस जमाने में तकरीबन हमेशा ही कामकला महिलाओं के एक खास समूह तक ही सामित रहती थी। रखैलें, वेश्याएँ या अल्पसंख्यक धार्मिक समूहों की सदस्याएँ इस विद्या में मर्मज्ञता विकसित करती थीं। एक आदर्श के रूप में इयत्ता आधारित प्रेम एक ऐसे समाज में विकसित होता है जिसमें हर एक के पास कामकला में पारंगत होने के मौके रहते हैं। यह प्रेम मान कर चलता है कि 'भद्र' समझी जाने वाली महिला और परंपरानिष्ठ समाज के हाशिये पर पड़ी पतिता के बीच की खाई मिट जाएगी। रोमानी प्रेम के विपरीत इयत्ता आधारित प्रेम यौन संबंधों के मामले में अनिवार्यतः एकनिष्ठता पर नहीं चलता।
>
> *— एंथनी गिडेंस : ट्रांसफार्मेशन ऑव दि इंटीमेसी*

मीडिया एक नया कामसूत्र लिख रहा है। इस नये कामसूत्र के जरिये औरत और मर्द एक-दूसरे की सेक्शुअलिटी समझने की कोशिश कर रहे हैं। 'हैलो दिल्ली' के एक ही अंक में छपे इन सवालों और जवाबों से एक अंदाजा लगाया जा सकता है कि नई सेक्शुअलिटी की चिंताएँ और जिज्ञासाएँ कैसी हैं :

> दिल्ली की सुजाता लिखती हैं : मैं एक सुंदर और पढ़ी-लिखी लड़की हूँ। मेरी समस्या यह है कि मैं जिस लड़के से प्यार करती हूँ वह मुझसे अब दूर-दूर भागने लगा है। शुरू में तो वह मेरे पीछे पागल था। लेकिन जब से हम दोनों के बीच शारीरिक संबंध बने हैं, तभी से वह मुझसे बात करने से कतराने लगा

है। मुझे समझ में नहीं आता कि क्या करूँ?

दिल्ली के सचिन लिखते हैं : मैं २५ वर्षीय युवक हूँ। अभी छह महीने पहले ही मेरे भाई की शादी हुई थी। एक दिन मैं और मेरी भाभी घर में अकेले थे। अचानक मेरी भाभी मेरे बिस्तर पर आकर लेट गई और हम दोनों मर्यादा की सभी सीमाएँ लाँघ गये। मेरी भाभी मेरी हम उम्र है। यह सिलसिला चार महीने तक चलता रहा। अब मेरी भाभी मुझसे मुँह चुराने लगी है, जो मुझे बहुत बुरा लगता है। कई बार दिल करता है कि सारी बात घर वालों को बता दूँ, लेकिन भाभी की बदनामी के डर से चुप हो जाता हूँ। कृपया आप ही बताएँ मैं क्या करूँ?

फरीदाबाद के धर्मवीर लिखते हैं : मेरी शादी को लगभग दो साल हो गये हैं, लेकिन मुझे इस बात का दुख है कि मैं अभी तक अपनी बीवी के साथ शारीरिक संबंध नहीं बना पाया हूँ। इसका कारण सेक्स अंग में तनाव की कमी है। जब मैं चाहता हूँ, तब तनाव नहीं आ पाता और जब नहीं चाहता तब रहता है। इस वजह से मेरी पत्नी बहुत परेशान है। कृपया उपाय बतायें।

कामसूत्र सेक्स सर्वे के लिहाज से देखा जाये तो सुजाता और सचिन शादी से पहले यौनक्रिया करने वाले दिल्ली के उन लोगों की श्रेणी में आते हैं जिनकी प्रतिशत तकरीबन ५२ फीसदी है। सुजाता और सचिन को अपने सेक्स एक्ट की नाकामी की शिकायत नहीं है। लेकिन, प्रश्न से जाहिर है कि सुजाता की यौनक्रिया एक बार होकर रुक जाती है, पर सचिन और उसकी भाभी का संबंध चलता रहता है। यानी सुजाता की यौनक्रिया की सफलता संदिग्ध है। सर्वे का आँकड़ा सिर्फ सनसनी फैलाकर और यौन क्रांति का दावा करके रह जाता है, पर वह जाहिर नहीं करता कि विवाह की संस्था से बाहर सफल या असफल यौनक्रिया करने पर कितने तरह के जज़्बाती उफानों का सामना करना पड़ सकता है। सुजाता और सचिन यौनक्रिया के बाद और उसके कारण आये संबंधों में आये तनाव से परेशान हैं। दूसरी तरफ धर्मवीर यौनक्रिया में नाकाम रहने के कारण पत्नी के साथ संबंधों में आ रहे तनाव से चिंतित हैं। उनके प्रश्न से लगता है कि पत्नी की शिकायत ज्यादा मुखर हो जाने पर ही उन्होंने मनोचिकित्सक अशोक जैनर को चिट्ठी लिखी होगी। बहरहाल, यौनक्रिया तीनों स्थितियों में संबंधों को परिभाषित करने का जरिया बनती दिखायी देती है। सुजाता के प्रश्न को भारतीय युवाओं के नये सेक्सुअल रुझानों की एक झलक लेने के नजरिये से भी पढ़ा जा सकता है। वह कहती है कि दैहिक संबंध बनने के बाद से ही उसका प्रेमी उससे दूर भागने लगा। प्रेमी का यह रवैया उसके दिमाग में आ सकने वाले संभावित खयालों की तरफ इशारा करता है। दस-पंद्रह साल पहले संभोग के लिए सुजाता की तत्परता उसके प्रेमी की निगाह में उसे गिरा सकती थी। ऐसी हालत में उसे यौनक्रिया दोहराने में कोई दिक्कत

नहीं होनी चाहिए थी। वह सुजाता के साथ कई बार यौनक्रिया करने के बाद भी उसके साथ संबंध तोड़ सकता था। इससे लगता है कि अगर कोई संबंध 'ग्रेट सेक्स' उपलब्ध नहीं करा सकता तो आज के भारतीय युवाओं के लिए उसका भविष्य संदिग्ध हो सकता है।

मीडिया सेक्शुअलिटी को और भी कई कोणों से खुली बहस में ले आया है। वह सेक्सुअल लोकतंत्र, सेक्सुअल नागरिकता, सेक्सुअल पहचान और सेक्सुअल समुदाय की अवधारणाओं का इस्तेमाल न करते हुए भी उनकी व्यावहारिक निर्मितियों की तरफ इशारा करता है। मसलन, वह साफ इशारा करता है कि जिन सेक्सुअल मामलात को निबटा हुआ माना जाता था, वे सवाल आज फिर से पुनर्विचार के दौर से गुजर रहे हैं। बजाय इसके कि वह नई पीढ़ी को पुरानी पीढ़ी के सेक्सुअल मूल्यों की शिक्षा दे, वह पुरानी पीढ़ी को नई पीढ़ी के खयालों के बारे में बताने को अपने प्राथमिक कर्तव्य के रूप में पेश करता है। पहले सेक्शुअलिटी के प्रचलित मतलब के केवल तीन पहलू थे : कामोद्दीपक अनुभूतियों के स्रोत के रूप में औरत की देह, पुरुष की शिश्न-केंद्रित चिंताएँ और हेटरोसेक्सुअल दायरा। यह मीडिया आज की सेक्शुअलिटी को बहुवचन के रूप में पेश करता है। उसकी सामग्री जिस अंदाज में सामने आती है उससे लगता है कि आज पुरुष की देह भी उतने ही केंद्र में है। मर्दानगी पर हेटरोसेक्शुअलिटी के संदर्भ में बहस हो रही है। 'पुरुष मीनोपॉज़' पर लेख छप रहे हैं। ऐसी शोधों की जानकारी दी जा रही है जो स्त्री के बजाय पुरुष को कमजोर जेंडर करार देती हैं। सर्वेक्षणों के जरिये साबित करने की कोशिश हो रही है कि आज का पुरुष घर के काम में हाथ बँटाने के लिए खासतौर से उत्सुक है। इसके पीछे पेशकश यह बताने की है कि आज के जमाने में श्रम का लैंगिक बँटवारा पहले जैसा नहीं रह गया है। बहस हो रही है कि इंडिया फैशन वीक में ड्रेस डिजाइनर रोहित बल के पुरुष मॉडलों ने अपनी माँग में सिंदूर क्यों भरा?

वैकल्पिक यौनिकताओं के संदर्भ में इस मीडिया ने हिजड़ों पर खास तौर से ध्यान दिया है। दिल्ली में हिजड़ों की गिरोहबंदी, उनके देह व्यापार, हिंसा और अपराध की संरचनाओं के साथ उनके अंत:संबंधों पर मीडिया में काफी सामग्री छपती है। व्यापार और विज्ञापन की दुनिया में चल रहे विमर्श के जरिये वह दिखाता है कि नये उपभोक्ता समाज में ब्रांडों का कारोबार अब पहले की भाँति स्त्रीलिंग और पुल्लिंग के अलग-अलग खानों में कैद नहीं रह गया है। स्त्रियों को वह सामान बेचा जा रहा है जो पुरुषों के लिए बनाया जाता रहा है और पुरुषों को स्त्रियों के लिए तैयार किया गया माल पसंद आने लगा है। इसे मीडिया में 'जेंडर-बेंडर' कहा जाता है। उपभोक्ता क्रांति का यह पूरा माहौल

हमें सेक्शुअलिटी को नई रोशनी में देखने पर मजबूर करता है। हम देखते हैं कि परिवार द्वारा निर्धारित स्त्री-पुरुष की अलग-अलग भूमिकाएँ और वजूद परस्परव्यापी होते जा रहे हैं। सेक्स सर्वे बताते हैं कि सेक्स एक्ट का प्रचलित आसन 'मिशनरी पोजीशन' आज भी सर्वाधिक प्रचलित है, पर 'वुमॅन ऑन टॉप' की अवधारणा ऐसे नये आसनों को प्राथमिकता सूची में ऊपर बढ़ा रही है जिनमें औरत मर्द के नीचे दबे होने या उससे पैदा होने वाली कमतरी के एहसास की शिकार नहीं रह जाती।

सेक्शुअलिटी की अभिव्यक्तियों के इन विभिन्न आयामों की सबसे बड़ी विशेषता है सेक्स एक्ट से पहले की परिस्थितियों के बारे में उभर रहा विमर्श। यह विमर्श उन क्षणों के बारे में है जब प्रेम संबंध की शुरुआत होती है। अखबारों के कालम इस तरह की सामग्री से भरे पड़े हैं। 'डेलही टाइम्स' के कालमों में पत्नियों और प्रेमिकाओं के लिए राय-मश्विरे के लंबे-लंबे मैनुअल हर हफ्ते छपते हैं। बात आसानी से समझ में आ जाये, इस मकसद से उसे ऑब्जेक्टिव टेस्ट की शैली में लोकप्रिय ढंग से छापा जाता है। इन मैनुअल्स को तैयार करने में इस्तेमाल की गई होशियारी के कारण आसानी से पता नहीं चलता कि दरअसल ये परिवार और सेक्शुअलिटी की पहले से स्थापित संरचनाओं को बदलने के मकसद से छापे गये हैं। इनके अलावा सलाह-मश्विरे की शैली में जो फीचर नियमित रूप से छपते हैं उनमें भले ही विवाह की संस्था और एकनिष्ठ संबंधों की अनिवार्यता का उल्लंघन करने की राय न दी जाती हो, पर उनमें यह संदेश साफ होता है कि अगर शादी परस्पर संतोषजनक ढंग से नहीं चल पा रही है, तो बेहतर होगा कि उसे खत्म कर दिया जाये। विवाहेतर संबंधों का विरोध करते हुए भी ये फीचर बिना संकोच कहते हैं कि जब तक किसी के साथ रहो, वफादारी के साथ रहो, लेकिन अगर संबंधों में खटास आ जाये तो उसे तोड़ने में ज्यादा हीला-हवाला करना भी उचित नहीं है। और, जरूरी नहीं कि दोबारा शादी के चक्कर में फँसा जाये। अकेले जीवन गुजारना भी श्रेयस्कर और सुखकर हो सकता है। मसलन, एक मैनुअल पत्नियों को समझाता है कि अपने पति को भावनात्मक रूप से आकर्षित बनाये रखने के लिए उन्हें क्या करना चाहिए। दिलचस्प बात यह है कि इस मैनुअल में पत्नी से अपेक्षा की गई है कि उसे पति को लगातार 'नोटिस' पर रखना चाहिए। यानी पति को यह एहसास रहे कि पत्नी कभी भी उसे 'आश्चर्यचकित' कर सकती है। अगर पति उसे समझने की कोशिश नहीं करेगा तो वह नये संबंध के बारे में सोच सकती है। यह अंदेशा पति को एक खास तरह की अस्थिरता का शिकार बनाये रखेगा और वह पत्नी को घर की मुर्गी नहीं समझेगा। विवाह से पहले की जाने वाली

दोस्ती और डेटिंग के बारे में भी युवा वर्ग का विचार साफ तौर से उभर कर आता है कि आज के जमाने में वे शादी करने के मकसद से दोस्ती की शुरुआत नहीं करते। जहाँ तक 'अंतर्मन' के डॉक्टर अशोक जैनर का सवाल है, वे संभोग के जरिये हासिल 'ऑर्गाज़्म' को 'लिटिल डैथ' समझने के पुराने मनोचिकित्सकीय फंडे में फँसे हुए हैं।

हर बुधवार को 'डेलही टाइम्स' के कालम डेटिंग के विज्ञापनों से भरे होते हैं। हर विज्ञापन कभी छिपे और कभी खुले संबंधों में यौन संबंधों के लिए निमंत्रण की तरह होता है। इनकी कुछ मिसालों से अंदाजा लग सकता है कि किस तरह मित्रता, यौन संसर्ग, देह व्यापार और डेटिंग आपस में गड्डु-मड्डु होकर विशुद्ध सेक्शुअलिटी में बदल गये हैं :

> गोपनीयता की गारंटी है। मैं साहिल, २४ साल का, गोरा, खूबसूरत, पाँच फुट दस इंच लंबा, एक कंपनी में अधिकारी हूँ। कोई भी जवान लड़की या अमीर महिला कुछ दिनों का रोमांस करना चाहे तो मैं तैयार हूँ। कोई झमेला नहीं चाहिए।
>
> विनोद, ४० साल, दिल्ली, शादीशुदा पर डिस्सेटिस्फाइड, किसी भी उम्र की महिला के साथ सच्ची और टिकाऊ दोस्ती के लिए तैयार।
>
> लवबग४यू का संदेश : कैरिस्मेटिक, आर्टिकुलेट और वेरी प्रेटी । और मोडेस्टी तो मुझे छू भी नहीं गई। लो, मैं हूँ तुम्हारे लिये। कैन यू हैंडिल मी। अगर हाँ, तो इस पते पर मुझे ईमेल करो।
>
> बिजनेसमैन, चालीस साल, पाँच फुट चार इंच, दोस्त की तलाश पार्टियों में जाने के लिए। केवल दिल्ली की महिलाएँ ही संपर्क करें। फोन नंबर दें और फोन करने के वक्त का भी उल्लेख करें।
>
> आई एम बिग बूजम्ड, ३८, सेक्सी, लाइक टु बी पेंपर्ड, आई केन बी यौर एम्प्रेस, इफ यू वांट टु बी माई एम्परर, कांटेक्ट मी। मेल्स ४५ टु ५५ आर प्रिफर्ड।
>
> लुकिंग फार क्वालिटीज़ ऑव ए गॉडफादर केयरिंग, लविंग, प्रोटेक्टिव। आई एम ३८ सिंगल, प्रेटी एंड वेरी पैंपर्ड। इफ यू आर ए किंग विद दि क्वालिटीज़ ऑव ए गॉड फादर हू केन पेंपर मी एंड ट्रीट मी लाइक ए क्वीन मेल मी एट ईमेल : बक्सम-क्वीन३८@इंडियाटाइम्स.कॉम।

डेटिंग के इन विज्ञापनों में संपर्क के लिए हमेशा ईमेल का पता दिया जाता है। जाहिर है कि इंटरनेट न होता तो इस तरह की डेटिंग भी संभव न होती जो परिवार, उम्र, समुदाय और संस्कृति की सीमा के पार जा सकती हो। ये सारे विज्ञापन सेक्सुअल एडवेंचर की संभावनाओं से धड़क रहे हैं। कुछ विज्ञापन खास तरह की आमंत्रण से भरी सेक्सी भाषा (जैसे : आई एम ए सुगरी बेबी या फिर काल फ्राम ए स्वीटी-ट्वीनी या मैसेज फ्राम ए लिटिल मरमेड) अपनाते हैं

जिससे लगता है कि उनके पीछे देह व्यापार के रैकेट काम कर रहे होंगे। स्त्रियों की तरफ से दिए गए डेटिंग के ये विज्ञापन साफ कहते हैं कि वे अपने पुरुष पार्टनर के साथ हफ्ते-दस दिन के लिए गोवा की यात्रा करने को तैयार हैं और अगर वह चाहे तो उन्हें पहाड़ों की सैर करने में भी कोई गुरेज नहीं है। यह भी देह व्यापार के नये रूपों की तरफ इशारा करता है। ये रूप देह व्यापार को केवल यौनक्रिया तक ही सीमित नहीं रखते। ये 'वन नाइट स्टेंड' से आगे जाते हैं और कई दिन साथ-साथ रहने और घूमने-फिरने से बनने वाली परिस्थितियों में प्रेम की नौबत तक ले जाने वाली अंतरंगता की संभावनाएँ जगाते हैं। जाहिर है कि यह हॉलीवुड की हिट फिल्म 'प्रेटी वुमॅन' वाला नजारा है। पर इससे इंकार नहीं किया जा सकता कि इसमें टिकाऊ अंतरंगता की संभावनाएँ क्षीण ही रहेंगी क्योंकि इस संबंध की अवधि पहले से ही परस्पर सहमति के आधार पर व्यावसायिक नजरिये से काट-छाँट कर छोटी कर दी गई है। इन सीमाओं के बावजूद इस तरह की डेटिंग में मर्द की सेक्शुअलिटी के लिहाज से एक नई परिघटना की संभावना भी पढ़ी जा सकती है। पुरुष को यौनक्रिया में जबरदस्त एकाग्रता की जरूरत पड़ती है, वरना वह जिस तेजी से उत्तेजित होता है, उतनी ही तेजी से वह अपने यौनांग की उत्तेजना पल भर में खो भी देता है। किसी एक स्त्री के साथ परस्पर व्यावसायिक सहमति के आधार पर ही सही, एक दिन से ज्यादा लगातार कई दिन तक तनाव मुक्त सफल सहवास अपेक्षाकृत स्थायी किस्म की अंतरंगता की तरफ ले जा सकता है।

बहरहाल, देह व्यापार का एक और नया पहलू फ्रेंडशिप क्लबों की नवविकसित परिघटना में पाया जा सकता है। राष्ट्रीय अखबारों के वर्गीकृत विज्ञापनों के कॉलमों में ऐसे फोन नंबर इफरात से मिलते हैं जिन पर काल करके एक निश्चित फीस देकर महिला फ्रेंड पाया जा सकता है। यह दोस्ती भी डेटिंग की तरह दस या पंद्रह दिन चलने के लिए ही की जाती है। इसमें साथ-साथ घूमा जाता है, वाइनिंग-डाइनिंग होती है, फिल्म देखी जाती है, उपहार दिये जाते हैं और यह सिलसिला जितनी खूबी और खुले दिल से होता है उसी के अनुपात में सेक्स का सुख भी उठाया जा सकता है। यह धंधा कानून की पकड़ से एकदम बाहर है। दिल्ली के सबसे मशहूर मैरेज ब्यूरो ('रिश्ते ही रिश्ते : मिल तो लें' का विख्यात नारा देने वाला) के संचालक द्वारा चलाये जा रहे फ्रेंडशिप क्लब पर पुलिस ने जब छापा मारा तो कई कंप्यूटरों में भरे हुए बहुत से फोन नंबर मिले। ये फ्रेंडशिप चाहने और देने वालियों के थे। संचालक महोदय ने पुलिस को चुनौती देकर कहा कि वे कोई गैरकानूनी काम नहीं कर रहे। यानी उन पर दलाली का इलजाम नहीं बनता था। वे तो एक पक्ष को दूसरे पक्ष के केवल फोन

नंबर देते हैं। बाकी काम करना दोनों पार्टियों की जहमत है। फ्रेंडशिप कराने वाले क्लबों में सबसे मशहूर और व्यावसायिक कुशलता से काम करने वाली संस्था शायद टाइम्स फ्रेंडशिप नेटवर्क लिमिटेड है। १९९७ से पब्लिक लिमिटेड कंपनी के रूप में काम कर रही यह संस्था दावा करती है कि उसके पास जोश-खरोश से काम करने वाली एक टीम है और आधुनिकतम प्रौद्योगिकी के साथ सबसे बड़ा नेटवर्क है। वह दोस्ती बेचने के बाद हफ्ते में सात दिन और चौबीस घंटे आफ्टर सेल सर्विस भी देती है। यह कंपनी अपने विज्ञापन में आश्वासन देती है : *फ्रेंडशिप श्योर, सेफ एंड सिक्योर! दो लाख का मुफ्त इंश्योरेंस! फ्रेंडशिप की गारंटी वरना पैसे वापस।*

टाइम्स फ्रेंडशिप वालों को अगर फोन किया जाये तो वे उम्र, पेशा, आमदनी और रुचियों आदि का पता लगाकर सलाह भी देते हैं कि आप को कैसी फ्रेंडशिप 'सूट' करेगी। उसी के हिसाब से फीस होती है। आम तौर पर तीन स्तरों की फ्रेंडशिप की पेशकश करने वाली यह कंपनी साफ बताती है कि नीचे से दो स्तरों पर तो पुरुष को ही फ्रेंड के ऊपर खर्चा करना होगा, पर सर्वोच्च स्तर की फ्रेंडशिप में हो सकता है कि महिला पक्ष ही खर्च करने के लिए राजी हो जाये। या दोनों एक-दूसरे पर खर्च करें। पहले दोनों स्तरों पर महिला पक्ष के पास चुनाव का अधिकार नहीं होता। पर, सर्वोच्च स्तर पर महिला पक्ष भी पुरुष को ठुकरा सकता है।

न तो यह चकलाघर वाला देह व्यापार है और न ही काल गर्ल वाला जिसमें संभोग के अलावा और कुछ नहीं होता। देह व्यापार की यह अजीब सी संरचना है जिसमें पैसे के बदले किये जाने वाले संभोग को मित्रता और रोमांस से गूँथ दिया गया है। जाहिर है कि इस घालमेल में नये तरह के अंतरंग रिश्ते बनने की काफी संभावनाएँ हैं जो विवाह और परिवार के दायरों के बाहर सक्रिय रह सकते हैं। डेटिंग के विज्ञापन और फ्रेंडशिप क्लब उत्तरोत्तर लोकप्रिय होते चले जा रहे हैं। इन विज्ञापनों में मँझोली आय वाले लोगों के लिए भी सेक्सुअल एडवेंचर की संभावनाएँ हैं।

जॉन डि'इमिलियो द्वारा की गई पूँजीवाद और समलैंगिकता के रिश्तों की व्याख्या को अगर एंथनी गिडेंस द्वारा प्रतिपादित प्रेम की तीन श्रेणियों के साथ पढ़ा जाये तो समझ में आने लगता है कि दिल्ली का मीडिया डेटिंग कालमों और फ्रेंडशिप क्लबों के जरिये किस तरह के प्रेम की संस्तुति कर रहा है। आधुनिक समाजों में सेक्शुअलिटी, प्रेम और ऐंद्रिकता की चर्चा करते हुए एंथनी गिडेंस ने प्रेम की तीन श्रेणियाँ बनायी हैं। रोमानी प्रेम, उत्कट प्रेम और इयत्ता केंद्रित प्रेम। ये तीनों ही रूप आधुनिकता की देन हैं और पूँजीवादी विकास में

तरह-तरह की भूमिकाएँ निभाते दिख सकते हैं।

रोमानी प्रेम आजादी की कामना से जुड़ा हुआ है और वह सेक्शुअलिटी को गले लगाने के बावजूद उसे पहली प्राथमिकता पर नहीं रखता। यहाँ पूँजी अपने प्रभुत्व के शुरुआती दौर में उत्पादक शक्तियों के विकास का नियामक होते हुए भी प्रेम को डराती है। यहाँ प्रेम ऐलान करके कहता है कि वह स्थापित संरचनाओं द्वारा आरोपित रिश्तों को मान्यता नहीं देता। लव में दोनों पार्टनर एक-दूसरे को स्पेशल समझते हैं और यह स्पेशलिटी उसी समय स्थापित हो जाती है जब पहली बार नजरें चार होती हैं। दोनों एक-दूसरे के सामने अपना हृदय खोलते चले जाते हैं। दोनों की इयत्ताएँ मिलकर एक हो जाती हैं। रोमानी प्रेम की यह घटना अपने प्रारंभ और परिणाम में अलग-अलग संस्कृतियों में अलग-अलग ढंग से घटती है। प्रेम की इस संस्कृति-विशिष्ट किस्म का तीव्र और सार्वभौम रूप उत्कट प्रेम है जिसमें दैहिक आकर्षण और सेक्शुअलिटी इतनी प्रखर होती है कि प्रेमी युगल का परिवेश अस्थिर हो जाता है। इस प्रेम में राजसिंहासन त्याग दिये जाते हैं, वर्ग और जाति की सीमाएँ तोड़ दी जाती हैं और एक-दूसरे को पाने के लिए रेडिकल तरीके अख्तियार करने में भी कोई हिचक नहीं दिखायी जाती। रोमानी प्रेम में भी व्यवस्था विरोध के तत्त्व होते हैं, पर उत्कट प्रेम व्यवस्था को अपने सामने पूरी तरह झुका देना चाहता है। वह मरने-मारने पर उतारू रहता है। व्यवस्था इन दोनों प्रेमों की अस्थिरकारी प्रवृत्तियों से चौंकती है और ऐलान करती है कि 'इश्क़ चीज़ है बेहद नाजुक, अक्ल का बोझ उठा नहीं सकती'।

पूँजीवादी समाज लगातार एक तीसरी तरह के प्रेम की तलाश करता रहता है जिसकी सिफारिश करने से उसे किसी जोखिम का सामना न करना पड़े। यह है इयत्ता आधारित प्रेम। इसमें दोनों पक्ष आगा-पीछा सोच-समझ कर प्रेम में पड़ते हैं। पहली नजर में किसी का किसी को भा जाना प्रेम की शुरुआत कर सकता है, इससे मन में प्रेम का विचार पैदा हो सकता है, लेकिन बुद्धिसंगत कसौटियों पर कसने से यह आकर्षण मस्तिष्क द्वारा खारिज भी कर दिया जाता है। इस प्रेम में प्रेमीजन अपने परिवेश को कोई चुनौती नहीं देना चाहते। वे भविष्य, सामाजिक हैसियत, आर्थिक हैसियत और अपनी इयत्ता की पूरी रक्षा का बंदोबस्त करके प्रेम के मैदान में उतरते हैं। यहाँ प्रेम विवाह 'स्वनियोजित विवाह' में बदल जाता है जिसमें दोनों पक्षों के परिजन भागीदारी करते हैं।

खास बात यह है कि इस प्रेम में दोनों पक्ष अपनी इयत्ता एक-दूसरे के समक्ष उतनी ही प्रकट करते हैं जितनी संबंधों के जारी रहने के लिए जरूरत होती है। दोनों किसी न किसी रूप में अपनी प्राइवेसी सुरक्षित रखने का निर्णय ले

सकते हैं। चूँकि मामला इयत्ता का है, इसलिए सेक्सुअल रुझान पहली प्राथमिकता बन जाता है जिससे प्रेम दो तरह की गिरफ्तों से आजाद हो पाता है। सबसे पहले वह शाश्वत प्रेम के आग्रह से मुक्त होता है। नतीजे के तौर पर 'मिलन और तलाक' की परिघटना वाला समाज उभरता है। यौन संबंधों की एकनिष्ठता धारावाहिक किस्म की एकनिष्ठता में बदल जाती है। दूसरे उसे हेटरोसेक्शुअलिटी की गिरफ्त से आजाद होने का मौका मिल जाता है। यानी इयत्ता आधारित प्रेम समलैंगिक प्रेम को भी स्वीकार करता है। पूँजीवाद को यही प्रेम पसंद है और इसकी पेशकश भूमंडलीकरण के युग में अनायास ही नहीं की जा रही है।

तलाक के मामलों के विशेषज्ञ वकीलों के मुताबिक दिल्ली में होने वाले प्रत्येक पाँच विवाहों में एक का अंत तलाक में होता है। यह पिछले पाँच सालों की स्थिति है। पहले तलाक के लिए दी जाने वाली अर्जियों में तीस फीसदी महिलाओं की तरफ से दी जाती थीं, अब उनकी संख्या बढ़कर चालीस फीसदी हो गई है। दिल्ली में पाँच तलाक कोर्ट हैं जिनमें प्रतिदिन पच्चीस से तीस मुकद्दमे दायर होते हैं। यानी हर वर्ष आठ-नौ हजार दंपति तलाक के लिए अदालतों की शरण लेते हैं।

यह परिस्थिति बहुत बड़े पैमाने पर ऐसे समुदाय को पैदा कर रही है जिसकी संरचना जल्दी ही दूसरी या तीसरी शादी करने वाले लोगों, या फिर अकेले रहने वाले लोगों से ही होगी। लेकिन, केवल इन्हीं आँकड़ों के आधार पर यह नहीं माना जा सकता कि नई सेक्शुअलिटी के विकसित होने की वे भौतिक स्थितियाँ तैयार हो गई हैं जो यूरोप या अमेरिका में हैं। इससे यह अंदाजा भी नहीं लगाया जा सकता कि दिल्ली या देश में किसी भी किस्म के समलैंगिक समुदायों की रचना हो रही है। शायद इसीलिए दिल्ली में समलैंगिकों के बीच काम करने वालों ने 'गे' या 'लैस्बियन' जैसी पश्चिमी अस्मिताओं के मुकाबले एक 'एमएसएम' जैसी श्रेणी ईजाद की है। इसका मतलब हुआ 'मैन हू हैव सेक्स विद मैन'। दिल्ली के एक बड़े सेक्शुअलिटी एनजीओ के सहयोग से दिल्ली के पुरुष समलैंगिकों की एक एथनोग्राफी में यह श्रेणी काफी ठोस रूप से निकलकर आयी है। इस अध्ययन से पता लगता है कि दिल्ली के समलैंगिकों में शादीशुदा और बाल-बच्चों वाले मर्दों की संख्या खासी है। इस तरह बाईसेक्शुअलिटी का तथ्य सामने आता है।

V

तीसरा समीकरण : सेक्शुअल इंजीनियरिंग, सेक्शुअल पॉलिटिक्स और सेक्शुअल इंडेक्स

जैसे-जैसे उजरती मजदूरी का प्रसार और उत्पादन का सामाजिकीकरण हुआ, सेक्शुअलिटी को प्रजनन की 'अनिवार्यता' से मुक्त करना संभव होता चला गया। विचारधारात्मक रूप से हेटरोसेक्सुअल रिश्तों का मतलब अंतरंगता, परस्पर खुशी और आनंद की अनुभूतियों को बढ़ावा देना समझा जाने लगा। एक तरफ परिवार की संस्था को आर्थिक उत्पादन की स्वतंत्र इकाई से वंचित करके और दूसरी तरफ सेक्शुअलिटी को संतानोत्पत्ति की जिम्मेदारी से बरी करके पूँजीवाद ने ऐसे हालात तैयार किये कि कुछ औरतों और मर्दों को अपना निजी जीवन अपनी समलैंगिक ऐंद्रिक और जज़्बाती जरूरतों के आसपास व्यवस्थित करने का मौका मिल गया। ...

— जॉन डि'इमिलियो : कैपिटलिज़्म एंड दि गे आइडेंटिटी

पूरे भारत की गे आबादी का ३२ फीसदी हिस्सा राजधानी में है। ऐसे हास्यास्पद आँकड़े पढ़ कर लोगों को लगता है कि हम लोग पूरी दिल्ली पर कब्जा ही किये ले रहे हैं। कई लोगों ने मुझसे मिलकर कहा है कि 'अरे, तुम लोग तो हर जगह हो और फैलते ही जा रहे हो।' मेरा जवाब था कि हम लोग कोई महामारी नहीं हैं जो फैलती जा रही हो।

—१२ जून के 'हिंदुस्तान टाइम्स' में प्रभा चंद्रन के आइटम 'डेलही इज न्यू कैपिटल ऑव गेज़' की प्रतिक्रिया में 'गे डेलही : न्यूज एंड रिव्यूज़' की टिप्पणी।

डि'इमिलियो, डेविड हैलपेरिन और पीटर रे जैसे विद्वान अपने अध्ययनों में अलग-अलग ढंग से दिखाते हैं कि समाज में जैसे ही परिवार की संस्था संकट में फँसती है, समलैंगिकता, आत्मरति और दृश्यरति चुनौतीपूर्ण मुद्रा में उभरते हैं। इन विद्वानों के पास इस सूत्रीकरण को ठोस साबित करने के प्रमाण भी हैं। वे यूरोप और अमेरिका में तलाक की बढ़ती हुई संख्या ही नहीं, दूसरी और तीसरी शादियों में वृद्धि के आँकड़े पेश करते हैं। उनके विमर्श से एक समझ में आने वाला सिद्धांत निकलता है कि पूँजीवाद एक तरफ तो सेक्स को दैहिक आनंद से जोड़ कर सेक्स को सर्वाधिक प्रामाणिक बना देता है जिससे समलैंगिकता के लिए पहले से कहीं ज्यादा स्पेस बनने की संभावनाएँ पैदा होती

हैं, लेकिन साथ ही वह परिवार की अस्थिरता की झूठी तोहमत भी समलैंगिकता पर मढ़ता है ताकि यह प्रवृत्ति संतानोत्पत्ति की जिम्मेदारी निभाने वाले परिवार को पूरी तरह खा न जाये। इस तरह पूँजीवाद होमोसेक्शुअलिटी और होमोफोबिया दोनों को एक साथ बढ़ावा देता है।

सेक्शुअलिटी पर उपलब्ध पश्चिमी समाज विज्ञान या तो यूरोपीय और अमेरिकी अनुभव की इसी समझ पर आधारित है या फिर वह दक्षिण-पूर्व एशिया और प्रशांत महासागरीय देशों में पनपे सेक्स मार्केट के अध्ययन के आधार पर रचा गया है। भारतीय परिस्थितियाँ अभी तक सेक्शुअलिटी के अध्येताओं का विषय ही नहीं बनी हैं। यहाँ सेक्शुअलिटीज़ के बारे में अगर कुछ है तो सुधीर कक्कड़ की रचनाओं और प्रकाश कोठारी की टीका-टिप्पणियों के रूप में देखा जा सकता है। ये लोग भी सेक्शुअलिटी के चिकित्सकीय और वैचारिक आधार की खोज-बीन करने में ज्यादा व्यस्त रहे हैं। भारतीय सेक्शुअलिटी के आत्मगत और वस्तुगत पहलुओं के भाष्य के मामले में विद्वानों के एक छोटे से अध्ययन दल ने पिछले दिनों जरूर कुछ काम किया है। इन लोगों ने भारतीय मैस्क्युलिनिटी को अपनी दिलचस्पी का केंद्र बनाया है। इनके साथ कुछ गैर-सरकारी संस्थाएँ एड्स के प्रश्न को केंद्र करके अपनी गतिविधियाँ चला रही हैं। ये संस्थाएँ होमोफोबिया के खिलाफ काम करते हुए समलैंगिकता को एक स्वाभाविक मानवीय यौन रुझान के रूप में पेश करती हैं। समलैंगिकता के भारतीय इतिहास को उकेरने का भी कुछ प्रयास हुआ है। देखा जाये तो दिल्ली में सेक्शुअलिटी के ऊपर लोकप्रिय बहस की शुरुआत का श्रेय नब्बे के दशक के उत्तरार्ध में हुई दो घटनाओं को जाता है। पहली, आईटीओ स्थित पुलिस मुख्यालय पर समलैंगिकों का प्रदर्शन और दीपा मेहता की फिल्म 'फायर' के खिलाफ हिंदुत्व ब्रिगेड के हमले की प्रतिक्रिया में कुछ लेस्बियनों का पहली बार खुल कर सामने आना। लेकिन, इससे पहले ही एड्स भेदभाव विरोधी संगठन की गतिविधियों ने इस बहस की नींव डाल दी थी। अरुण भंडारी, डॉ. जे.पी. जैन, जगदीश भारद्वाज, एस.ए. ललिता, डॉ. पी.एस. साहनी, एस.सी.एन. शालिनी और सिद्धार्थ गौतम ने मिलकर इस संगटन के लिए १९९१ में एक रपट तैयार की जिसे 'सिटीज़ंस रिपोर्ट ऑन दि स्टेटस ऑव होमोसेक्शुअलिटी इन इंडिया' करार दिया गया। इस रपट का शीर्षक था 'लैस देन गे'। इसके बाद दिल्ली में सेक्शुअलिटी का मसला सीधे-सीधे या तो मीडिया के हाथों में जाता हुआ दिखायी देता है या फिर उस पर एनजीओ के रूप में प्रचलित संगठन हावी होते हुए दिखते हैं। मीडिया होमोसेक्शुअलिटी के बारे में खबरें तो देता है, पर वह अपना कार्यक्षेत्र हेटरोसेक्शुअलिटी को ही बनाता है। एनजीओ समलैंगिकता

के दायरे में काम करते हैं और हेटरोसेक्शुअलिटी को अनुसंधान के विषय में देखने से भी परहेज करते हैं। इस तरह दिल्ली में सेक्शुअलिटी का विमर्श हेटरो और होमो कंपार्टमेंट्स में बँट जाता है। दोनों की राजनीति अलग-अलग है। मीडिया बाजार की सेवा में लगा हुआ है और एनजीओ एड्स के खिलाफ संघर्ष के नाम पर मिल रहे विदेशी धन के दबाव में एक खास तरह के एजेंडे को आगे बढ़ा रहे हैं।

मीडिया भूमंडलीकरण और आधुनिकीकरण के नाम पर जिस यौन क्रांति का नेतृत्व करने का दावा कर रहा है, उसका पहला अधूरापन तो यह है कि वह सेक्शुअलिटी में निहित बहुवचन स्वीकारते हुए भी साफ तौर पर केवल हेटरोसेक्शुअलिटी के पक्ष में ही झुका हुआ है। बहस के दौरान उसे हिंदुत्व ब्रिगेड के सिद्धांतकार केवलरत्न मलकानी के मुकाबले समलैंगिकता के पुराने पैरोकार अशोक राव कवि का वक्तव्य छापने में कोई दिक्कत नहीं होती। पर साप्ताहिक कालमों में नियमित रूप से छपने वाले सेक्स संबंधी सलाह-मश्विरे में जैसे ही कोई व्यक्ति अपनी समलैंगिक प्रवृत्तियों की जानकारी देता है, मनोचिकित्सक उसे 'होमोसेक्सुअल डिसऑर्डर' का डर दिखाता हुआ नजर आता है। यह मीडिया समाज में बढ़ती हुई या सामने आती हुई समलैंगिकता के तथ्यों पर जोर देने से परहेज करता है। 'डेलही टाइम्स' द्वारा कामसूत्र सर्वे के दो बार छापे गये नतीजों में इस पहलू का तकरीबन जानबूझकर जिक्र नहीं किया गया। 'डेलही टाइम्स' ने केवल हेटरोसेक्सुअल दायरे में हो रही सेक्सुअल गतिविधियों के आँकड़ों में ही दिलचस्पी दिखायी। विचारधारात्मक रूप से समलैंगिकता के खिलाफ न होते हुए भी टाइम्स ग्रुप उससे संबंधित तथ्यों की उपेक्षा क्यों करता है? इसके कारणों का केवल कयास लगाया जा सकता है। समझा जा सकता है कि भारत में समलैंगिक एक समुदाय के रूप में नहीं उभर पाये हैं इसलिए बाजार उनकी एक उपभोक्ता समुदाय के रूप में शिनाख्त करने में नाकाम है। शायद बाजारवाद की सेवा में लगे अखबार समलैंगिकों को उस यौन क्रांति का उल्लेखनीय अंग मानने के लिए तैयार नहीं हो पाते जो उसकी निगाह में तेजी से घटित हो रही है। यहाँ तक कि कामत, काज़मी और करकरिया एंड कंपनी भी समलैंगिकता का जिक्र नहीं करती।

मीडिया दिल्ली में नये तैयार हुए होमोसेक्सुअल स्पेस का विवरण तो देता है, पर अपर्याप्त। पुलिस जब समलैंगिकता विरोधी कानून धारा ३७० लागू करने के लिए छापे मारती है, तो उन घटनाओं और उनके विरोध की रोशनी में वह ज्यादा से ज्यादा यह बता पाता है कि नेहरू पार्क, सेंट्रल पार्क और लाल किले से लेकर पुरानी दिल्ली रेलवे स्टेशन तक हर शाम छः बजे के बाद पुरुष

समलैंगिक सेक्स पार्टनर की तलाश में 'क्रूजिंग' करते हैं। लेकिन यह मीडिया उन गे पार्टियों, गे शादियों और गे जोड़ों का ब्योरा देने से संकोच करता है जो पिछले दस सालों से दिल्ली के सेक्सुअल परिदृश्य के मुखर अंग बन चुके हैं। यहाँ एक बार फिर मीडिया की दिलचस्पी अधिकांशत: हेटरोसेक्सुअल दायरे में हो रही सेक्सुअल गतिविधियों तक ही सीमित है। दरअसल, मीडिया होमोसेक्शुअलिटी की खबरों को सनसनी फैलाने के लिए इस्तेमाल करता है जिसकी दो प्रतिक्रियाएँ होती हैं। एक बिम्ब बनता है कि समाज में यौन स्वच्छंदता बहुत बढ़ती जा रही है। दूसरी तरफ होमोफोबिया को बढ़ावा मिलता है क्योंकि मीडिया की खबरें जाने-अनजाने समलैंगिक पुरुष को भावशून्य, बच्चों के साथ कुकर्म करने वाले, बीसियों और पचासों पार्टनरों के साथ सेक्स करने वाले व्यक्ति की छवि दे देती हैं।

दिल्ली के मीडिया द्वारा की जा रही सेक्सुअल इंजीनियरिंग का अध्ययन इस शहर की सेक्शुअलिटी का इंडेक्स निर्धारित करने में काफी मददगार हो सकता है। यह इंडेक्स कामनाओं के भौतिक आधार और उनकी संरचना की तरफ एक गतिशील इशारा कर सकता है। मीडिया में दिल्ली के ऐसे तमाम बाजारों का नियमित वर्णन मिलता है जहाँ ताजे फैशन के मुताबिक वस्त्र बहुत सस्ते दामों में मिलते हैं। फिल्मों में रानी मुखर्जी और करीना कपूर जैसी फिल्मी हीरोइनों द्वारा पहनी गई पोशाकें, बाँधी गई बेल्टें और तमाम तरह के पश्चिमी परिधान इस फैशन मार्केट ने निम्न और निम्न-मध्यवर्ग को मुहैया कराना शुरू कर दिया है। दस साल पहले इस तरह के बाजारों की उपलब्धता न के बराबर थी। आज उच्चवर्ग द्वारा अपनायी जाने वाली स्टाइल हफ्ते भर के अंतराल में प्रतिकृति के रूप में इन बाजारों में मिल जाती है। रुपहले पर्दे पर नायक-नायिकाओं की इरोटिक छवि को परोसने वाले वस्त्र शहरी समाज में दायें से बायें तक बहुत जल्दी आम लोगों की इरोटिक इयत्ता को व्यक्त करने के माध्यम बन जाते हैं। मीडिया रिश्तों में देह की बढ़ती हुई प्रधानता की जानकारी देता है। आखिरकार नई सेक्शुअलिटी देह के बदलते हुए और विविध होते हुए इस्तेमाल का भी तो नाम है। मीडिया परिवार की मौजूदा दशा की शुरुआती जानकारी देता है। संकेत मिलता है कि हेटरोसेक्सुअल परिवार की संस्था संकट में फँसने की तरफ बढ़ रही है। मीडिया बताता है कि तलाक की दर बढ़ रही है। उसके वैवाहिक विज्ञापनों वाले कालमों में तलाकशुदा औरतें और विधवाएँ वरों की माँग कर रही हैं। मोनोगेमी सीरियल मोनोगेमी की तरफ बढ़ती दिखायी देती है। मीडिया विवाह की बढ़ती हुई उम्र, अकेली रहने वाली औरतों और मर्दों की बढ़ती हुई संख्या की तरफ ध्यान खींचता है। केवल पढ़े-लिखे साधनसम्पन्न

लोग ही नहीं, दिल्ली के अनौपचारिक क्षेत्र में काम कर रहे लाखों मजदूर भी अकेले ही जीवनयापन कर रहे हैं, जिनमें तकरीब आठ लाख तो रिक्शेवाले ही हैं।

मीडिया पोर्नोग्राफी और इरोटिक सामग्री के सामाजिक असर पर नियमित रूप से बहसें और अन्य सामग्री प्रकाशित करता रहता है। फ्रेंडशिप क्लबों, फोन सेक्स, मसाज पार्लरों और एस्कोर्ट सर्विसों के विज्ञापन छाप कर वह देह व्यापार के नये-नये रूपों और उसके अभूतपूर्व प्रसार का वाहक बना हुआ है। वह सेक्शुअलिटी पर एड्स जैसे महारोग के असर से खासा चिंतित है। एड्स का आतंक हेटरो और होमो दोनों क्षेत्रों में है। सेक्शुअलिटी से जुड़े तकरीबन सभी एनजीओ एड्स का मुकाबला करने के नाम पर पश्चिम से बड़े पैमाने पर धन ला रहे हैं। विदेशी धन के प्रायोजित आग्रहों से बहुत बड़े पैमाने पर सेक्शुअलिटी के डिस्कोर्स को एक खास दिशा दी जा रही है। विदेशी पैसे ने एक खास तरह की 'पॉलिटिकल करेक्टनेस' पैदा की है। जिस तरह संसदीय राजनीति में अल्पसंख्यकों की राजनीति होती है, ठीक उसी तर्ज पर ऑल्टरनेटिव सेक्शुअलिटी की राजनीति हो रही है।

उपभोक्ता क्रांति और मनोरंजन उद्योग के साथ जुगलबंदी करता हुआ मीडिया नियोजित विधि से हेटरोसेक्शुअलिटी की शिनाख्त बाजार के टारगेट के रूप में कर रहा है। मीडिया के जरिये दिल्ली में रोज-ब-रोज हेटरोसेक्शुअलिटी का समारोह मनाया जा रहा है। सर्वेक्षण आधारित समाजशास्त्र और महामारियों से जुड़े हुए अंतर्राष्ट्रीय स्वास्थ्य तंत्र के उपादानों का इस्तेमाल करते हुए अंतर्राष्ट्रीय वित्तीय पूँजी ने दिल्ली को कामनाओं की फैक्ट्री में बदल दिया है, एक ऐसी फैक्ट्री में जिसमें कामनाएँ संतृप्त होने के बजाय दूसरी कामनाओं को रचने की कामना से ग्रस्त हैं। दिल्ली की जमीन पर सेक्शुअलिटी पूँजी की सतत तरलता, अपकेंद्रीयता और गतिशीलता का उत्तर-आधुनिक मॉडल बन गई है।

मीडिया द्वारा प्रायोजित हेटरोसेक्सुअल सेक्स क्रांति बताती है कि दिल्ली के समाज में विभिन्न लैंगिक अभिनेताओं के बीच यौन क्रिया के लिए रोजाना होने वाली अन्योन्यक्रिया बारंबारता के लिहाज से पहले के मुकाबले बहुत बढ़ गई है। यौन क्रिया की स्थानिकता भी अब शयनकक्ष या चकलाघर केंद्रित नहीं है। शहर के तकरीबन सभी स्पेस इरोटिक अनुभूतियों से दो-चार हो रहे हैं। लेकिन, मीडिया इस वार्ता के जरिये स्थापित होने वाले लैंगिक सत्ता संबंधों के बारे में जानकारी देने से परहेज करता है। इस मामले में उसकी मान्यता भी बाजार की तरह ही लैंगिक तटस्थता के पक्ष में झुकी हुई लगती है। जाहिर है कि इस तरह की यौन क्रांति में पहले से हावी मर्दानगी के सेक्सुअल मूल्यों को ही अपनी

स्थिति मजबूत करने का मौका मिलता है। लेकिन, क्या शहरी यौनिकता से संबंधित इस परिवर्तन के दौरान स्त्रीत्व के लिए उसकी अपनी सेक्सुअल एजेंसी पहले के मुकाबले सुलभ नहीं हुई है? इस सवाल का जवाब नकारात्मक नहीं दिया जा सकता। मीडिया ने जो छवियाँ परोसी हैं, मर्दानगी पर जिस तरह की बहसों को बढ़ावा दिया है, देह-केंद्रीयता का जिस तरह से बोलबाला हुआ है और स्त्री पक्ष के लिए इरोटिक एहसासों का जो नवीकरण हुआ है, वह निश्चित रूप से औरत के यौन जीवन में भारी परिवर्तनों का वाहक बन सकता है। इन परिवर्तनों में लैंगिक सत्ता संबंधों को दूरगामी तौर पर प्रभावित करने की क्षमता है। ये परिवर्तन यौन समागम के लिए होने वाली अन्योन्यक्रिया के चरित्र को आज नहीं तो कल जरूर बदल सकते हैं जिससे परिवार की संरचना पर रेडिकल असर पड़ सकता है।

संदर्भ एवं टिप्पणियाँ

(इस अध्ययन की अधिकतर सामग्री १९९० से अब तक 'इंडियन एक्सप्रेस' और उसके रविवारीय परिशिष्ट, 'टाइम्स ऑव इंडिया' और उसके महानगरीय परिशिष्ट 'डेलही टाइम्स', 'हिंदुस्तान टाइम्स' और उसके महानगरीय परिशिष्ट 'एचटी सिटी', 'पॉयनियर' और उसके महानगरीय परिशिष्ट 'वीवासिटी', 'नवभारत टाइम्स' और उसके महानगरीय परिशिष्ट 'हैलो दिल्ली', 'दैनिक हिंदुस्तान' और उसके महानगरीय परिशिष्ट 'हिंदुस्तान सिटी' और 'एशियन एज' के महानगरीय परिशिष्ट 'दि डेलही एज' में छपी खबरों, बहसों और विश्लेषणों से ली गई है। इसके अलावा कई नेट पर उपलब्ध सामग्री की मदद भी ली गई है जिसमें गे डेलही.डॉट कॉम नामक वेब साइट प्रमुख है।)

१. डॉ. मोजो दिल्ली टाइम्स के पन्नों पर पढ़े और लव-गुरु एफएम चैनल रेडियो सिटी पर सुने जा सकते हैं। लेकिन, इससे भी आगे बढ़कर इस आलेख में ये दोनों नाम प्रतीकात्मक रूप से इस्तेमाल किये गये हैं। दूसरे अखबारों में दूसरे नामों से और दूसरे एफएम चैनलों पर किसी और आवाज में यौन विषयक सलाह-मश्विरे की ये सेवाएँ दिन-रात खुले आम कानून के दायरे में उपलब्ध हैं। खास बात यह है कि यह दिल्ली के अपने मीडिया की ही परिघटना है। अखबारों के मुख्य हिस्से से ये बातें अलग रखी जाती हैं, और न ही आकाशवाणी तक इनकी संक्रामकता फैली है।

२. काम विज्ञान में वात्स्यायन के इस विशिष्ट योगदान और उसके कारण उन्हें होने वाली परेशानियों की झलक उनके जीवन पर सुधीर कक्कड़ द्वारा रचित जीवनीपरक उपन्यास *एसेटिक ऑव डिजायर* से मिलती है। हिंदी में राजकमल द्वारा प्रकाशित इसका अनुवाद कामयोगी अपने बेहतरीन अनुवाद के लिए पुरस्कृत हो चुका है।

३. यहाँ वामपंथी महिला संगठन की जिस बैठक का जिक्र किया गया है उसमें एकमात्र पुरुष के रूप में यह लेखक भी शामिल था। मैंने जैसे ही यह सवाल उनके बीच में फेंका कि अगर कोई वेश्या सेक्स-वर्कर के उत्तर-आधुनिक अवतार में उनके बीच

आकर उनके संगठन की सदस्यता का दावा करे, तो क्या वे उसे सदस्य बनायेंगी, बहस ने एकदम रेडिकल मोड़ ले लिया। भाषा और शब्दावली पूरी तरह नैतिकता का तख्ता-पलट वाली हो गई। मुझे यह देखकर अचरज हुआ कि पचास से ऊपर की उम्र वाली महिलाओं से लेकर नई उम्र की लड़कियों तक में स्त्री की कामेच्छा को लेकर सकारात्मक रुख प्रगट हो रहा था। मेरे खयाल से वामपंथी महिला संगठनों में इस प्रकार का रवैया अद्‌भुत समझा जाना चाहिए, क्योंकि ऐसे ज्यादातर महिला संगठनों ने प्रेम और सेक्स के कम्युनिस्ट आदर्शों की आड़ में विक्टोरियायी शुद्धतावादी मूल्यों को जम कर आत्मसात कर रखा है।

४. इस जगह मैं पूर्णिमा मनकेकर (२००४) से सहमत हूँ कि भारतीय या पूर्वी दुनिया की यौनिकता को समझने के लिए किसी विशुद्ध भारतीय या प्राच्य नजरिये का इस्तेमाल करना व्यर्थ होगा। पूँजीवाद के नये चरण और आधुनिक विकास ने हमारी यौनिकता के ताजे रूपों का सामान्यीकरण कर दिया है, और इस सामान्यीकरण पर पश्चिमी संस्कृति की गहरी छाप है।

५. जॉन एच. गैंगन और रिचर्ड जी. पार्कर ने अपने लेख 'कंसीविंग सेक्शुअलिटी' में सर्वेक्षण तकनीक और सर्वेक्षणों के नतीजों के मीडिया द्वारा प्रसारण के महत्त्व पर रोशनी डाली है। दिल्ली का मौजूदा नजारा इस मायने में सत्तर के दशक में अमेरिकी मीडिया के नजारे से काफी मिलता-जुलता है।

६. संजय श्रीवास्तव (२००३) ने पुरुष यौनिकता पर अपनी एक रचना में इस पहलू की तरफ ध्यान खींचा है। बीसवीं सदी के शुरुआती दशकों में एन.एस. फड़के और ए.पी. पिल्लै जैसे यौनविज्ञानियों ने भारत की यौन समस्याओं पर नस्ल सुधारने की दृष्टि से अनुसंधान किया था जिसे यूजेनिक्स कहा जाता है।

७. १९९० के बाद से किये गये प्रमुख सेक्स सर्वे और अध्ययन इस प्रकार हैं जिनका इस विश्लेषण में इस्तेमाल किया गया :

लैस देन गे, एड्स भेदभाव विरोधी आंदोलन, नई दिल्ली, १९९१; मीरा सवारा और सी.आर. श्रीधर, दि डेबोनायर सेक्स सर्वे : सेक्स एंड दि इंडियन मेन (अक्टूबर १९९१, जनवरी १९९२) , स्वयं श्रीधर द्वारा निजी वितरण के लिए प्रकाशित दिसंबर १९९४ में मुंबई में पुस्तक के रूप में प्रकाशित; मीरा सवारा और सी.आर. श्रीधर, 'दि सेवी सेक्स सर्वे : दि सेक्स लाइफ ऑव इंडियन वुमॅन', दि सेवी, अप्रेल १९९२; 'कामसूत्र क्रॉस-टैब सेक्स सर्वे २००३', डेलही टाइम्स के १९, २२ और २९ मई २००३ के अंकों में इसके नतीजे प्रकाशित हुए, सर्वे का पूरा पाठ डेलहीटाइम्स@इंडियाटाइम्स.कॉम पर उपलब्ध; यूथ सेक्शुअलिटी : ए स्टडी ऑव नालेज, एटीट्यूड्स, बिलीफ्स एंड प्रेक्टिसिज एमंग अरबन एडुकेटिड इंडियन यूथ १९९३-९४, फेमिली प्लानिंग एसोसियेशन ऑव इंडिया, मुंबई; एनी जॉर्ज, सेक्सुअल बिहेवियर एंड सेक्सुअल निगोशियेशन एमंग पुअर वुमॅन एंड मेन इन मुंबई : एन एक्सप्लोरेटरी स्टडी, सेहज सोसाइटी फॉर हेल्थ ऑल्टरनेटिव्ज़, दिसंबर १९९७, बड़ोदरा; शरण (दिल्ली), ए स्टडी ऑव सेक्स-वर्कर्स एट जी.बी. रोड इन डेलही, सेंटर फार एजुकेशन एंड डोक्युमेंटेशन, मुंबई; सेक्स वर्कर्स, होमोसेक्सुअल्स राइज़िंग

इन सिटी, डेलही स्टेट एड्स कंट्रोल सोसाइटी द्वारा कराई गई रिसर्च पर आधारित प्रमोद कुमार की रपट, दि डेलही एज, ७ अगस्त २००३; डेलही वरजिन टेरिटरी टिल १८, गुड़गाँव के सेंटर फॉर स्टडीज़ इन सेक्सुअल हेल्थ के सर्वेक्षण पर आधारित जयदीप मजूमदार की रपट, हिंदुस्तान टाइम्स, २९ जुलाई २००३; सेक्स इन स्कूल नो मोर टैबू : सर्वे, दिल्ली के अतिरिक्त पुलिस आयुक्त यू.एन.बी. राव द्वारा आईआईटी, दिल्ली के सहयोग से किये गये अध्ययन पर आधारित श्रीरूपा मित्र चौधरी की रपट, टाइम्स ऑव इंडिया, दिल्ली, ११ मार्च १९९९; सेक्स इज इन बट अवेयरनैस इज नॉट, नेशनल इंस्टीट्यूट ऑव हैल्थ एंड फेमिली वेलफेयर द्वारा किये गये अध्ययन पर आधारित राधिका डी. श्रीवास्तव की रपट, टाइम्स ऑव इंडिया, दिल्ली, २३ फरवरी, २००१; अनुपम रायजादा, एस.बी. गुप्ता, अरुण कुमार, सेक्सुअल प्रेक्टिसिज़ अदर देन पेनो-वैजाइनल सेक्स : पर्सेप्शंस एंड प्रेक्टिसिज़ इन एन अरबन कम्युनिटी, इंडियन जरनल ऑव कम्युनिटी मेडिशन, खंड २७, अंक ४, अक्टूबर-दिसंबर २००२; एम.ई. खान, जान डब्ल्यू. टाउनसेंड, रंजना सिन्हा और सीमा लखनपाल, सेक्सुअल वायलेंस विदिन मैरिज, १९९७, पाप्युलेशन काउंसिल, नई दिल्ली; बिमान मुखर्जी, सोशल टैबू ऑव प्रि-मैरिटल सेक्स ब्रोकन, २४ जून २००२, २००२ के कामसूत्र सेक्स सर्वे पर आधारित रपट, आईअफ्रीका.कॉम

८. 'पोर्नोग्राफीज़ मिरर हैज प्राइवेट इमेजिज़', टाइम्स ऑव इंडिया, दिल्ली, २५ फरवरी १९९५

९. दि अदर विक्टिम्स ऑव लस्ट : ए नाइटमेयर शो फार फीमेल रेजिडेंट्स, अमन सिंह की रपट, नेट पर उपलब्ध

१०. रिचा सिंह, मेस्क्युलिन आइडेंटिटीज़, वर्कर्स एंड एचआईवी/एड्स : एन स्टडी ऑव डेलहीज़ वजीरपुर इंडस्ट्रियल एरिया, ईपीडब्ल्यू@वीएसएनएल.कॉम पर उपलब्ध

११. जेरेमी सीब्रुक, लव इन ए डिफरेंट क्लाइमेट (दिल्ली के समलैंगिकों का एक अध्ययन), वर्सो, लंदन और न्यूयार्क, १९९९

१२. हिजड़ों की यौनिकता किस तरह संगठन शक्ति के दम पर हिंसा और धमकी की भाषा बोल सकती है, इसके एक सबूत के रूप में रघुवीर नगर के हिजड़े नीलम बाई के विजिटिंग कार्ड को देखा जा सकता है जिस पर साँई बाबा की तस्वीर छपी है, पूरे क्षेत्र का भौगोलिक वर्णन है और साफ लिखा है कि अगर नीलम बाई गोपालजी के अलावा किसी को बधाई दी, तो बधाई दोबारा ली जाएगी।

१३. 'दि वर्ल्ड्स ओल्डेस्ट प्रोफेशन-२००३' (दिल्ली के फ्रेंडशिप क्लबों पर एक रपट), आर्चिस मोहन और विभा शर्मा, हिंस्दुस्तान टाइम्स, १६ फरवरी २००३

विशिष्ट संदर्भ

जॉन डि'इमिलियो, 'कैपिटलिज्म एंड गे आइडेंटिटी', *दि लेस्बियन एंड गे स्टडीज़ रीडर* (संपादक : हेनरी एबेलव, मिशेल आइना बराली और डेविड एम. हैलपेरिन), रौटलेज, न्यूयार्क और लंदन, १९९३, पृष्ठ ४६७-४७६

डेविड एम. हैलपेरिन, 'इज देयर ए हिस्ट्री ऑव सेक्शुअलिटी', *दि लेस्बियन एंड गे स्टडीज़*

रीडर (संपादक : हेनरी एबेलव, मिशेल आइना बराली और डेविड एम. हैलपेरिन), रौटलेज, न्यूयार्क और लंदन, १९९३, पृष्ठ ४१६-४३१

मिशेल फूको, *दि हिस्ट्री ऑव सेक्शुअलिटी* (तीन खंड), पेंगुइन बुक्स, १९९८

लिंडा विलियम्स, *हार्ड कोर : पावर, प्लेज़र एंड दि 'फ्रेंजी ऑव दि विज़िबिल',* केम्ब्रिज, १९९९

रुथ वनिता और सलीम किदवई (सं.), *सेम सेक्स लव इन इंडिया : रीडिंग्स फ्राम लिटरेचर एंड हिस्ट्री,* मैकमिलन, २०००

एंथनी गिडेंस, *दि ट्रांसफार्मेशन ऑव इंटीमेसी : सेक्शुअलिटी, लव एंड इरोटिसिज़्म इन मॉडर्न सोसाइटीज़,* पॉलिटी प्रेस, केम्ब्रिज, १९९२

सुधीर कक्कड़, *इंटीमेट रिलेशंस : एक्सप्लोरिंग इंडियन सेक्शुअलिटी,* ऑक्सफोर्ड, दिल्ली

संजय श्रीवास्तव, 'सेन सेक्स, दि फाइव इयर प्लान हीरो, एंड मस्तराम मैस्क्युलिनिटी : ऑन दि कल्चर्स ऑव ट्वंटियथ सेंचुरी मैस्क्युलिनिटी', मैस्क्युनिलिटीज पर हुए सेमिनार में पेश आलेख

पूर्णिमा मनकेकर और लुइसा शीन, 'इंट्रोडक्शन : मीडियेटिड ट्रांसनेशनलिज्म एंड सोशल इरोटिक्स', *जरनल ऑव एशियन स्टडीज,* ६३, अंक २, मई २००४

एशियन रीजनल एक्सचेंज फॉर न्यू आल्टर्नेटिव्ज़ (एरीना) के जेंडर एंड सेक्शुअलिटी विशेषांक में प्रकाशित तीन लेख : उर्वशी बुटालिया की रचना 'दि इश्यू एट स्टेक : दि इंपोर्टेंस ऑव दि पॉलिटिक्स ऑव सेक्शुअलिटी', विकाश एन. पांडे की रचना 'कंज्यूमिंग/कंज्यूम्ड बॉडी : कंटेम्परेरी पॉलिटिक्स ऑव डिजायर' और आभा चौहान की रचना 'प्रोस्टीट्यूशन एंड दि सेक्स वर्क : डिलेमा फार दि वोमेंस मूवमेंट इन इंडिया'

सुल्तान शाहीन, 'इंडिया रिडिस्कवर्स कामा', एशिया टाइम्स, *डब्ल्यूडब्ल्यूडब्ल्यू.एटाइम्स.कॉम*

माइनारिटीज़ एंड अदरनेस : सेक्शुअलिटी इन दि सिटी, लिमिटिड स्पेस, डब्ल्यूडब्ल्यूडब्ल्यू.हेलसिंकी फी/मे.कॉम

डेविड टी. ईवांस, *सेक्सुअल सिटीज़नशिप : दि मैटीरियल कंस्ट्रक्शन ऑव सेक्शुअलिटीज़,* रौटलेज, लंदन और न्यूयार्क, १९९३

लेस्बियन इमर्जेंस : खामोश इमरजेंसी जारी है!, कैंपेन फॉर लेस्बियन राइट्स, ए सिटीज़ंस रिपोर्ट, अगस्त १९९९, नई दिल्ली